本书是2012年国家社科基金"中东城市化与社会稳定研究"（项目编号：12BSS013）优秀结项成果。

中东城市化与社会稳定研究

A Study of
Urbanization and Social Stability
in the Middle East

车效梅 著

社会科学文献出版社
SOCIAL SCIENCES ACADEMIC PRESS (CHINA)

序　言

城市是人类文明兴起的重要标志之一，往往是经济、政治和文化中心，也是对内对外交往的中心。与经济社会结构相对简单的农村相比，城市的经济社会结构要复杂得多。同时，由于城市在国家经济、社会和政治中的中枢地位，城市的变动会对国家的经济、社会和政治产生复杂、广泛和深远的影响；同时，城市也必然受到国家政策、社会经济变动和外来力量的影响。这种情况在近代以来第三世界的发展中表现得尤其突出，而后者在近代以来主要表现为遭受殖民主义的入侵、现代化和民族国家建构的发展。在第三世界国家的经济、社会和政治的大环境发生重大变动的背景下，城市本身也势必发生种种变动，经历从传统城市向现代城市的转变。

个人以为，近代以来亚非地区的城市变化可以大体概括为以下几个方面。

第一，城市人口的增加和规模的扩大。随着工业化的进行和来自农牧地区的移民增多，城市人口不断增长，并逐渐超过农村。此外，城市的规模不断扩大，在世界大城市名单中，亚非地区大城市的比例不断增长，从而改变着世界城市人口的格局。

第二，城市空间布局和功能的变化。传统的亚非城市主要分布在内陆，海上丝绸之路的兴起促进了沿海城市的发展，而亚非沿海城市真正的大规模崛起是在欧洲殖民主义入侵之后，其中一些城市本身就是殖民扩张的结果，例如澳门、果阿、好望角等海港城市。同时，亚非国家经济社会和政治的发展也导致了新兴的政治中心（首都、省会）、工业中心、矿业中心、商贸物流中心、交通枢纽和金融中心的崛起，从而促成了各国城市空间布局的变化。伴随城市空间布局变化的是城市功能的变化。

第三，城市结构的变化。在产业方面，传统的东方城市主要是以商业、手工业和农业为主，而现代城市则出现了现代工业、服务业（商业、金融、邮电通信、饮食、物流、仓储、公用事业、旅游、咨询信息、文教、广播电视等）。传统城市的居民包括官员、地主、部落酋长、宗教人士、手工业者、商人、放债人等，现代城市则包括了企业家、公务员、专业人士、白领、产业工人等。二战后，一些国家的外来移民和难民的人数也不断增长。

第四，城市管理方式的变化。传统国家通过行会和某些特殊机构管理城市的工商业，现代城市则通过政府的有关机构和民间社团进行管理，一些东方国家的城市也实行了自治。此外，在税收和预算的制定及开支方面，传统城市与现代城市同样存在很大差别，如现代城市对教育、医疗和社会福利有专门的预算投入。现代城市对物价和薪资等也有特别的管理。

此外，在城乡关系方面，传统城市与现代城市同样存在一定区别。

就中东地区而言，城市尤其重要，因为中东位于"三洲五海之地"，即欧亚非三大洲和阿拉伯海、红海、地中海、黑海和里海的交汇处，地理位置十分重要。因此，中东的城市在历史上就起源很早，以后则发展成为陆上和海上丝绸之路的重要中转站，城市人口众多，过境贸易发达。伊斯法罕、大不里士、巴格达、巴士拉、阿卡、大马士革、拉塔基亚、伊斯坦布尔、福斯塔特、亚历山大等城市都曾经发挥重要作用，并因此彪炳史册。近代以来，由于临近欧洲，中东较早受到欧洲资本主义的影响，不但成为欧洲重要的原料产地和商品市场，而且较早开始了现代化改革。

与亚非地区其他国家相比，中东城市有一个重要特点，就是石油的重要推动作用。20世纪70年代以来，中东产油国的城市发展迅猛，在沙漠里、海岸上出现了一座又一座崭新的现代城市，它们拥有相当现代化的基础设施，其中一些还成为重要的地区金融中心和欧亚交通枢纽。

中东国家的经济发展一方面造就了现代化的城市和各类设施，并提高了民众的生活水平；但另一方面，它也引发了种种经济社会矛盾，例如官员腐败、贫民窟、失业、治安、食品、住房、污染问题，加上传统的民族、阶级、宗教、教派问题，从根本上说是国家和城市的治理问题。

本书作者车效梅教授多年从事中东城市历史和现状研究，在本领域积累了大量的研究成果（包括多本著作）和丰富的研究资料。书中对当代中东城市化与社会结构的嬗变、政治稳定、经济稳定、社会心理稳定、社会秩序稳定，以及中东城市治理与社会稳定等重大问题进行了深入探讨，对读者了解中东城市和社会、政治很有帮助。

众所周知，2010年以来，中东陷入了巨大的政治动荡，要深入探讨这一动荡的根源并预测其发展前景，就需要对战后中东城市变迁的原因、特点及其影响进行全面系统的研究，而本书就是一部难得的专业书籍。

是为序。

黄民兴

2018年10月23日

目 录

绪 论 …………………………………………………………… 1

第一章 中东城市化历程、现状与特点 …………………………… 19
  第一节 中东城市化发展历程 ………………………………… 19
  第二节 中东城市化现状 ……………………………………… 24
  第三节 中东城市化的特征 …………………………………… 35

第二章 城市化与中东社会结构的嬗变 ………………………… 44
  第一节 城市化对阶级结构的冲击 …………………………… 44
  第二节 城市化对社会结构的影响 …………………………… 71
  第三节 城市化与农村移民阶层个案分析 …………………… 88
  结 语 …………………………………………………………… 95

第三章 城市化与中东政治稳定 ………………………………… 98
  第一节 城市化与中东政治制度稳定 ………………………… 100
  第二节 城市化与公共秩序的有序性 ………………………… 113
  第三节 城市化与基础阶级关系的均衡性 …………………… 122
  第四节 城市化与城市民间社团嬗变 ………………………… 135
  结 语 …………………………………………………………… 146

第四章 城市化与经济稳定 ……………………………………… 148
  第一节 城市化与经济形势稳定 ……………………………… 148

1

- 第二节 城市化与产业结构调整 ………………………………… 162
- 第三节 城市化与宏观调控 ……………………………………… 171
- 第四节 城市化与城市反贫困制度的构建 ……………………… 185
- 结　语 …………………………………………………………… 193

第五章　城市化与社会心理稳定 …………………………………… 194
- 第一节 城市化与城市社会成员对政府的信任和支持 ………… 194
- 第二节 城市化与城市社会成员价值取向和行为选择 ………… 216
- 第三节 城市化与"阿拉伯之春" ……………………………… 237
- 结　语 …………………………………………………………… 240

第六章　城市化与社会秩序稳定 …………………………………… 241
- 第一节 城市化与社会秩序的关系 ……………………………… 241
- 第二节 城市化与社会治安 ……………………………………… 259
- 第三节 城市化与社会风气 ……………………………………… 268
- 结　语 …………………………………………………………… 275

第七章　中东城市治理与社会稳定 ………………………………… 276
- 第一节 城市治理的内涵与发展、公平、民主 ………………… 276
- 第二节 城市治理与中东城市发展 ……………………………… 285
- 第三节 中东城市治理面面观 …………………………………… 294

结　语 ………………………………………………………………… 321

参考文献 ……………………………………………………………… 324

绪　论

　　自 17 世纪以来，城市化的发展水平和质量不仅是衡量一个国家和地区经济、社会、文化、科技水平的重要标准之一，而且是一个国家和地区社会组织程度和管理水平的重要标志之一。正因如此，第二次世界大战后诞生的一系列民族国家，多把西方世界的现代化和城市化作为自己的参照坐标，推行以工业化和城市化为核心的全面"赶超型"发展战略，其中中东国家最为典型，中东国家自 20 世纪 50 年代起经历了其他第三世界国家无法比拟的爆炸式城市化大发展过程，到 2009 年城市化水平达到 66.3%，超过同期世界平均水平（50.1%）。[①] 根据联合国相关数据，西亚国家城市化 2014 年为 70%，预计 2030 年为 74.1%，2050 年为 79.2%。[②] 诚然，少数国家已成功实现转型，但大多数国家仍处于痛苦的社会转型之中，社会资源分配不公、城市失业率居高不下、城市贫困现象严重、住房短缺与贫民窟蔓延、城市基础设施滞后、社会治安状况恶化等引发的恶性集体暴力、罢工、游行，甚至动荡、战乱、政变等众多不稳定因素对这些国家的稳定和发展构成威胁。导致这些状况的原因固然是多方面的，但从城市化角度而言，盲目追求城市化速度而导致的"过度城市化"无疑是影响社会稳定的重要因素之一。从这个意义上讲，研究中东城市化与社会稳定的关系，考察过度城市化对社会稳定

---

① 车效梅：《全球化与中东城市发展研究》，人民出版社，2013，第 1 页。
② United Nations, *World Urbanization Prospects: The 2014 Revision*, New York, 2015, http://www.unpopulation.org.

的危害已不完全是一个纯学术问题，而且具有重要的现实意义。

城市化作为经济增长的显性表征和度量标准之一，其本身与社会稳定之间存在复杂的关联，呈现出多重组合。城市社会学和发展经济学对发达国家城市化的实证研究表明，城市化的发展水平和速度与社会稳定之间存在着某种关联：当一国城市化水平在20%以内，该国社会通常整体稳定；40%~50%之时，一般属于社会稳定危险期；在50%以上，社会秩序逐渐趋于稳定。而城市化已达70%的中东国家，社会秩序仍动荡迭起的原因与其"过度城市化"的特点、全球化背景下城市化新趋向密不可分。城市化是全球范围内的普遍现象，其发展过程中存在某些可观察、可量化、可预测的规律性。作为发展中国家城市化进程最快的中东国家，其城市化和社会稳定的历史经验和教训对正处于城市化进程中的发展中国家具有借鉴意义。

中东城市化与社会稳定之间的关系是我们认知中东不可或缺的领域。在全球化时代，城市是全球秩序最主要的直观表现，是全球化矛盾最突出、最尖锐的地方。就中东国家而言，无论是1979年爆发的伊朗伊斯兰革命，还是2010年的"阿拉伯之春"，中东城市一次次成为矛盾和冲突的前沿阵地。当今城市研究的重要性，已不在于城市人口的急剧膨胀，或城市化过程的广度与深度，而在于城市已经成为全球化矛盾的焦点，成为关乎国家安全与社会稳定的中心，城市在社会稳定中的作用愈加凸显。

一 国内外研究状况综述

1. 国外研究状况

（1）中东城市化与社会稳定的综合研究

在中东城市发展与社会稳定的研究方面，国外学者已取得一些成就。穆罕默德·哈费兹（Mohammed Hafez）的著作《穆斯林为什么造反》探讨了伊斯兰世界城市贫困与社会动荡之间的关系，认为，快速城市化使许多农民移居到城市，他们期望从现代教育和工作中获益，但随着时间的推移，大多数人没有实现心中的期望，政府的承诺也没有兑现，导致了剥夺感的产生和"方向感的消失"，许多穆斯林容易受到激进主义和军事主义的影响。不论由于经济上的剥夺还是精神上的疏远，社会危机的发展都是穆斯林军事化的原因之一。而宗教激进主义从精神上的复苏到行动上的革命的暴力活动，所依靠的就是危机环境的蔓延。只有解决新的城市移民和受教育的年轻人的经济问题，才能消除相关激进组织。吉兰·丹诺伊克斯（Guilain Denoeux）的《动荡的中东城市——埃及、伊朗以及黎巴嫩非正式组织的比较研究》[①] 一书围绕民间社团、城市动乱、快速城市化和政治稳定性之间的关系，以埃及、伊朗、黎巴嫩为研究重点，对城市中的保护人—委托人社团、职业社团、宗教社团、社区社团等进行了系统研究。指出，20世纪50～70年代的快速城市化浪潮使中东国家产生了大量民间社团，这些社团既具有社会稳定器的作用，也是中东城市不稳的根源。认为城市民间社团"在一定情况下脱离政府控制，远离政府，并与政府发生冲突"。塞尔杰昂（R. B. Serjeant）的《伊斯兰城市》[②] 内容涉及城市经济、管理、教育、社会等各个方面。阿卜杜勒阿齐兹·萨卡弗（Abdulaziz Y. Saqqaf）的《中东城市的古代传统面对现代世界》在回顾中东城市历史传统的基础上，分析了中东城市向现代转变过程中的移民问题、就业问题、少数民族社团发展问题、城市商业模式转型问题、城市过快发展问题等，并对未来城市所呈现出的不确定性和城乡不平衡发展做出了预测。布拉克和劳力斯（G. H. Blake, R. I. Lawless）的《变化的中东城市》对中东城市转型过程中所遇到的各种问题进行了分析。卡斯特罗（V. F. Costello）的《中东城市化》在追溯中东城市历史的基础上，分析了二战后到20世纪70年代中东城市化发展的历程、特点和影响。迈克尔·博尼恩（Michael E. Bonine）编著的论文集《中东城市的人口、贫穷与政治》[③] 运用人口、贫穷、政治三要素对中东城市进行考察，对中东地区的城市化与政治动荡之间的关系进行了实证研究。认为城市化速度尽管与政治动荡本身没有直接因果关系，但是与动荡的频度和烈度成正相关关系；与二战后中东城市化高速发展伴随的是以反抗现状、以宗教理想为宣传口号的各种激进组织的活跃，它们在城市中找到了自己的同情者和支持者；二战后中东各国的发展经验表明，快速的城市化与社会动荡之间存在因果关系。加布略·巴尔

---

① Guilain Denoeux, *Urban Unrest in the Middle East, A Comparative Study of Informal Networks E-gypt, Iran, and Lebanon*, State University of New York Press, New York, 1993.
② R. B. Serjeant, *The Islamic City*, UNESCO, Paris, 1980.
③ Michael E. Bonine, *Population, Poverty, and Politics in Middle East Cities*, Florida University Press, Florida, 1997.

（Gabriel Baer）在《中东的农民与市民》①中对中东地区的城乡关系、城市行政管理体系，特别是行会、城市发展的制约因素进行了系统探讨。西亚经济社会委员会（Economic and Social Commission for Western Asia）编纂的《阿拉伯国家的城市化发展和变迁》②论述了中东城市持续发展遇到的挑战。亚西尔·埃尔什塔维（Yasser Elshehtawy）的《发展中的阿拉伯城市：传统、现代性与城市发展》③反思了从19世纪到21世纪初中东城市的城市发展。选择这一特殊的时间段是为了阐明殖民主义（或外国保护）对城市形态的影响。该书以个案研究的方式，以地理学和社会文化为标杆，把中东城市分为两部分：挣扎的城市和新出现的城市，讨论中东城市如何经历现代化，现代化如何塑造和影响中东城市形态和建筑环境，一些中东城市的后殖民状况和它们的殖民历史的相关程度，后殖民主义和现代性之间的联系，以及全球化对中东城市的挑战和中东城市如何应战等问题。

2. 中东城市化与社会稳定个案研究

法哈德·卡泽米（Farhad Kazemi）的《伊朗的贫穷与革命——边缘群体、城市边缘性与政治》④，通过实证调查法分析了旧政权下城市贫困移民日益边缘化的生活状况以及革命动员过程，除了要为食物和就业问题奋斗外，贫困移民特别是非法住房者还要为土地和住房经常参加令人绝望的械斗。该书系统分析了城市中大量贫穷移民对伊斯兰革命产生的影响以及革命进程中贫穷移民被动员的过程。艾哈迈德·沙巴托格利（Ahmad Sharbatoghlie）的《伊朗伊斯兰革命后的城市化与区域不平等》⑤探寻了伊朗城市体系的发展和增长因素、城市体系和国家体系相适应的因素，认为伊朗是世界上地区间发展不平等最严重的国家。穆罕默德·阿姆贾德指出，革命根源与阶级斗争、

---

① Gabriel Baer, *Fellah and Townsman in the Middle East*, F. Cass Press, London, 1988.
② United Nations, *Economic and Social Commission for Western Asia—Urbanization and the Changing of the Arab City*, New York, 2005.
③ Yasser Elshehtawy, *The Evolving Arab City*, *Tradition Modernity and Urban Development*, Routledge, New York, 2008.
④ Farhad Kazemi, *Poverty and Revolution in Iran—The Migrant Poor*, *Urban Marginality and Politics*, New York University Press, New York and London, 1980.
⑤ Ahmad Sharbatoghlie, *Urbanizatipon and Regional Disparities in Post-Revolutionary Iran*, Westview Press, Boulder, 1991.

国王对武力的任意使用、经济管理不善、农业衰败、农民涌入城市、长期繁荣后经济的衰落密不可分。① 乔尔·科特金（Joel Kotkin）的《全球城市史》一书指出，"频繁的腐败和独裁统治没有让日益增长的城市人口分享到国家繁荣所带来的好处"，"1979年这些'被边缘化'的德黑兰人和受到严重压迫的商人涌向街头去推翻伊朗国王的腐败统治"导致政权易手。② 阿里·玛达尼普尔（Ali Madanipour）在《德黑兰：一个大都市的形成》③中指出，人口膨胀与市政府拆迁不当引发了革命，"由于人口快速增长，棚户区在德黑兰出现，其中一个棚户区被拆除导致流血，是革命开始的最早标志"。马苏德·卡玛利（Masoud Kamali）的《伊朗革命：现代化进程中的公民社会与国家》④从公民社会视角解读革命，认为"国家和乌莱玛之间力量平衡关系的变化导致乌莱玛阶层进一步分化"，"霍梅尼和激进宗教人士成功地夺取国家政权，部分原因是这个政治家提出一套革命理论，部分是因为新城市边缘组织从宗教人士那里接受该理论，他们支持激进宗教人士的革命活动"。

安德烈·雷蒙（Andre Raymond）的《开罗》⑤侧重对开罗城市结构及变迁进行研究，其中涉及城市发展所遭遇的问题。洛巴（S. M. Robaa）的《大开罗城市人口和农村人口的不同》⑥不仅对农村人口和城市人口的收入和工作进行了比较，而且对工业化给开罗城乡造成的环境差异进行了具体探析。詹姆斯·托特（James Toth）的《埃及农村移民对国家的冲击（1961~1992）》⑦阐述了农村移民对国家的影响，特别是对移民抗议政府运动做了详尽的论述。穆罕默德·马哈茂德·埃尔·西奥菲（Mohamed Mahmoud El Si-

---

① Mohammed Amjad, *Iran: From Royal Dictatorship to Theocracy*, Greenwood Press, New York, 1989.
② 〔美〕乔尔·科特金：《全球城市史》，王旭译，社会科学文献出版社，2006。
③ Ali Madanipour, *Tehran: The Making of a Metropolis*, John Wiley and Sons, Chichester, 1998.
④ Masoud Kamali, *Revolutionary Iran: Civil Society and State in the Modernization Process*, Ashgate, Farnham, 1998.
⑤ Andre Raymond, *Cairo*, Harvard University Press, London, 2000.
⑥ S. M. Robaa, "Urban-suburban/rural Differences over Great Cairo, Egypt," *Atmósfera*, 2003, Vol. 16, No. 3.
⑦ James Toth, *Rural Labor movements in Egypt and Their Impact on the State, 1961 – 1992*, University Press of Florida, Florida, 1999.

oufi)的《农业用地城市化：开罗的非正式定居点》[①] 对开罗的非正式定居点的农业发展进行了考察。艾曼·若瑞（Ayman Zohry）的《从上埃及到开罗的非技术暂时性劳工迁移》[②] 对开罗和上埃及的移民进行了调查，分析了移民的工作和生活状况。阿瑟夫·巴亚特和艾瑞克·丹尼斯（Asef Bayat, Eric Denis）的《谁害怕非正规社区？埃及的城市变化与政治》[③] 则探究了埃及非正式定居点移民的生存状况。莎拉·萨布里（Sarah Sabry）的《被低估的大开罗贫困》[④] 指出，开罗庞大的人口基数导致贫困率较低，而事实上开罗贫民人数众多且生活窘迫。艾曼·若瑞和芭芭拉·哈勒尔－邦德（Barbara Harrell-Bond）的《当代埃及人口迁移：自愿和被迫迁移概况》[⑤] 较详细地论述了埃及的国际人口迁移和埃及国际难民的历史发展、现状和影响等。国际移民组织2003年的研究报告《当代埃及的人口迁移》[⑥] 论述了埃及国际人口迁移的现状、原因，移民汇款对埃及经济产生的影响，以及政府对人口迁移采取的政策措施等。艾曼·若瑞的《埃及的移民和发展》[⑦] 论述了国际移民对埃及经济、社会和文化发展的影响。欧洲大学研究所罗伯特舒曼高级研究中心的海伯·纳赛尔（Heba Nassar）的《埃及的移民、转变和发展》[⑧] 分析埃及移民对经济稳定的积极和消极影响。马尔沙·普瑞普斯坦因·珀修斯尼（Marsha Pripstein Posusney）的《埃及的劳工与国家：工人、工会与经济重构》[⑨] 对埃

[①] Mohamed Mahmoud El Sioufi, *Urbanization of Agricultural Land: Informal Settlements in Cairo*, Ain Shams University, Ain Shams, 1981.

[②] Ayman Zohry, *Unskilled Temporary Labor Migration from Upper Egypt to Cairo*, http://www.zohry.com/pubs/Zohry-CEDEJ02.pdf.

[③] Asef Bayat, Eric Denis, "Who is Afraid of Ashwaiyyat? Urban Change and Politics in Egypt," *Environment and Urbanization*, 2000, Vol. 12, No. 2.

[④] Sarah Sabry, "How Poverty is Underestimated in Greater Cairo, Egypt," *Environment and Urbanization*, Vol. 22, No. 2, 2010.

[⑤] Ayman Zohry, Barbara Harrell-Bond, *Contemporary Egyptian Migration: An Overview of Voluntary and Forced Migration*, University of Sussex, Sussex, 2003.

[⑥] *Contemporary Egyptian Migration 2003*, http://www.zohry.com/pubs/CEM2003/CEM2003.pdf.

[⑦] Ayman Zohry, *Migration and Development in Egypt*, http://policydialogue.org/files/events/Zohry_Migration_Development_Egypt.pdf.

[⑧] Heba Nassar, *Migration, Transfers and Development in Egypt*, European University Institute, Robert Schuman Centre for Advanced Studies, 2005.

[⑨] Marsha pripstein posusney, *Labor and the State in Egypt: Workers, Unions, and Economic Restructuring*, Columbia University Press, Columbia, 1997.

及的工会及其工人运动的起因进行了探索。盖拉·阿敏（Galal Amin）的《穆巴拉克时期的埃及：1981~2011年》①，探讨该期的埃及工人阶级所处的经济、政治环境。

迈克尔·丹尼尔逊·鲁森·凯斯（Michael N. Danielson Rusen Keles）的《快速城市化政策》②对土耳其城市化进程与问题展开探讨。菲利普·库皮（Philips Khoupy）的《城市贵族与阿拉伯民族主义——1860~1920年大马士革的政治》③侧重研究大马士革的社会阶层演变，认为变迁中的大马士革为20世纪早期风起云涌的阿拉伯民族主义运动提供了领导阶层——"地主官僚阶层"。

默罕默德·卡麦尔·多哈（Mohamed Kamel Doraï）的《从难民营居民到城市难民？——黎巴嫩难民营的城市化和边缘化》④和《巴勒斯坦难民、伊拉克难民和叙利亚、黎巴嫩的城市发展》⑤对黎巴嫩的难民和城市发展做了系统阐述。阿伦·芬德莱和穆萨·萨姆哈（Allan Findlay & Musa Samha）合著的《国际移民对安曼城市结构的影响》⑥论述了候鸟型移民和永久性移民这两种类型的国际移民对安曼城市结构变化的影响。

3. 城市化与城市治理

亚西尔的《中东城市规划——全球化世界中城市的万花筒》⑦从全球化视角，对开罗、突尼斯城、巴格达、萨那、阿尔及尔和迪拜的空间发展、城

---

① Galal Amin, *Egypt in the Era of Hosini Mubarak*：*1981 - 2011*, the American University in Cairo Press, Cairo, 2011.
② Michael N. Danielson Rusen Keles, *The Polities of Rapid Urbanization*, Holmes & Meier Publishers, New York, 1986.
③ Philips Khoupy, *Urban Notables and Arab Nationalism*, *The politics of Damascus 1860-1920*, Cambridge University Press, Cambridge, 1983.
④ Mohamed Kamel Doraï, "From Camp Dwellers to Urban Refugees? Urbanization and Marginalization ofRefugee Camps in Lebanon," National Center for Scientific Research, https：//www.cmi.no/file/？121.
⑤ Mohamed Kamel Doraï, "Palestinian and Iraqi Refugees and Urban Change in Lebanon and Syria," *Refugees*, Mar. 2010.
⑥ Allan Findlay, Musa Samha, "The Impact of International Migration on the Urban Srructure of Amman," *Espace Populations Societes*, Vol. 3, No. 1, 1985.
⑦ Yasser Elsheshtawy, *Planning Middle Eastern City*：*An Urban Kaleidoscope in a Globalizing World*, Routledge, London and New York, 2004.

市建筑在社会转型过程中的变迁进行了研究,并号召中东人理解全球化、融入全球化。黛安·辛格曼和保罗·阿马尔(Diane Singerman and Paul Amar)的《世界性的开罗:新全球化下中东地区的政治、文化和城市空间》① 阐释了全球化时期中东的政治、文化和城市空间状态,分析了开罗居民的情况,以及全球化下与其他力量的相互作用。法哈·加纳姆(Farha Ghannam)的《现代化的重建——全球化开罗的空间、搬迁以及政治特性》② 考察了埃及住房政策对住房改造计划和开罗的影响,阐述社会行动者、国家政策以及各种全球性力量是如何根据他们各自的需求和文化特性来重建开罗城的。卡拉尔·凯迪尔(Çalar Keyder)的《伊斯坦布尔——在全球化与地方化之间》③ 认为社会化过程创造了城市空间,城市空间又反作用于社会化。该书关注以下几个问题:文化在城市转向全球化过程中的作用,个体政治的本质,伊斯兰与全球化的关系,帝国遗产和伊斯兰历史对伊斯坦布尔的全球化的影响,伊斯坦布尔不同居民的真实状况,全球化新文化、流行音乐与传统文化之间的关系,弱化国家控制与政治运动、建立对城市经济和市政政治的控制,以及居住环境在移民时期的变化。梅婷·哈帕(Metin Heper)的《大伊斯坦布尔行政管理中的本地治理》④ 对伊斯坦布尔在城市管理上如何进行分权以及分权程度做了详细阐述,并对重建市政体制提出了许多建议,如减少大城市市政当局从中央集权政府继承的传统,并推进这种市政体制,使它更加接近富有责任感和高效率的自治政府,建成真正自由形式的市政体制。妮利达·佛卡罗(Nelida Fuccaro)的《海湾城市和国家历史:1800年以后的麦纳麦》⑤ 以麦纳麦为例考察了海湾港口城市及其内陆地区的政治、社会生活,分析了城市化进程中城市空间的变化与麦纳麦的市政改革。斯特凡诺·比安卡(Stefa-

---

① Diane Singerman and Paul Amar, *Cairo Cosmopolitian, Politics, Culture, and Urban Space in the New Globalized Middle East*, the American Universityin Cairo, Cairo, 2006.
② Farha Ghannam, *Remaking the Modern, Space and the Politics of Identity in a Global Cairo*, University of California, California, 2002.
③ Çalar Keyder, *Istanbul: Between the Global and the Local*, Rowman and Littlefield, Lanham, 1999.
④ Metin Heper, *Local Government in Turkey-Governing Greater Istanbul*, Routledge, London, 1989.
⑤ Nelida Fuccaro, *Histories of City and State in the Persian Gulf: Manama since 1800*, Cambridge University Press, New York, 2009.

no Bianca）的《阿拉伯世界的城市形态：过去与现状》[1] 分析和解释了伊斯兰城市建筑的基本模式，并说明了在当代背景下城市建筑是如何被重构的。吉达利·奥尔巴赫（Gedalia Auerbach）的《圣城的规划与政策》认为在团体和个人之间如果没有政治冲突就很少会有规划。彼得·格罗和哈希姆·萨尔基斯（Peter Growe，Hashim Sarkis）的《一座现代城市的构建与重建：贝鲁特城市规划》[2] 考察了众多规划在建筑方面对贝鲁特城市形态的塑造。

4. 国内研究状况

毕健康先生的著作《埃及现代化与政治稳定》[3] 论述了埃及城市化进程及动力、城市边缘区问题，以及埃及的失业状况与成因。车效梅教授的著作《全球化与中东城市发展研究》[4] 指出，中东城市经济的二元结构是中东城市边缘群体形成的根本原因，并从社会心理、社会秩序、社会结构三个层面论证了过度城市化与社会稳定之间的关系。指出，城市化作为经济增长的显性表征和度量标准之一，其本身与社会稳定之间存在复杂的关联，20世纪70年代中东地区出现的持续动荡是城市化取得一定成就之后出现的衍生物。城市化、粮食安全与社会稳定之间关系密切，纵观中东城市历史，粮食危机一直是中东城市动荡的重要源头。坚持城市可持续发展、加强政府宏观管理、完善城市体系、发挥大城市作用是解决中东城市问题的必由之路。

毕健康的《当代埃及的城市边缘区问题》[5] 一文指出，当代埃及的过度城市化造成了城市边缘区的出现和膨胀，加剧了城市贫困，形成城市二元结构。城市边缘区的政治参与表现为政治冷淡和人民议会选举中畸形的高投票率。城市边缘区卷入了自发性暴力和宗教极端组织发动的政治暴力，尤其是在20世纪90年代上半期，直接威胁到埃及的政治稳定。因此，从1993年开始，穆巴拉克政权启动"棚户区改造计划"，以从根本上遏制城市边缘区的政治暴力，维护政治稳定。

---

[1] Stefano Bianca, *Urban Form in the Arab World, Past and Present*, Thames and Hudson, London, 2000.

[2] Peter Growe and Hashim Sarkis, *Projecting Beirut, Episodes in the Construction and Reconstruction of a Modern City*, Prestel Munich, London, New York, 1998.

[3] 毕健康：《埃及现代化与政治稳定》，社会科学文献出版社，2005。

[4] 车效梅：《全球化与中东城市发展研究》，人民出版社，2013。

[5] 毕健康：《当代埃及的城市边缘区问题》，《世界历史》2002年第6期。

毕健康的《从巴列维王朝的突然倾覆看伊朗社会变革与社会稳定问题》[1]一文指出，20世纪的伊朗历经战争与革命、改革与发展，基本完成了从传统农牧业社会向现代工商业、城市社会的社会变革。1979年巴列维王朝出人意料地突然倾覆，凸显了社会变革与社会稳定的对立统一关系。王朝突然倾覆，关键在于资产阶级与什叶派教士结成政治联盟。伊朗社会变革的不平衡，造成资产阶级尤其是民族资产阶级弱小，传统势力即巴扎和教士势力比较强大。资产阶级弱小，不足以迫使巴列维国王适时推进政治改革，政治变革严重滞后于经济发展和社会变革。

车效梅、王泽壮的《城市化、城市边缘群体与伊朗伊斯兰革命》[2]一文指出，城市化迅猛推进导致伊朗阶级结构嬗变。一方面，两大传统精英阶层乌莱玛和巴扎商人的中心地位丧失而渐趋边缘化；另一方面，两大新生阶层即城市新移民和现代知识分子由于政治排斥而被边缘化。传统精英阶层因为利益受损对现状不满，新生阶层则因受制度排斥而反对政府。随着伊朗政治生态的恶化，四大阶层走向联合，并最终推翻了巴列维王朝。

车效梅、李晶的《城市化进程中的开罗边缘群体》[3]一文指出，二战后，埃及城市化进程走上快车道，农业劳动力开始大规模向大城市开罗转移。然而这些农村移民并没有为开罗所吸纳，呈现出边缘状态。他们是城市中最脆弱的社会群体，参政意识淡薄，政治诉求不畅，社会交往有限，难以融入城市文化。特殊的历史背景，促成了开罗边缘群体的形成。一方面，殖民主义遗产和独立后历届政府在城市政策、工业发展方面的失误，造成了开罗城市拉力与容纳能力的失调。另一方面，政府各阶段的土地政策并没有改变农村底层群体的生活状况，反而由于私有化的实施而拉大了城乡发展差距。寻求生存出路的农村移民进城后，社会期望严重受挫，城乡文化冲突不断，群体利益诉求不畅，所有这些都成为影响城市社会稳定的隐患。

---

[1] 毕健康：《从巴列维王朝的突然倾覆看伊朗社会变革与社会稳定问题》，《史学集刊》2014年第4期。

[2] 车效梅、王泽壮：《城市化、城市边缘群体与伊朗伊斯兰革命》，《历史研究》2011年第5期。

[3] 车效梅、李晶：《城市化进程中的开罗边缘群体》，《历史研究》2015年第5期。

《中东城市化与粮食安全》[①]一文认为，一方面城市化造成耕地资源流失，农业用水偏紧，粮食需求剧增和城市贫困居民粮食获取能力下降；另一方面粮食安全威胁城市经济稳定，破坏城市政治稳定，助长社会"不公"心理。

《对中东过度城市化的思考》[②]一文指出，过度城市化一方面形成最大城市人口规模不合比例、城市首位度高，城市区位间不平衡，低下的城市生活方式等问题；另一方面其发展状况与中东国家二元社会经济结构、石油工业兴起、国家经济政治政策密切相关。《中东过度城市化与社会稳定》[③]一文以中东地区战后快速城市化发展为依据，在考察其过度城市化的若干表现的同时，从理论上探讨了过度城市化与社会稳定之间的关系。《当代中东大城市困境与对策分析》[④]系统分析了日渐加快的中东城市化给各国带来的多种"城市病"，以及城市问题的成因与对策。《德黑兰都市困境分析》[⑤]一文对德黑兰大都市的形成及其成因，以及城市困境成因、对策得失进行了客观评析。《开罗都市化进程中的人口问题》[⑥]对开罗城市化进程中的人口问题的现状、成因、走向以及对策做出了客观评估。

这些研究成果虽然各有突破，但在把中东城市化与社会稳定作为一个整体进行研究方面仍存在薄弱环节，这正是本研究价值所在。

二 相关概念的界定及其关系辨析

本书涉及许多基本概念，在此首先需要理清这些概念及其相互之间的关系，以使读者更好地理解本书的内容。

（一）城市化

城市化是个综合性概念，学术界对其概念和内涵的理解不尽相同，各国

[①] 车效梅、李晶：《中东城市化与粮食安全》，《阿拉伯世界研究》2011年第5期。
[②] 车效梅、杨琳：《对中东过度城市化的思考》，《山西师范大学学报》2010年第6期。
[③] 王泽壮、车效梅、李晶：《中东过度城市化与社会稳定》，《史学集刊》2011年第4期。
[④] 车效梅：《当代中东大城市困境与对策分析》，《西亚非洲》2006年第9期。
[⑤] 车效梅：《德黑兰都市困境探析》，《世界历史》2007年第4期。
[⑥] 车效梅、张亚云：《开罗都市进程中的人口问题》，《西亚非洲》2009年第5期。

城市化程度的统一指标也难以确定。故本书把城市化概念作狭义的理解，即城市化系指伴随现代产业革命所产生的人口向城市的集中，乡村人口转变为城市人口，乡村地域转变为城市地域，以及城市地域的扩大等过程。本书把城市人口数量的变化看作衡量中东不同地区、不同国家城市化程度的主要指标。

（二）社会稳定、社会动荡与社会动乱

不同的学科对社会稳定的概念与内涵有不同的解读。哲学侧重于整体社会结构的协调与稳定，以社会基本矛盾的性质及其状况作为衡量社会稳定的根本标准；政治学侧重于政治体系的社会调控功能及其运作；社会学认为社会稳定是指社会的良性运行和协调发展的运行状态，[①] 是指在社会性质不变的前提下社会生活的秩序性和可控状态，是政治体系通过各种手段进行干预和调控而实现的社会生活的动态平衡和有序发展。

社会稳定包括政治稳定、经济稳定、社会秩序稳定和社会心理稳定。政治稳定是指某一政治体系的延续性、秩序性和可控性，包括政权体系的延续性或稳定性、权力结构的合理性和政治运行过程的可控性；经济稳定是指经济能保持健康平稳持续的增长和发展；社会心理稳定可视为绝大多数民众认同占主导地位的思想政治理论，对社会状况基本满意，不存在思想认识的严重混乱和情绪的巨大波动；社会秩序稳定是指社会利益关系较为和谐，没有严重的社会矛盾与冲突，社会治安状况良好。

政治稳定是社会稳定的核心，是社会稳定的政治保障。"在全部社会生活中，社会政治生活具有主导作用。与此相应，社会政治生活的稳定或政治稳定在整个社会稳定中也占有特别重要的地位，它既是社会稳定的重要内容，也是整个社会稳定的必要条件。没有政治稳定，就不可能有整个社会稳定。"[②]

政治稳定的基本特征如下。①政治共同体的稳定，即国家的统一、民族的团结。②宪政制度的维持和基本政治制度的延续。③政府更迭的法制化和

[①] 邓伟志等主编《变革社会中的政治稳定》，上海人民出版社，1997，第20~21页。
[②] 陶德麟主编《社会稳定论》，山东人民出版社，1999，第10页。

守常性。这是政局稳定最为明显的标志。所谓法制化，即政府更迭是法定政治过程的产物，而不是国家最高领导人的个人意志或军事政变的结果。所谓守常性，是指政府更迭的相对稳定。④基础阶级结构的保持。随着城市化的发展，必然出现一些新生的边缘阶级或利益集团，影响社会的阶级结构。由此，"在变革社会中，应当设法保持主导性政治力量的保持和壮大，这是维持政治稳定的根本性举措"。①⑤与社会动员相适应的政治参与制度化水平。根据塞缪尔·亨廷顿的研究，"政治参与÷政治制度化=政治动乱"。② 政治参与的制度化水平越高，政治体系吸收社会政治力量越多，政治体系的合法性、权威性和有效性就越强，政治稳定的程度就越高。⑥政治文化的内在一致性程度。政治文化分为两个层次，即执政者倡导的政治文化（主流政治文化）和民间流行的传统政治文化（政治亚文化）。主流政治文化越强大，社会成员对主流政治价值观和政治体系的认同就越强，政治就愈加稳定。反之，缺乏对政治体系的认同、对现存政权体系及执政者的合法性表示怀疑，即离心离德、人心不稳，极易出现政治失稳。

经济稳定是整个社会稳定的物质基础。由于城市是引领国家经济发展的龙头和经济增长的极点，有巨大的集聚效应、创新能力和人力资本。城市经济的波动对区域乃至国家的经济形势有极为重要的影响。经济稳定主要表现为合理、稳定的产业结构，连续的经济政策，市场供求相对平衡，各项经济指标能呈稳步合理的波动趋势等。而适时调整产业结构，实现市场调节与政治指导相结合，缩小城市贫富差距，实现产业升级，避免经济发展出现周期性起落等，是实现城市经济稳定的重要途径。

政治稳定与经济稳定居于维护社会稳定的决定性地位。③

社会心理稳定即人心稳定，是社会稳定的重要内涵。④ 心理稳定是社会稳定的综合反映和重要内容。中东过度城市化对社会心理产生的不良影响首

---

① 王宗礼、谈振好、刘建兰：《中国西北民族地区政治稳定研究》，甘肃人民出版社，1998，第36页。
② 〔美〕塞缪尔·亨廷顿：《变化社会中的政治秩序》，王冠华等译，三联书店，1996，第51页。
③ 马建中：《政治稳定论》，社会科学出版社，2003，第34页。
④ 胡联合、胡鞍钢等：《政治稳定论——中国现代化进程中的政治稳定问题研究》，红旗出版社，2009，第244页。

肘。中东维持经济稳定的底线是建立一套行之有效的反贫困制度，社会福利制度可以防止经济波动带来的社会不稳定。城市通过聚集经济促进了资本、人力和物流的集中，间接促进了国民经济的增长，但城市化的过程中也伴随失业、贫困、通胀等问题，削弱了城市化对国民经济的贡献。中东各国应在本地区生产结构和技术水平基础上下，制定相应的城市化政策，方能促进经济的持续稳定增长，进而确保社会的和谐稳定。

第五章从社会心理视角审视城市化对中东城市社会心理的影响，继而揭示社会心理变化对中东城市稳定的影响。首先，从城市化与城市社会成员对政府的信任和支持之间的关系着手论述了在城市化过程中，市民心理上对政府的满意度决定其对政府的支持程度；继而又从城市化与城市社会成员价值选择和行为取向的微调上着手论述了在城市化过快的中东，城市化中的问题往往引起市民社会心理的异化和行为的极端化；最后从城市化与"阿拉伯之春"来阐释中东城市化的问题引发的社会心理问题最终导致中东动荡的发生与发展。

第六章从社会秩序角度审视城市化中社会秩序的变化给中东城市稳定带来的影响。本章首先阐明了城市化与社会秩序之间的关系，厘清了诸如城市化中影响社会秩序的元素——城市贫困、民俗的变革、社会结构的变化、社会规范体系的更新等，社会秩序功能的概念及其弱化的后果，政府对民俗的变革的社会控制等问题，继而论述了中东的城市化与社会治安、城市化与社会风气的关系问题，并揭示正是城市化给社会秩序带来的诸多问题最终给中东城市造成了极大的不稳定。

第三部分（第七章）分析了城市治理与社会稳定的关系。中东城市化成果斐然，但是在快速发展的过程中，城市中的各种社会矛盾激化了，尤其在"阿拉伯之春"中，城市治乱直接关系国家的长治久安，城市治理呼之欲出。城市治理是治理理念在城市管理中的延伸，强调民主、平等、合作和可持续发展理念，力图通过城市利益主体之间的理性协商，达到缓和社会矛盾、维护城市稳定与发展的目的。如今，中东城市的政府正在采取针对性的措施，重视城市规划，关注民生问题，发展科技，振兴经济。城市政府的治理措施固然重要，但是绝不能忽视民众的合理诉求和社会团体的积极作用。所以，城市政府应及时转变观念，加快城市治理的民主化进程；民众和社会团体也应充分发扬主人翁精神，积极且有效地参与到城市发展中。

第一章
中东城市化历程、现状与特点

城市是人类为满足自身生存和发展需要而创造的人工环境，是人的社会关系和文化构成的物质载体。城市化是指随着工业化的发展和科学技术革命的出现，乡村分散的人口、劳动力以及非农业经济活动不断进行地域聚集而逐渐转化为城市经济、社会要素。即城市化系指伴随现代产业革命所产生的人口向城市的集中，乡村人口转变为城市人口，乡村地域转变为城市地域，以及城市地域扩大等过程。

第一节 中东城市化发展历程

一 中东古代城市历史溯源

"公元前7000～前5000年所谓'首发城市'在叙利亚草原的广阔地区，在耶利哥、伊朗、埃及和土耳其等地快速发展起来。"① 公元前3700～前3100年，两河流域进入乌鲁克时期，城市星罗棋布。该期中东城市的面积多为4～10公顷。城墙不仅有防御和举行宗教仪式的功能，而且是城市团体和

---

① 〔美〕乔尔·科特金：《全球城市史》，王旭译，社会科学文献出版社，2006，第3～4页。

其统治者的财富和权力的象征。① 公元前2900年，两河流域进入真正的城邦时代。苏美尔地区出现了12个独立的城市国家，较大的城市有埃利都、基什、拉格什、乌鲁克、乌尔和尼普尔等。公元前1830年左右阿摩利人以巴比伦（Babylon）为首都建立了巴比伦王国。② 公元前1730～公元前1687年，巴比伦城盛极一时，被称为"巴比—伊拉尼（Babi-ilani），即'众神之门'，意思是诸神于此处降临大地"。③

亚述的崛起使两河流域进入帝国时代。亚述帝国都城尼尼微（Ninevenh）占地1800英亩，是当时世界上最大的城市。④ 公元前627年，新巴比伦王国建立，尼布甲尼撒改建巴比伦城，巴比伦再度繁荣。希罗多德记载称"直路相交，有些平行于河流，有些垂直于河流"。⑤ 公元前539年，波斯国王居鲁士占领巴比伦城，两河流域的城市进入新的发展时期。

公元前3500年尼罗河流域城市繁荣一时，底比斯人口达到25万，公元前2134年底比斯（卢克索）成为埃及的政治、经济、文化与宗教中心。第18和19王朝（公元前1550～前1196年），底比斯进入鼎盛时期，"她笼罩了万物，万物经由她得到传扬"，⑥ 是"当时为人所知的全世界首都"。⑦

公元前4世纪末到公元前3世纪，在希腊—马其顿人控制区，出现了一场城市化运动。亚历山大大帝在征战地区建立了大量城市。⑧ 位于埃及尼罗河入海口的亚历山大城，是他在东方建立的第一座城市。⑨ 亚历山大大帝建立了百余座以"亚历山大"命名的城市，主要集中在底格里斯河以东地区。⑩

---

① G. H. Blake and R. I. Lawless, *The Changing Middle Eastern City*, Routledge, Abingdon, 1980, p. 12.
② A. Bernard Knapp, *The History and Culture of Ancient Western Asia and Egypt*, Wadsworth, New York, 1998, pp. 97–100.
③ Mircea Eliade, *The Myth of the Eternal Return*, Princeton University Press, Princeton, 1971, p. 14.
④ Tertius Chandler and Gerald Fox, *3000 Years of Urban Growth*, Academic Press, New York and London, 1974, p. 300.
⑤ 〔美〕斯皮罗·科斯托夫：《城市的形成：历史进程中的城市模式和城市意义》，单皓译，中国建筑工业出版社，2005，第104页。
⑥ Mason Hammond, *The City in the Ancient World*, Harvard University Press, Cambridge, 1972, p. 73.
⑦ 〔埃及〕A. 费里克：《埃及古代史》，高望之等译，商务印书馆，1973，第102～103页。
⑧ 杨巨平：《论"希腊化"时期的城市化运动》，《城市史研究》总第7辑，1992。
⑨ 王铁铮、黄民兴等：《中东史》，人民出版社，2010，第50页。
⑩ W. W. Tarn, *Alexander the Great*, Vol. I, Beacon Press, Boston, 1966, p. 133.

其后继者也热衷城市建设，最突出的是塞琉古王国，建城280座左右。[1] 经过亚历山大及其后继者的努力，希腊式城市已遍布以地中海为中心的欧、亚、非大地。

希腊化时期的中东城市形成"希腊化"世界新的政治、经济、文化中心。公元1世纪著名罗马地理学家斯特拉波写道："亚历山大里亚因其优美的公园和完善的公共设施，特别是博物馆和图书馆而独具魅力，也使其成为地中海世界的文化中心。"[2] 这次城市化运动虽然随着希腊—马其顿人统治结束而宣告终结，但其建立的城市仍屹立在地平线上，一些建于亚洲的希腊式城市甚至到14世纪依然存在。[3]

从奥古斯都时代（公元前30~公元前14年）到哈德良时代（公元117~138年），长达一个半世纪的罗马帝国城市化运动，进一步推动了中东城市的发展与繁荣。安条克城进入其历史发展的黄金时期，公元前1世纪前后城市人口达30万~50万人。[4] 公元324年，君士坦丁堡（Constantinople）建立。君士坦丁堡占地3500英亩，拥有100万人口。[5]

公元7~9世纪，伊斯兰教文明培育了更加成熟的城市文化。伊斯兰城市由四种类型组成。第一，宗教城市。"伊斯兰教是城市的宗教。"[6] 如耶路撒冷是神圣的和圣洁的精神领地，麦加是真理的完美中心，麦地那是精神善于寻求能够看到真主一切的地方。[7] 这些城市曾经是，现在仍然是重要的宗教、情感和政治中心。第二，军事要塞城市——阿姆撒尔（Amsar）[8]。阿拉

---

[1] 据 M. Cary 考证，希腊人的移民地主要集中在地中海沿岸，建在幼发拉底河中下游、巴克特里亚以及印度的城市为数也不少。M. Cary, *A History of the Greek World：From 323 to 146 B. C.*, Methuen, London, 1972, p. 245.

[2] 〔美〕刘易斯·芒福德：《城市发展史——起源、演变和前景》，宋俊岭、倪文彦译，中国建筑工业出版社，2005，第190~197页。

[3] J. M. Cook, *The Greeks in Ionia and the East*, Thames and Hudson, London, 1962, p. 208.

[4] Michael R. T. Dumper, Bruce E. Stanley, *Cities of the Middle East and North Africa*, ABC-CLIO, California, 2006, p. 40.

[5] 〔意〕奇波拉主编《欧洲经济史》，林尔蔚译，商务印书馆，1988，第10页。

[6] Nezar Alsayyad, *Cities and Caliphs*, ABC-CLIO, California, 1991, p. 15.

[7] R. A. Nicholson, trans. Tarjuman al-Ashwaq, *Theosophical Society*（Reprint），Forgotten Books, London, 1972, pp. 122-123.

[8] "阿姆撒尔"是阿拉伯语"界限"一词的复数音译，其单数形式称"米绥尔"（Misr）。这个古闪语词汇原先似乎用来指界限或疆界，所以这里为"边城"之意，实际上就是阿拉伯人在被征服地区建立的军事营地。

伯人在征服战争中"往往要营建新的中心，以符合本身战略上与帝国式的需要。这些地点后来就成为新的城市"。① 如637年欧特巴·加兹旺在伊拉克南部建立的巴士拉，是穆斯林帝国的第一座城市；② 638年赛义德·阿比·瓦嘎斯在伊拉克中部建立的库法；642年阿慕尔·本·阿斯在埃及建立的福斯塔特等。第三，原有城市的伊斯兰化。如伊斯坦布尔、亚历山大、大马士革、耶路撒冷和迦太基等。第四，新建首都和行政中心。762年曼苏尔选择了一个足以能够控制两河流域的大部分贸易、农业生产、交通要道，并"与中国贸易畅通无阻"地方建立新城巴格达，③ 该城以圆城而闻名。不久从其他地区源源不断涌入的新居民定居在城墙外，郊区的形成使城市延伸到底格里斯河东岸。④ 巴格达建立后的一个世纪内，人口达到近100万。⑤

公元1325年，伊本·白图泰游历大马士革，为她的富庶所震撼，感慨道："如果乐园在大地上，无疑就是大马士革；如果乐园在天上，大马士革堪与它媲美。"⑥ 马穆鲁克时期，开罗是国际贸易枢纽，在新大陆奴隶被引进之前，开罗是世界上最大的奴隶市场。⑦ 16世纪的伊斯坦布尔为欧洲和小亚细亚地区最大城市，其城市人口的总数超过50万。

二 西方文明冲击下的中东城市

公元18~19世纪西方工业文明楔入，打断伊斯兰城市的发展进程，促使其从传统社会向现代社会转变。在该阶段，中东城市发展迅速。首先，城市人口规模扩大。埃及城市人口占全部人口的比例，从1897年的17%，上升

---

① 〔英〕伯纳斯·路易斯：《中东：激荡在辉煌的历史中》，郑之书译，中国友谊出版社，2000，第72页。
② Michael R. T. Dumper, Bruce E. Stanley, *Cities of the Middle East and North Africa*, ABC-CLIO, California, 2006, p. 72.
③ Michael R. T. Dumper, Bruce E. Stanley, *Cities of the Middle East and North Africa*, ABC-CLIO, California, 2006, p. 55.
④ Yasser Elsheshtawy, *Planning Middle Eastern City: An Urban Kaleidoscope in a Globalizing World*, Routledge, London and New York, 2004, p. 61.
⑤ Janet L. Abu-Lugbod, *Before Erupoean Hegemony*, *The World System A. D. 1250 – 1350*, Oxford University, Oxford, 1989, p. 191.
⑥ 〔摩洛哥〕伊本·白图泰：《伊本·白图泰游记》，马金鹏译，宁夏人民出版社，2000，第79~80页。
⑦ Max Rodenbeck, *Cairo: The City Victorious*, Vintage Books, New York, p. 105.

为1907年的19%，1917年的20.9%。伊朗到20世纪第一个10年，城市人口占全部人口的18%。① 其次，中东城市空间迅速延伸。开罗在19世纪末20世纪初向西、北、南三个方向发展，建筑地区面积从18世纪末的730多公顷增加到1882年的1260公顷。② 德黑兰向北发展，在北部新区建立了新城市中心——图谱·翰哈广场。到19与20世纪之交，德黑兰的住房数量翻了一番，商业活动繁荣。最后，随着欧洲贸易在中东地区的扩张，现代商业城市兴起。贝鲁特是东地中海最古老的城市之一，19世纪伴随着现代商业发展，贝鲁特开始兴起，19世纪后半期成为当时该地区唯一可以停靠蒸汽船只的深水港，贝鲁特开始取代阿勒颇成为区域经济交往的枢纽。在城市港口贸易的促动下，贝鲁特市政市容得以完善，至19世纪末已经拥有人口10万多。同时，波斯湾的亚丁城和科威特城，埃及的亚历山大、塞得港和苏伊士城，安纳托利亚的伊兹密尔、黑海沿岸的特拉布宗城等皆因频繁的现代港口贸易而兴盛。但也应注意这些港口城市的建立多出于殖民者掠夺需要，城市繁荣的同时，一些处于内陆的城市却发展缓慢，有些甚至呈现衰败迹象。

第一次世界大战后，伴随着土耳其、阿富汗、埃及等现代民族国家的出现，中东城市加快发展，表现为：城市人口膨胀，城市空间进一步延伸；民族工业发展，城市经济繁荣；新城市不断涌现。1897～1907年的开罗人口增长率为1.4%，1927～1937年为2.2%，1937～1947年为4.8%。开罗人口在1882～1914年的30多年间翻了一番，1917～1942年的20多年间又翻了一番。③ 1907年埃及城市人口占人口总数的19%，1947年为33%。④ 伊朗城市人口从1900年为200万，占总人口的21%，发展为1940年的320万，占总人口的22%。⑤ 到20世纪30年代中东城市化平均水平达到20%～30%。

---

① Ali Madanipour, *Tehran: The Making of a Metropolis*, John Wiley and Sons, Chichester, 1998, pp. 9 – 10.
② Andre Raymond, *Cairo*, Harvard University Press, London, 2000, p. 317.
③ Andre Raymond, *Cairo*, Harvard University Press, London, 2000, p. 339.
④ Abdulaziz Y. Saqqaf, *The Middle East City: Ancient Tradition Confront a Modern World*, Paragon House, New York, 1987, p. 217.
⑤ J. Foran, Fragile Resistance, *Social Transformation in Iran from 1500 to the Revolution*, Westview Press, Boulder, 1993, p. 227.

城市人口膨胀导致城市用地规模扩大。开罗进一步向西延伸。1906年，在英国鼓励下，开罗地产开发达到顶点。比利时公司、开罗电车公司和赫利波利斯绿洲公司购买开罗北部的土地并得到铁路特许权，大批富裕的埃及人在此建自己的别墅。在20世纪上半期，城市向东和南部延伸，并出现根据欧洲模式规划的新街区——Heliopic和Ma'adi。1929年德黑兰城市的面积已经达24平方公里，另有1/3的城市的结构被建立在城外，1930年拆除城墙，1934年填平护城河，德黑兰面积扩大到46平方公里。①

1908年在伊朗率先生产石油之后，一批以石油工业为主导产业的石油城市迅速兴起和繁荣。20世纪初胡齐斯坦发现石油，阿瓦士（Ahvāz）重新繁荣。1934年底基尔库克油田投产，基尔库克以石油城市享誉世界。兴起于20世纪30年代的达兰是世界上最大的石油公司沙特阿美石油公司（SAUDI ARAMCO）总部所在地，有"石油之都"之称。19世纪60年代阿巴丹作为一个现代石油重镇开始进入世界的视野，20世纪之后成为伊朗乃至中东地区石油工业的生产和出口中心。

20世纪上半期伴随石油经济发展和国家独立，一大批新兴城市崛起，这些城市的建立促使中东城市格局基本形成。

第二节　中东城市化现状

第二次世界大战后，中东城市发展迎来新契机。随着政治形势的变化与石油工业的发展，中东城市化进入加速阶段。1960~1970年城市人口年平均增长率为5.95%，1970~1975年为5.1%，这样的增长速度使中东城市人口在十余年间翻了一番。② 20世纪80年代后城市化步伐进一步加快，1980~1988年城市人口增速最高的国家如民主也门，城市人口年增长率为8.8%，最低的以色列为2.1%，整个地区城市人口增长率为4.5%。③ 到20世纪末许多国家已经成为高度城市化的国家，并跨入城市化成熟阶段。进入21世纪

---

① Ali Madanipour, *Tehran: The Making of a Metropolis*, John Wiley and Sons, Chichester, 1998, p.39.
② G. H. Blake and R. I. Lawless, *The Changing Middle Eastern City*, Harnes, 1980, p.44.
③ 世界银行：《1990年世界发展报告》（中译本），中国财政出版社，1990，第238~239页。

后，中东城市化速度不减。根据联合国的有关数据，2014年西亚城市人口已达到1.74亿，占总人口的70%。到2030年，西亚地区城市化水平将达到74.1%。①

一 迅猛推进的中东城市化

第二次世界大战后，城市化的发展体现在如下三个方面。

（一）城市化范围扩大，城市化区域分布与战前异同

20世纪上半期，中东城市格局形成，城市化水平最高的地区位于土耳其、伊朗和东地中海沿岸地区，沿海地区、工矿和主要交通线附近地带是城市的主要分布区域，且呈现出内陆城市少、沿海城市多的特点。第二次世界大战结束之后，随着现代科学技术的发展、石油工业的兴盛和国际局势的转变，中东城市化区域布局呈现出不同的分布格局。

首先，中东城市化发展速度高于同期世界城市化水平。根据世界银行的数据，从1950年到2000年，整个北非、中东地区城市人口年增长率高达4.6%。②中东地区城市人口占总人口的比例已由1965年的35%上升到1990年的51%；2014年世界城市化水平是54%，西亚国家城市化水平则达70%。③

其次，阿拉伯半岛成为中东城市化水平最高的地区，城市人口比例平均超过80%。④城市化发展最快的是产油国和少数经济发达的非产油国。海湾沿岸产油国的城市化尤其迅速，被誉为"城市国家"，科威特、卡塔尔和巴林等国城市人口的比例达90%以上，接近甚至超过许多发达国家的城市化水平。两河流域地区的城市人口比例大多在70%以上，城市化发展水平仅次于海湾国家。

最后，非产油国的城市化发展较为缓慢。阿富汗是农牧业国家，又由于长期动荡，经济发展速度缓慢，成为中东地区城市化水平最低的国家之一。土耳其和伊朗的工业化水平较高，城市发展起步早，而且两国

---

① United Nations, *The World's Cities in 2016*, New York, 2016, http://www.unpopulation.org.
② 王向东、刘林平：《世界体系论对发展中国家过度城市化的解释》，《求索》2001年第6期。
③ United Nations, *The World's Cities in 2016*, New York, 2016, http://www.unpopulation.org.
④ 参见联合国开发计划署《2001年人类发展报告》，中国财政经济出版社，2001，第155页。

城市人口的绝对基数大，两国城市人口之和占中东城市总人口的一半以上。但是由于两国地域辽阔，农村地区面积广大，城市人口的比例分别为70.6%和59.5%，仍低于上述两类国家。埃及的城市发展历程与土耳其和伊朗类似，但是发展水平略低，2014年埃及的城市人口占总人口的43%。①

（二）大城市发展势头迅猛

大城市的城市人口急剧膨胀。1991年全球超巨城市排行榜显示，开罗人口已达900万，1994年人口接近1200万。② 1991年伊斯兰坦布尔人口为670万，③ 2016年为1400万。④ 1991年德黑兰人口为647万。步入21世纪，中东大城市增长势头不减，2016年德黑兰城市人口增至850万。⑤ 2003年大开罗更以1665万人口稳居中东超巨城市之首，2016年人口则达到了1900万。同时大城市人口比重上升。开罗人口占全国人口比例从1937年的8.2%，发展为1947年的12.2%，1976年的18.2%，1986年的17.1%，⑥ 2016年的22.2%。⑦ 伊斯兰坦布尔城市人口占全国总人口比例从1945年的7.4%，上升到1980年的13.4%，⑧ 2016年的18.5%。⑨ 2016年，贝鲁特和迪拜城市群占城市总人口的份额达到50.7%和59.9%，大贝鲁特占黎巴嫩的城市总人口的52.2%，卡塔尔90%的人口生活在大多哈都市圈。⑩ 沙特阿拉伯的大部分的人口集中在首都利雅得，二线城市吉达和达曼，以及圣城麦加和麦地那。⑪

---

① United Nations, *The World's Cities in 2016*, New York, 2016, http://www.unpopulation.org.
② Carole Rakodi, *The Urban Challenge in Africa: Growth and Management of Its Large Cities*, United Nations University Press, Tokyo, 1997, p.119.
③ 杨汝万：《全球化背景下的亚太城市》，科学出版社，2004，第14页。
④ United Nations, *The World's Cities in 2016*, New York, 2016, http://www.unpopulation.org.
⑤ United Nations, *The World's Cities in 2016*, New York, 2016, http://www.unpopulation.org.
⑥ Andre Raymond, *Cairo*, Harvard University Press, London, 2000, p.339.
⑦ United Nations, *The World's Cities in 2016*, New York, 2016, http://www.unpopulation.org.
⑧ Abdulaziz Y. Saqqaf, *The Middle East City: Ancient Traditions Confront a Modern World*, Paragon House, New York, 1987, p.309.
⑨ United Nations, *The World's Cities in 2016*, New York, 2016, http://www.unpopulation.org.
⑩ United Nations, *The World's Cities in 2016*, New York, 2016, http://www.unpopulation.org.
⑪ UN-Habitat, *The State of Arab Cities 2012: Challenges of Urban Transition*, United Nations Human Settlements Programme, 2012, p.129.

2010年巴林是世界上人口密度最高的地区，首都麦纳麦达到了每平方公里3000到4000人的密度。① 开罗是世界上人口密度最大的城市，1994年人口密度达到每平方公里3.2万人，最高区为每平方公里10.9万人，最低地区也达到每平方公里1.5万人，② 250万人口居住在45万间房子里。③ 德黑兰人口占全国城市人口的比例从1956年的26.2%，发展为1986年的30%，④ 2000年为16.2%，2016年为14.3%。⑤ 德黑兰成为中东第三大城市，并已跨入世界大都市的行列。

（三）中东城市带形成⑥

20世纪中东地区的民族工业全部集中在城市，且多集中于首都和沿海城市，各国现代化的经济因此绝大部分体现为城市经济。在全球经济一体化和区域经济合作化的国际大背景下，以城市工业和交通运输网为依托，中东地区城市开始呈带状分布，形成城市工业带。⑦ 以开罗、德黑兰、伊斯坦布尔、贝鲁特、大马士革等大城市为中心的城市带逐渐形成。目前主要有七大城市工业带。

第一，位于尼罗河三角洲地区，由埃及的亚历山大—开罗—苏伊士—伊斯梅丽亚—塞得港—亚历山大构成环状分布。其中，开罗和亚历山大是埃及最主要的生产中心。⑧ 2007年数据显示，尼罗河三角洲地区集中了埃及全国人口的76%（5500万）、70%的农业用地以及几乎所有的工业产值。⑨ 第二，

---

① UN-Habitat, *The State of Arab Cities 2012：Challenges of Urban Transition*, United Nations Human Settlements Programme, 2012, p. 129.
② Carole Rakodi, *The Urban Challenge in Africa：Growth and management of Its Large Cities*, United Nations University Press, Tokyo, 1997, pp. 129 – 130.
③ Abdulaziz Y. Saqqaf, *The Middle East City：Ancient Tradition Confront a Modern World*, Paragon House, New York, 1987, p. 220.
④ Ali Madanipour, *Tehran：The Making of a Metropolis*, John Wiley and Sons, Chichester, 1998, p. 27.
⑤ United Nations, *The World's Cities in 2016*, New York, 2016, http：//www.unpopulation.org.
⑥ 车效梅：《全球化与中东城市发展研究》，人民出版社，2013，第174页。
⑦ Colbert C. Held, *Middle East Patterns：Places, People and Politics*, Westview Press, Boulder, 1994, p. 191.
⑧ 车效梅、李晶：《埃及北部三角洲城市走廊探析》，《西亚非洲》2011年第8期。
⑨ United Nations Human Settlements Programme, *The State of 2008 African Cities：A Framework for Addressing Urban Challenges in Africa*, Nairobi, 2008, p. 65.

位于东地中海地区，包括以色列、约旦、黎巴嫩、叙利亚和塞浦路斯五个国家，其中以色列的工业中心为特拉维夫和海法，约旦为安曼—扎尔卡—伊尔比德三角区，黎巴嫩为贝鲁特—的黎波里等西北沿海区，叙利亚为大马士革—阿勒颇—其他海滨城市，塞浦路斯工业主要集中于中部。第三，位于土耳其境内的伊斯坦布尔、伊兹密尔、安卡拉、梅尔辛、阿达纳等地。第四，位于伊朗西部，主要分布区域为德黑兰、海湾上端的三角地带，包括伊斯法罕、大不里士等地。第五，美索不达米亚城市带，位于伊拉克境内，巴格达是这一工业带的中心，并逐渐向摩苏尔、埃尔比勒、基尔库克和巴士拉等地区扩展。第六，主要集中在科威特海湾区、巴林的东北部、卡塔尔的中部偏东地区，阿联酋的加沙、迪拜、阿布扎比等地区以及阿曼沿阿曼湾的海滨地区。第七，位于沙特境内，共有三个工业中心：朱拜—达曼—胡富夫一带、布赖代、欧奈宰和利雅得一带以及吉达—麦加及其外围的延布。

二　城市化快速发展成因解析

中东是当今世界城市化进展最快的地区之一，[①] 其成因与以下几点密不可分。

（一）石油工业繁荣与城市化发展

第一，石油工业发展推动城市建设。20世纪70年代油价上涨，石油生产国利用充足的资金发展新产业，扩大城市规模，加速城市建设。石油工业发展为德黑兰城市发展提供了大量的资金收入，1963～1977年期间，伊朗石油收入急剧增长，1968～1969年度伊朗石油收入达到11亿美元，1974～1975年达到178亿美元。[②] 石油工业繁荣与石油税收增加，使德黑兰有充足的资金发展新产业，扩大城市规模，加速城市建设。该期全国40%的国家投资、60%的工业投资、40%的大工业企业、40%的零售业、60%的批发业、35%的银行、75%的存款、41%的保险公司、80%的房贷、47.2%的建筑投资、56.8%的病床、57%的外科大夫、55%的学生、57%的大学生、64.1%

[①] 车效梅：《中东城市化的原因、特点和趋势》，《西亚非洲》2006年第4期。
[②] 车效梅：《德黑兰都市困境探析》，《世界历史》2007年第4期。

的报纸发行、68%的汽车登记等，都集中于此。①稳定的石油收入为政府加大城市建设提供了保障。阿拉伯联合酋长国的阿布扎比城是一座受益于石油财富的"快餐式"城市的典型代表。阿布扎比城市始建于1761年，当时仅为贝都因人（Bedouins）和贝尼亚斯人（Beni Yas）混居的原始部落地区，20世纪20年代人口仅1500人左右。② 到20世纪80年代末已成为一座现代化都市。2004年颁布的《阿布扎比2030年规划：城市规划结构框架》提出到2030年底阿布扎比总人口超过300万，届时阿布扎比将成为"阿拉伯城市时代的表率"。联合国的数据显示，2016年阿布扎比城市人口已达120万，③ 如今，阿布扎比摩天大楼林立，来自世界各地的银行家、股票交易人和游客汇聚于此，被誉为"东方巴黎"。④

第二，石油工业发展促进城市人口增长。石油输出国的经济发展带动了国内劳动力的转移，导致大量外籍劳工涌入城市劳动力市场。随着石油经济的发展，产油国家和邻国之间保持极不平衡的经济地位，不可避免地导致更多的非法移民，也因此有更多的问题出现。⑤ 1996年的数据表明，阿拉伯世界不到29%的大学生学习自然科学和技术。⑥ 其结果，一方面文科毕业生大量失业，另一方面，国家不得不花高价引进国外的高科技人才，外籍劳动力和外籍技术人员成为产油国的主要劳动力。特别是海湾"城市国家"，外籍移民成为城市人口规模扩大的主要原因。1975~1990年石油输出国六国外籍人员的总人数从112.5万增加为521.8万，同期外籍劳动力占本国劳动力比例：阿曼从54%发展为70%，沙特从32%发展为60%，巴林从46%发展为51%，科威特从70%发展为86%，卡塔尔从83%发展为92%，阿联酋从

---

① Ali Madanipour, *Tehran: The Making of a Metropolis*, John Wiley and Sons, Chichester, 1998, p. 20.
② Yasser Elshehtawy, *The Evolving Arab City*, *Tradition Modernity and Urban Development*, Routledge, New York, 2008, pp. 262–264.
③ United Nations, *The World's Cities in 2016*, New York, 2016, http://www.unpopulation.org.
④ Yasser Elshehtawy, *The Evolving Arab City*, *Tradition Modernity and Urban Development*, Routledge, New York, 2008, p. 277.
⑤ Yasser Elshehtawy, *The Evolving Arab City*, *Tradition Modernity and Urban Development*, Routledge, New York, 2008, p. 9.
⑥ William A. Rugh, "Arab Education: Tradition, Growth and Arab World," *The Middle East Journal*, Vol. 56, No. 3, Summer 2002, p. 408.

84%发展为89%。① 外来移民构成沙特阿拉伯城市人口急剧增长的首要原因。中东许多非产油国,也从石油过境、石油加工、劳务和产品输出中受益,城市化速度也随之加快。

(二) 土地改革与城市化发展

第二次世界大战后,诸多中东国家实行土地改革,一方面使自耕农成为农村主要阶层,另一方面造就了大量移民。埃及农民移民是因人口增速快于农业增速。城市优越的生活条件、更多的就业机遇和城市居民享有的政治和商业利益吸引农村人口来到城市。② 移入农民主要来自上埃及和尼罗河三角洲地区,主要目的地是开罗、亚历山大、塞得港和苏伊士。以开罗为例,1960~1966年开罗吸收埃及全部移民的80%以上,据估计1/3多的首都居民出生于外地。③ 伊拉克土地改革导致部落解体,大量部民沦为佃户。移民主要来自阿曼冉和穆塔非克省,主要移入巴格达和巴士拉。土耳其政府在农村推行的农业机械化运动是促使农村人口离开土地的一个重要原因。从1950年开始,每年约50万农业人口由于拖拉机的使用而移民城市,这些迁移家庭成为城市家庭的一部分。④ 伊朗土地改革是移民最主要的根源。⑤ 1961~1971年的土改使摆脱了对租佃权依赖的农民进入城市,1960年伊朗70%的人口生活在农村,30%生活在城市;1978年农村人口降至48%,城市人口升至52%;同时使外地地主被迫出售其土地后,投资转向城市和工业领域,推动了现代工业发展和城市化进程。

(三) 工业化推进与城市化发展

第二次世界大战后,中东无论是石油生产国,还是非产油国,都制订并

---

① Abdel R. Omran, Farzaneh Roudi, "The Middle East Populayion Puzzle," *Population Bulletin*, Vol. 48, No. 1, July 1993, p. 24; Michael E. Bonine, *Population, Poverty, and Politics in Middle East Cities*, Florida University Press, Florida, 1997, p. 7.

② Abdulaziz Y. Saqqaf, *The Middle East City: Ancient Traditions Confront a Modern World*, Paragon House, New York, 1987, p. 246.

③ Andre Raymond, *Cairo*, Harvard University Press, London, 2000, p. 342.

④ Michael N. Danielson, Rusen Keles, *The Polities of Rapid Urbanization*, Holmes & Meier Publishers, New York, 1986, p. 34.

⑤ G. H. Blake and R. I. Lawless, *The Changing Middle Eastern City*, Harnes, 1980, p. 71.

执行了庞大的工业化和经济现代化计划,这些计划多在城市特别是首都进行;随着工业、建筑、运输和其他服务部门的建立,城市人口急剧增加。在埃及,1952~1967年雇工10人以上的工业企业由3445家增至5128家,雇工人数由27.3万增至57万,增长幅度分别为70%和110%。[1] 1960~1971年,工人在全部劳动力中所占的比例从9.8%上升为13%。[2] 纳赛尔时代现代工业的迅速发展,使埃及形成了较为完整的工业体系。[3] 工业化程度的提高加速了城市化的发展。首都开罗人口从100万增至230万。[4] 开罗和亚历山大两地人口的增长,可谓纳赛尔时代埃及城市化的缩影。[5] 叙利亚大力推行工业化政策,促使大马士革、阿勒颇等城市吸引了成千上万的农民前往,城市人口急剧膨胀。据统计,1960年到1986年,叙利亚全国人口大约增长了1倍,人口年增长速度大约3.3%,其中城市人口增长速度为4.49%,农村为2.45%。1970年人口普查的资料显示,叙利亚移民总数大约114.8万人,占全国总人口的18%。[6] 土耳其政府认为城市发展"优于工业化"。[7] 政府的激励政策加速了土耳其城市化发展。1950~1980年城市人口年增长率为5.7%,土耳其成为世界上城市化发展最快的国家之一,大城市的发展更快,超过10万人口的城市在同期的年增长率为7%。1980年城市人口是1950年的5倍多。[8] 伊朗巴列维政府制订了庞大的工业化和经济现代化计划,1963~1977年是伊朗历史上的工业革命时期。20世纪60年代后伊朗工业增长速度之快,

---

[1] M. A. Fadil, *The Political Economy of Nasserism*, Cambridge University Press, Cambridge, 1980, p. 90.

[2] M. A. Fadil, *The Political Economy of Nasserism*, Cambridge University Press, Cambridge, 1980, p. 13.

[3] 哈全安:《中东国家的现代化历程》,人民出版社,2006,第200页。

[4] Malcolm Yapp, *The Near East Since the First World War*, Longman, London, 1996, p. 219.

[5] 哈全安:《中东国家的现代化历程》,人民出版社,2006,第200页。

[6] Hooshang Amrahmadi, S. EL-Shakhs, *Urban Development in the Muslim World*, the State University of New Jersey, New Jersey, 1993, p. 218.

[7] Michael N. Danielson, Rusen Keles, *The Polities of Rapid Urbanization*, Holmes & Meier Publishers, New York, 1986, p. 31.

[8] Michael N. Danielson, Rusen Keles, *The Polities of Rapid Urbanization*, Holmes & Meier Publishers, New York, 1986, p. 31.

几乎在历史上举世无双。① 20世纪70年代初,伊朗在当时最富的国家中排名第九。② 工业化发展加大了对劳动力的需求,吸引大量乡村人口移入城市,从而导致城市数量增多、规模扩大、人口膨胀。这些构成白色革命至伊斯兰革命之间伊朗社会的突出现象。③ 由于新增工厂多建立在大城市特别是首都德黑兰,"20世纪60年代早期现代化几乎是德黑兰的同义词"。工业化和经济现代化政策导致城乡差别加大。20世纪50年代初德黑兰每1900人拥有一名医生,在全国其他地区平均85000人拥有一名医生。1954年全国有25000部话机,其中15000部在德黑兰。④ 伊朗城乡人均收入的差距从1959年的4.6:1发展为1969年5.6:1。伊朗的现代化创造了充满活力的城市和停滞的农村。⑤ 20世纪70年代德黑兰人均收入比其他大城市高45%,比小城市高70%。⑥ 20世纪90年代后城市较高的收入和更多的发展机会吸引许多移民前往。土地改革与农业机械化的推力与城市社会和经济优越地位的拉力相互作用,加速了城市化的发展。

(四) 现代医学进步与城市化发展

20世纪70年代以来,中东国家医疗卫生事业成绩斐然,从中央政府为医疗卫生事业投入的人均数字看,绝大多数中东国家高于同档次国家的总平均数。如1980年,世界下中等收入国家人均医疗卫生的支出为5美元,而埃及、土耳其和约旦分别为6、9、12美元;上中等收入国家如伊朗人均支出23美元,高收入的科威特为154美元,阿联酋为200美元。⑦ 同时,海湾各国先后实行了免费医疗制度。医疗卫生事业的发展,使中东地区人口迅速增长。据世界银行统计,1960~1981年出生率下降30%的只有黎巴嫩和阿联

---

① Charles Issawi, *The Iranian Economy 1925 – 1975: Fifty Years of Economic Development*, Stanford University Press, Stanford, pp. 130 – 133.
② 钱乘旦:《论伊朗现代化的失误及其原因》,《世界历史》1998年第3期。
③ 哈全安:《从白色革命到伊斯兰革命——伊朗现代化的历史轨迹》,《历史研究》2001年第6期。
④ 冀开运、蔺焕萍:《二十世纪伊朗史》,甘肃人民出版社,2002,第103页。
⑤ Robert Graham, *Iran: The Illusion of Power*, Berg Public Ltd, London, 1979, pp. 27 – 29.
⑥ Robert E. Looney, *Iran at the End of the Century*, Lexington Books, Washington, 1977, Preface.
⑦ 世界银行:《1983年世界发展报告》,中国财政经济出版社,1983,第194~195页。

酋，而同期粗死亡率除阿富汗和原阿拉伯也门外，都下降了30%以上。1950年中东18国的人口为9291万，到1998年为31123万，年平均增长率为2.5%。1950～1998年大多数中东国家人口平均增长率为2.3%～3.1%，低于2.3%的有阿富汗、黎巴嫩和塞浦路斯，而最高的卡塔尔竟达7.8%。到2002年上半年，中东地区人口增长率为2%，而世界平均为1.2%。医疗条件的改善，也使中东国家人口寿命延长，如2013年伊朗人均寿命74岁[1]，2015年沙特人均寿命为74.5岁（世界人均寿命为71.4岁）。[2]

（五）传统观念与城市化发展

中东95%以上的人口信仰伊斯兰教，而伊斯兰教对生育持鼓励态度。1953年中东国家的人口出生率达4.5%～5.0%，每个妇女一般有7个孩子，塞浦路斯和以色列例外，分别为2.8个和3.7个孩子。1995～2000年，阿拉伯国家的这一指标有所下降，每个妇女一般有4.1个孩子。[3] 为推动伊斯兰国家开展计划生育，1971年国际计划生育联合会在拉巴特举行专题会议。部分代表从教法学的观点出发论证计划生育是符合伊斯兰教的，但伊斯兰学者毛杜迪却认为，人口控制不符合伊斯兰文化传统，安拉是人口生育的真正控制者和计划者，世人无权染指安拉的主权。伊斯兰教解决世界人口过剩的唯一方案是"充分利用安拉的资源和坚持不懈地努力发现新资源"。[4] 在这种观念下，有的国家对计划生育、避孕等讳莫如深；有的国家通过各种福利政策鼓励生育；有的国家实行人口控制但出现反弹。如伊朗20世纪90年代初，人口增长率曾出现大幅度下降。1980年伊朗的人口增长率为3.80%，1985年上升到4.07%，1990年降为2.59%，1995年为1.35%，此后近20年里只有小幅度的波动，2000年微升到1.62%，到2005年降至1.17%，2010年又回到1.25%，2014年微升到1.69%。[5] 这种变化与伊朗政府推行计划生育、控制人口增长而后又改为鼓励生育的政策有很大关系。2012年7月，伊朗最

---

[1] 冀开运主编《伊朗综合国力研究》，时事出版社，2016，第244页。
[2] http://www.who.int/gho/publications/world_health_statistics/zh/.
[3] 联合国开发计划署：《2001年人类发展报告》，中国财政经济出版社，2001，第155页。
[4] 金宜久主编《当代伊斯兰教》，东方出版社，1995，第315～316页。
[5] 冀开运主编《伊朗综合国力研究》，时事出版社，2016，第244页。

高领袖哈梅内伊发表讲话，要求改变控制人口的政策，"如果控制生育的政策继续执行，我们将面临人口老化和人口减少问题"。结果伊朗议会社会委员会起草议案，废除了实行20年之久的计划生育政策。同年伊朗官方表示，将投入1900亿里亚尔鼓励国民生育。[1] 2014年4月19日，伊朗宗教领袖哈梅内伊向三权首脑和确定国家利益委员会主席正式下达了关于国家人口总政策的指示。该指示的前言部分写道："鉴于人口问题对一个国家实力的重要性，考虑到目前国家人口加速发展和年轻化的机遇和优势，为了弥补过去几年人口增长率和生育率的下降，下达此人口总政策。"[2] 高出生率和低死亡率共同作用导致城市人口快速增长。

三 中东城市化评估

目前，就城市化的"量"而言，中东各国已普遍实现城市化，大部分国家已处于或即将处于城市化的高级阶段。2015年联合国公布的《2014年世界城市化展望》显示，除叙利亚（57%）、埃及（43%）、也门（34%）、阿富汗（26%）外，其余17个中东国家城市化水平均已超过60%，[3] 处于发达城市化阶段。叙利亚处于基本实现城市化阶段，埃及、也门、阿富汗处于加速城市化阶段。[4] 联合国预计2030年西亚城市化平均水平将由2014年的70%上升为74.1%，到2050年城市化率将持续增长为79.2%。[5] 由此可见，未来中东城市化仍将持续发展，已经处于城市化较高阶段的波斯湾产油国、两河流域地区国家和土耳其等国的城市化速度将趋向缓慢，城市化走势将取决于埃及、叙利亚、也门、阿富汗等城市化水平较低但发展势头迅猛的国家。

---

[1] 冀开运主编《伊朗综合国力研究》，时事出版社，2016，第244页。
[2] 《宗教领袖下达国家人口总政策指示》，http://www.leader.ir/fa/content/11847。
[3] United Nations, *World Urbanzation Prospects: The 2014 Revision*, New York, 2015, http://www.unpopulation.org.
[4] 高珮义先生将18世纪60年代以来的城市化进程划分为三个阶段并假定：城市人口占10%以前为城市化的"史前阶段"，占10%以后为城市化起步阶段；超过20%为加速城市化阶段，超过50%为基本实现城市化阶段；超过60%为发达城市化阶段，超过80%以后为城市化的自我完善阶段。参见高珮义《中外城市化比较研究》，南开大学出版社，2004，第7~9页。
[5] United Nations, *World Urbanzation Prospects: The 2009 Revision*, New York, 2010, http://www.unpopulation.org.

就中东城市化的"质"即城市现代化水平而言，中东城市化整体水平仍相对落后。据 2009 年联合国统计，自 2005 年起西亚城市贫民窟人口比例持续走高，预计 2010 年将达到 24.6%，高于拉美及加勒比地区（23.5%）。由于受战争影响，伊拉克城市贫民窟人数比重也由 2000 年的 16.9% 上升为 2005 年的 52.8%，2007 年城市贫民窟人口高达 1019.9 万。[①] 可见，中东各国较高的城市化水平还仅停留在城市化"量"的方面，而反映城市化内涵的城市现代化将成为未来中东城市化持续发展的重要内容。同时，中东国家城市化率与城市现代化间的巨大背离，又深刻反映着当前中东城市化过度发展的特征。

第三节 中东城市化的特征

第二次世界大战后中东城市化发展不仅迅猛，而且在其发展过程中形成了如下特征。

一 过度城市化

城市化为人口从乡村迁移到城市和城市资源的重新分配、转移的过程。[②] 城市化对于现代化无疑是必要的。但是若城市化超前于工业化和产业结构的合理进展便会造成过度城市化（overurbanization），城市及城市人口增长比能够提供的工作机会和住房建设更为迅速，导致城市人口膨胀和贫民窟出现、社会组织紊乱等问题。中东城市化发展的速度大大超过世界平均水平，城市化快速发展的同时，中东城市出现了过度城市化现象。

（一）中东城市过度城市化成因分析

首先，中东国家缺乏现代产业支撑，过度城市化是外生型经济、二元社会经济结构的产物。中东城市在一战前相当长的历史时期，城市化整体水平变化不大。如埃及，从 19 世纪中期到 1907 年，城市人口的比重从 12.0% 增

[①] 城市贫民窟相关数据来源：UN-HABITAT, *Slums: Levels and Trends, 1990 - 2005*, New York, 2009, pp. 7 - 9。

[②] Ralph Thomlinson, *Urban Structure*, Random House, New York, 1969, pp. 37 - 42。

长到14.4%（大约50年净增长2.3%）。① 在1867到1930年间，伊拉克城市人口从24%增长到25%（70年间净增长不足1.0%）。② 二战后中东经济复苏，也出现了不同于发达国家城市化进程的新特点新问题。由于大部分中东国家的城市基础都受到宗主国的影响，原有城市本身的相对规模都比较大，城市人口和重工业大多集中在一两个大城市，形成了二元社会经济结构，即从本国来看，现代化大都市和传统落后的农村并存。中东国家经济发展不同于西欧的内生型而呈现"后发、外生型"特点，城市发展缺乏相应的现代产业基础，内部支撑力不足，易导致过度城市化。

其次，中东过度城市化与石油经济的发展，以及相关的加工产业和服务业的发展有关。这一点与西欧以工业化带动城市化的发展模式有很大区别。西方城市发展是和工业化、现代化等联系在一起的，伊朗的城市化过程特征是农业转变为"首都经济"的附属的过程。城市发展是农村—城市地区发展不平衡的结果。③ 战后随着石油工业的兴起，特别是20世纪70年代国际油价上涨，海湾地区产油国城市化迅猛发展，与此同时，吸引大量农村和外籍劳动力，城市人口每年以5%~10%的速度上涨。④ 中东城市化发展速度已经远远超过了工业化速度，形成过度城市化。

最后，中东过度城市化与中东国家经济政治政策密切相关。二战后的土耳其政府单纯追求高度工业化，将工业化片面等同于城市化，甚至一反由工业化带动城市化的一般规律，试图以城市化推动工业化，从而导致了过度城市化。1950~1980年间，土耳其城市人口由400万增加至2000万，增长了4倍。⑤ 2014年，土耳其城市人口已经超过5500万，城市化率达到73%。⑥

---

① Gabriel Baer, "Urbanization in Egypt, 1820-1907," a paper on the Conference on the Beginning of Modernization in the Middle East, University of Chicago, 1966.
② M. S. Hasan, *Growth and Structure of Iraq's Population*, *1867-1947*, Bulletin of the Oxford Institute of Statistics, 1958.
③ Michael E. Bonine, *Population*, *Poverty*, *and Politics in Middle East Cities*, Florida University Press, Florida, 1997, p. 258.
④ Charles Issawi, *An Economic History of the Middle East and North Africa*, Columbia University Press, New York, 1984, p. 102.
⑤ 钱乘旦、杨豫、陈晓律：《世界现代化进程》，南京大学出版社，1997，第259页。
⑥ United Nations, *The World's Cities in 2016*, New York, 2016, http://www.unpopulation.org.

（二）中东过度城市化的表现

首先，最大城市人口规模不合比例，城市首位度高。在中东城市体系中，最大城市人口规模的不合比例扭曲了位序—规模法则[①]（rank-size rule）的对数线性相关的特性。每个国家第一大城市的理想规模是基于其第二位序的城市人口规模来计算的。联合国数据显示，2016年伊朗的德黑兰首位度为2.74，土耳其伊斯坦布尔为2.94，以色列特拉维夫为3.36，埃及开罗为3.9。阿拉伯半岛的石油生产国巴林、科威特、卡塔尔的首位城市人口的比例都非常高，其中卡塔尔的绝大多数人口集中在首都多哈，首位城市人口占总人口的68.7%。[②]

其次，城市区位间不平衡。德国地理学家W. 克里斯泰勒提出理想的城镇规模和空间分布理论—中心地理论[③]，指出出于贸易和经济的需要，依赖于交通技术的发展，城市作为当地服务中心的角色呈现着城市空间规模和分布上的内在逻辑，即小城市密集且相隔较近，大城市稀疏且相隔较远，两者地理之间还有一些中等规模的中心地向中等规模的市场提供中等级别的服务。土耳其、埃及、伊朗中小城市人口所占份额小，致使大城市首位度高。同时中东国家城市化区位间不平衡，黎巴嫩、科威特、卡塔尔、巴林、以色列、沙特城市化高达85%以上，有严重的过度城市化表现；阿富汗城市化为23%，其余国家的城市化水平介于这二者之间。

最后，低下的城市生活方式。城市化和都市生活具有历史的内在关联。在工业化的社会转型过程中，城市生活方式不是工业化的充分条件，却是工业化持续发展的必要条件。中东地区人口从农村到城市的单一迁移方向促进了城市化空间规模的扩大，但城市生活方式却没能自动相随。中东城市化的数量远远超过城市生活的质量。大多数农村移民没有采用都市生活方式，城市化只是城市中心在空间数量上的扩张，并不能提高社会的现代化水平，他

[①] "位序—规模法则"是Felix Auerbach于1913年研究德国城市时首先提出的概念，后来由Alfred Lotka重述并详尽说明，参见Alfred Lotka, *Elements of Physical Biology*, Williams and Wilkins, Baltimore, 1925, pp. 306 – 307。

[②] United Nations, *The World's Cities in 2016*, New York, 2016, http：//www.unpopulation.org.

[③] W. Christaller, trans. C. W. Baskin, *Central Places in Southern Germany*, Prentice Hall, Englewood Cliffs, New Jersey, 1966.

们只是"都市村民"。① 他们屈身于城市，以群体的方式生活在城市边缘，他们的"农村生活方式"得到了加强而不是减弱。新的农村移民居住的地方，很快地转化为贫民区。② 如黎巴嫩乡村贫困、农业部门衰退与服务业特别是首都服务业迅猛发展并驾齐驱。农村人口移民城市导致的后果之一是贝鲁特社会和宗教社区的不平等。③ 拉巴特的20世纪60~90年代的城市规划，留下了一个发展不均衡的首都，富人区与穷人区隔离，并少有两个群体碰面的交汇地。事实上，以安全为取向的城市化在加重社会分裂的同时还在创造新的社会分裂。④ 过度城市化作为一种不协调、畸形的城市化，对社会稳定也有着复杂而多重的影响。

二 非正规经济行业扩张

中东历史研究显示，非正规经济在某种程度上或在许多世纪一直存在。⑤ 市民习惯到没有卫生许可证的街头摊贩那里购买水果；在装修房屋的时候，以低价雇佣没有执照的工人；家庭雇佣保姆，没有用工合同，也不给保姆买社会保险。非正规经济活动涉及生产、流通、消费等各环节。在伊朗非正规经济部门工作10年以上的从业者从1956年的57.7%，增加到1966年的73.7%、1976年的86.9%。⑥ 1987~1997年，伊朗投入建设领域的私人资本增加15倍，德黑兰在这些部门就业的人数增加80%。零售店和批发店的数量增长130%，德黑兰已成为世界上零售业最发达的城市之一。⑦

在中东各国的土地利用和城市形态方面，正规和非正规经济行业在地理

---

① Herbert Gans, *The Urban Villagers*, Free Press of Glencoe, Boston, 1962.
② Abdulaziz Y. Saqqaf, *The Middle East City: Ancient Tradition Confront a Modern World*, Paragon House, New York, 1987, p. 234.
③ Yasser Elshehtawy, *The Evolving Arab City*, Tradition Modernity and Urban Development, Routledge, New York, 2008, p. 78.
④ Yasser Elshehtawy, *The Evolving Arab City*, Tradition Modernity and Urban Development, Routledge, New York, 2008, p. 106.
⑤ Michael E. Bonine, *Population, Poverty, and Politics in Middle East Cities*, Florida University Press, Florida, 1997, p. 92.
⑥ Ahmad Sharbatoghlie, *Urbanizatipon and Regional Disparities in Post-Revolutionary Iran*, Westview Press, Boulder, 1991, p. 95.
⑦ Kaveh Ehsani, "Municipal Matters: The Urbanization of Consciousness and Political Change in Tehran," *Middle East Report*, Vol. 88, No. 212, 1999.

空间上产生了明显的分野，形成所谓的二元结构。如城市空间布局泾渭分明，豪华住宅和高档公寓对应的是在拥有工作和机会强势的正式行业员工。而贫民窟和棚户区对应的是非正规经济行业谋生人群、转型经济中的失业人群、涌入城市的农民等。他们无法参与正规经济，被迫选择非正规就业方式维持生计。非正规经济是贫困、低收入商人和消费者生存机制与经济上之所需，其经济活动为农业品和工业品提供了一条出路。[1] 这些功能是通过小规模投资和价格低廉、可以协商商品价格来维持的。非正规部门的服务功能形成一种大的非正规经济活动，特别是在建筑和交通领域更加突出。[2]

三　殖民主义的影响犹在

为满足殖民国家经济掠夺和政治统治的需要，西方国家建立了诸多殖民城市，形成了与殖民统治相适应的中东城市体系。这些城市的建立是殖民者有效控制殖民地人口、资源，进行殖民统治的反映。从城市功能、选址上可清晰看到这类城市是为满足西方殖民国家的军事控制、政治统治以及经济掠夺服务的。如这些城市的功能多倾向于服务宗主国的管理和贸易，而不是作为居住地点；由于殖民化的铁路和公路网可以将内地与沿海的贸易中心联系在一起，进而维持欧洲人在中东国家政治、经济和军事上的控制，并源源不断地将内地的矿产和农产品通过港口出口。如为满足西方殖民者的石油需求而兴建的伊朗石油城市阿巴丹，1925年英国出于安全战略考虑在巴勒斯坦北部建立的军事要塞阿富拉城（Afula）（该城战略地位重要），20世纪二三十年代英国出于交通、贸易因素而重建的港口城市海法等。这些城市共同构成战前中东城市基本布局：主要分布于沿海地区、水陆交通枢纽和铁路、公路沿线。

然而，这种以满足殖民掠夺为目标的城市分布对区域均衡发展的消极作用很大，它一方面使大城市、沿海和沿交通线城市、石油城市得到空前的发展，另一方面使内陆城市面临衰落困境。结果导致农村人口向极少数的几个

---

[1] Michael E. Bonine, *Population, Poverty, and Politics in Middle East Cities*, Florida University Press, Florida, 1997, p. 107.

[2] Michael E. Bonine, *Population, Poverty, and Politics in Middle East Cities*, Florida University Press, Florida, 1997, p. 92.

大城市聚集，形成过度城市化，导致中东地区内部城市化水平差异明显。与此同时，由于殖民者对石油等资源的大肆掠夺，一些资源型城市因过度开采而日趋衰落，一些城市长期在经济上充当出口产品的中转站，不能促进国内商品经济市场的发展，城市具有很强的非工业特征，成为中东地区城市化经济动力不足的原因之一。

殖民主义侵略促使中东城乡二元社会经济结构形成。建立晚、发展快是中东沿海、沿河、沿路等众多殖民城市的特点。这些城市与本土城市相比，"具有较高的经济起点和发展水平，凸显现代城市的属性"。① 这些具有现代意义的中东城市与传统落后的农村并存，形成二元结构，即"一边是财富的集中和文明富有的积累，而另一边却是贫困的加剧和愚昧、饥饿的增长，城市和乡村完全是两个世界，而这两个不同的世界却同处一国"。② 中东国家独立后不仅继承了城乡二元制经济结构，而且在某些国家中呈加剧之势。

战后许多中东国家受结构主义发展经济学家现代化理念影响，在20世纪70~80年代片面发展工业，有些国家甚至以牺牲农业为代价，致使农业发展长期停滞不前。③ 如埃及是全球最大的小麦进口国，每年从海外进口1000万吨小麦，进口成本为210亿埃及镑，约合30亿美元。④ 中东国家长期忽视农业生产、优先发展工业的政策使各国在殖民统治时期形成的畸形产业结构非但没有改善，反而恶化，城乡差异日益明显，造成大量农民涌入城市。

中东国家对大城市的过度偏向政策也是造成城乡二元社会结构的因素之一。"殖民主义留下的烙印首先是许多主要城市作为殖民国家管理中心而产生，它们新近才从殖民主义中独立出来，这意味着绝大多数发展中国家有意识地继承了殖民时期的集中化管理，这样第三世界的发展更多是由政府所主导的。"中东国家亦不例外。独立后一部分国家转向一党政府或独裁统治，并纷纷以实现本国的"现代化"为目标。城市尤其是大城市成为中东各国政治精英们进行社会、经济、政治变革的中心，大城市的吸引力因而急剧增

---

① 潘兴明：《英国殖民城市初探》，《世界历史》2006年第5期。
② 高珮义：《中外城市化比较研究》，南开大学出版社，2004，第37页。
③ 冯璐璐：《中东经济现代化现实与理论探讨》，人民出版社，2009，第39页。
④ http://www.mofcom.gov.cn/article/i/jyjl/k/201311/20131100399036.shtml。

强,最终"这种新的中心性成为一股吸引人们进入城市的主要力量"。[1]

近代西方国家将中东地区纳入资本主义世界体系,使其成为宗主国的原料来源地和商品输出地,中东国家畸形的经济结构形成。"英国在占领埃及后,积极推行殖民主义政策,强迫埃及种植棉花,大量开垦荒地;叙利亚和黎巴嫩成为德国生丝原料的供应地;伊朗等产油国成为西方石油的主要供应地。二战后各国通过国有化和保护主义政策,工农业有一定发展,特别是石油经济使中东大部分国家原有经济结构发生嬗变,但却造成了从一种单一走向另一种单一,产油国的经济高度依赖于石油,非产油国由于间接依赖石油,经济结构同样存在着高风险和脆弱性。"[2] 20世纪80年代后,各国纷纷进行经济调整,但由于稳定与调整矛盾日益突出,经济结构并未得到彻底改变。正是由于殖民时期所形成的单一制经济结构,中东国家不仅无法实现经济上的"独立",而且经济发展频频遭遇国际市场供求关系和价格变动困扰;不仅造成中东经济的脆弱性,而且使中东城市经济无法应对日益增长的人口需求。中东城市彻底消除殖民者的遗产任重道远。

四 城市化特点与社会稳定

中东国家城市化的特点与社会稳定密不可分。首先,过度城市化是社会不稳定的心理温床。中东城市化的迅速发展提高了公众(特别是农村移民者)的社会期望,但工业化与城市化脱节造成了社会期望与社会满足间的巨大鸿沟,致使公众不满心理形成,导致短期内难以被克服的各种城市问题,从而造成城市中大部分农村移民悲观失望情绪蔓延。正如塞缪尔·亨廷顿所说的,"期望与满足剧增,但满足的增速低于期望","或期望增大,但满足先增后减"于是强烈的期望受挫感和相对被剥夺感迅速产生,进而可能在整个社会形成一种政治骚动的社会氛围,从而对社会稳定产生极大的负面影响。[3]

---

[1] 〔美〕布赖恩·贝利:《比较城市化——20世纪的不同道路》,顾朝林等译,商务印书馆,2008,第83页。
[2] 冯璐璐:《中东经济现代化现实与理论探讨》,人民出版社,2009,第135页。
[3] 〔美〕塞缪尔·P.亨廷顿:《变化社会中的政治秩序》,王冠华、刘为等译,上海世纪出版集团,2008,第43页。

同时，过度城市化作为中东国家二元社会、经济结构内部，农村推力与城市拉力失衡作用下的社会经济现象，构成了当今中东国家社会秩序不稳的社会根源和经济根源，其主要表现为畸形城市化进程中，城市固有社会文化特征的消极影响扩大以及城市贫富差距状况恶化，诱发了更多违法犯罪活动，严重影响社会治安与稳定。以城市匿名性特征为例，由于城市居民的时间和精力有限，除狭小范围外，无法与更多人保持、发展关系，再加上城市规模大，城市中的人绝大部分都是陌生者，人与人间采取冷漠的态度，人与人之间的关系变得以事为本。[1] 由于过度城市化，大量农村人口急剧涌入，城市人口的异质性空前强化，各种不同生活习惯、价值观念、宗教信仰以及社会习俗的陌生人迅速聚集，人与人之间建立联系的机会更多，也更为短暂。大量初到城市的农村移民往往难以适应城市生活，文化冲突不断。在过度城市化环境下，城市匿名性（陌生与冷漠）所体现出的消极影响更为突出。城市匿名性急剧增强极易成为中东国家发生诸多违反常规的违法犯罪行为的重要诱因。

其次，中东国家多经历过殖民主义侵略，并形成城乡二元制社会。20世纪后半期，尽管各国纷纷获得独立，但殖民主义遗产犹存。于是，中东国家城乡生活在物质层面、文化层面以及制度层面的冲突长期持续，[2] 农业生产状况由于得不到政府的重视而趋于恶化。在过度城市化进程中，农村人口急剧涌入少数大中城市，城市人口过度增长，城市经济发展步伐滞后于城市化速度，因而大量进城的农村人口无法获得必要的就业机会和生活条件。于是，农村人口进城仅出现地域空间上的城乡转移，而在生产、生活方式以及文化特性等方面更多地保留了农村时的状态，于是造成了城乡文化冲突的加剧。"这些以农村移民为主体的穷人对城市社会主流制度的脱离以及非一体化是其文化的重要组成部分。这些人群长期脱离主流社会，他们对主流阶级所信奉的基本制度怀有敌意，仇视警察，不信任当局政府及位居高层的人。"[3] 可见，被边缘化的农村移民群体内部所形成的亚文化潜伏着一种对现

---

[1] 郑杭生主编《社会学概论新修》，中国人民大学出版社，2003，第312页。
[2] 向德平编著《城市社会学》，武汉大学出版社，2002，第232~234页。
[3] 〔美〕布赖恩·贝利：《比较城市化——20世纪的不同道路》，顾朝林等译，商务印书馆，2008，第91页。

有社会秩序的反抗。随着城市贫富分化的加剧,这一贫弱群体必将因为相对或绝对利益受损而产生强烈的"相对被剥夺感"和"绝对被剥夺感",并对社会稳定造成不利影响。正如戈德斯通(Goldstone)在他的历史调查中所说的那样,通常由于急剧而出乎预料的食品价格上涨以及大规模的失业,长期饱受贫困之苦的家庭无法承担突如其来的经济冲击,于是对现有社会秩序带有极大破坏性的骚乱便发生了,20世纪80年代开罗和阿尔及尔发生的骚乱便是如此。①

最后,过度城市化引发城市社会结构变迁。大量农村人口移民城市以及随之产生的城市失业、贫困等一系列城市问题改变了中东城市原有的社会结构。而高失业率进一步恶化了中东城市中固有的贫困问题,以农村移民为主体的"城市边缘群体"兴起。② 处于此种社会结构下的城市边缘群体,由于就业岗位有限,长期工作在各非正规经济部门中,经济收入毫无保障,再加上城乡文化冲突造成的"身份歧视",使其无法真正融入城市社会,这些必然导致他们产生强烈的社会不公正、被剥夺感。贫困的移民特别是非法居住者既要为食物和就业问题而奋斗,还要经常参加"为了土地和住房的令人绝望的械斗"。③

---

① Michael E. Bonine, *Population, Poverty, and Politics in Middle East Cities*, Florida University Press, Florida, 1997, p. 240.
② 车效梅、李晶:《多维视野下的西方边缘性理论》,《史学理论研究》2014年第1期。
③ Farhad Kazemi, *Poverty and Revolution in Iran—The Migrant Poor, Urban Marginality and Politics*, New York University Press, New York and London, 1980, p. 51.

第二章
城市化与中东社会结构的嬗变

城市社会结构是指城市社会各要素之间稳定、持久的联系模式。狭义的社会结构包括阶级、职业团体、经济结构、人口等。城市的社会结构一经形成,便会对城市的发展产生巨大影响。中东国家迅猛的城市化促使中东城市的社会结构嬗变,并在一定程度上左右着社会的稳定。

20世纪50年代中期以来中东城市化进入快车道,城市化使中东社会面貌发生改观。城市化使社会分工更加细化,原有的社会群体分化,新的职业群体出现,导致城市的阶级结构更加复杂。本章以20世纪20~80年代的埃及、苏丹、沙特、叙利亚、伊拉克、伊朗等为考察对象,比较该时期各国城市化及社会结构的发展状况,以探讨中东城市社会发展的共同特征。

第一节 城市化对阶级结构的冲击

一 中东传统社会的阶级结构

在中东传统社会,人们倾向于将社会成员分为穷人和富人、穆斯林和非穆斯林,阶级特征不明显,一个人之于另外一个人,并不会因为个人的出身、家系、种族、民族属性或社会地位,而比较优越。① 人们大多否认阶级概念,当地宗教学者认为伊斯兰社会是平等的、无阶级差别的社会。传统中东社会只是被笼统地分为统治阶级和被统治阶级。统治阶级由两种人组成——拿笔的人和提剑的人。② 被统治阶级包括商人、手工业者和农民。中世纪开罗仅有两个阶级,即上层商人或银行家和下层体力工人,政府公务员和宗教学者并没有形成明确的社会阶级。③

然而人们在社会群体中总有处于支配地位和从属地位之分,由于"对财富、地位或权力的不平等的占有",社会成员就具有等级性。詹姆斯·比尔认为,中东传统伊斯兰社会包括七大阶级,即统治精英、官僚中产阶级、资产中产阶级、宗教中产阶级、工人、农民和牧民。④ 但是中东社会的各阶级呈现出严重的碎片化特征。以伊朗为例,伊朗农民阶级极为分散,绝大多数村庄规模不大,整个村庄属于外乡地主所有,农产品分配方面大多采用分成制,农民对地主的依附性很强,农民处于分散和隔离状态,因而无法团结和形成阶级以对抗地主。工人与农民状况相似,伊朗大工业少,绝大多数企业规模小,集中程度低,这种状况造成了工人阶级的分散性,工人团结对抗资本家的事件少有发生。马克思论述法国大革命时期的农民阶级时讲到,农民虽然在生活方式、利益和教育程度方面与其他阶级不同,但农民"只存在地域联系,而并没有形成全国性联系或任何政治组织,所以他们就没有形成阶级"。⑤ 中东社会中的各阶级基本上皆属于经济和社会形态的,还没有达到政治形态。

七大阶级因民族、宗派、地域等方面的差别,其内部出现横向分层,阶级内因家族、部族、教育背景等方面的不同而分出更细的群体。因而,在各

---

① 车效梅:《中东中世纪城市社会结构分析》,《世界历史》2011年第1期。
② 拿笔的人为官僚机构提供职员和宗教设施,从瓦克夫得到薪水和收入;提剑的人在国王的恩赐之下得到土地(在奥斯曼的Timars,在伊朗的Tuyuls),其收入部分供养骑兵。参见车效梅《中东中世纪城市社会结构分析》,《世界历史》2011年第1期。
③ 车效梅:《中东中世纪城市社会结构分析》,《世界历史》2011年第1期。
④ James A. Bill, Carl Leiden, *Politics in the Middle East*, Little Brown and Company, Boston, 1985, p. 123.
⑤ 《马克思恩格斯全集》(第1卷),人民出版社,1972,第693页。

阶级内部客观存在着阶层。① 由于中东社会缺少成熟的阶级，在分析阶级问题的时候必须借助阶层来进行。然而实际上还有一些阶层不隶属于任何阶级，如知识分子，他们不具有独立成为阶级的条件，只能被视为阶层；还存在若干阶级交叉的群体，如中东城市中的季节性农村移民，以及定居在城市中的农民工阶层；还有一些过渡性和流转性群体，如学生、军人、失业者等。由于阶层的概念能够包含上述群体，阶层概念比阶级更具体，它能深入到阶级内部、阶级之间甚至阶级之外的"中间地带"，② 因而在中东阶级结构的研究中应当引入阶层分析的方法。

由于没有各阶级收入的相关数据，有关前现代中东社会的文献大多依据职业和经济功能来划分阶层。在中东城市阶级结构中，地主处于上层。奥斯曼帝国时期实行采邑（fief）分封制，即提马尔体系（timar），然而随着帝国统治日益削弱，其土地制度逐渐发生改变，自16世纪开始，随着土地买卖的解禁及土地私有化，中东的地主阶级在17和18世纪开始逐渐形成。③ 中东地区的土地绝大部分集中在大地主手中，地主居住在城市，这样中东城市中形成了外乡地主阶级，这一群体带着浓厚的城市气息。

中东地主作为新兴阶级，其来源是多元的，由商人、地方官员、部落首领等群体转变而来。城市富人购置地产也可以变身为地主，同时，贝都因部落的谢赫及乡村贵族也移居城市，他们也改变身份成为地主。一项对阿勒颇和叙利亚北部地区的原始档案的研究显示，18世纪这一地区城市的30家大地主都是城市地产商通过购置农村土地而形成的。④ 而同时，他们在成为地主后还保留了以前的身份，还可以靠以前的职业获得收入，与其所属的旧家族或群体还存在紧密的联系，因而中东城市地主具有多重身份，具有多个阶级交叉复合的属性。在西欧，封建领主是居住在领地上的贵族，在其辖区内

---

① 阶层是指在阶级基础上划分的更细小的社会群体，与阶级不同，阶层划分除了所有制因素外，还要结合其劳动方式、收入方式和收入水平等比较具体的经济因素，还可能参考其他社会性因素，见朱光磊《当代中国社会各阶层分析》，天津人民出版社，2007，第3页。
② 朱光磊：《当代中国社会各阶层分析》，天津人民出版社，2007，第4页。
③ Haim Gerber, *The Social Origins of the Modern Middle East*, Lynne Rienner Publishers, Boulder, 1987, pp. 19 – 23.
④ Haim Gerber, *The Social Origins of the Modern Middle East*, Lynne Rienner Publishers, Boulder, 1987, p. 57.

拥有司法权、私人武装，有征收地租和劳役的权利。① 而中东的地主与西欧封建制（feudal）下的地主有很大区别。

地主不仅占有土地资源，还从事城市不动产投资或商业投资，是城市经济的活跃角色。地主占据城市行政机构和立法机构等的重要职位，不少公职由地主家庭成员世代继承，地主后代很多从事律师职业，他们与世家联姻。地主无论在行政部门、议会、市政机构，还是在委员会、政党等组织中都有强有力的代表，这些代表在中东城市中享有很高的地位，在国家政治中有很大影响力。一项调查表明，1937 年叙利亚国会议员中约三分之一为地主。1950 年，埃及 319 名议会议员中，拥有 110 费丹地产的地主有 115 人，拥有 500 费丹以上的有 45 人。② 黎巴嫩 20 世纪 50 年代初 44 名国会议员中 21 人是地主。③

从奥斯曼帝国晚期开始直到 20 世纪 50 年代（中东各国开展土地改革前），中东地区土地已经开始逐渐私有化，大地主拥有大部分土地，其次是宗教地产瓦克夫，王室土地份额较小，农民占有的土地占比更小。奥斯曼帝国以外的中东地区也大致相同，如伊朗，土地改革前，全国土地的 65% 归大地主所有，只有 15% 的土地为农民所有，15% 为宗教地产瓦克夫，5% 为王室地产。37 户最大的地主家庭拥有 19000 个村庄，占伊朗农村村庄总数的 38%；450 户大地主拥有 57% 的村庄；拥有 1 至 5 个村庄的中小地主约 7000 户，这种村庄占总数的 14%。④ 农村人口中，中小地主和富农占 25%，分成制农户及佃农占 40%，无地农民占 35%。⑤

城市大商人是第二阶层。在开罗，社会阶梯的顶端是富裕的商人，人数约 4000 或 5000 人，拥有的财富从 3 万或 4 万皮尔斯到 1000 万皮尔斯不等。

---

① Gabriel Baer, *Population and Society in the Arab East*, Routledge & Kegan Paul, London, 1964, p. 149.
② Gabriel Baer, *Population and Society in the Arab East*, Routledge & Kegan Paul, London, 1964, p. 208.
③ Gabriel Baer, *Population and Society in the Arab East*, Routledge & Kegan Paul, London, 1964, p. 208.
④ Mansoor Moaddel, *Class Politics and Ideology in the Iranian Revolution*, Columbia University Press, Columbia, 2013, p. 72.
⑤ Mansoor Moaddel, *Class Politics and Ideology in the Iranian Revolution*, Columbia University Press, Columbia, 2013, p. 72.

最富裕的咖啡商和宫廷商,进行的主要是对外贸易,人口大约为500或600人,在17世纪他们控制着国家的经济命脉,其中80个咖啡商(占全部咖啡商的17%),拥有的财产高达4170万皮尔斯,占全部财产(6470万皮尔斯)的64%。[1] 在伊朗社会中大商人群体的经济地位很高,从事批发贸易的大商人(tajir)是长途、大型的国内外贸易的主角,这一群体控制着城市主要的经济活动。在地方的金融活动中,大商人也扮演重要角色,地方政府的财政要靠他们来保障。[2]

在中东城市社会中商人具有很高的声望和社会地位,这源自伊斯兰文化中具有崇商的价值观念,从伊斯兰教经典中可以发现不少赞美商人的句子,先知对商业贸易有极大的兴趣。"信誉好的商人是先知和殉道者的朋友。在末日审判到来的时候诚信的商人将沐浴在安拉的荣耀之光下","商人是安拉的信使,也是安拉所信赖的人"[3],等等。人们倾向于认为,商人是他们中最虔诚的人,商人是最安全也最能满足人们愿望的人,是社会各阶层中最受尊敬的人。

但优越的经济地位并非商人阶层的唯一重要标志,商人还拥有良好的教育背景,被称为"居住于城市中的贵族"。在城市中,商人和宗教精英有密切的关系,伊斯兰传统文化是商人阶层形成的重要因素。城市商人经营的多是农产品而非工业产品,他们还从事放贷和金融业。近代以来,随着中东地区与西方经济贸易的增长,其在城市中的地位被外商和少数族裔商人取代。

中东城市第三大群体由作坊主、巴扎商人等组成。作坊主和巴扎商人是城市中产阶层的主要组成部分。中东地区的作坊主和小商人是以行会(guild)为组织的。行会是城市中相同职业的人群所构成的组织,行会的首领称谢赫(shaikh)。行会在城市的社会经济方面发挥着重要作用,控制着市场贸易的规则,还垄断一些地区特定商品的生产和流通。[4] 手工业行会都有

---

[1] 车效梅:《中东中世纪城市社会结构分析》,《世界历史》2011年第1期。

[2] Mansoor Moaddel, *Class, Politics, and Ideology in the Iranian Revolution*, Columbia University Press, Columbia, 2013, p. 103.

[3] Mansoor Moaddel, *Class, Politics, and Ideology in the Iranian Revolution*, Columbia University Press, Columbia, 2013, p. 104.

[4] John T. Chalcraft, *The Striking Cabbies of Cairo and Other Stories Crafts and Guilds in Egypt, 1863 – 1914*, State University of New York Press, New York, 2005, pp. 17 – 18.

自己的巴扎，作为他们处理内部事务的地方，并承担着行会成员的社会保障功能。手工业行会内部组织联合的程度很高，在城市经济生活中扮演了重要角色。行会的主要职能是选举会长和收缴会费，它兼具行政和财政两项职能，其财政职能是税务，税率是由行会和政府共同协商并长期固定的。商品的定价由行会在月初确定。行会在内部事务上具有司法裁判权，它一方面避免行会内部竞争，另一方面对外形成垄断，新开办的作坊必须报会长批准。行会会长多采用世袭制，会长由行会推选但由政府批准和任命，因此受后者控制。行会与政府之间有密切的关系。

作坊主、巴扎商人深受西方工业产品冲击之害。中东地区现代工业的发展速度慢于手工业的衰落速度，其结果是城市不能吸收失业的手工业工人，城市中存在大量的失业人口。同样，由于消费者口味的变化，现代商业发展迅速，其经营者多是欧美商人或本国的少数民族（也包括宗教少数派），传统商业也因面临现代商业竞争而处境艰难。作坊主和小商人经济利益受到损害，因而对外商和西化极端敌视。一战前，叙利亚传统手工业极盛，这一地区是中东手工业的中心，但西方工业品的竞争导致该地手工业衰落，从业劳动力锐减。

不过大多数国家的作坊主和小商人绝对数量在增长，数量的下降只发生在个别国家或地区。现代经济的增长也在带动传统经济部门的发展，作坊主和小商人的人数仍在增长。在中东多数国家中，他们是城市中产阶层中人数最多的群体。但19世纪末20世纪初，行会组织开始衰落，被新的机体所取代，新机体下的作坊主和小商人群体的队伍并不稳定，他们比之前的行会缺乏严密的组织纽带。50年代以后大部分阿拉伯城市的行会组织消失了，也门的城市中留存了传统的手工业行会，在卡塔尔的作坊主和小商人中，在地位较低的巴扎商人群体中仍保留着传统的行会体制。[1]

宗教阶层、官僚阶层和专业技术阶层为城市的中产阶层，他们是受教育程度高、享有较多的参与政治的机会、承担了城市公共活动的绝大部分职能的团体。官僚阶层是政府的公职人员，他们更接近权力，有较高的收入和社

---

[1] Gabriel Baer, *Population and Society in the Arab East*, Routledge & Kegan Paul, London, 1964, p. 214.

会声望，但仍依从于掌握政治、经济资源的精英阶层，在政治立场方面与上层一致。官僚中产阶层人数较少，不具有独立的社会功能。而专业技术阶层直到20世纪50和60年代才在社会和政治生活中开始扮演独立的角色。他们也是政党成员的主要来源，专业技术阶层有自己的代言人和组织者，甚至还产生政治领袖。商人罢市和学生罢课是这一阶层组织斗争的常见方式。但50和60年代后，随着军官阶层的崛起，他们开始公然反对上层的统治，专业技术阶层中一部分人通过转行成为公职人员，其地位有所上升。

宗教阶层是中东社会结构中的重要组成部分。乌莱玛是由宗教学者和教法学家组成的群体，拥有较高的经济地位、政治权力和社会声望，在前现代阶段的国家政治中是不可或缺的部分，是中东社会中的精英群体。首先，他们是王朝统治得以巩固的一大支柱。在波斯恺加王朝时期，由于王族是部落后裔，为使其统治合法化须先脱离部落的统治方式，使国王由部落领袖转变为国家领袖，他们凭借乌莱玛的支持稳固其统治。其次，乌莱玛也获得了独享的宗教统治地位，穆智太希德作为信徒的效仿渊源[①]，其宗教指示具有一定的法律效力，伊斯兰的社会法因此得以执行。每个效仿渊源都有众多信徒，其对信徒影响很大，并以自己为核心各自形成相对封闭的社会关系网。再次，宗教阶层在伊朗穆斯林日常事务中承担了管理者的角色。乌莱玛垄断了教育和司法两大领域，承担了教育和民事司法（shar）及立法等功能。最后，宗教阶层对其他社会群体具有很强的影响力，中产阶层中大部分群体都具有明显的宗教属性。乌莱玛与巴扎商人和作坊主之间存在紧密的经济联系。神学院的教学经费、宗教慈善机构的款项和其他宗教活动的经费的大部分都是由巴扎商人捐献的。在前现代的伊朗，巴扎商人的子女几乎都进入宗教学校接受神学教育，不少人因此而成为宗教阶层的成员。乌莱玛和巴扎商人之间还有通婚的习俗。由于什叶派乌莱玛依靠宗教税和瓦克夫宗教地产等财源而具有相对的独立性，在国家政治中处于相对独立的地位。[②]

什叶派乌莱玛阶层包含法官卡迪、教法说明官穆夫提、各级教师（库特

---

① "效仿渊源"英语 emulation 或 source of imitation，见 David Menashri, *Post Revolutionary Politics in Iran Religion Society and Power*, Frank Cass, London, 2001, p. 13。

② Stephen C. Poulson, *Social Movements in Twentieth-Century Iran: Culture, Ideology, and Mobilizing Frameworks*, Rowman & Littlefield Publishers, Washington D. C., 2006, p. 64.

布的谢赫或神学院的教授)、宗教领袖伊玛目、领拜人(khatib)、传道人等。这一阶层还包括没接受宗教训练的宗教机构中的其他从业人员(如召集人,mu'adhdhin)、清真寺的管理人员及仆佣等,以及赛义夫(圣裔家族的成员)。① 宗教阶层是上层进行统治的支柱之一,然而宗教阶层大多又与劳动下层保持密切关系。由于政府机构职能的加强,宗教阶层的社会管理功能已减弱,农业税取消后宗教地产规模和数量呈缩小趋势。随着现代体系的建立,这一群体的影响力和权力开始下降。

城市下层分工薪阶层和无固定收入群体两个部分。无固定收入群体的规模最大,其来源有破产的手工业者和农村移民,巴格达、开罗和亚历山大里亚等城市都有规模巨大的城市低收入群体。他们工作不稳定、生存条件差,甚至从事偷盗、抢劫及走私等犯罪活动,受教育程度普遍较低。他们的这些特征使他们容易成为城市政治斗争的便利工具,尤其是在反对少数族群和外商的运动中,常被引导充当打手。他们多数为利益所驱使,很少注重公共事务或公益目的。

城市中的中下层成员很多来自农村,且随着城市化的开启和加速,来自农村的成员比例逐渐增大,因而农村的阶级结构与城市阶级结构之间存在密切关系。中东农村中的中产阶层人数相对较少,且分散在数量庞大的村落中,因而难以形成群体运动,但他们是现代阿拉伯国家政治和宗教领袖的重要来源之一,尤其是在埃及,例如穆罕默德·阿布杜、阿布迪·安·纳赛尔等。②

农村中最大的群体是无地和少地的农民(fellah)。中东许多土地属于居住在城市的大地主所有,村社实行生产资料共享,村社成员采用集体劳动的生产方式。耕犁队(boneh)是农村公社中强有力的组织,负责村社的主要经济活动,在农村生产和分配等经济活动中起着决定作用。村社农产品分配采用分成制,按照人力、畜力、农种、水、地等要素以及农户和地主各自贡献的大小进行分成。产品消费方面,因为村民有共同的消费支出份额,因而在共同缴付政府赋税和支付手工业必需品之后,农产品才按照贡献大小进行

---

① Gabriel Baer, *Population and Society in the Arab East*, Routledge & Kegan Paul, London, 1964, p. 217.
② Gabriel Baer, *Population and Society in the Arab East*, Routledge & Kegan Paul, London, 1964, p. 213.

分配。那些缺乏生产资料的村庄通常都属于外乡地主所有，地主有专门收租的代理人，称拜利夫（bailiff 或 mubasher），但地租在伊朗被视为地主的分成。地主向村庄担负维修水利设施、提供农种等，提供监护，包括政治保护，他们在农产品的分成中占有相当大的份额。地主还控制着城乡间的农产品贸易，因而在伊朗经济中占据支配性的地位。[1] 中东城乡之间的经济联系的主要方式是地租关系。

中东传统社会的阶级有如下特点。第一，中东城市中的社会成员具有多重阶级身份。地主、商人和资本家同时可能也是公职人员、专业技术人员或知识分子。第二，成员的阶级界限并不明显，社会流动性较大。城市的社会成员的阶级身份是可以变化的，成员从一个阶层过渡或转变到另一阶层并不罕见。这种社会现象的原因在于，中东伊斯兰社会并不存在排他性的等级制度，显贵家族的通婚范围较大，这在东亚等级社会和南亚种姓社会中是不可能的。第三，社会成员的阶级意识不强。中东社会各阶级成员间的文化差别很小，阶级间不存在各自特有的语言或方言。

二 中东城市化对阶级结构的冲击

一般来讲，当城市化率达到10%～25%时，城市化和识字率之间会自动形成相长的关系。在西方国家，城市化率达到或超过25%，其识字率一般会达到60%。[2] 因为城市生活要求高度的组织性使得人际交往的复杂性和强度都有所提高，这种需要会促使识字率上升。城市化能够改善城市居民的日常饮食，带来更便利的医疗服务，城市居民教育水平的提高也带来经济状况的改善。城市化也造成了城乡差距、地区差距拉大，促使相对贫困水平的提升。城市优越的教育设施以及国家对城市教育的优惠政策使农民与市民形成资质上的差距。教育水平的提高可以为社会与经济方面的发展开辟道路。在许多发展中国家，城市的教育设施以及政策远远优越于乡村获得的教育设施与政策，城市通常成为各种技术、职业以及大学教育的垄断场所。因此城市化不仅导致经济

---

[1] Ervand Abrahamian, *Iran Between Two Revolutions*, Princeton University Press, Princeton, 1982, p. 19.

[2] Daniel Lerner, *The Passing of Traditional Society: Modernizing the Middle East*, the Free Press, New York, 1964, p. 88.

发展差距和地区发展差距，还造成人类发展差距①和知识发展差距。城市化对教育发展起到了极大的推动作用，而教育发展引起社会结构发生变迁。

（一）现代教育对城市阶层的影响

第一，新兴职业阶层——教师、律师、医师等专业技术人员及公共部门中的管理人员增加。1913~1942 年，埃及教师人数翻了两番，1942 年教师人数为 5 万，1952 年达到 6.4 万。在叙利亚，这一职业人数从 1920 年至 1941 年增长 10 倍，达到 5000 人，1951 年达到 1 万人，1960 年达到 24367 人。②医生和工程师多来自社会中上层，其人数远不能满足社会需求，但律师职业人数相对较大，社会上层家庭大多希望后代从事律师职业以保护本家族产业或日后在政界成为家族代表。

表 2-1　埃及专业技术职业人数增长情况

职业 \ 年份 人数	1937	1947
医　生	3700	6300
药剂师	1200	1600
工程师	8400	15800
作家和记者	1200	8200

资料来源：R. Makarius, *La feunesse intellectuelle d'Egypte au lendemain de la deuxieme guerre mondiale*, Paris, 1960, p. 31. See Gabriel Baer, *Population and Society in the Arab East*, Routledge & Kegan Paul, London, 1964, p. 219。

新兴职业大多分布在教育、医疗等社会服务部门及石油、交通、通信等大型国营企业及大中型私人企业。1976 年，伊朗国营和私人经济中管理人员、专业技术人员等"白领"总数共计 47.7 万人，占就业总数的 5.4%。③

---

① 人类发展指标由人的预期寿命、成人识字率、总入学率和人均 GDP 四项指标合成，反映发展水平。该指标数值小于 0.5 为低水平，0.5~0.7 为中等水平，0.8~1 为高水平。胡鞍钢、胡联合等：《转型与稳定：中国如何长治久安》，人民出版社，2005，第 47 页。
② Gabriel Baer, *Population and Society in the Arab East*, Routledge & Kegan Paul, London, 1964, p. 219.
③ Sohrab Nehdad, "What a Eevolution: Thirty Years of Social Class Reshuffling in Iran," *Comparative Studies of South Asia, Africa and the Middle East*, Vol. 29, No. 1, 2009, p. 97.

国营经济中有37.6万人，占该群体的78.7%，私人经济中这类劳动力达到10.2万人（专业和技术人员占85%），占该阶层人数的21.3%。[1] 私人经济中现代中产阶级人数较少，他们主要分布在大型的现代私人企业，这反映私人资本的集中程度较低。

20世纪30年代以前新兴职业阶层多来自上层社会，阿赫默德指出，"贵族、教士、地主、部落酋长是知识分子的主要来源"。因为仅上层社会家庭可以支持现代教育的费用。[2] 自40年代开始，该阶层出现新的来源，即城市的传统中产阶层家庭。伊朗40年代新兴职业阶层的人数已达到劳动力总人数的7%。[3] 60年代以后，由于高校入学考试方式变化、高等教育机构增多，以及政府各部所属培训机构及高等院校扩充，伊朗社会男性和富人垄断教育的时代结束了，社会中下层成员成为其主要来源。

教育的快速发展产生了受现代教育程度较高的青年群体和妇女群体。学生群体是中东国家政治中的重要力量，如苏丹议会中有大学学历的成员构成了政党的核心部分。他们对政治敏感，是城市政治斗争的主要力量。由于普遍缺乏阶级意识及政党组织，他们所能参与的政治行动主要基于亲属关系、地域关系或民族、教派关系。[4] 社会群体的认同和价值难以统一起来，新一代人既不像上一代那样被民族主义激情所打动，也不参与阶级动员。

由于中东城市化大多采用西化模式，因而教育状况呈现出现代教育发展和传统教育萎缩的不平衡性。传统教育一般在清真寺附近的宗教学校和各学派进行，如古兰经班称马克塔布（maktab），是初级教育；中级和高级教育称马德拉萨（madrasah），宗教课程由毛拉任教。传统教育的主要受益群体有宗教阶层、官僚阶层和巴扎商人等，宗教阶层拥有教育资源和社会声望，巴扎商人掌控一定数量的生产资料和更多的社会财富；而官僚阶层有一定政治

---

[1] Farhad Numani, Sohrab Behdad, *Class and Labor in Iran: Did the Revolution Matter*? Syracuse University Press, New York, 2006, p.97.

[2] James A. Bill, *The Politics of Iran Groups, Classes, and Modernization*, Charles E. Merrill Publishing, Columbia, 1972, p.68.

[3] Ervand Abrahamian, *Iran Between Two Revolutions*, Princeton University Press, Princeton, 1982, p.145.

[4] Manfred Halpern, *The Politics of Social Change in the Middle East and North Africa*, Rand Corporation, California, 1963, p.16.

地位和社会资源，三者之间有密切的经济和社会关系。巴扎商人可以买通官僚以获得商业的经营许可权，神职人员可以通过接收商人子女入学以获得商人所提供的经济利益，官僚可以为神职人员提供政府任命以获得神职人员的服务等。① 总的来看，官僚阶层、巴扎商人和宗教阶层的社会地位和政治地位处于中等水平，都有传统教育背景，有相似的价值观，在政治上都倾向于保守。这三种类型的群体都享有一定的优越地位，当其自身利益受到威胁的时候，他们有能力向上层统治者施加压力。

在伊朗，20世纪以来现代教育已经开始发展，自20年代以后政府极力削弱传统宗教在社会和家庭中的影响，大力发展世俗化教育，同时传统教育的规模下降了。1925~1941年，宗教学校学生总数从28949人增加到37287人，但同一时期神学院学生从5984人减至285人。清真寺领祷人被排除于现代教育之外，他们被禁止讲授宗教课程。政府在德黑兰成立了中央执行局以处理教育事务，将国家教育资源集中回拢，通过教育来塑造具有现代意识的伊朗公民。

现代教育的发展打破了宗教对教育的垄断，旧官僚和神职人员群体的比重在下降。同时宗教对司法的垄断地位也丧失了。宗教阶层的政治、经济和社会地位受到严重削弱。宗教学生数量、清真寺领祷人的数量以及宗教机构接受的捐献都有明显下降，不少神职人员越来越依附于国家机构。60年代后宗教地产被国家不断剥夺、日渐减少，这导致清真寺数量急剧下降，1965年伊朗有2万座清真寺，1975年仅剩9015座。同一时期德黑兰32所宗教学校减少了9所，另有3所知名的神学院被政府关闭。② 宗教机构接受的捐献减少，一大部分乌莱玛都依靠国家的经济补助，萨瓦克和首相办公署每年要为1.5万名乌莱玛发放生活补贴。

20世纪70年代后期，国家为减少开支缩减了宗教阶层的补贴，宗教阶层的经济条件进一步恶化了。此外，反对政府的神学院教师遭到审查，被禁止授课，有的被投入监狱。有不少传统的宗教活动被禁止，政府还照"文化

---

① Ahmad Ashraf, "Ali Banuazizi, Class System vi Classes in the Pahlavi Period," *Encyclopaedia Iranica*, Vol. V, Fasc. 7, 1992, pp. 677-691.
② Misagh Parsa, *States Ideologies and Social Revolutions: A Comparative Analysis of Iran, Nicaragua, and the Philippines*, Cambridge University Press, Cambridge, 2000, p. 136.

大军"的样子成立了"宗教大军"开赴农村,向农民宣讲"真正的伊斯兰",① 以进一步削弱传统宗教的社会影响力。国家世俗化教育政策对传统的宗教教育产生了削弱作用。尽管如此,这一时期伊朗宗教中产阶层人数还在增长。70年代伊朗圣城库姆有三名大阿亚图拉和十多名阿亚图拉,有50名高级教授,在马什哈德、伊斯法罕、大不里士、哈马丹、阿瓦士、设拉子及德黑兰等地的宗教领袖有20多名,受人尊敬的长者、宗教学者达1000多人,大城市清真寺的领祷人有3000多人,此外还有宗教学生和教阶较低的毛拉。1976年政府普查的神职人员为2347人,但这远远低于实际数字。②

宗教与城市每个穆斯林的日常事务间存在直接的关系,宗教阶层被当作穆斯林大众利益的代言人,他们仍具有相当的权威性。宗教阶层的地位削弱程度在各个国家有所不同,在埃及和叙利亚西化程度更高,其结果是宗教群体地位明显下降,而在沙特和也门等国,该群体受到的影响较小。在黎巴嫩虽然西化程度很高,但宗教群体的地位没有下降,其原因是政治结构中教派分成制没有发生大的改变。

第二,现代教育的发展造成官僚中产阶层的新旧更替。官僚中产阶层(karmandan)是政府公职人员,具有传统的宗教教育背景,兰普顿称这一群体"是文人阶层,其基本的功能是文书和财务等(recording and accounting),他们在伊朗社会中相对于部落酋长和地主的地位较低"。③ 阿赫默德·阿史拉夫将50年代以前伊朗官僚中产阶层归入传统中产阶层之中。④ 这一阶层与社会上层的交往最多,也拥有更大的权力,而官僚机构本身就是社会流动的一个重要的阶梯。该阶层组成政府机构的核心,受上层统治精英的领导,他们服务于上层阶级,与社会下层存在诸多矛盾。

随着现代教育的发展,官僚中产阶层中接受传统宗教教育的政府公职人

---

① Misagh Parsa, *States Ideologies and Social Revolutions*: *A Comparative Analysis of Iran, Nicaragua, and the Philippines*, Cambridge University Press, Cambridge, 2000, p. 136.
② Ahmad Ashraf, Ali Banuazizi, "Class System vi Classes in the Pahlavi Period," *Encyclopaedia Iranica*, Vol. V, Fasc. 7, 1992, pp. 677–691.
③ Ann Lambton, "Persian Society under the Qajars," *Royal Centeral Asian Journal*, April 1961, p. 133.
④ Ahmad Ashraf, Ali Banuazizi, "Class System vi Classes in the Pahlavi Period," *Encyclopaedia Iranica*, Vol. V, Fasc. 7, 1992, pp. 677–691.

员的数量呈缩小趋势，而接受现代教育的公职人员逐渐壮大，这一群体又称"技术官僚"。工业化发展和专业化的需求使统治阶级对专业技术官僚的需要更急迫，因而这一群体成为增长最快的阶层，即技术官僚（professional bureaucratic intelligentsia）。现代国家机构扩充和现代军队的建设都促使技术官僚迅速成长，成为新阶层。社会中下层向上流动进入专业技术官僚群体，这一阶层中政府职员的后代是一大来源。

现代教育为扩充的国家机构输送人才，公职人员群体发展壮大起来。国家机构的扩大需要现代教育为其培养人才。埃及 1940 年至 1955 年初级教育人数从 47480 人增至 170345 人。[1] 同一时期政府职员从 1940 年至 1955 年数量增长了 61%，达到 381615 人。这一时期中东绝大部分中学和大学毕业生进入政府部门任职，国家公职人员群体逐渐扩大。20 世纪 60 年代末，伊拉克财政部长阿里·穆塔兹·达夫塔里称，从 1930 年至 1940 年埃及政府职员数量增长了 30%，1944 年增长了 44%，1947 年比 1930 年增长了 118%。[2] 埃及政府职员人数占其人口比例比同一时期的英国要高，维持官僚机构运行的政府开支也相对较高。在中东各国受教育程度较高的群体中，穆斯林与宗教少数派（如科普特人、亚美尼亚人及基督徒）对公职岗位的争夺非常激烈。

在阿拉伯国家中，政府官员是特权群体，享有优厚的经济收入。新政权一般缺乏地主和资本家的支持，政治精英大多通过财富再分配的方式取得低收入阶层的支持。在奉行"阿拉伯社会主义"的国家中，受益最多的社会群体是政府官员、军官、行政管理人员和国营企业的员工。国家公职人员社会地位较高，其成员中有不少来自上层社会，尤其是地主家庭。由于中产阶层接受世俗化的现代教育并与外部世界有更多接触，他们一方面要求国家实现快速现代化，另一方面要求提高自身收入，但他们与社会下层间无法建立密切关系，而现实的经济结构和社会结构也难以改变。

1928 年，德黑兰政府职员有 2.4 万，1956 年全国公职人员总数达到 31

---

[1] Gabriel Baer, *Population and Society in the Arab East*, Routledge & Kegan Paul, London, 1964, p. 218.

[2] Gabriel Baer, *Population and Society in the Arab East*, Routledge & Kegan Paul, London, 1964, p. 218.

万人,① 1966 年达到 62 万,1976 年达到 73.2 万。公职人员中的中级和低级职员占该群体的约 90%,构成官僚中产阶层的主要部分。1976 年国家机构中的就业人口占比达到 8.3%。国家高级职员人数近 6 万,其中包括议员、法官、高级官员、高级军官等公职人员。② 中下级国家公职人员包括各部、局、科室等非军事部门的职员,人数达 30.6 万,加上国家武装力量共计 67.3 万,③ 这一阶层占就业人口总数的 7.64%。

伊朗巴列维国王有意分隔和重复设置各政府机构,使其具有相同的功能而相互牵制,以达到政治上绝对控制的目的。如工会由内务部和劳动部共同管理,文化团体由武装力量和教育部共同管理,经济部与发展及住房部机构重叠。这样设置的结果是管理机构规模增大,1953 年共有 11 个部,1960 年增加为 16 个部,1975 年增至 27 个部。同时,国王为争取反对派的妥协,增加民事岗位以安置和笼络反对派。70 年代,城市中每 2 个全职劳动力就有 1 人是国家雇佣的人员。国家政治职能部门及经济部门吸纳大量就业人口,1976 年达到 167.3 万,占就业人口的 19%,其中主要包含以下三大群体:国营企业工人 56.5 万,公职人员 73.2 万,国企的中产阶级 37.6 万。④

20 世纪 40 年代中期以前,中东国家在公共领域的投资主要是水利建设,公共基础设施及政府开支占国家收入的比例不超过 20%,只有产油国除外。⑤ 60 年代中期以后这一比例开始增大,叙利亚和埃及公共服务领域的投资每年都以高于 15% 的速度在增长。在约旦,公共服务部门的投资达到了 50%,伊拉克达到 80%。⑥ 沙特公共投资增长速度是私人投资速度的 2 倍。政府投资

---

① Mansoor Moaddel, *Class Politics and Ideology in the Iranian Revolution*, Columbia University Press, Columbia, 2013, p. 59.
② Farhad Numani, Sohrab Behdad, *Class and Labor in Iran: Did the Revolution Matter?* Syracuse University Press, New York, 2006, p. 96.
③ Farhad Numani, Sohrab Behdad, *Class and Labor in Iran: Did the Revolution Matter?* Syracuse University Press, New York, 2006, p. 96.
④ Sohrab Nehdad, "What an Evolution: Thirty Years of Social Class Reshuffling in Iran," *Comparative Studies of South Asia, Africa and the Middle East*, Vol. 29, No. 1, 2009, p. 89.
⑤ Galal A. Amin, *The Modernization of Poverty: A Study in the Political Economy of Growth in Nine Arab Countries*, E. J. Brill, Leiden, 1974, p. 84.
⑥ Galal A. Amin, *The Modernization of Poverty: A Study in the Political Economy of Growth in Nine Arab Countries*, E. J. Brill, Leiden, 1974, p. 84.

的加大使国家经济部门中的雇员群体不断扩大。1965年埃及政府为2.6万名大学毕业生创造就业岗位。苏丹铁路公司是该国最大的国营单位，随着其运营业务的拓展，吸纳了越来越多的劳动力。1959~1965年，沙特公职人员的数量增长了120%，1967年沙特30%的劳动力都成了国家的职员。[①] 1965年，科威特公职人员的数量增长了40%，6人中就有1人是国家职员。

第三，现代教育为军人阶层的崛起创造了条件。在中东国家，受过良好教育的、有现代意识的、训练有素的军人和中下层官员率先成为现代化的推进者。他们最先接受了现代教育并具有理性主义特点，因最先感受到先进技术和西方思想而成为整个社会中最具现代性意识的社会力量。自近代以来，中东的军人阶层是倡导或进行根本社会变革的激进势力，对中东地区的政治产生重大影响的有埃及1881年图拉比运动和1952年青年军官运动、1908年青年土耳其运动，以及自1936年开始在伊拉克及1949年在叙利亚兴起的复兴社会主义等。伊朗19世纪60年代开始教育改革，建立了第一所世俗学校"大学堂"（Dar-fonun）以培养现代化人才。[②] 军校和翻译学校为军队培育专业人才，1898年德黑兰成立高中尼扎姆（Nezam），为军队输送专业人才。伊朗现代军队中较先进的有俄国训练的哥萨克旅和瑞士训练的宪兵队伍，它们与本土队伍逐渐成为一体。军队逐渐增加了西方国家的军事训练，军队规模也在增长，并且在平定部落叛乱中取得了声望，其职能和权力都扩大了。军官的待遇得到提升，在新中产阶层中，军官是一个享有特权的阶层。

中东国家的军人阶层曾多次挑战旧的统治秩序，造成政权频繁更迭，其原因首先在于中下级军人大多来自中产阶层，他们不少成员来自受教育程度较高的律师、教师等职业（如纳吉布将军有法学教育背景）。其次，军人阶层还包括少数民族和宗教少数派，他们的民族和国家认同与统治精英有较大差异。1952年埃及青年军官运动中暴乱的军官大多是阿拉伯人，他们称埃及的统治者是突厥人，其矛头直指埃及穆罕默德·阿里家族。最后，军人是西化和社会改革的先锋。阿以战争中失利使阿拉伯国家旧体制下工业落后、士

[①] Galal A. Amin, *The Modernization of Poverty: A Study in the Political Economy of Growth in Nine Arab Countries*, E. J. Brill, Leiden, 1974, p. 84.

[②] Hossein Godazgar, *The Impact of Religious Factors on Educational Change in Iran Islam in Policy and Islam in Practice*, the Edwin Mellen Press, Lewiston, 2008, pp. 83 – 84.

兵懒散、上层腐败等现象暴露无遗，军人对现存体制不满。随着社会内部矛盾的加剧，阿拉伯国家在对外事务中失利，各种因素为军人掌握政权创造了条件。军人通过政变夺取政权，新政权倡导平等主义、推行改革，这都符合中产阶层的政治愿望，但由于中间阶层仍弱小，民主政治条件尚不成熟，最后军人政府大多采用威权政府的形式，其社会基础较为狭小。

第四，现代教育发展使新的职业阶层不断壮大。中东国家工业化的发展要求现代教育培育更多的专业技术人才。20世纪中东国家大多形成了包括初等、中等和高等教育，还有职业教育及教师培训等的完整的现代教育体系，各国识字率明显提高，见表2-2。

表2-2 1950年中东部分国家的教育及人口状况

国家	土耳其	黎巴嫩	埃及	叙利亚	约旦	伊朗
人口（百万）	21	1.3	21	3	1.3	18
城市化率(%)	15	23	28	27	9	21
识字率(%)	30	60	15	20	20	10

资料来源：Daniel Lerner, *The Passing of Traditional Society: Modernizing the Middle East*, The Free Press, New York, 1964, p.86。

（二）工业发展对阶级结构的改变

一般来讲，城市人口是工业发展所需劳动力的重要来源。在西方国家，城市化率10%是启动现代化的必要条件之一。① 西方经济学家丹尼尔·勒纳提出，城市人口达到7%~17%（一般以10%为界）是现代化启动的最低要求。

工业化是城市化的根本动力，工业化冲破农村自然经济的桎梏，使城市成为区域经济的中心，也带动了交通的大变化。工业的发展使中东国家经济结构发生变化，城市第三产业也在迅速发展。劳动力分布也随之改变，农业就业人口下降，工业、商业和服务业中的劳动力比例在增长，其经营规模普遍比较小，有不少仍然是雇佣家庭工人的个体经营者，这些非正式的经济部

---

① Daniel Lerner, *The Passing of Traditional Society: Modernizing the Middle East*, the Free Press, New York, 1964, p.59.

门吸收了大量劳动力,为城市提供价格低廉的商品和劳务,这些经济部门都是免税的,有的成员收入较高,如商人群体。个体经营者除了巴扎商人和作坊主外,还包括出租车司机、建筑工人、家庭工人、理发师、面包师、裁缝、小作坊工人和修理工等,也有美容服务、首饰制作、私人教师等行业的从业人员。

中东城市产生新的群体,如现代工商业资本家、新兴中产阶层、工人阶级等,同时旧的阶级中分化出新的阶层,有现代工商业资本家、合同商等,阶级结构和社会结构也发生了变化。

第一,地主阶级地位的变化。20世纪50年代起,中东国家开始土地改革,大地主受到削弱。例如1955年开罗和亚历山大里亚的大地主的地产被充公。地主及其家庭成员开发城市的其他经济领域,他们转而从事现代工业、商业、合同商及不动产业。1929~1935年埃及因发生农业危机,政府提高保护关税,导致地主将资本投向了工业生产。叙利亚穆达利斯家族也有相同经历。中东国家五六十年代发生政治突变,一方面结束了外商在中东经济和政治中的特权地位,另一方面使地主阶级的统治地位逐渐丧失。地主中有的将资金投向工商业领域成为资本家,有的将资本存入国外银行从而成为食利阶层。

20~50年代,政治权力逐渐从以地主和酋长为主体的传统政治精英向专业技术官僚转移。虽然专业技术官僚人数所占比例不大,但其在议会、内阁、各政党及国营工业中占据重要职位。1925~1961年的议会议员中,地主占30%~40%,官僚占30%,专业技术人员占9%~13%。从议员出身和家庭背景看,40~60年代议员中来自公职人员家庭的占40%,地主家庭占26%,商人家庭占12%,宗教家庭占8%,工人家庭占6%。60~70年代,70%的议员和全部内阁成员都是有学士学位的技术官僚。[1]

在中东,工业的投资收益不如不动产稳定,因而仍有资本家、大商人、放贷人和合同商将资本投入地产,从而成为地主阶级的新成员。如叙利亚霍姆斯和哈马的商人,大棉花商艾敏·伊赫亚,还有艾哈迈德·阿布德等家

---

[1] Ahmad Ashraf, Ali Banuazizi, "Class System vi Classes in the Pahlavi Period," *Encyclopaedia Iranica*, Vol. V, Fasc. 7, 1992, pp. 677–691.

族。中东城市资本家、地主、商人三者交叉重合，地主除了自身的阶级身份外可能同时还是商人或资本家。随着经济和教育的发展，中东社会的流动性不断增强，各阶级成员之间的界限仍然很模糊。

第二，工商业资本家兴起，新的经济精英形成。阿拉伯国家的工业在中东地区竞争力较弱，大工业没有经历充分的发展。这与工业国有化及政府财政、补贴、进口及市场密切相关。工业增长缺乏坚实的金融支撑，只有在产油国中与石油相关的工业才有充足的发展资金。产油国和非产油国经济发展呈现两种不同的类型。非产油国主要发展进口替代工业、纺织业、重工业及高技术行业等，但纺织和钢铁等老产业的发展处于停滞状态，而高技术产业的基础还很薄弱，技术升级速度缓慢。[①] 资产阶级很弱小，对国家的政治经济影响很小。在阿拉伯国家工业劳动力占劳动力比例一般都在15%以下。因而中东城市工业资本来源于土地收入和商业利润，新兴的工业资本家群体不是来自手工业者，这与近代以来西方国家的资本家的形成和构成有很大差别。在西方国家，资本家的重要来源是手工业者，而中东地区的手工业因西方工业品的竞争而衰落。

在阿拉伯国家，军人政权建立后，地主的统治地位逐渐衰落，但私人企业并没有迎来工业繁荣契机，这是由于新政权发动国有化运动，接手并开始经营国有企业，对私有企业的发展形成了压制。私人经济的发展需要国家的支持性贷款及来自国外的捐助。但新政权下，私人经济很难得到这些急需的资源。新政府不相信私人经济能发展成为工业资本，而且他们不愿看到经济精英阶层形成一股独立的政治和社会力量。新政府执行的经济政策是平等主义的，它要使社会下层得到实惠，以扩大政权的社会基础。埃及在1961年发布新法，限制私人企业的发展，将更多的发展机会留给国营企业。国有经济的发展产生了一个新的阶层，即企业中的官僚阶层，例如苏伊士运河国有化后埃及经营运河的官员。

手工业者和中小工业家群体在壮大。由于经济的发展、资本加大投入及生产技术的进步，从事家庭生产的个体经营者及巴扎商人群体的人数在逐渐

---

① Manfred Halpern, *The Politics of Social Change in the Middle East and North Africa*, Rand Corporation, California, 1963, pp. 13 – 14.

增长，中东国家中传统社会遗留下来的前资本主义的社会结构形态被保留下来。前资本主义的生产形态在阿拉伯世界的再生和扩张，与中东国家在世界市场产业链中所处的地位密切相关。这一群体内部采用旧式经营的成员不断再生，同时也出现了新式经营群体，那些采用了现代的或效率高的个体经营者的生产规模不断扩大或改进了技术，逐渐变成中小企业主或专业技术人员，有的还成了外包商。他们有的经营范围扩展到全国，有的扩大到中东地区，有的甚至开始在国际市场上寻求发展。他们不但投资股票和证券市场，还拥有土地和不动产，这加速了群体内部的分层。阶级界限更加模糊，社会群体更加碎化。[1]

新的企业家中有不少是少数民族，如亚美尼亚人、阿拉伯基督徒、犹太人、希腊人及欧裔少数民族等。叙利亚、埃及和伊拉克也有穆斯林工业家。工业资本家的地位比商人的地位要低。在黎巴嫩，工业资本家主要来自商业经纪人和金融家及从事内外贸易的批发商。在叙利亚，工业资本家来自进口商、外企代表等，如大马士革的沙赫那维集团、哈利利及阿勒颇的沙巴里克。在叙利亚的加兹拉，工业资本家从贝都因人谢赫手中租借土地从事现代农场的生产经营，如阿斯法尔和那加尔家族，他们以前也都是商人。在埃及，企业家来自商人和地主，大地主和工程承包商一方面投资和经营工业，另一方面也并未脱离以前的行业。中东上层群体的这一特征，即他们从事多种行业，集官僚、地主、商人、资本家等多重身份于一身，形成了对政治经济等重要资源的多重垄断，而这正是他们在国内政治、经济冲突中长期缺席的主要原因。黎巴嫩的城市中有工商业的联合会；在埃及，亚历山大里亚有六个商业协会，其中的三个操控了整个城市的工业组织。有的学者将20世纪五六十年代的中东称为"商业资本时代"，因为这一时期，与西欧的商业资本阶段一样，中东的商业仍然缺乏理性的经验、没有成册的经营记录，其所有者和经营者合一，具有家族公司等特征。

中东社会上层成员仍倾向于将资本投向土地等不动产，而不是工业生产。这不仅是因为地主的社会声望高于工业资本家，而且因为工人阶级的兴

---

[1] Manfred Halpern, *The Politics of Social Change in the Middle East and North Africa*, Rand Corporation, California, 1963, p. 15.

起和不断斗争也使工业资本家的利益不时受到威胁。中东地区缺乏代表工业资本家群体的政党组织，工业资本家的土地改革愿望无法表达，因而他们与地主结盟，借助代表地主利益的政党实现自身的利益。

第三，工人阶级的发展壮大。阿拉伯城市的工人阶级诞生较晚，其成员的年龄也偏年轻，这一方面是由于阿拉伯国家人口结构的年轻化，另一方面是由于城市移民大多是来自农村的年轻人群体，且年龄较大的工人不断被新来的年轻移民所替代。早期的工人成员主要是农村或部落的移民。1954年，苏丹的港口工人其父辈为工人的仅占11%，83%从事农牧业。[1] 在开罗、亚历山大里亚、阿勒颇、贝鲁特的工人阶级中其父辈为工人的比例比其略微低一点。而城市中的这类工人与农村仍然维持着密切关系，这在苏丹的港口城市的相关调查中得到印证。工人将城市中的工作当作临时的营生，因而流动性很强。工人流动性强的直接后果是工人的实际收入一直停滞不前。工人群体缺乏稳定性的一个重要原因是工厂的生产本身就有季节性，特别是以农产品为原材料的工厂更加明显。在叙利亚的纺织工业中，夏季是外地劳工因请假缺勤的高峰，高达15%。二战期间IPC和AIOC石油公司工人的流动量达到20%，石油开发期间城市工人的流动量更大，埃及经济学家报道其工人流动量每年都有50%以上，马哈拉和卡布拉的纺织工厂中工人的流动量甚至达到300%。中东城市化发展的过程中，建筑业、交通业等行业发展迅速，吸纳了大量劳动力，尤其是铁路、工厂、港口及船坞等集中了大批劳动力。巴士拉港口工人和铁路工人是伊拉克南部最大的工人群体；在基尔库克，仅石油工人就占这座城市人口的1/3。沙特石油工人占工人总数的40%。苏丹的阿塔巴拉居民有4万，铁路工人及家属就占其人口的90%。[2]

20世纪50年代初，埃及劳动力有700万~800万，其中从事工业、建筑、采矿、交通及通信等行业的在90万至110万之间。社会事务部长侯赛因·阿沙沙非仪称，1957年仅工业和建筑工人就有75万。同一时期在苏丹，工业和手工业工人有2.5万，铁路工人2.5万，还有建筑、采矿等其他行业

---

[1] Gabriel Baer, *Population and Society in the Arab East*, Routledge & Kegan Paul, London, 1964, p. 229.

[2] Gabriel Baer, *Population and Society in the Arab East*, Routledge & Kegan Paul, London, 1964, p. 228.

的工人。① 1953 年，叙利亚有工人 91167 人。黎巴嫩的现代工业有工人 2.5 万人，还有传统工业部门工人 2.5 万，此外还有石油业、建筑业和交通业的工人。② 1960 年利比亚石油工人有 6000 人。③ 沙特有石油工人 2 万；1956 年，在巴林，从事工业、建筑、采矿、商业、交通等行业的工人有 29596 人，其中 12203 人是外籍工人。巴林石油公司有工人 8500 人，其中巴林人 6000 人。科威特石油公司有 8000 人，其中阿拉伯人 5000 人。伊拉克工业有 4.5 万工人，手工业有工人 3 万，交通业有工人 4.5 万人。④

阿拉伯国家的工人阶级多集中于少数几个大城市，通常情况下，每个国家中仅有两个较大的城市，一个是首都和另一个是港口城市。伊拉克 70% 的工人集中在巴格达，绝大多数交通业工人集中于巴格达和巴士拉两个城市。叙利亚城市工人阶级集中于大马士革和阿勒颇，拉塔基亚的工人数量也有明显增长。在黎巴嫩，贝鲁特和的黎波里占据同样的地位。埃及 50% 的工人集中于开罗和亚历山大里亚。其原因是阿拉伯国家的工业发展并不依赖于原材料产地，而是位于人口多、消费量大的中心城市。每个国家的两大主要城市集中了比例较高的人口，因而具有较高的购买能力；大城市有便利的交通网，充足的水供应及电力和燃气设备，有较好的人力资源和维修、保养服务中心；大城市也是在工业发展中处于领先地位的外商及少数民族工商业者集中的地方。

阿拉伯国家的工业发展起步较迟，又面临缺乏工业资本和信贷、国内市场狭窄等不利因素，工业发展速度不快。私人工业发展很有限，工业中雇佣几千人的大公司数量极少，中型企业数量也很小，绝大多数是小企业。工人集中在大型的国营企业，苏丹的铁路工人数量高于几百个小企业的工人的总和。1956 年，巴林 96.6% 的企业是雇佣 10 人以下的小企业，其雇佣工人占

---

① Gabriel Baer, *Population and Society in the Arab East*, Routledge & Kegan Paul, London, 1964, p. 224.
② Gabriel Baer, *Population and Society in the Arab East*, Routledge & Kegan Paul, London, 1964, p. 224.
③ Gabriel Baer, *Population and Society in the Arab East*, Routledge & Kegan Paul, London, 1964, p. 226.
④ Gabriel Baer, *Population and Society in the Arab East*, Routledge & Kegan Paul, London, 1964, p. 225.

工业劳动力的 32.9%；0.5% 的企业是 200 人以上的大企业，雇佣工人数量占工业劳动力的 46.9%。1954 年的调查显示巴格达的 500 人以上的大企业雇佣工人占当地劳动力总数的 1/3，10 人以下的小企业雇佣占 1/3，三个最大的企业雇佣了 20% 的劳动力。40 年代，埃及 5 人以下的小企业占企业总数的 93%，而其余 7% 的企业雇佣工人占劳动力的 72%，其中两家最大的纺织厂雇佣劳动力占 30%。[1]

工人阶级中非熟练工人比例很高，现代工业中的熟练工人和管理阶层大多是来自西方发达国家的外籍人和本地的少数民族裔。其原因是他们对手工劳动的轻视使受到教育的阿拉伯人向往行政职位，而新迁入城市的非熟练工人认为向上流动不是靠技能、经验或成就，而是出身和财富。另外外资企业、石油业也倾向于雇佣外籍人，以确保对技术的垄断。这样就造成非熟练工人、熟练工人和管理人员之间收入的巨大差距，因而管理人员也自视与工人不同，管理人员和工人的收入差距也很大，这是工人和中产阶层之间关系疏远的重要原因。

工人阶级缺乏稳定性使工人组织的发展较为滞后。20 世纪 50 年代中期，埃及注册的工会组织有 900 个，成员有 25 万，而实际的工会组织大大少于注册数，被组织起来的工会成员还不到 15 万人，其中 59% 集中于开罗和亚历山大里亚。[2] 1956 年，苏丹有工会 150 个，成员有 10 万人，但实际上其中除了工人外还包括公司的雇主和公司的管理职员等成员。1958 年发生军事革命后苏丹工人工会被取消。1960 年苏丹立法对工人运动的压制更加严厉。阿拉伯半岛也有工会组织，1956 年巴林的工人联盟成员有 6000 人，但在沙特，工人组织是非法的。

20 世纪 40 年代，伊拉克的工会组织受到很大限制，1958 年革命后工会取得合法地位，1959 年底成立了劳工总联盟。1956 年叙利亚工会达 256 个，成员有 32943 人，其中 67.5% 的成员集中于大马士革和阿勒颇。[3] 约旦 1957

---

[1] Gabriel Baer, *Population and Society in the Arab East*, Routledge & Kegan Paul, London, 1964, pp. 226 – 227.

[2] Gabriel Baer, *Population and Society in the Arab East*, Routledge & Kegan Paul, London, 1964, p. 230.

[3] Gabriel Baer, *Population and Society in the Arab East*, Routledge & Kegan Paul, London, 1964, p. 231.

年工会成员有 1.18 万，黎巴嫩有 6 万。1956 年，阿拉伯工会总联盟成立，其目标是维系阿拉伯国家间工人群体的政治团结。

在工会组织中，只有极少数较大的组织，其他工会的规模都很小。1951 年，埃及官方数字显示，491 个工会中有 12 个较大的工会组织，其成员有 55730 人，而 392 个小工会一共有 46946 人（300 人以下的小工会）。苏丹仅铁路工人工会的成员就占工会总成员的 45.7%。绝大多数的工人组织仅限于一个工厂，苏丹的这一现象更为普遍。在埃及，同一经济部门的全国性工会五六十年代才开始出现。1956 年，全国工人总工会成立，包括全国各行业的工人协会。苏丹全国的工人工会成立于 1949 年。叙利亚没有全国统一的工人组织，工人组织具有明显的地域性和职业差别，工会间还在政治倾向方面存在较大差别。黎巴嫩的四个较大的工会之间的主要区别是政治倾向。

工会的人数多少和成员构成也是不断变化的，其原因是工人本身的不稳定性，要把短期居住城市的流动工人组织起来难度很大。即便永久居住的工会成员也只有在维权时与工会有正常的交往，只有少数核心成员与工会保持经常性联系。工会没有经济基础，经费有限。由于工资较低，工会规模小且有很大分散性，除了会费外没有其他收入来源，这些都限制了工会的功能，如救助、罢工、法律和医疗援助等因资金问题无法有效开展，工会会址设在主席家里或咖啡馆，四五十年代阿拉伯国家的工会工作人员主要由工会成员中的志愿者兼任。黎巴嫩的工会有几万名成员，但工会中专任的工作人员不到 10 人。

工会组织的低层大多来自工人，而领导层大多来自教师、官员等受教育程度较高的知识分子群体。在 20 年代和 30 年代埃及的工人运动中，律师扮演了重要角色，如工人运动的领袖萨维·艾哈迈德就是律师。工人运动的领袖也有皇室成员，如在 20 年代领导工人运动的阿巴斯·哈利姆王子。50 年代黎巴嫩的工人运动领袖就有政治家和贵族，如总统的儿子哈立德·胡里及贝鲁特富商亨利·帕拉万。在埃及和叙利亚也有工人出身的人成为工人运动领袖的。[1]

领袖和成员间存在社会地位和教育程度方面的鸿沟，这对组织内部的民主机制和工人参与的发展是不利的。工会难以召开定期的会议，几乎所有事

---

[1] Gabriel Baer, *Population and Society in the Arab East*, Routledge & Kegan Paul, London, 1964, p. 234.

务都由工会的领袖处理，而实际上工会领袖却常常处于雇主控制之下，这在叙利亚和黎巴嫩较为常见。而在埃及，由于工会领袖和处于统治地位的军官集团关系密切，这种情况并不多见。

尽管工人组织发展滞后，但中东国家的工人运动仍然蓬勃发展。例如1919年埃及的罢工热潮，工人所提要求既有政治性的也有社会性的，带有反对英国殖民当局的民族斗争性质，也抗议战争期间私人企业对劳动阶级的压迫。30年代又爆发工人运动，1936年工运和1938年工运趋于消退，二战期间由于工人就业扩大，工运低落。战争结束后生活成本的增长和失业率走高，工人运动开始高涨，加上同期政治运动的发生，罢工运动持续了3年，主要发生在开罗工业区束布拉·海玛，并向其他工业区蔓延。阿以冲突中埃及的惨败导致政权更迭，随后埃及国家进入紧急状态，导致工人运动暂停，一直到1950年。50年代华夫脱当局发布生活津贴令，但雇主没有执行，导致罢工运动又一次兴起。50年代由于朝鲜战争爆发给埃及出口带来困难，1951~1952年不少企业关闭，工人大量失业，这也是工人运动兴起的重要因素。这一时期埃及工人的阶级意识开始觉醒，1952年8月卡法尔·达瓦尔的工人罢工得到了亚历山大里亚的穆哈兰港口工人的响应。

沙特也在1953年发生工运，一直持续到1956年6月。伊拉克在1946年和1953年都发生过工运。1936~1937年在叙利亚，法郎贬值导致第一次工人运动爆发，1946~1949年同样由于通货膨胀再次发生工运，进口商品对叙利亚民族工业的不利影响，以及政局不稳也是工运发生的原因。在黎巴嫩工运的爆发也有相同的原因。这一时期，工运具有自发性，组织性不强，当工人的处境无法容忍的时候，他们会自动走上街头发起斗争。缺乏组织性导致工运政策缺乏连续性，如果不能达到目的，罢工就会自动结束。工会之间缺乏协作，如埃及赛德港和亚历山大里亚的港口工人往往分头行动。非熟练工人面临巨大的失业压力，生活条件极端艰难，也削弱了工人在罢工斗争中的团结、影响了罢工效果，参与斗争的工人常常面临被雇主开除的处境，甚至武装力量的镇压，斗争常造成较大伤亡。

工运推动劳动立法的日益健全。基本的劳动法都是在工运最激烈的时候产生的。在埃及，1933年和1936年通过了有关童工和女工及劳动时间的立法。40年代由于工运发生，华夫脱政府又通过了几项立法，以及1950年有关医保、工伤和社保等的系列立法。1952年新政府出台了新的立法，如个人劳动合同法、工会组织法，并对紧急法进行了修改。苏丹由于工运通过了1948年的劳动立法，涉及改善工作条件、工会、劳动合同、医疗、工伤赔付等。伊拉克1936年出台了劳动法，1942年重新修订，1958年再次修订。

各个国家的立法本身存在很大不同，但主要的问题是立法没有得到执行，劳动法仅在大城市的大企业中得到执行。工厂的分散性使法律执行难度增大，雇主对政府机构的影响、工会的弱势地位等也加剧了执法难度。立法机构缺少工人代表也使劳动立法及其执行等难以充分实现。工人代表在议会选举中的努力都相继失败。1945年埃及劳动党的竞选、1949年叙利亚工会联盟的竞选及1953年铁路工人的竞选都失败了。[①] 工会常常成为政党或政治领袖拓展影响的工具，工会领袖常由熟练工人和知识分子担任，他们奉行一定的政治意识形态，与政治组织之间存在密切的关系，例如左派政党或军人集团。

三 经济市场化对阶级结构的改变

传统社会的资源配置下，土地是基本生产资源，经济结构以农业经济为主，以传统手工业和小商业为补充。自近代以来中东日益卷入世界市场，其在国际经济体系的分工中处于不利地位，在国际市场机制的作用下，中东国家只有出口农产品的生产受到刺激而发展，但农业生产方式没有改变，农业经济整体上呈现停滞状态。同时，由于各国失去关税保护，西方工业品冲击了中东传统手工业，使其日益凋敝。小商业受到的损害较小，有一些合同商在进出口贸易中发家。由外资企业、国营企业和私营企业建立的现代工业奠定了工业化的基础，也产生了第一批产业工人。中东社会的阶级结构开始发生局部变化。经济结构中农业比重减小，工业、商业和服务业比重增长，阶级构成上呈现多样化。

20世纪三四十年代之前，中东的沙特、伊朗、科威特等产油国将油田出租给西方国家，它们从中收取租金较少，政府财政对租金的依赖性很强，经济上没有自立的能力。二战后中东国家掀起民族独立运动的浪潮，自20世

---

① Gabriel Baer, *Population and Society in the Arab East*, Routledge & Kegan Paul, London, 1964, p. 239.

纪 50 年代中期开始，各产油国租金占石油收益的一半，因而产油国手中掌握了充足的"发展资金"，它们以执行发展计划的形式将发展资金投向现代工业、交通业、建筑业和服务业等。在国内市场中，现代经济部门得到发展资金的支持，但传统经济部门被排斥在外。在国际市场上，中东国家出口石油收入占出口额的 80% 以上，其他出口以农产品为主。自六七十年代开始，各国以外汇进口机器设备、技术及半成品，发展进口替代工业，努力实现独立、自足的目标。中东产油国取得一定的经济独立能力，但由于其出口的仍是初级农矿产品，这些产品容易受到国际市场价格波动的影响，中东国家的经济对国际市场还有很大的依赖性，其经济结构还存在脆弱性。

在这种国内外市场机制配置作用下，中东各国的社会阶级结构发生了很大变化。首先，官僚买办资产阶级应运而生，他们依附于外国资本，与本国政府密切合作，并享有经济特权；他们享有各种先天优势，一经诞生就占据了制高点。外国资本在中东经济中仍旧处于支配地位。而现代经济部门吸纳了绝大部分的发展资金，但传统经济部门与国家经济联系减少，走上了独立发展的道路。现代经济中的专业技术人员和现代管理人员队伍得以壮大，传统经济部门中的巴扎商人和手工业主的数量也在增长。

中东国家的农业由于投入资金少，收益小，发展严重滞后。又由于各国的土地改革效果不佳，农村传统经营方式难以维系。在市场配置机制作用下，资金、技术和劳动力都朝着高收益的城市流动。商品、劳务和资本的自由流通使中东社会群体流动起来。土地资源市场化使城市规模的扩大和新城镇的建设得以实现，劳动力市场化使劳动向城市的迁移得以实现。农村流动性增强，形成移民潮。中东地区间也出现国际移民潮。农村社会结构逐渐解体。农村移民和战争难民涌入城市成为建筑业和服务业中的非熟练工人，中东城市中形成了低收入群体。此外，城市中还有大批的失业者。城市化畸形发展，资源分配更加不平衡。

由于其现代化发展过程中固有的矛盾，社会矛盾呈现激化趋势，尤其是中东城市中的冲突烈度更甚。城市中各种政治运动或革命频繁上演，社会各阶层的流动性在增长，从而使社会结构在一定的深度和广度上发生了改变。

第二节 城市化对社会结构的影响

一 城市化对中东社会的影响

（一）城市化对中东农村社会的影响

中东传统的农村是自足和自治实体，由于村民面临的威胁是敌对村庄或游牧民的袭扰，人们忠诚于他们的家族血亲，听从于谢赫或伊玛目。谢赫或伊玛目从与过往的商旅之间的经济交往中获取外部世界的信息，村民了解外界只能通过谢赫或伊玛目，他们自然成了家长式权威。农村的信息沟通是原始的"口传信息"方式，家长式权威人物将指令性的规定以面对面的方式下达给特定的人群。[1]

19世纪晚期在黎巴嫩出现第一批移民，移民有一部分移向国外，另一部分是从农村移向城市的。受教育程度较高的黎巴嫩人移向埃及，他们在英国殖民机构中任职，充当官员或专业技术人员或经商，而有的移向美国或拉美国家。这一时期黎巴嫩农村人口增长很快，土地与人口的比率降低，富余的农村人口移向城市。农村移民以年轻男性为主，他们并没有完全退出农村，多在临近城市打短工。同一时期的埃及，土地与农民（fellah）的比率更小，农村富余人口更多，但他们仍然留在农村，土耳其的状况和埃及相似。[2] 其原因在于黎巴嫩人口的受教育程度在中东国家中是最高的，因而人口的流动性较强，其城市化水平在中东国家也最高，20世纪上半叶首都贝鲁特人口占总人口的20%的黎波里、赛达和扎赫勒等城市的人口占总人口的20%。

农村移民加强了城乡间的联系，促使封闭的农村社会领受城市文明而逐渐"开化"。移民有了独立的经济收入，在农村家庭中的地位上升。移民在城市中接触到大众传媒因而初步了解外部世界，这就塑造了他们不同于家长

---

[1] Daniel Lerner, *The Passing of Traditional Society: Modernizing the Middle East*, the Free Press, New York, 1964, p. 55.

[2] Daniel Lerner, *The Passing of Traditional Society: Modernizing the Middle East*, the Free Press, New York, 1964, pp. 172–173.

象严重，各国平均失业率达到 15%。① 收入差距拉大使社会不平等问题日益凸显，城市中的阶级对立和冲突加剧。

统治阶层与城市社会群体之间关系紧张。在伊朗，城市中的传统中产阶层支持国王的现代化改革，是王权统治的社会基础之一。但国王的世俗化改革降低了乌莱玛阶层的政治和社会影响，不但其宗教地产受到侵夺而日渐减少，其在司法和教育方面的垄断地位也被打破了。② 只有在王权削弱的时候宗教阶层才有发挥社会作用的机会，他们期望重新夺回失去的财产并恢复社会地位，强烈要求在更多领域执行伊斯兰法的规则。③

传统中产阶层虽没得到国家经济政策的扶持，但也在战时经济中受益，规模也在扩大。四五十年代坚持伊斯兰意识形态的群体大大萎缩，在社会中的影响下降。巴扎商人群体逐渐远离宗教阶层并转而支持民族阵线，成为反对王权的一支重要力量。

统治阶层内部也矛盾重重。中东阿拉伯国家的上层统治者大多是军人阶层，这一阶层的社会基础很窄，他们依靠一套现代官僚体系实现政府运作，军人和官员构成了新的统治和管理阶层。他们有条件聚敛起财富，他们不仅拥有大量土地，还聚敛证券和股票资本。政府机构中的中下层官员虽然对政府标榜"社会主义"的理想但上层却享有高收入的现实不满，但他们也在收入分配中取得了少量利益。

其次，中东城市形成传统和现代两种经济部门的对立。中东本土的工业生产有许多仍然采用传统手工技术，工业技艺的传承方面是在家庭内部或师傅学徒关系的基础上进行。本土的传统工业没有关税保护，在阿拉伯国家收入再分配中也没有得到国家发展资金的支持，同时通货膨胀对传统工业的再生产也产生了极为不利的影响，因为传统工业中积累的资金被严重的通货膨胀化为乌有。传统工业发展处境艰难，这造成一系列不良反

---

① Valentine M. Moghadam, Tabitha Decker, *Social Change in the Middle East*, CQ Press, Los Angeles, 2014, p. 88.
② Hossein Godazgar, *The Impact of Religious Factors on Educational Change in Iran Islam in Policy and Islam in Practice*, the Edwin Mellen Press, Lewiston, 2008, p. 32.
③ Hossein Godazgar, *The Impact of Religious Factors on Educational Change in Iran Islam in Policy and Islam in Practice*, the Edwin Mellen Press, Lewiston, 2008, pp. 31 – 32.

应,因工业投资的风险加大导致工业资本家将资本投向更加安全可靠的不动产行业或商业,工业资本的不断流失也是传统工业长期不发展的重要原因。阿拉伯国家城市化与工业发展并没有像西方国家那样形成密切的关系。

不断上扬的物价对商业发展极为有利,助长了城市的商业投机活动,商人是在城市经济发展中受益的阶层,而且他们还是石油经济间接的受益者。而商业投机又助推物价疯长,这对城市下层群体的生活可谓雪上加霜。阿拉伯人大多从事农业和小商业,这些传统经济部门没有得到政府经济政策的扶持,发展非常滞后。农村移民群体中也只有少数在工业生产领域就业,大部分成了小商贩、搬运工、零售商或侍从人员。

少数民族群体（minority groups）和外国资本在金融业、制造业、国际贸易及公共服务部门处于主导地位。在利比亚,现代农业也被外商垄断,重要部门都要从国外引进技术人才,城市吸收绝大部分的经济资源,这些群体的经济收入遥遥领先,成为经济精英。国家经济政策偏向于发展大型现代农、工、商等行业,而传统生产部门被排斥于政府经济发展计划之外,且市场狭小,生产技术落后。国家进口补贴政策也打击了传统生产部门,使现代工业生产与传统生产部门之间的距离扩大。伊朗传统生产部门的大宗产品地毯的出口在1977年下降了13%,棉花出口下降45%。国家经济结构呈现二元性。

1953年以后外国资本对伊朗加强渗透,美国的发展和资源开发公司（P&R）、田纳西河流域管理局及原子能委员会等相继进入伊朗农村,进行农业开发。外国资本控制了伊朗的农业、工业和金融等部门。伊朗走上依附发展道路,国王及技术精英移植美国经济发展模式,自身成为大资本家,一个与外国资本有紧密关系的、受其控制的官僚买办资产阶级产生了。他们是伊朗发展国家资本主义的产物,这一阶层来自现代工商业资本家、王室成员、高级官员和军官、现代银行家、农业资本家等。官僚买办资产阶级在银行、工业、外贸、保险、建筑等行业取得独占地位,85%的大型私企都属于这一阶级。在伊朗,本土各阶层与官僚买办资产阶级和外国资本的经济利益是根本对立的,后者被视为殖民主义和帝国主义剥削中东人民的工具,因而在伊斯兰革命中成为首先被清洗的对象。

再次，传统中产阶层和现代中产阶层并存和对立。现代中产阶层基于现代教育，他们是现代主义者，赞成推进西化，支持国王世俗化改革。这与宗教阶层在意识形态上是对立的。而传统主义者认为西化只会破坏他们的本土文化，是造成各种地区问题的根源。传统主义者认为破坏老城中心的行为及西化的价值观都是对伊斯兰文化的攻击，西化和现代化带来了腐败等恶劣的影响。伊斯兰传统是解决问题的根本之道。他们主张保留清真寺、巴扎等传统建筑，因为这些是伊斯兰文化的标志，只有它们能够满足最基本的宗教和社会道德要求。[①] 他们将背离伊斯兰准则的言行视为伊斯兰世界没落的主要原因，认为补救的办法唯有严格执行伊斯兰的准则。中东社会结构中出现两种相互排斥的社会群体，这对该地区历史发展进程产生了深远的影响。中东城市中成功的政治运动都需要协调这两种对立的群体才能取胜。

在城市中，旧的中心区被废弃，而宗教场所成为城市下层民众的活动区。政府兴建的低收入群体聚居区及贫民窟成了宗教和激进政治的发源地。贫困、政治和宗教的激进主义都是这些地区下层民众中暴乱的根源，他们也极易被恐怖分子渗透和利用。[②] 暴乱者从悲苦的城市贫民中招收成员，赢得他们的支持，将贫民区作为他们的庇护所。要消除暴乱就要先改善城市贫民的生活条件。

最后，农村移民和外籍劳动力成为城市社会结构中的组成部分。科威特人大多充任金融行业和政府机构的员工，80%的科威特人属于白领阶层，76.2%的科威特人在政府部门任职。[③] 在科威特，15岁以下的人占总人口的50%以上，因而该国是中东"最年轻的国家"。正是因为这个原因，科威特的就业人口比例偏低，女性就业率更低，1975年仅达到3.2%，就业女性绝大多数从事教育和医疗等行业。科威特的教育发展程度也比较

[①] Louis A. Dimcrco, *Traditions, Changes, and Challenges: Military Operations and the Middle Eastern City*, Combat Studies Institute Press, 2004, p. 54.

[②] Louis A. Dimcrco, *Traditions, Changes, and Challenges: Military Operations and the Middle Eastern City*, Combat Studies Institute Press, 2004, p. 53.

[③] T. Farah, "Arab Labor Migration: Arab Migrants in Kuwait," *Sociology of Developing Societies: The Middle East*, Monthly Review Press, New York, 1983, p. 42.

低，70 年代 44.6% 的科威特人还是文盲。种种状况都使科威特人力资源面临短缺。科威特经济发展很快，这需要大量劳动力，而本籍的劳动力严重不足，科威特对外籍劳工的依赖非常严重。科威特免税的经济政策、政治的宽容和高工资、高福利都吸引了大批国际移民。在外籍劳工中，20.5% 是巴勒斯坦和约旦移民，约 26 万；埃及移民占 6.1%。国际移民的涌入使科威特人在本国成为"少数"（占国内人口 47.5%）。[①] 科威特周围国家的失业率很高，加上阿以战争造成大批难民潮，这成为移民的"推力因素"。外籍移民中，阿拉伯人在科威特平均居住年限可达 5.8 年，非阿拉伯人为 5.3 年。

阿拉伯国家的贝都因人部落原本就有人口迁移的传统，城市经济的发展吸引了大批外籍劳工，使人口迁移规模空前扩大。1975 年，欧佩克成员国用于城市发展的投资达到 70 亿美元，资金大量注入城市地区吸引了大批国际移民流入城市。欧佩克国家吸引了 170 万外籍劳工，占其总劳动力的 25%。[②] 据世界银行统计，1972 年中东约有外籍劳工 80 万，1975 年增长了一倍，1985 年达到 340 万（其中阿拉伯劳工占 228.3 万），外籍劳工加上他们的亲属，人口高达 1000 万。[③] 70 年代外籍劳工在欧佩克成员国的劳动力人口中的比例普遍在 29% 和 84% 之间。埃及、也门、约旦、印度及巴基斯坦是主要的劳务输出国，沙特、阿联酋、科威特及利比亚是主要的劳务输入国。巴林、阿曼、卡塔尔和阿联酋四个海湾国家的亚洲劳工比例较高，但以非熟练工人为主。外籍劳工中有 71.2% 来自阿拉伯非产油国，19.9% 来自中东以外的亚洲地区，另有 2.1% 来自欧美国家。[④] 外籍劳工占产油国人口比例如下（见表 2-3）。

[①] T. Farah, "Arab Labor Migration: Arab Migrants in Kuwait," *Sociology of Developing Societies: The Middle East*, Monthly Review Press, New York, 1983, p. 43.

[②] R. Paul Shaw, *Mobilizing Houman Resources in the Arab World*, Kegan Paul International Ltd, London, 1983, p. 5.

[③] Abdulaziz Y. Saqqaf, *The Middle East City: Ancient Traditions Confront a Modern World*, Paragon House, New York, 1987, p. 54. 阿拉伯联盟经济报告的统计数字比世界银行的统计数字高。

[④] R. Paul Shaw, *Mobilizing Houman Resources in the Arab World*, Kegan Paul International Ltd, London, 1983, pp. 23-25.

表 2-3 外籍劳工占人口比例的变化[①]

单位:%

年份 国家	1975	1980	1985
巴林	22	36	49
科威特	54	60	64
利比亚	19	43	41
阿曼	20	21	21
卡塔尔	71	79	84
沙特	23	36	36
阿联酋	64	79	85

资料来源：1975 and 1985 data from Surageldin, op. cit。

除了石油美元的刺激外，产油国的教育状况也是促使移民涌入的重要因素。产油国每年向教育领域投入 13% 的政府预算，而非产油国此项支出占 22%；职业教育和高级培训机构不足，使前者的教育体系所培养的专业技术人员远不能满足发展的需要。产油国只能仰赖从国外引进技术人员，欧佩克国家急需熟练工人、技工和专业技术人员。1975 年世行估计产油国此类人才短缺 20%，1980 年缺口进一步加大，短缺达 28%，1985 年短缺达 30%。[②]

外籍移民是流动群体，他们也成为城市社会结构中的重要组成部分。外籍工人的社会地位与当地穆斯林不平等，他们不被聚居在清真寺的城市居民所接纳，且被后者视为伊斯兰的威胁。[③] 外籍劳工是产油国城市中的不稳定人群。

资金的集中投入和外籍劳工的涌入导致大城市住房紧缺，助长了不动产投机活动，导致城市中生活成本更加高昂，促发了城市的"白光效应"（bright lights effect）。城市的高收入和高消费也吸引了当地农村和小城镇人口移入城市。非产油国也未能将输出的移民回拢到农村，同样也存在大城市畸

[①] AbdulazizY. Saqqaf, *The Middle East City: Ancient Traditions Confront a Modern World*, Paragon House, New York, 1987, p. 56.

[②] R. Paul Shaw, *Mobilizing Houman Resources in the Arab World*, Kegan Paul International Ltd, London, 1983, p. 25.

[③] Louis A. Dimcrco, *Traditions, Changes, and Challenges: Military Operations and the Middle Eastern City*, Combat Studies Institute Press, 2004, p. 53.

形发展的问题，例如在北非地区，农村人口移向城市，又移向国外，而他们回国后大多定居城市。

非产油国的农村移民也面临相同的问题，他们大多是文盲，聚居在城郊的贫民窟，生活条件差，政府很难对之施加控制。贫民窟是农村移民重要的中转处。为了促进经济发展和刺激投资，政府计划消除贫民窟，如约旦的安曼在贫民窟的邻近区投资建设大楼、修建道路、兴建污水工程等服务设施，这些措施取得了一定成效。然而由于中东城市中市政管理松弛、交通量巨大、城市环境污染严重；阿以战争、也门内战、两伊战争、海湾战争及黎巴嫩内战都对城市形成严重破坏，战争难民在中东地区流动等，种种因素都不利于生产的发展和投资积累。

二 城市化对经济结构的影响

（一）石油工业的发展对中东经济结构产生最深刻的影响

20世纪50年代以来各产油国与国际石油财团重新确定石油收益的分配比例，各国石油收入大幅增长。伊朗的石油收入在60年代后期已占到外汇的75%，国民总收入的20%，政府财政的50%。① 1973年以后，油价持续上涨，1973年每桶为2.71美元，1974年每桶涨至12.41美元，1981年每桶高达34美元。政府投资能力和私人的购买能力都得到提高，石油收入成为中东地区人力资源和物力资源的生长源泉。②"石油财富"成为国家财政的重要来源，为发展经济提供了资金，国家也因此有条件采取低税收政策，从而进一步促进了经济繁荣。③ 在高积累、高投资的同时，各国保持较高的消费水准。

石油还是一种新的资源，它直接为经济发展提供了所需的副产品，如化肥、塑料，带动了其他经济部门的发展，使整个经济体系充满动力。伊朗从50年代开始进入"石油历史的新时代"。各产油国的石油经济繁荣带动了石

---

① Jahangir Amuzegar, *Iran—Economic Development under Dualistic Condition*, The University of Chicago Press, Chicago, 1971, p. 52.

② R. Paul Shaw, *Mobilizing Houman Resources in the Arab World*, Kegan Paul International Ltd, London, 1983, p. 1.

③ JahangirAmuzegar, *Iran—Economic Development under Dualistic Condition*, The University of Chicago Press, Chicago, 1971, p. 38.

化、钢铁、机械、建筑、交通等各行业的发展。石油工业是中东产油国的经济支柱，在石油业的带动下，城市工业、商业、交通业、建筑业及公共服务业发展很快。但中东地区制造工业发展较好的国家其工业产值占 GDP 的比重较低，服务业的比重较高，比如以工业发展水平较高的伊朗，见表 2–4。

表 2–4　伊朗各经济部门占 GDP 比重的变化①

单位：%

年份 产业	1959	1962	1965	1968	1970
农 业	31.4	26.4	23.6	21.2	18.2
工 业	13.6	13.5	15.6	17.2	17.1
石油业	17.2	19.6	20.8	24.3	27.3
服务业	37.8	40.5	40	37.3	37.4

资料来源：Bank Markazi Iran, Annual Report。

从表 2–4 可见，伊朗城市化发展最快的六七十年代，石油业在国民经济中占有举足轻重的地位，服务业所占比重最大，而工业产值增长十分明显。但 70～90 年代伊朗工业产值的比重一直在 18% 左右徘徊（见表 2–5）。

表 2–5　1997/1998 到 2001/2002 年度伊朗经济结构的变化②

年份 产业	1997/1998	1998/1999	1999/2000	2000/2001	2001/2002
石油业	14.3	8.6	14.7	17.8	15.1
农 业	15	17.4	15	13.6	13.4
工 业	19.6	19.1	19.1	18.9	20.1
服务业	51.1	54.9	51.2	49.6	51.1

资料来源：IMF。

中东产油国的农业产值在下降，只有石油业和服务业的产值增长较快。产油国的工业发展并不充分，多数国家工业产值在 GDP 中的比重不超过 15%。

---

① Jahangir Amuzegar, *Iran—Economic Development under Dualistic Condition*, The University of Chicago Press, Chicago, 1971, p. 96. 其他部门中包括交通业、通信业等服务业。
② Parvin Alizadeh, "Iranian Quandary: Economic Reforms and the Structural Trap," *The Brown Journal of World Affair*, Vol. 4, 2003, p. 272.

中东的大工业和现代工业在国有化运动中大部分变成了国营企业，私有经济的发展空间狭小。中东其他国家的产业结构与伊朗非常相似，其原因部分地与中东国家的城市化存在密切关系。首都不仅存在制造业等产业过于集中的问题，而且城市负荷也远远超出了其生产能力，城市化与工业的发展并不是相互促进的关系，前者超出了工业发展的需要。城市畸形发展首先增强消费能力，城市不仅需要奢侈品，还需要大量的食物、用于生产的原材料及市场，而落后的农村不能满足城市的需要，巨大的缺口促使政府寻求外援，国家只能在进口方面放开，国外食品和工业品大批输入，这对中东本土工业形成了巨大冲击。

石油业是资本密集型产业，只有服务业成为吸收城市富余劳动力的主要经济部门。制造业的劳动力人数在就业人数中的比例较小，1947～1960年埃及工业的劳动力增长了12.6%，而城市人口增长了37%。1952～1963年埃及的工业又吸纳了35万劳动力。伊拉克1957～1965年城市人口比例从18.8%增至40.4%，然而制造业在GDP中的比例仍然是9%。[①] 劳动力人口增长较快的部门主要集中在国营企业。而且中东国家将发展资金集中投向首都和经济中心等首要城市，其他地方性城市及小城镇仅得到少量的经济资源，城市化非常缓慢。因而与其称之为"过度城市化"，不如称为"过度集中"。

（二）城市化对农业发展的影响

过快的城市化速度对农村发展也产生了不利的影响。大量的工作岗位吸引着农村人口移向城市。农业劳动力流失严重，同时，随着农业劳动力一起流失的还有农业生产技术和资金，传统的农业水利系统也渐渐荒废。发展经济学家认为工业化需要农业生产的发展，农业不发展就会成为工业增长的严重障碍。然而在中东大多数阿拉伯国家，农业生产滞后于发展的需要，特别是在产油国，石油工业的发展不但没有带动农业的发展，相反还给农业造成了不利的影响。1955～1959年，各国向农业提供的贷款仅占贷款额度的5%。[②] 在埃及、叙利亚等较为"激进"的国家，农业贷款额度较大，超过了向工业的投入，

---

① Galal A. Amin, *The Modernization of Poverty*: *A Study in the Political Economy of Growth in Nine Arab Countries*, E. J. Brill, Leiden, 1974, p. 99.

② Galal A. Amin, *The Modernization of Poverty*: *A Study in the Political Economy of Growth in Nine Arab Countries*, E. J. Brill, Leiden, 1974, p. 89.

但农业贷款主要面向水利工程，这只解决了部分农田用水问题，且有的水利工程没有完成，如叙利亚的幼发拉底河坝和埃及的"新河谷"计划，农业生产需要的机械、化肥短缺，且有的耕地逐渐盐碱化。

在苏丹，农业发展投入过于集中在"两尼罗河"河间带（Khartoum）上的少量现代农场，其他地方的农业没有进入发展计划，因而占总就业人数2/3的农业劳动人口仍然以传统方式经营。中东国家在城市加速发展的同时，农村的发展速度严重滞后，改革仅仅在部分地区艰难推行，处于"试点"阶段，现代农业还远没有普及。城市化的结果是拉大了城乡差距，农业在产业结构中的比重呈下降趋势（见表2-6）。

表2-6　1965年中东国家农业劳动人口比例及农业占GDP比例

单位：%

国　家	农业劳动人口占劳动力比重	农业占GDP比重
苏　丹	78	54
沙　特	58	10
叙利亚	58	28
埃　及	52	28
伊拉克	42	19
利比亚	35	5
黎巴嫩	34	10
约　旦	33	16

资料来源：Galal A. Amin, *The Modernization of Poverty: A Study in the Political Economy of Growth in Nine Arab Countries*, Leiden E. J. Brill, 1974, p. 93。

（三）城市化与建筑业蓬勃发展

由于建筑业能在就业和住房等方面带来实效，政府更愿意将发展资金多投入建筑业。各国建筑业占固定资产投资普遍超过50%，甚至更多，建筑业大约占本国GDP的10%。[①] 例如，1975~1978年伊拉克投向建筑业的资金占固定资产投资的56%，在沙特是86%，在科威特是39%，阿联酋为

[①] R. Paul Shaw, *Mobilizing Human Resources in the Arab World*, Kegan Paul International Ltd, London, 1983, p. 43.

41%，约旦为69%，摩洛哥为56%，叙利亚为48%，突尼斯为58%，北也门为70%。①

建筑业吸纳了大批非熟练工人，解决了绝大部分国际移民和农村移民的就业问题。1971～1977年，在中东劳务输入国中，建筑业的就业人口占非农业劳动力人口的11%～58%，这些国家中外籍劳工40%集中于建筑业，其中科威特外籍劳工的60%在建筑业。在劳务输出国中，其就业人口占非农业劳动力人口的比重为8%～17%。1975年南北也门移民大多移向沙特，其中75%在建筑业。突尼斯移向利比亚的移民中30%～50%在建筑业，移向沙特的移民90%在建筑业。② 建筑业中的就业人数在多数阿拉伯国家中是仅次于农业和服务业的。建筑业工人大多是国际移民，属于非熟练工人，且大多单身，几年之后就返回其本国。建筑业吸收非熟练工人，又为他们提供了宝贵的职业培训，获得技术的工人返国最终使劳务输出国在技术方面得到实惠。移民回寄的侨汇对农村和小城镇中劳动密集型行业的发展非常有利，因而建筑业在较为贫穷的阿拉伯国家被视为经济发展的"发动机"。③

建筑业的发展与移民之间存在很强的关联性，一定程度上可以通过建筑业的发展政策来"控制"后者流动的速度，因而政府也以制定相应的建设规划来达到调整移民分布的目的，将过多的人口从大城市中分流出去，以解决城市人口过于集中的问题。

三 城市化对人口结构的影响

（一）人口自然增长状况

20世纪初苏丹人口增长率为2%，埃及30年代人口增长率为1.5%，50年代增长率达到2.5%，50年代中期达到3%。同一时期叙利亚的人口增长

---

① R. Paul Shaw, *Mobilizing Human Resources in the Arab World*, Kegan Paul International Ltd, London, 1983, p. 43.

② R. Paul Shaw, *Mobilizing Human Resources in the Arab World*, Kegan Paul International Ltd, London, 1983, pp. 37 - 38.

③ R. Paul Shaw, *Mobilizing Human Resources in the Arab World*, Kegan Paul International Ltd, London, 1983, p. 37.

率为2.5%。20世纪前半叶中东国家人口每10年就会增长1/3。[1] 20世纪上半叶埃及人口增长了一倍，1950年以后每30年或35年会再增长一倍。[2] 同样，1950~1985年，伊朗、伊拉克人口增长1倍，60~80年代沙特、阿曼、利比亚和阿联酋的人口也增长1倍。[3] 80年代初中东人口年均增长率为3%。[4]

人口增长的原因首先是死亡率下降。1955年中东出生婴儿死亡率为20%，90年代降为7%，1998年降为4.5%，2000年为3%，2009年为2.1%。2009年的阿拉伯人口发展报告显示，也门和摩洛哥出生婴儿死亡率分别为4.3%和2.4%。其次是人口寿命在延长，中东人口平均寿命从70年代的52岁增长至2000年的67岁。海湾国家最高，达到75岁，也门最低仅60岁。[5] 由于女性受教育程度的提高，人口生育率下降了，20世纪50年代中东城市平均每个母亲生育7个儿女，1990年降为4.8个，2001年再降至3.6个，2010年为2.8个。伊朗、黎巴嫩和突尼斯的生育率最低，也门、伊拉克和巴勒斯坦最高。

（二）城乡人口结构的变化

城市化使中东社会的人口结构发生巨变。游牧人口由于被强制定居而急剧下降；农村人口由于向城市迁移而大量流失，占总人口的比重持续下降；城市人口迅速增长，已逐步成为人口结构的主要部分。伊朗人口中游牧民主要分布在法尔斯、巴赫蒂亚里、胡齐斯坦、俾路支斯坦、阿塞拜疆和呼罗珊。受到政府强制定居政策的影响，游牧民开始从事农耕生产，大片牧场变

---

[1] Gabriel Baer, *Population and Society in the Arab East*, Routledge & Kegan Paul, London, 1964, p. 25.
[2] Gabriel Baer, *Population and Society in the Arab East*, Routledge & Kegan Paul, London, 1964, p. 25.
[3] Valentine M. Moghadam, Tabitha Decker, *Social Change in the Middle East*, CQ Press, Los Angeles, 2014, p. 81.
[4] Valentine M. Moghadam, Tabitha Decker, *Social Change in the Middle East*, CQ Press, Los Angeles, 2014, p. 82.
[5] Valentine M. Moghadam, Tabitha Decker, *Social Change in the Middle East*, CQ Press, Los Angeles, 2014, p. 84.

成了耕地或果园。① 因此，游牧民的人口持续下降。20 世纪初，游牧人口有 247 万，占总人口的 25%；到 1932 年减为约 100 万，占比降到 13%；1955～1966 年游牧人口有 24 万，占比为 3%，到 1976 年仅占 1%。②

伊朗农村人口由于增速缓慢其所占比例逐渐下降。1901～1934 年伊朗农村人口占 79%，巴列维国王时期农村人口比重开始急速下降，1956 年占全国人口的 69%，1966 年降至 61%，1976 年为 53%，伊斯兰革命前降至 50%。③ 1934 年以前伊朗城乡人口增长率持平，城市人口占总人口的约 22%，而且这一比例基本没有变化。从 40 年代开始城市人口比例逐渐增大，1956 年达到全国总人口的 31%，1966 年达到 39%，1976 年达到 47%（见表 2-7）。④ 人口结构的巨大变化反映了伊朗城市化的发展，也深刻反映了其现代化转型的力度和广度。

表 2-7　1901～1976 年伊朗城乡人口比例的变化

单位：%

年　份	1901	1934	1940	1956	1966	1976
城　市	21	21	22	31	39	47
乡　村	79	79	78	69	61	53

资料来源：Julian Bharier, *Economic Development in Iran, 1900-1970*, Oxford University Press, Landon, 1971, p. 25。

中东城市中的女性比农村女性更封闭，她们为避免见到生人只能躲在家里，就业的极少，这些因素共同作用的结果是城市中生育率要高于农村。此外，城市工作不稳定、收入少，他们也会以多养孩子防老，因而城市家庭形式大多是大家庭，例如巴格达 1959 年家庭平均成员为 6.16 人，全国平均为 5.65 人。同时，城市大工业的发展、基础设施建设也创造了就业机会，加

---

① Keith Mclachlan, *The Neglected Garden—The Politics and Ecology of Agriculture in Iran*, I. B. Tauris & Co., London, 1988, p. 34.
② Said Amir Arjomand, *The Turban for the Crown: The Islamic Revolution in Iran*, Oxford, OUA USA, 1990, pp. 69, 215.
③ Julian Bharier, *Economic Development in Iran, 1900-1970*, Oxford University Press, London, 1971, pp. 25-29.
④ Julian Bharier, *Economic Development in Iran, 1900-1970*, Oxford University Press, London, 1971, pp. 25-29.

上城乡收入差距的扩大，人们相信在城市中总会得到期待的高收入，促使人们离开农村到城市谋生。由于以上原因，中东城市人口增速远超农村，城市化速度加快。伊朗城乡人口比率的变化见表2-7。

伊拉克1947~1957年城市人口年均增长率为5.2%，叙利亚1960~1968年间为6%，科威特1961~1965年间这一速度甚至达到了16%。中东国家城市人口增长速度超过了发达国家相关历史时期的速度：19世纪下半叶西欧国家城市化加速发展时期城市人口年均增长速度平均为2.1%；美国和澳大利亚等大量接收移民的国家在城市化速度最快的时期城市人口年均增长率为4.2%。[1] 城市人口的高速增长使人口结构发生变化，大部分中东国家城市人口的比重快速突破了20%，而城市人口从10%到20%增长的过程，西欧国家经历了40多年，中东国家只经历了十几年。[2]

阿拉伯国家的首都人口增长速度最快，60年代开罗人口增速年均3.9%，安曼人口增速年均6.1%，巴格达人口增速年均8.3%，利雅得人口增速年均10%，科威特城人口增速年均18%。[3] 贝鲁特1951~1964年人口增长10倍，安曼1948~1961年增长9倍。埃及城市化速度较慢，1950年城市人口占总人口的32%，2005年增至43%。[4] 也门是城市化最低的国家。而科威特、卡塔尔和巴林都已经成为城市国家。七八十年代海合会国家城市人口中外籍移民占很大比例。迪拜1968年只有6万人，经过70年代的发展，至1980年人口达到27.6万，2010年为150万，其中主要是从印度和中东其他地区来的移民。90年代后南亚和东南亚国家的移民趁建筑业大发展之机大批移入这一地区。

中东国家城市人口比重见表2-8。

---

[1] Galal A. Amin, *The Modernization of Poverty: A Study in the Political Economy of Growth in Nine Arab Countries*, E. J. Brill, Leiden, 1974, p. 95.
[2] Galal A. Amin, *The Modernization of Poverty: A Study in the Political Economy of Growth in Nine Arab Countries*, E. J. Brill, Leiden, 1974, p. 96.
[3] Galal A. Amin, *The Modernization of Poverty: A Study in the Political Economy of Growth in Nine Arab Countries*, E. J. Brill, Leiden, 1974, p. 95.
[4] Valentine M. Moghadam, Tabitha Decker, *Social Change in the Middle East*, CQ Press, Los Angeles, 2014, p. 81.

表 2-8 中东国家城市人口比重

单位:%

国　家	1960 年的城市人口比重	1982 年的城市人口比重	1960~1970 年城市人口年均增长率	1970~1982 年城市人口年均增长率
苏　丹	10	28	6.8	5.8
埃　及	38	45	3.5	2.9
约　旦	43	60	4.7	4
叙利亚	37	49	4.8	4.6
黎巴嫩	40	77	6.9	2.8
伊拉克	43	70	5.8	5.3
阿　曼	4	20	6.3	15.6
利比亚	23	58	8.4	8
沙　特	30	69	8.4	7.6
科威特	72	91	10.1	7.4

资料来源：World Development Reports。转引自 Abdulaziz Y. Saqqaf, *The Middle East City: Ancient Traditions Confront a Modern World*, Paragon House, New York, 1987, p. 63。

20 世纪六七十年代是中东城市化飞速发展的时期，城市化进入快车道。农村移民大量流向城市，农业产量长期不增长、农村条件恶化是农村移民的"推力因素"，60 年代后农业技术取得进步造成农村"技术性失业"，这也是另一大"推力因素"。另外，石油财富的增长，新资源、新财富、新产业的出现是人口迁移的重要原因。① 国家对工业投资的增加以及石油工业的带动，城市经济出现繁荣；城市服务业、建筑业发展迅速，有大量的就业岗位，城市相对于农村，收入水平高、就业机会多、生活水平高，是农村移民的"拉力因素"。此外，政府部门扩充、军队膨胀及教育发展都促使农村青年入城寻找发展机会。最后，战争难民涌入城市也是城市人口快速增长的重要因素。

20 世纪 60 年代 9 个阿拉伯国家中有 5 个国家的城市人口占比超过 40%，中东国家的城市化不仅远超发展中国家，其城市人口比重已经非常接近或超过了发达国家。1954 年，帕尔克（R. Parke）指出，埃及是过度城市化国家，

---

① 博格提出，在人口流动过程中人口迁入地通常会有新资源、新财富、新产业的出现，或者空闲土地的分配。李竞能：《现代西方人口理论》，复旦大学出版社，2004，第 140 页。

因为埃及从经济发展程度看是发展中国家,但它的城市人口比例要比法国和瑞士都高。后来西方学者就把农业劳动力占比仍然较大,然而城市人口比重较高的亚洲国家称为过度城市化国家。[1]

20世纪70年代开始,埃及总统萨达特首先推行经济自由化(Infitah),八九十年代以来苏丹、北也门、叙利亚和伊朗也相继开启自由化改革。[2] 中东地区自由化改革以来,随着经济私有化及私人经济的发展,高速发展而"失控"的城市化向正常状态发展,在市场机制的调节作用下,中东国家城市化速度由高速趋于平稳。

自20世纪80年代末以来,虽然产油国仍需要劳务输入,但人口迁移对城市化的影响在减弱,城市吸纳迁移人口的能力降低。城市化速度过快对发展产生不利影响。我们的思维定式是城市最终会"消化"掉移民,但中东移民规模远远超出城市发展的需要,移民对城市更像是"入侵"。此外,移民并非被城市"消化"了,他们实际上成了城市的"主宰者",移民的生活方式渐渐流行而城市的文化和政治生活则为他们而改变。中东国家工业发展速度较低,而城市人口增长远远超过了城市的吸纳能力,其结果是中东"过度城市化"问题突出。中东多数国家的城市化普遍表现为两大主要城市的发展,首位城市的过度集中妨碍了其辐射功能的发挥,边远城市和中小城市发展缓慢,城市化呈现不平衡性。由于现代化过程中地区发展不平衡加剧,中东社会资源分配不均现象更加突出。

第三节 城市化与农村移民阶层个案分析[3]

在中东城市边缘,贫穷农村移民过着边缘化的生活。他们是经济体制的产物,经济体制造成并使他们保持边缘化状态:不管是在农村当佃农,还是在城市当贫穷的移民;他们的边缘化已被他们下层阶级的社会经济地位、没

---

[1] Galal A. Amin, *The Modernization of Poverty: A Study in the Political Economy of Growth in Nine Arab Countries*, E. J. Brill, Leiden, 1974, p. 97.
[2] Samih K. Farsoun, "Class Structure and Social Change in the Arab World," *The New Arab Decade*, Westview Press, Boulder, 1988, p. 223.
[3] 车效梅、李晶:《城市化进程中开罗边缘群体》,《历史研究》2015年第5期。

有参与权的政治地位以及没有特权的社会地位所证实；这种边缘化的恶性循环，覆盖着他们生活的每一个阶段，从农村的农场劳工和佃农到城市的低收入的小商贩和非技术工人。他们的收入可能在每个阶段都有所增长，但是很难打破这种循环，脱离边缘化的境地。① 本部分以中东最大的城市开罗为个案探讨农村移民的生活状况以及与社会稳定的关系。

一 开罗农村移民的历史进程

埃及人口流动问题专家艾曼·佐瑞的研究显示，埃及农村人口向开罗的迁移，可以划分为三个时期。② 1952年埃及革命前，上埃及地区特别是阿斯旺省的农村人口已经开始向开罗迁移。这一时期，迁移规模相对小，迁移者往往是农村中受过良好教育，具有远见抱负的年轻人。他们多以私人服务业作为就业方向，与农村联系呈弱化趋势，大多在开罗定居。在纳赛尔执政时期，埃及政府大力推行城市偏向性的工业化政策，极大地拉动了农村人口向城市的迁移。20世纪50年代后期至60年代的初期工业化建设，为农村移民提供了相对稳定的就业岗位和公共住房。因而这一时期是农村移民的黄金期，这部分移民较好地适应了开罗的都市化生活。纳赛尔政府后期，由于经济形势恶化，农村移民持续涌入，开罗经济对劳动力的容纳能力不足已日益显现。萨达特的"开放政策"、中东石油经济繁荣、埃及侨汇业发展、卫星城在开罗附近兴建等因素促使开罗急剧扩张。开罗及其郊区成为政府投资的主要场所，1981年，政府436个内地发展项目中，71%在大开罗地区。③ 城市发展恶性膨胀，过度城市化的各种弊端开始显现。截至2006年，全国1/3的农村人口将开罗作为移民的首选目的地。④ 事实上，由于城市工业基础薄弱，这些没有技能的农村移民根本无法被城市中的正规经济部门所吸收，不

---

① Farhad Kazemi, *Poverty and Revolution in Iran—The Migrant Poor, Urban Marginality and Politics*, New York University Press, New York and London, 1980, p. 4.
② A. Zohry, *Rural-to-Urban Labor Migration: A Study of Upper Egyptian Laborers in Cairo*, Ph. D. dissertation, University of Sussex, Brighton, pp. 46–49.
③ Abdulaziz Y. Saqqa, *The Middle East City: Ancient Tradition Confront a Modern World*, Paragon-House, New York, 1987, p. 237.
④ Jackline Wahba, "An Overview of Internal and International Migration In Egypt," *Economic Research Forum: Working Paper Series*, 2007, p. 7.

稳定的经济收入，使其只能被隔离在城市贫民窟中。

二 开罗农村移民边缘性与社会稳定

从开罗农村移民的城市化状况看，目前生活在开罗的农村移民可以分为两个群体。一为独立前已经迁至开罗的"老移民"和20世纪50年代末60年代初来到开罗的农村移民，这一群体大多较好地融入了开罗的都市化生活。另一群体为纳赛尔时代后期和萨达特开放政策后来到开罗的农村移民，这部分移民所占比重大，工作技能低，聚居于城市外围非正规住房区。移民城市意味着他们脱离了农业，失去在农村的地位，[1] 又不被周围的城市群体所认同，成为"边缘人"。同时城市上层群体将他们系统地排斥在社会主要特权和利益群体之外，并使他们经济收入低、社会地位差，政治上边缘化。[2] 究竟是什么因素使得这一群体被边缘化的？如果按照帕克（R. E. Park）的"边缘人"理论解释，[3] 城乡文化冲突是边缘化状态的根源，那么开罗的农村移民又何以会分为两个群体呢？显然，文化冲突并不是决定边缘化状态的唯一因素。事实上，来到城市的农村移民能否完成城市化过程，至少需要三个基本条件。首先，经济层面是否可以获取相对稳定的工作。其次，政治层面是否可以充分地表达政治诉求。最后，社会文化层面是否可以和谐地与当地居民进行社会交往。另外，克拉克（H. F. Dickie-Clark）也指出，边缘化情境实质是一种不平等的情境，而社会不平等现象在社会学中体现为社会分层。[4] 我们可以按照德国社会学家马克斯·韦伯三位一体的分层模式，从经济、权力和声誉三个维度对城市化过程中社会群体的地位进行考察。[5]

在经济层面，当开罗边缘群体一踏上首都的土地，所面临的最紧迫问题是能否安身立命的就业问题。在职业选择上，开罗边缘群体被排斥在正规经

---

[1] James Toth, *Rural Labor Movements in Egypt and Their Impact on the State, 1961 – 1992*, University Press of Florida, Florida, 1999, p. 165.
[2] 车效梅、李晶：《多维视野下的西方边缘性理论》，《史学理论研究》2014年第1期。
[3] Robert E. Park, "Human Migration and the Marginal Man," *The American Journal of Sociology*, Vol. 33, No. 6, May 1928, pp. 881, 891 – 892.
[4] H. F. Dickie-Clark, "The Marginal Situation: A Contribution to Marginality Theory," *Social Forces*, Vol. 44, No. 3, Mar. 1966, p. 366.
[5] 郑航生主编《社会科学概论新修》（第三版），中国人民大学出版社，2003，第225页。

济部门之外。据统计，2006年由农村迁往大开罗地区的移民文盲率高达43.16%，只有4.49%的移民具有中级以上技能。[1] 这就使得他们在择业时，处于被动地位。他们只能借助于原始的就业途径，通过同乡移民引荐或整日蹲守在街区路边等待雇主出现，而所获取的工作往往是报酬低廉且繁重的体力劳动。在开罗，当市民需要装卸水泥、沙子、搬运家具等时，很自然地便会想起这些农村移民。这一群体甚至垄断了开罗建筑部门中所有的艰苦岗位。初来乍到的农村移民，由于就业信息和资源缺乏而处于劣势。严峻的就业环境使农村移民极其渴望工作。他们不敢也没有意识与雇主签订劳务合同来维护自己的权益，大多数只能在缺乏安全保护的恶劣工作环境下工作，甚至不惜牺牲自己的健康。据统计，大约19.8%的农村移民在开罗工作期间受到职业伤害。[2]

工作的不稳定性是开罗边缘群体面临的又一问题。农村移民中按日支付工资和按具体工作件数支付工资的占76%，几乎没有按照合同支付工资的形式。有些农村移民可以一周连续工作7天，而有时一周都没有工作。受访农村移民每周平均工作天数为4.9天，每天工作时长在2到18个小时不等。[3] 农村移民的主要聚居区曼苏纳赛尔贫民窟，65%的人口在非正规经济部门工作。[4] 尽管这种非正规经济活动在一定程度上缓解了农村移民群体的经济压力，但是工作的不稳定性决定了他们每时每刻都有失去工作的危险，于是贫困自然无法避免。1998年对农村移民聚居区伊兹贝特贝赫特贫民窟的家庭收入调查显示，区内15.2%的居民月收入在44.1美元以下，50.1%的居民月收入为44.1~88.2美元，仅有34.7%的居民月收入在88.2美元以上，而同期开罗居民月收入平均值高达205.8美元。[5] 因此，农村移民群体贫困的经

---

[1] Jackline Wahba, "An Overview of Internal and International Migration In Egypt," *Economic Research Forum：Working Paper Series*, 2007, p. 16.

[2] A. Zohry, *Rural-to-Urban Labor Migration：A Study of Upper Egyptian Laborers in Cairo*, Ph. D. dissertation, University of Sussex, Brighton, p. 149.

[3] A. Zohry, *Rural-to-Urban Labor Migration：A Study of Upper Egyptian Laborers in Cairo*, Ph. D. dissertation, University of Sussex, Brighton, p. 140.

[4] David Sims, *Urban Slum Reports：The Case of Cairo, Egypt*, http：//www. ucl. ac. uk/dpu-projects/Global_Report/pdfs/Cairo. pdf.

[5] David Sims, *Urban Slum Reports：The Case of Cairo, Egypt*, http：//www. ucl. ac. uk/dpu-projects/Global_Report/pdfs/Cairo. pdf.

济状况是其边缘化的基础。

在政治层面,政治参与是与现代城市社会联系最直接的活动。尽管从开罗边缘群体获得生存与发展资料的方式来看,他们属于非农业劳动者,但与当地传统工人阶级却有很大差异。首先,开罗边缘群体不具有传统工人阶级的意识。他们大多来自上埃及贫穷的农村,思想观念落后,而城市的就业状况使该群体将更多的精力放在如何挣钱糊口上。无论是基于主观意识还是客观条件,他们都无法将自己与本地工人放在同等地位。因此,不可能形成与开罗工人相同的阶级意识。其次,边缘群体缺乏参与城市政治活动的积极性。由于忙于生计,他们对政治极度冷漠。表面上看,1987 年埃及选举中,开罗较为富裕的南部实际投票率仅为 11.4%,而具有贫民窟性质的赛义德栽乃卜区却是开罗投票率最高的地区(19.8%)。① 2005 年埃及议会选举中,识字人口的投票率为 15%,而文盲人口的投票率却高达 37%。② 不过这种奇怪的政治现象不但不能反映边缘群体的政治参与程度,反而表现出贫民窟居民长期以来对政治活动的生疏与冷漠。由于贫民窟人口稠密,选民集中,每到选举季节,贫民窟地区就成为候选人争夺选票的重要场所。加之边缘群体选民大多政治意识薄弱,候选人往往采取各种策略直接或间接收买选票。"拿食品换取选票成为一种流行做法,投票后的凭据或者选票的复印件可以直接用于兑换鸡肉、各种干果及其他粮食。据一监督小组记录显示,购买一张民族民主党选票大约在 20 至 500 埃镑。选票买卖在贫民窟已成为司空见惯的现象,除非议会选举期间,竞选者会去那里购买选票,平日政府不会与这里的居民有任何往来。"③ 因而,实质上,开罗边缘群体的政治参与是物质刺激下的畸形产物。最后,开罗边缘群体面临政治诉求、群体利益表达渠道不畅的困境。2006 年埃及官方数据显示,聚集着大量农村移民的埃兹贝特 – 哈格戛纳(Ezbet El-Haggana)贫民窟人口接近 4 万,而非官方统计则是将近

---

① 王林聪:《中东国家民主化问题研究》,中国社会科学出版社,2007,第 74 页。
② Lisa Blaydes, "Who Votes in Authoritarian Elections and Why? Determinants of Voter Turnout in Contemporary Egypt," the 2006 Annual Meeting of the American Political Association, August 31-Steptember 3, 2006, Philadelphia PA, p. 15.
③ Lisa Blaydes, "Who Votes in Authoritarian Elections and Why? Determinants of Voter Turnout in Contemporary Egypt," the 2006 Annual Meeting of the American Political Association, August 31-Steptember 3, 2006, Philadelphia PA, pp. 5 – 7.

100万，但具有选民资格的只有3560人。按照官方人口统计计算，该地区具有选举资格的人数占总人数的9%，按非官方统计则仅为0.4%。无论是从人口统计上呈现的巨大差异还是从参政人口比例的计算结果，都可以看出这一地区人口的边缘化状态。① 总之，开罗边缘群体由于社会资源匮乏，在国家政治架构中缺乏利益代言人，那些通过贿买选票而当选的代表与边缘群体在经济利益、社会地位等方面具有根本性的差别，因而无法在政治领域反映边缘群体的真正需求。另外，由于民主成分缺失，政府不作为是常态，面对农村移民激增导致的城市功能不足，开罗市政府并没有采取有效措施进行治理。如开罗政府于1982年颁布城市规划法，该法只适用于城市范围，却将边缘群体所居住的城市周边地区排斥在规划法案之外，于是原本便生活在贫民窟的边缘群体，生活环境更加恶化。②

从文化层面看，开罗边缘群体在来到城市之后，由于在经济发展、政治参与等方面受到排斥，很难真正融入现代城市社会，分享现代城市文明成果。而身处异乡的他们又在信息交流、情感沟通等方面具有强烈需求，这就促使开罗边缘群体大多选择聚居的生活方式。在埃及学者佐瑞的调查中，79.3%的农村移民倾向与来自同村或者同省的移民聚居在地价相对便宜的开罗郊区。③ 20世纪80年代中期，珍妮特·阿布·卢格霍德就指出开罗人口的"农村化"：这些人口在城市的非正规部门中带来了农村的价值观和传统，④而将现代城市文化拒之于外。开罗的大部分贫民窟或非法棚户区是边缘群体的主要聚居场所。贫民窟在带给农村移民低廉生活成本的同时，也带给他们较差的社会声誉。1989年埃及前总理阿提夫·西德基（Attaf Sadekey）将贫民窟描述为既不属于农村也不属于城市的"毒瘤"。⑤ 强烈的社会排斥使居住

---

① Hani Serag, Voices From Urban Settings in Egypt, *Association for Health and Environmental Development*, July 2007, p. 20.
② Ahmed M. Soliman, *A Possible Way Out: Formalizing Housing Informality in Egyptian Cities*, Press of America, New York, 2004, p. 99.
③ A. Zohry, *Rural-to-Urban Labor Migration: A Study of Upper Egyptian Laborers in Cairo*, Ph. D. dissertation, University of Sussex, Brighton, p. 159.
④ Michael E. Bonine, *Population, Poverty, and Politics in Middle East Cities*, Florida University Press, Florida, 1997, p. 91.
⑤ Ananya Roy, Nezar AlSayyad, eds., *Urban Informality: Transnational Perspectives From the Middle East, Latin Americaand South Asia*, Lexington Books, New York, 2004, p. 177.

在贫民窟内的边缘群体遭遇污名化。埃及对贫民窟的治理是采取粗暴的、强制的清除性政策。萨达特政府把贫穷的农村移民群体从城市中心清除看作"最危险的整形外科手术,这对于开罗面部的美化是非常重要的,而且整体性搬迁被看成是唯一科学的方法"。① 由于长期生活在这样的"隔都"中,开罗边缘群体与城市文化间的差异不但没有因为地理空间的拉近而减小,反而更趋增强。加之城市社会对边缘群体的各种排斥,无不增加了该群体对贫民窟这一聚落的认同。于是,暴力拆迁与抗暴力拆迁的冲突屡见不鲜。农村移民的边缘性终将冲淡城市现代化的成就,他们的不满也将成为社会动荡的温床。

由于对城市文化的排斥,开罗边缘群体与城市市民的社会交往有限,多为工作业务往来。据统计,约65%的开罗边缘群体在城市中有亲戚,且这些亲友大多较早来到开罗并已完全融入城市社会。但是令人惊讶的是,超过2/3的受访者很少甚至从不与这些亲戚往来,大多数的城里亲戚也根本不知道他们移民开罗。农村移民直言较差的社会地位让他们羞于与那些市民亲戚相见。② 由于无法适应城市生活,他们多与农村保持密切联系。开罗边缘群体中来自基纳省的农村移民平均年返乡时间达170天。③

综合上述分析,经济层面看,开罗边缘群体在就业选择、工作性质等方面处于城市社会经济活动的最底端,与开罗市民相比处于明显不利地位。而这种低下的经济地位又直接导致了该群体对城市政治生活的漠然。政府对边缘群体利益的忽视,促使这一群体成为开罗城市抗议、骚乱等活动的主要参与者。被边缘化的农村移民群体内部所形成的亚文化潜伏着一种对现有社会秩序的反抗。而当他们认识到他们的付出与从经济发展中得到的利益不成比例时,愤怒就成为最正常的结果之一。1979年1月,在开罗和其他城市的食物暴动是人们沮丧的表现。暴动烧毁和掠夺了许多象征城市的事物——夜总

---

① Farha Ghannam, *Remaking the Modern, Space and the Politics of Identity in a Global Cairo*, University of California, California, 2002, p. 34.

② A. Zohry, *Rural-to-Urban Labor Migration: A Study of Upper Egyptian Laborers in Cairo*, Ph. D. dissertation, University of Sussex, Brighton, p. 169.

③ A. Zohry, *Rural-to-Urban Labor Migration: A Study of Upper Egyptian Laborers in Cairo*, Ph. D. dissertation, University of Sussex, Brighton, p. 167.

会，昂贵的汽车，警察局等，造成 100 人死亡，数百人受伤。[①] 2011 年初开罗爆发政治骚乱，在这些动荡与冲突中，粮食价格的突然上涨和政府决策的失当都是城市边缘群体走上街头的重要因素。

结　语

城市化是中东阶级结构变化的重要原因。工业化、现代教育和市场配置是城市化的内在动力，工业的发展使中东国家经济结构发生变化，劳动力分布也随之改变，农业就业人口下降，工业、商业和服务业的劳动力比例在增长。中东社会中产生新的职业阶层，如现代工商业资本家、新兴中产阶层、工人阶级等。商人和地主向工业投资从而转变为新兴工商业资本家。

现代教育培育了技术官僚，还为军人阶层的崛起创造了条件；接受传统教育的官僚阶层逐渐被具有现代意识的技术官僚取代。现代教育为扩充的国家机构输送人才，公职人员群体发展壮大起来。现代教育同时也削弱了宗教阶层，使后者丧失了对教育的垄断。接受传统宗教教育的政府公职人员的数量呈缩小趋势，旧官僚和神职人员群体的比重下降了。

市场配置作用下，经济结构中农业比重减小，工业、商业和服务业比重增长。资金、技术和劳动力都朝着高收益的城市流动。商品、劳务和资本的自由流通使中东社会群体流动起来。劳动力市场化使劳动向城市的迁移得以实现。农村流动性增强，形成移民潮。中东地区间也形成国际移民潮。农村社会结构逐渐解体。城市中形成了低收入群体，并成为"边缘群体"的主力，阶级结构呈现多样化趋势。

与宗教阶层有着千丝万缕联系的巴扎商人和作坊主也在壮大，其经济独立性在增强，他们和宗教阶层结成政治同盟。宗教阶层还得到城市下层民众的支持，城市低收入群体聚居的贫民区及贫民窟成了宗教和激进政治的发源地。中东城市存在传统和现代两股政治力量，同时也存在伊斯兰传统和世俗化两条发展道路的竞争。

[①] Abdulaziz Y. Saqqa, *The Middle East City: Ancient Tradition Confront a Modern World*, Paragon-House, New York, 1987, p. 215.

城市化对中东社会结构产生深远影响。农村移民加强了城乡间的联系，促使封闭的农村社会领受城市文明而逐渐"开化"。农村社会的传统纽带消失，紧密的人际关系开始松动。传统的农村社会结构解体，而新的结构没有建立起来，农村社会日益变成不稳定的流动体。农村人口大量向城市流动，进入其他行业，为工业和服务业发展提供了必要的廉价劳动力，同时也构成"边缘群体"的主力。这一时期农村社会瓦解造成的农村移民是催发中东城市化的重要原因。外籍劳动力也加入中东城市，成为城市社会结构中的组成部分。此外城市化还对中东社会的经济结构和人口结构产生了深远影响，中东国家的农业产值在下降，工业发展并不充分，只有石油业和服务业的产值增长较快；中东游牧人口下降，农村人口增长缓慢，其比重逐渐下降，城市人口则迅速增长，其比重明显增加，人口结构发生了巨变。

现代性能够带来社会的稳定，而现代化却给中东社会带来了失序和阵痛，这在城市化的过程中体现得尤其明显。中东城市化是国家意志大力推进的结果，从一开始就表现为中央政府实施的西化运动。一战后中东民族国家开始了现代化历程，各国政府推进工业化，拓展城区、大力兴建基础设施，促进城市功能的扩展。二战后，各国政府实施土地改革并开展国有化运动，大力支持现代工业的发展，而私有企业发展空间狭小，传统工农业和小商业等经济部门没有得到国家发展计划的支持，只好走上独立发展的道路。经济资源过度集中于现代经济部门，而以传统方式经营的部门处境艰难，使城市经济呈现某种二元性。

中东国家制造业过于集中在首都，城市的畸形发展使其消费能力得到增强，但城市负荷远远超出了其生产能力，中东国家被迫扩大进口，这对本土工业形成巨大冲击，而产油国制造业的劳动力人数在总就业人数中的比例较小。石油业是资本密集型产业，只有服务业成为吸收城市富余劳动力的主要经济部门。城市吸纳能力有限，城市人口增长过快，过度城市化问题非常突出。同时，城市化发展也拉大了地区差距，首要城市过度发展，挤占了其他城市的发展空间和资源，造成社会发展不均衡问题凸显。上述城市化的诸多问题使城市社会群体对国家的管理抱有不满情绪，城市中的政治运动此起彼伏，且相互呼应。中东城市也成了政治变革或革命的发源地。

造成上述问题的根源是中东民族国家在独立前长期遭受西方殖民掠夺，

其经济结构存在明显缺陷，在独立后很长时间中它们都没有摆脱对西方经济的依附性，农业和基础工业相对脆弱，容易受到国际市场波动的影响。而人口增长速度过快对经济增长本身是不利因素，加上改革对传统农村社会的瓦解作用，人口流动给城市和农村都带来了不少发展难题。表面的石油繁荣和经济过热下面隐藏着现代和传统两种因素的矛盾，社会结构更加复杂化，社会群体的矛盾冲突多样化，冲突的烈度与社会、经济发展或变化的速度成正比。只有适当控制发展速度并调节分配的不平衡才可能降低社会冲突。

第三章
城市化与中东政治稳定

古希腊哲学家亚里士多德在《政治学》中最早提出政治稳定的概念,他认为权力制约和平衡是实现政治稳定的保障,通过议事、行政和审判等权力的代表性的扩大,能够实现权利的合理安排,可以避免不满和混乱。[①] 他认为以中产阶级为基础的共和政体才是最稳定、最能长治久安的理想政体,并提出了维护这一政体的若干基本原则,如财产私有公用、公民轮番执政、实行法治、国家规模适度等。古罗马政治思想家如波里比斯、西塞罗等进一步指出,任何一种"好的"简单政府形式,都有可能沦为其相应形式的变种,君主政体容易沦为极权制,贵族制容易沦为寡头制,民主制容易沦为暴民制等。只有将所有形式中有利于政治稳定的积极因素结合在一个混合的政府里,才能实现政治稳定。[②]

在马克思主义看来,政治稳定并不意味着完全没有矛盾、冲突和斗争;政治稳定不等于僵化、停滞,也不等于固守某种政治形式、政治方法、政治决策、政治观念和政治经验。政治稳定不是静态的稳定,而是动态中的政治平衡。从政治结构来分,政治稳定可划分为专制型政治稳定和民主型政治稳定;以政治变迁为目标,政治稳定可划分为变革型和守旧型政治稳定,量变

---

① 〔古希腊〕亚里士多德:《政治学》,吴寿彭译,商务印书馆,2007,第 223 页。
② 左宏愿:《国外政治稳定理论研究综述》,《实事求是》2010 年第 1 期。

型和质变型政治稳定；从政治系统与外部环境的关系来看，政治稳定可划分为开放型政治稳定和封闭型政治稳定；根据事物质、量、度的规律可以把政治稳定划分为静态的政治稳定和动态的政治稳定。① 但政治稳定并不是单一的形式，有时几种形态结合在一起，形成复合型政治稳定。

第二次世界大战以后，政治稳定作为政治学理论的一个重要范畴开始获得系统研究。20世纪60年代以来西方政治学家在研究发展中国家的政治时，开始系统研究政治稳定问题。以美国政治学家萨缪尔·亨廷顿为代表，形成了一套关于政治稳定的经典界定和判断标准。政治稳定主要是指国家政治生活的秩序性，国家政权的连续性，以及政治制度既能维持已有的法制秩序，又有适应政治变化的能力。政治稳定来源于政治的秩序性和继承性，表现为在较长时期内保持相同的宪政形式，领导集团稳定，领导人交替制度化，政治矛盾和社会矛盾处于有序、可控和可管理的动态平衡状态。

政治不稳定表现为：阶级分化和阶级斗争，民权和公权分离，政权基础瓦解，政治秩序陷入无序和断裂中。阶级分化导致高社会风险和高社会排斥，执政党没有足够的治理能力协调不同阶级或集体利益的平衡，不同群体政治分配不合理等导致政治不稳定。其集中表现为核心领导层的非制度化更替。

政治上的不稳定是国家政治发展进程中的常见现象，在西方发达国家城市化过程中政治稳定的时间也总短于政治动荡，这种不稳定的政治进程由于现实中城市发展所带来的经济和心理方面的压力而变得更加恶化。亨廷顿认为，在现代化过程中，城市永远是支持反对派和引发政治动荡的力量源泉。这通常是因为，城市居民有较高的组织水平，更大的生活和工作压力，以及对先进国家的"现代性"与本国实际状况之间的差距的强烈感受。从根本上讲，这些都被看作城市过度扩张的必然结果，这些后果也都与政治上的动乱、暴力、腐败、反叛甚至革命有密切关系。在中东不少地区，大规模的城市化在社会经济与政治变革方面都已经达到极限。尽管在这类过程中暴力并非不可避免，但是暴力仍然频频发生，我们常常面临对暴力与城市化这两者

---

① 吴志成：《关于政治稳定理论的几个问题》，《湖北大学学报》（哲学社会科学版）1997年第1期，第104~105页。

间的关系不得不做出解释的情形。本章从城市化对中东国家现代政治制度的形成与发展的影响、城市化过程中公共秩序的形成、城市化对中东社会的基础阶级关系的改变、城市化促发政治运动和城市革命等方面展开。

第一节　城市化与中东政治制度稳定

政治稳定的前提是政治制度稳定，而政治制度本身必然经历一个形成、发展、变化和完善的过程。第一次世界大战后中东各民族国家成立的同时也伴随现代政治制度的形成，而各国推进现代化和城市化对政治制度产生了巨大影响。

一　前现代阶段中东社会政治形态

家长制和族长制是中东社会基本的政治形态。以扩展家庭中的男性家长为中心而形成家庭成员对家长的依从关系。家长制下的家庭结构内部存在等级差别，家长制是等级制度的基础，社会群体内部以此形成等级阶梯。家族成员从属于男性家长，男性家长从属于更高一级的族长，层层累进进而组成群体。群体内部有完整的协商和决策机制，最有威望的人是本群体的族长，他在群体内外都很有影响，"族长首先是效仿对象，同时也是权威；其角色是精神指导和行动榜样；族长既是创制者、规划者，又是仲裁者、惩戒者，同时也是监护者"。[①] 在族长个人影响力所覆盖的范围内形成巨大的社会网。中东地区的酋长和牧民、地主和农民、行会长和行会成员、教长和信徒之间构成权威和依从关系，这成为传统社会政治关系的基础架构。中东地区的君主制实际上是族长制和家长制的更高形态，这成为中东地区的政治传统。

20世纪20年代之前，各国在现代化改革和城市化发展之前，虽然现代政治制度相继被引入，然而并没有真正形成成熟的现代政治体系，各国社会结构没有发生根本改变，政治体系建立在教派政治和部落结构之上，因而仍是前现代的。旧的统治精英借助新的政治制度继续采用以前的统治方式，实

---

① James A. Bill, Carl Leiden, *Politics in the Middle East*, Little Brown and Company, Boston, 1985, p. 159.

际的政治运行仍操在由上层精英成员组成的小圈子手中。

以叙利亚为例,法国委任统治时期,殖民统治就建立在教派政治和部落政治的基础上。叙利亚的殖民当局扶植宗教少数派,法国列凡特殖民军(troupes specials du levant)主要吸收阿拉维派、德鲁兹派、库尔德人和切尔克斯人来维持统治。部队中有不少编制是由少数民族和宗教少数派组成,当局故意委任部落首领担任军官,以达到相互牵制和分而治之的统治目的。殖民统治时期,法国宣布保护叙利亚的马龙派天主教徒,俄国保护东正教徒,英国保护德鲁兹人和犹太人,这导致宗教少数派的教派意识觉醒,各教派政治意识较强。

20世纪50年代之前,部落仍在叙利亚国家政治中占据重要地位。阿拉维山区有马塔维拉、卡尔比亚、卡亚吞、哈达敦四大部落联盟,其首领为扎伊姆。部落联盟下为各部落,部落首领称谢赫(shaykhs)或里扎尔丁(rijal al-din)。[①] 不少部落首领同时在国家机关和军队中任职,而这往往为本部落带来巨大的政治和经济利益。山区的村庄和土地归属不同的部落,而平原地区和沿海地区的村庄和地产依照家族划分。阿拉维部落中的阿巴斯、坎吉、穆希德等部落贵族拥有大量地产,他们同时也是地主;部落内部的游牧民也大部分转为定居农民,地位很低,实际上等同于农奴。阿拉维部落中的生产关系实际是封建农奴制的。部落内的宗教领袖也是政治权力中的重要一级,他们对本族人具有很强的影响力,可取代部落首领的地位。阿拉维派的部落是保留着部落结构的、封建农奴制的农牧业社会,它是叙利亚各教派中最贫困和落后的一支。

叙利亚传统社会中,民族、教派、地区和部落是形成社会群体的重要因素,这是其建立现代政治制度的不利条件。叙利亚主体民族阿拉伯人占82%,少数民族库尔德人占8.5%,亚美尼亚人占4%,土库曼人占3%,还有切尔克斯人等。[②] 从教派构成看,逊尼派穆斯林占68.7%,宗教少数派中

---

① Nikolaos Van Dam, *The Struggle for Power in Syria Sectarianism, Regionalism and Tribalism in Politics, 1961–1978*, St. Martin Press, New York, 1979, p. 22.

② Nikolaos Van Dam, *The Struggle for Power in Syria Sectarianism, Regionalism and Tribalism in Politics, 1961–1978*, St. Martin Press, New York, 1979, p. 22.

阿拉维派占 11.5%，德鲁兹派占 3%，伊斯玛仪派占 1.5%，基督徒占 14.1%。① 逊尼派在拉塔基亚和苏维达两省之外的其他省份都是多数。

宗教少数派虽人数少，但集中在特定地区，其结果是在其聚居地区形成相对多数。伊斯玛仪派 80% 分布在哈马省的农村，在萨拉米亚拉赫和马斯亚夫两地占多数地位。拉塔基亚 62% 的人口是阿拉维派，全国 75% 的阿拉维派集中在拉塔基亚，构成当地农村人口的多数。拉塔基亚沿海城市中逊尼派和基督徒占多数，东正教徒占省人口的 12.8%。德鲁兹地区居民多是黎巴嫩、巴勒斯坦、阿勒颇地区移民的后代，聚居区依家族部落分布。90% 的德鲁兹人分布在苏维达省，占省人口的 87.6%。德鲁兹人不受外部宗派统治或剥削，享有较高地位，也是该省传统精英的唯一来源。法国委任统治时期宗教少数派在当地居于自治地位，他们与名义上的叙利亚共和国并非一体。叙利亚北部库尔德人和加兹利省聚居的基督徒虽没有自治地位，但直接处于法国委任当局管控下，也与叙利亚国家保持距离。

从地域方面看，大马士革、苏维达、阿勒颇、德拉、哈马、霍姆斯等中心城市与其周边小城市和农村各自连成一体，成为具有独立性的、能自给的单独区域。叙利亚各地的经济中心基本都是阿拉伯农业城市，同时也是政治中心，基本可以实现自给。农业城市由于交通不便，相互间的联系较为松散。这也是其民族国家意识淡薄而超国家意识和次国家的地方主义却大行其道的重要原因。

叙利亚各社会群体组成的族群是自足的封闭世界，族群之间有交往但不混合，不同族群之间保持距离并存有戒心。不同族群之间存在竞争和冲突。占多数的逊尼派将宗教少数派视为背叛者和外来势力的工具，把他们看作危害伊斯兰教的异端势力。在拉塔基亚地区，城乡差别比教派差异更明显。阿拉维派多分布在农村，农民收入的大部分被居住在城市的地主和商人剥夺了，因此，阿拉维派将居住在城市的逊尼派富人视为压迫者。但阿拉维派对同样居住在城市的东正教徒敌意较小，因为东正教徒也是弱势群体。

族群是由宗派、地域、部落复合而成的复杂社会结构，特定地区对应着

---

① Nikolaos Van Dam, *The Struggle for Power in Syria Sectarianism, Regionalism and Tribalism in Politics, 1961 – 1978*, St. Martin Press, New York, 1979, p. 22.

特定的宗派或部落，特定的部落归属特定的教派。同时，族群与叙利亚的社会分层结构交织在一起，更加复杂化了，同一宗派内分为纵向的不同阶层，而同一阶层内包含不同的宗派集团。当教派分野和社会分层的界限吻合时，阶级意识和教派忠诚相互作用彼此加强，这时阶级矛盾会以宗派冲突形式出现。在前现代阶段，叙利亚的政治体系很大程度上是带有地域性、教派性的部落政治。

伊朗前现代的政治形态与叙利亚大同小异。伊朗地形地貌非常复杂，这造成交通不便，因而中央政府的权威很难达到边远省区，各地基本上都处在地方政府、豪强地主、部落首领的支配下，各地村庄、部落和城镇是相互孤立的。民族成分复杂、语言不通成为社会群体间交流的一大障碍，这是伊朗各地分散孤立的另一个重要原因。恺加王朝时期，其政治权力也是分散的。伊朗存在多个权力中心，政治结构呈现出宗教、王权、部落多极分立的格局。恺加王朝没有建立起完备的官僚体系，政府的行政管理效率很低，各地的管理水平较低，处于自治状态。军备方面，因财政状况差，恺加王朝无法装备一支现代军队。一名英国人在1907年考察伊朗后认为，伊朗军队无异于一群没有受过正规训练的村民。英国的军火走私加强了部落的武力，中央的权威很难在部落中建立起来。

宗教是王权之外另一合法性来源，穆智台希德发布的法特瓦既可以是伊斯兰社会的法律，也可以是政治动员的命令，在特定历史时期可以对王权合法性形成挑战。恺加王朝时期，王权与乌莱玛的关系微妙，二者合流时后者是政府与民众协调关系的工具，二者反目时后者则是引领民众推翻政府的革命旗手。[1] 由于恺加王朝统治者无圣族后裔的高贵血统，其统治权力的合法性面临什叶派乌莱玛的质疑，教俗矛盾逐渐显现。[2] 宗教高层穆智台希德只是暂时、有保留地承认现世的世俗君主的统治，他们宣称只有隐遁伊玛目才具有政治合法性。宗教阶层能够对政府的权威形成挑战，它本身就是一个隐形的政府。只有国家所供养的宗教官员如杰玛耶赫和谢赫们才承认恺加王朝的权威，多数宗教领袖都和王室保持距离。宗教领袖在一定条件下可以发动

---

[1] 王铁铮、黄民兴等：《中东史》，人民出版社，2010，第174页。
[2] 哈全安：《中东史》，天津人民出版社，2010，第390页。

中下层民众掀起抗议运动,将中央王朝视为"压迫者",逼迫其让步以保证伊斯兰法则的实行。恺加王朝控制公共混乱的能力较差,农业收成不好的年景中,国家常面临城市暴乱的威胁。

部落也是伊朗政治中的一极,国家统治表现出部族政治的特征,部落首领被任命为各省总督,在其封地上拥有行政、军事、税收和司法大权。伴随部族力量的逐步扩大,部族分裂割据的局面逐渐形成,国家的统一和王权受到威胁。[1]

由于统治的虚弱性,恺加王朝只能用分化的手段来统治。"地方大亨(即地方豪强)主要是大地主和部落首领,虽然他们是地方的统治者,但他们不能完全控制其管辖地方内在部落、语言、地域、教派等方面存在众多不同的群体,因此无法组织它与中央抗衡。"[2] 在没有全国规模的社会力量挑战其统治权威的情况下,分而治之是维持其统治一项可行的策略。恺加王朝常利用敌对的双方达到相互牵制的效果。如果缺少可制衡的实体,王朝会将原本不团结的群体联合起来,从而制造出一个制衡的力量,以确保自身的统治地位。此外恺加王朝还将王子们安插到各地担任地方长官,利用地方的内斗分而治之以维持其统治。

在伊朗西南地区兵力奇缺的情况下,恺加王朝利用巴赫蒂亚尔、卢尔、库尔德等部落反对阿拉伯人,并利用阿拉伯部落的内部矛盾,从而维持了中央对这一地区的统治。恺加王朝也利用了部落内各家族相互为敌的弱点,还采取削弱潜在的对手、对部落征税和奖惩等手段来进行统治。这一时期部落首领日益向地主化、商人化和官僚化方向发展,恺加王朝以册封部落首领的方式将之纳入国家体系,王朝对游牧部落的控制明显提高。[3]

在伊朗和叙利亚等中东国家,现代政治制度建立之前,政治体系建立在由地域、教派、民族或部落结合而成的松散的国家实体之上,中央政府权威有限,地方政府和地方豪强及部落首领各主宰一方,宗教阶层与中央政府分庭抗礼,从整体上看权力结构是多中心的。各国政治因外部力量渗透而长期

---

[1] 王铁铮、黄民兴等:《中东史》,人民出版社,2010,第158页。
[2] Ervand Abrahamian, "Factionalism in Iran: Political Groups in the 14th Parliament (1944 – 1946)," *Middle Eastern Studies*, Vol. 14, 1978, p. 23.
[3] 哈全安:《中东史》,天津人民出版社,2010,第395页。

不稳定，国内政局的相对稳定实际上是封闭性社会群体矛盾冲突下的脆弱的政治平衡。

二 城市化与中东现代政治制度的引入

19世纪中叶以来，奥斯曼帝国和波斯在与英俄等西方国家的交战中有明显的军事差距，这促使它们进行西化改革。改革最先在军事和工业技术等方面展开，西化改革中现代化的交通、通信、教育在外国资本的支持下得以建立。外国资本进入伊朗，促使工矿业、银行业、铁路交通、公共服务业等新行业开始出现，改革的直接结果是中东城市的西化。西方制度文明和现代教育也被引入城市。纳赛鲁丁汗时期，伊朗成立军校和翻译学校，采用军事教程和语言教材。西方文学、史书和医学典籍也传入伊朗，政府还创办官方报纸《时事报》等杂志及出版物。1857年恺加王朝建立了第一所世俗学校（dar-fonun），现代教育开始出现。世俗学校的学生毕业后进入政府部门担任要职，有的留校任教，还有的出国深造。城市化起步阶段诞生了接受世俗教育的第一代知识分子群体，他们是推动各国宪政运动兴起的主要力量。

现代知识分子的代表人物是哲马鲁丁·阿富汗尼，他主张从西方文明中吸收进步因素以改变伊朗的落后面貌。他认为传统知识已经落后，应以科学、理性和现代先进技术使伊朗走上独立和富强。这一时期进行思想启蒙的知识分子还有提倡自由和人权的塔莱布夫。宪政主义者代表人物还有赛义德·杰玛尔（Seyyed Jamal）和阿胡德·栽德（Akhund Zadeh）等。赛义德·杰玛尔反对专制统治，强调公民基本权利及言论和选举自由，要求实行三权分立的民主政治。同时，知识分子并没有完全抛弃伊斯兰，米尔扎·克尔曼尼用西方哲学重新释读前伊斯兰文化。知识分子认识到，伊斯兰在规范个人行为及动员大众反对西方入侵的斗争中是唯一有效的途径，致力于从经典信条中引申出现代科学的法则，并主张将伊斯兰与现代宪政相结合。

恺加王朝晚期，随着城市化的发展，社会不断分化，各类社会团体、组织迅速增加，影响作用更为广泛，政治参与不断扩大。知识分子群体开始在政治中扮演重要角色。他们对王室腐败、现代化速度过慢等现状极为不满，产生了改造伊朗社会的强烈愿望。他们要求民族独立、发展民族经济和参与政治。这一时期激进报刊大量涌现，由6家增加到100多家。革命组织中最大的有社会民主党（Social Democratic Party）、人文学社（Society of Humanity）、革命委员会（Revolutionary Committee）、秘密会社（Secret Society）和秘密中心（Secret Centre）等。随着城市化的开始，旧的王族力量日渐削弱，城市中孕育的新兴政治力量不断壮大，伊朗传统政治处在瓦解的边缘。革命委员会的马赫迪·马勒克·栽德说："恺加王朝不能担当民族利益的保护者，在共同的外敌面前继续实行分治的老办法显然已经过时，社会动荡的大海终将打翻整个航船。"[1]

1905年至1911年伊朗发生立宪革命，知识分子群体与传统中产阶层组成立宪派，迫使国王接受宪政。1906年10月7日伊朗第一届议会召开，通过基本法，同年12月30日基本法由国王批准执行。基本法规定，成立上下两院，实行立法、行政和司法三权分立；在宗教法庭之外成立世俗法院；在各省和州成立恩楚明（即委员会）；什叶派伊斯兰教为国教，成立五名高级教士组成的监护委员会监督伊斯兰法的执行。[2] 通过立宪革命，伊朗建立了现代政治制度，封闭社会下相对稳定的政治体系结束了，伊朗开始在变革中进入了一个政治动荡期。

19世纪末20世纪初，中东国家都面临民族危机和封建制危机，西化改革带来了西方制度文明，促发宪政主义流行。城市化过程中新兴阶层的经济地位迅速提高，同时出现了新富群体，随着其经济实力的增强，他们必然要求与新的经济地位相适应的社会地位与政治权力，政治力量的构成也发生了变化，其结果是"中东觉醒"。"中东觉醒"的国家中就包括叙利亚。在叙利亚，在新的民族主义思潮驱动下，具有民族主义意识的大地主阶级和新兴民族资产阶级最先形成一股争取独立的政治力量，最有代表性的就是民族主义者成立的民族联盟。叙利亚民族联盟代表大地主及民族资产阶级利益，主张实行独立，但希望以温和方式进行斗争。经过长期斗争，民族联盟于1930年5月迫使法国委任统治当局接受叙利亚自治并承认其宪法，成立一院制议会和自治政府。1930年宪法奠定了叙利亚议会民主制的基础。委任统治结束后，民族联盟处于执政地位，作为政治上的既得利益者，其当然希望既定的

---

[1] Ervand Abrahamian, *Iran Between Two Revolutions*, Princeton University Press, Princeton, 1982, p. 74.
[2] 王铁铮、黄民兴等：《中东史》，人民出版社，2010，第254页。

第三章 城市化与中东政治稳定

政治制度延续下去。30年代中期兴起了新的民族主义力量,包括叙利亚共产党和阿拉伯复兴社会党,它们也拥护议会民主制政体。两股力量前后相继,不仅使得1930年宪法得以保留,而且在制定1950年宪法过程中都使得1930年宪法的基本宗旨得以延续。[①] 1943年宪法修正案和1950年宪法都以1930年宪法为蓝本。50年代希沙克里军人独裁及叙埃合并时期,叙利亚一直延续了议会民主制。叙利亚的政治制度是"将现代意义上的资产阶级议会民主制和现代共和制政体植入到一个资本主义经济尚处于萌芽状态、一个有着强烈的专制主义传统和长期政教合一的政治宗教背景的社会"。[②]

在反对法国委任统治、争取民族独立的政治变革时期,民族主义是民族联盟、阿拉伯复兴社会党等政党组织共同奉行的意识形态。叙利亚民族主义不仅代表小资产阶级激进民族主义的社会意识,也反映了宗教少数派和少数民族改变边缘化现状,打破宗派社会框架、狭隘的地区和部落认同,以世俗、统一的社会主义体系建立平等的、不区分宗教信仰的阿拉伯社会的理想。[③] 占优势的逊尼派长期排斥和边缘化少数民族和少数宗派,阿拉伯民族主义实际上否定了逊尼派狭隘的宗派认同,以阿拉伯民族主义来突破社会阶级的藩篱,加强社会群体间的整合,[④] 在叙利亚民族国家早期具有一定先进性。阿拉伯民族主义裹挟了不同的族群意识,传统的带有民族、宗派、地域、部落特质的族群意识被囊括在民族国家的框架之下,最终淹没在民族主义的洪流中。叙利亚民族主义的整合和改造作用进一步削弱教派、地区、部落的纽带,使中东政治从前现代形态向现代转变。

叙利亚名义上拥有包括共和国元首和内阁总理等的一整套官僚体系,但政治仍带有浓厚的封建家族及部族色彩。1947年议会选举前,民族爱国联盟分裂为以阿塔西家族为首的、代表北方部族的、以霍姆斯和阿勒颇等城市资

[①] 王新刚:《叙利亚现代政治发展影响因素分析》,《西北大学学报》(哲学社会科学版) 2009年第6期。

[②] 王新刚:《叙利亚现代政治发展影响因素分析》,《西北大学学报》(哲学社会科学版) 2009年第6期。

[③] Nikolaos Van Dam, *The Struggle for Power in Syria Sectarianism, Regionalism and Tribalism in Politics, 1961 – 1978*, St. Martin Press, New York, 1979, p. 32.

[④] R. Olson, "The Ba'th in Syria 1947 – 1979: An Interpretative Historical Essay," *Oriente Moderno*, Vol. 58, No. 12, 1978.

本家为骨干的人民党,和以库阿特里为首的、以大马士革为中心的、以中南部地区家族、部族利益集团为骨干的国民党。[①] 阿克拉姆·胡拉尼（Akram Hourani）也以家乡哈马为政治基地,强调和维护地方的和以家族为背景的政治经济利益。最终议会民主制在民族主义政党分裂和削弱及军人干政中名存实亡。党派纷争时期正是政治动荡时期,主要原因在于议会民主制的社会基础薄弱。

20世纪30~50年代,伊朗、伊拉克、叙利亚和土耳其等中东国家的城市化开始发展。1950年土耳其城市化率达到15%、识字率为30%,叙利亚的两项数据分别为27%、20%,伊朗为21%、10%。[②] 城市力量增长和政党组织大量出现,民族主义盛行,其政治主张过于超前和激进,给各国政治带来极大不稳定性。伊朗、伊拉克、叙利亚和土耳其都出现了政权频繁更替和军人频繁干政的现象。叙利亚在1949年发生三次政变,1951年、1954年、1956年发生政变、1961年、1962年三次未遂政变,1963年"三八革命"后复兴党内部争权斗争下发生1966年"二二三政变"和9月复兴党"民族九大"上少壮派夺权,直到1970年11月哈菲兹·阿萨德发动"纠正运动"军人频繁政变的局面才结束。

这一时期中东国家政局不稳的原因固然有外部力量插手的因素,但相互竞争的社会集团借助政党组织在议会民主制下为各自的利益激烈争斗,国家机能受到削弱。政党领袖一般代表着地方主义的政治意识,与其所属的农业城市联系密切,代表地区利益。政党政治意识形态只在特定地区和个别部门有决定影响,而超出其范围之外则非常模糊。地方政治势力进入国家政治领域居于支配地位,而国家政治的定义异化为次国家的地方利益。中央势力很难达到交通不便的地区。为稳定政局就必须改进政治制度,以整合利益相互冲突的利益集团。

三 城市化与中东政治制度发展

20世纪50年代末期开始,随着城市化深入发展,法律制度、行政管理、

[①] 王新刚:《叙利亚现代政治发展影响因素分析》,《西北大学学报》（哲学社会科学版）2009年第6期。

[②] Daniel Lerner, *The Passing of Traditional Society: Modernizing the Middle East*, the Free Press, New York, 1964, p. 86.

交通通信、社会福利的日益发展和完整，国家体制日益完善，导致社会群体被国家体制所融合，社会群体日益职业化，不同族群日益同质化。民族国家以较为固定的疆域、公共文化及共同的法律框架在传统族群社会基础上构建了公民社会。① 这一时期城市化逐渐培育出现代公民社会的基础，使中东的政治形态发生了变化。现代民族国家具有了双重属性，既是公民的也是族群的。② 安东尼·史密斯提出："随着小型的具有特殊性的社会单位的衰落和典型的非人格化的官僚制度的兴起，人民的忠诚会逐渐从原来的种族或地方共同体转移到民族国家。"③

在叙利亚，通过1963年"三八革命"上台的复兴党少壮派从不同地区和阶层吸收党员以扩大复兴党政治基础，突出其国家政治的大众性和文官性。它以经济和社会措施取得了工农兵学、知识分子、技术专家等社会阶层的广泛支持，对内压制宗派主义势力，对外支持阿拉伯民族主义反对犹太复国主义的斗争。④ 1963年10月复兴党"民族六大"决议中强调社会主义改造、发动土改运动和实行国有化，彻底瓦解了原民族资产阶级赖以生存的经济基础，建立了国有经济主导的计划经济体制。通过社会经济改造，国有经济成为国民经济的主体，政府管理机构的经济职能扩大使国家雇佣的公职人员不断增加，其增长速度是同期人口和劳力增长速度的两倍多。公职阶层的壮大实际上起到了吸纳社会精英和控制中产阶层的作用，再加上围绕着这一阶层所形成的以血缘、职业、地域等为纽带的人际关系网络，国家对社会的整合与控制范围也进一步扩大。

叙利亚政治体系通过复兴党式的改造奠定了现代政治制度的基础。这一改造过程不仅包含了社会分层阶梯间的垂直流动，还包含着农村人口向城市的横向迁移。自20世纪70年代起，复兴党的组织机构系统性地渗透到当地的社区中，吸纳来自农村和小城镇的平民进入当地和地区的权力结构。复兴

---

① 〔英〕安东尼·史密斯：《全球化时代的民族与民族主义》，龚维斌、良警宇译，三联书店，2005，第117页。
② 〔英〕安东尼·史密斯：《全球化时代的民族与民族主义》，龚维斌、良警宇译，三联书店，2005，第117页。
③ 王建娥：《族际政治：20世纪的理论与实践》，社会科学文献出版社，2011，第131页。
④ 王京烈：《当代中东政治思潮》，当代世界出版社，2003，第164~167页。

党不断壮大，其成员从十余万人发展到 20 世纪 90 年代的一百万人。广大的党员群体为复兴党进行社会整合与政治动员提供了坚实的群众基础。所有精英的选拔以及人才的招募都是通过党组织进行的，政府、军队部门的领导，主要社会团体如工会、商会、妇联、各类行业联合会及高等院校的负责人，皆由复兴党党员担任。复兴党在选拔与凝聚精英、集中和调控行政资源及文化教育资源、社会整合等方面发挥了重要作用，它也是进入社会上层的重要通道，是下层民众向上流动的重要渠道。安全部门吸纳了大量来自不同阶层的青年，将大量人口整合进政府机构中，从而扩大了政权的统治基础，并加强了对社会的控制。自 20 世纪 70 年代开始，叙利亚军事安全机构迅速膨胀，20 世纪 90 年代全国武装力量总人数达 43 万，加上情报与警察系统 10 万人，以及附属于军队的公司、企业、研究机构的文职人员，整个军事安全体系雇佣了近一半的国家文职人员，约占总劳动人员的 15%。[1]

叙利亚有众多社会团体和群众组织，如工人总联合会、全国妇女联合会、革命青年联合会、复兴党童子军、叙利亚学生全国联合会、农民总联合会以及各种职业联合会等。这些组织某种程度上成了国家机器的延伸和扩大，国家组织对其的渗透或控制使之成了为执政党服务的半官方或半政府机构。绝大多数公民成为其中一员并受其制约，他们只有遵从国家的有关制度和规范，协调好自己与政府以及各社会部门之间的关系，才能真正融入社会。这些团体与组织在统治者的授意下履行特定的政治功能，即社会控制与政治动员，通过群众组织来进行政治动员以获得民众支持；在遭遇政治暴乱与社会动荡时，又能凭借武装这些亲政权的团体组织来镇压反对派。[2]

随着社会改造的进行和城市化的发展，叙利亚政治制度日益健全。1972 年叙利亚成立全国进步阵线，并改组了复兴党民族和地区领导机构，阿萨德任主席。全国进步阵线是团结叙利亚全国所有政治力量的重要平台，参加阵线的党派接受复兴党的领导地位。作为回报，复兴党将内阁、议会以及各级国家机构中的一些次要职位给予它们，并允许它们有一定程度的政治自由。阿萨德政权实际上将这些政治力量整合进了自己的统治体系，不仅笼络并削

---

[1] Volker Perthes, *The Political Economy of Syria under Asad*, I. B. Tauris & Co., London, 1992, p. 147.
[2] 王新刚、马帅：《哈菲兹·阿萨德时期叙利亚政治体制解析》，《西亚非洲》2015 年第 5 期。

弱了这些政党，还将它们的群众基础加以改造，转变为自己的社会基础。[1]为缓和国内矛盾，叙利亚复兴党政权允许民族主义和社会主义政党参政。1971年2月21日，叙利亚还成立人民议会，作为国家立法机关，议会换届选举每4年举行一次。社会阶级变化，各利益群体日趋复杂化和多元化，议会所起到的利益表达功能也进一步扩大。议员来自军队、工会、农会、妇联以及各种职业群体，在一定程度上代表了地区基层和利益集团的利益、代表了不同的地方和集团利益。阿萨德政权通过扩大政权的群众基础满足现代化过程中民众的政治参与需求，通过议会给政治体制披上了合法性的外衣。

在国家政治体系日益完善的同时，叙利亚政治制度的变化趋势呈现出集权化发展的特征。中东地区不少国家存在两套政治系统，一套是官方权力体系，包括议会、各级政府及政党，负责国家日常事务的处理及社会运行与控制。另一套是非官方体系，国家权力运行多在非官方的社会群体网中进行，权力的分配和转移不是从一个机构转入另一机构，而是从个人转归个人，政治精英的态度和行为是非机制化的。[2]中东国家的总统或君主倾向于以非官方的决策方式来处理国政，政治实际运行主要依靠非官方体系运转，官方机构如国会、内阁、政党则较少发挥实际作用，其结果是个人或特权群体取代现代政治组织操控国家权力。在叙利亚就存在一个以阿萨德为首的非官方权力机构，其核心是由阿萨德的亲信集团形成的一个小圈子，称"贾马阿"，由十余个在情报系统、安全机构及精锐部队中担任要职的人组成，也被戏称"十巨头"。[3]这个小圈子非常忠诚团结，他们中的多数人与阿萨德关系密切或共事多年，对阿萨德言听计从，贯彻执行阿萨德的所有重要决策。双重政治系统为集权提供了方便可行的条件。

1973年宪法赋予阿萨德总统行政、军事、立法、外交等方面事务的绝对权力。阿萨德凭借宪法的保障以及身兼数职，掌控国家的党政军大权，立法权和决策权实质上都由总统及其幕僚一手掌控，议会沦为象征性的表决机构。复兴党及其人民议会、全国进步阵线乃至政府部门的政治作用和地位下

---

[1] 王新刚、马帅：《哈菲兹·阿萨德时期叙利亚政治体制解析》，《西亚非洲》2015年第5期。
[2] Ramesh Farzanfar, *The Iranian Dowreh Network and Its Functions*, Tehran University, Tehran, 1979, p. 22.
[3] 陈双庆：《叙利亚的政治继承与换代》，《国际政治研究》2010年第3期。

降。阿萨德政权的核心要害部门情报、安全机构大多由阿拉维人组成,并由其家族成员担任指挥。这些组织受到阿萨德本人的直接监督,其领导人只对阿萨德负责。突击队和禁卫军几乎都由阿萨德的近亲指挥,士兵也大多数是与其同乡的阿拉维人。阿萨德的家庭成员更是占据着叙利亚各部门的敏感职位,其亲弟弟迈哈尔·阿萨德是仅次于总统的二号人物。他的另两个弟弟,里法特担任最为精锐的禁卫军的司令,贾米勒担任穆尔塔达民兵组织司令。其内弟、堂弟和亲戚在军队和情报机构中都是重要人物。[1] 复兴党以家族、部族血缘和血统作为政治统治的基干,政治体制家族化色彩日益浓重。

在伊朗,巴列维王朝建立后,礼萨汗和巴列维两代国王都致力于以国家主义认同取代对那些代表民族主义的政党的认同。20世纪20～40年代礼萨汗以地主阶级为统治基础加强君主集权。王权的加强削弱了议会民主制,从第六届议会开始,国王可以决定选举结果,议会失去权力机关的作用,伊朗进入了君主专制时期。这一时期政党政治被破坏,媒体自由被取消。中产阶层政治组织受到压制,社会党总部被暴徒烧毁,党组织被迫解散。伊朗共产党也遭到镇压。改革党和复兴党被国王建立的伊朗党取代,拥护君主的进步党也因为有共和嫌疑而被取缔。

20世纪四五十年代伊朗王权受到削弱,城市社会的中上层政治地位提升,这是政党政治重要的发展时期。第四届议会(1923～1925年)[2]中有四大政党,分别是改革党、复兴党(The Revival Party)、社会党、伊朗共产党。改革党是伊朗政治中的保守派,其成员包括宗教上层、富商、贵族、大地主等。在第四届议会中改革党首次占多数。复兴党是改革派,大部分成员是原来的民主党,其骨干成员多来自立宪革命中的老兵和城市中产阶层,都有世俗教育背景。该党的政治要求有:强化中央政府和建立现代国家;发展民族工业和进行工业化,实行税收改革和教育改革;打破旧的政治权威和凝聚民族意识,提倡世俗化改革;实行牧民定居政策等。社会党是激进派,领导人大多是知识分子。社会党与伊朗共产党联系比较密切,它们成立了全国工人联合会,提出工业国有化和保障工人权利等改革主张。社会党后来改变了要

---

[1] 陈双庆:《叙利亚的政治继承与换代》,《国际政治研究》2010年第3期。
[2] Homa Katouzian, *The Political Economy of Modern Iran Despotism and Pseudo-Modernism*, 1926–1979, New York University Press, New York, 1981, p. 87.

求地方自治的政治立场，转而支持强化中央政府，反对英国扩张等。在第四届议会和第五届议会（1925~1927年）中，社会党和复兴党都支持礼萨汗，并在国会中占多数。伊朗共产党是左派力量，倡导社会主义革命。

但伊朗社会的政治结构没有变化。国王、议会、内阁、社会群体和外国势力是五大权力中心，伊朗政治呈现多极分立的格局。从1941年第十一届议会开始至1952年第十六届议会期间是伊朗政治间歇期，虽然实现了政治民主，但伊朗中央政府孱弱无力，各地部落恢复了被剥夺的地产，并重新武装起来对抗中央。阿塞拜疆、库尔德、胡泽斯坦、俾路支斯坦等各省少数民族兴起自治运动。各因素构成这一时期伊朗社会结构的基本框架。

1953年8月15日，巴列维国王发动政变，恢复了王权统治，议会民主制结束。此后政治经济问题的决策集中于国王和其近臣手中。具有国会审议、政党分权、协商民主、新闻监督等功能的政治机构在国家政治中逐渐失去影响力。巴列维还成立国民党和民族党，以两党制粉饰民主，之后将两党合并成立新伊朗党，作为王权进行统治的工具。1975年他又以复兴党取代新伊朗党。官僚体系和军队在扩充，并成了国王进行统治和压迫的工具。巴列维国王以军队和秘密警察拱卫王权。巴列维国王通过一系列集权化运动，达到了权力的巅峰，无人敢于挑战。

城市化是推动中东政治制度变革的重要内在因素，在政治进化过程中，中东国家政治上稳定时间短，矛盾和冲突是常态。这些国家盛行强人政治，威权主义下它们所出现的政治稳定是一种相对的、暂时的稳定，基本上都建立在铁腕人物的权威之上。一旦此类权威消失，新的权威很难接续，政体危机就会显露出来。

第二节　城市化与公共秩序的有序性

20世纪50~90年代，中东地区城市人口数量增长了3倍多，当前中东国家的大部分地方都是城市。在整个中东地区，1960年城市人口占总人口的40%，农村人口占60%。联合国统计资料显示，2009年西亚、北非城市化水平分别达到66.3%、50.8%，中东地区各国城市化水平均达到50%以上，其中叙利亚城市化率为55.3%,其他各国城市化水平均在60%以上。① 据估计,到2020年时,城市人口将达到总人口的70%,农村人口将占30%。目前城市增长的趋势将持续下去。

高珮义先生将城市化进程划分为三个阶段:城市人口小于10%为城市化"史前阶段",超过10%为城市化起步阶段;超过20%为城市化加速阶段,超过50%为基本实现城市化;超过60%为发达城市化阶段,超过80%为城市化自我完善阶段。② 依照以上标准,中东目前城市化水平已经处于发达城市化阶段。中东地区大部分国家的社会结构正处于历史性的转折期,各种矛盾冲突更为强烈。③ 根据高氏的理论,当一个国家或地区的城市人口达到或超过50%后,这个国家或地区的经济、社会、政治、文化都将发生质变。其中结构性变动最为剧烈,各种社会矛盾和问题会充分暴露。

一 城市"相对匮乏"与社会动荡

在中东,无法控制的城市增长是各国政府、各种国际组织以及城市居民自身最为关心的问题。中东城市的增长所产生的影响是令人震惊的,通常被看成是一种消极的象征。多年的干旱迫使大量乡村人口向城市迁移,有不少突尼斯人向法国移民,但是法国自身存在问题,只能吸收有限的北非工人。④ 严重的干旱造成阿尔及利亚的水供给短缺,可是一方面穷人没有水吃,另一方面政府官员却有水将自家的游泳池蓄满。在叙利亚城市中,用水问题一直非常严峻,多年的干旱再加上高水平的城市化实际上已经抽干了横穿大马士革的巴拉达河(Barada)。1991年政府开始控制大马士革40%的用水,同时政府还制定了一份时间表,按照这份时间表,城市中的不同街区每天都有几个小时停止供水。其他城市也存在类似的状况。

城市化造成居民生活环境不断恶化。根据目前埃及空气污染实验室所做的研究,开罗的空气污染比20世纪90年代早期已经增加了15%~25%。空

---

① 王泽壮、车效梅、李晶:《中东过度城市化与社会稳定》,《史学集刊》2011年第4期。
② 高珮义:《中外城市化比较研究》,南开大学出版社,2004,第7~9页。
③ 车效梅:《全球化与中东城市发展研究》,人民出版社,2013,第374页。
④ Kirk S. Bowman, Jerrold D. Green, *Urbanization and Political Instability in the Middle East*, Rand Corporation, California, 1997, p. 247.

第三章　城市化与中东政治稳定

气中工业粉尘和自然粉尘的数量已达安全指标的 10 倍，与此同时一些主要的指标也都超过人类可接受水平的两倍。埃及交通部长为将来描绘了一幅令人忧虑的画面：从 1990 年到 21 世纪末，开罗车流量据预测将达到 90 年代的 3 倍，即从 70 万辆增加为 210 万辆。与此同时，在开罗，汽车所带来的污染到那时将接近墨西哥的水平。① 1990 年，"据半官方的《金字塔报》报道，开罗 1200 万人口中有超过一半的居民服用安眠药或镇静剂以使自己逃离城市震耳欲聋的噪音。这篇文章引用了一份官方调查指出，这种持续不断的汽车喇叭声和清真寺的高音喇叭已经迫使 62% 的人口通过服用药物来入睡。据说在未来的日子里，这些噪音将使 33% 的居民患上高血压。该文还补充说，在市中心的广场，噪音等级比人类可以接受的国际健康标准高出了 10 倍"。②

　　城市化导致资源和基础设施紧缺，产生了严重的相对匮乏。③ 刊登于 1992 年《今日开罗》的一篇文章显示了日益增长的中东大都市在住房和基础设施方面的紧张状况。据估计，有 20 万人生活在 Sayyidah Aisha（位于南部）的墓地里。来自菲斯的报道显示了这座古老的城市中的人口拥挤程度：一户家庭里生活着 30 个家庭成员的情况很普遍，3 个家庭成员生活在一间房子里。在摩洛哥首都，10 万名城市老居民不得不搬迁。1988 年，在阿尔及尔，200 万人被迫居住在为 80 万人建造的住房里。大量相似报道也出现在中东其他国家的媒体上。20 世纪 80 年代中东城市失业几乎成倍增加。突尼斯每年大约有 7 万人离开学校去竞争 45000 个工作岗位，同时在这些岗位中有许多岗位的工资都是非常低的。突尼斯市 240 万劳动力中几乎有 40 万人失业。中东城市住房与基础设施短缺，噪音给心理造成的影响，城市拥挤和环境污染，加上严重的失业，所有这些合在一起产生了较高水平的"相对匮乏"（relative deprivation）。格尔（Ted Gurr）将"相对匮乏"界定为物质商品与

---

① Kirk S. Bowman, Jerrold D. Green, *Urbanization and Political Instability in the Middle East*, Rand Corporation, California, 1997, p. 249.
② Kirk S. Bowman, Jerrold D. Green, *Urbanization and Political Instability in the Middle East*, Rand Corporation, California, 1997, p. 242.
③ 自格尔的《人们为何造反》于 1970 年出版以来，"相对匮乏"（relative deprivation）这一术语受到了学者的极大关注。

人们认为他们理应获得或者实际拥有的生活质量指标之间出现的不一致,这是引起城市动荡的重要因素。

调查显示,1965~1991年,中东自发性的集体城市骚动一般情况下都是由高水平的相对匮乏引发的。在当代中东城市中,高水平的相对匮乏的后果往往是暴乱。在拥挤的城市中,累积的挫败感和匮乏的感情是暴乱发生的主要温床,城市暴力经常由各种偶然事件以及一系列快速发展的事件促发。"住在埃及大城市破败郊区的人们,由于没有得到应有的东西,于是转向了更加激进的伊斯兰运动。""年轻人对于埃及疲软的经济状态非常不满,他们容易成为伊斯兰造反者的潜在人选。""原教旨主义者反应的范围和强度,从精神上的复苏到革命的暴力活动,所依靠的就是危机环境的蔓延。"[1] 在整个伊朗现代历史进程中,充斥着大量群众在城市街道上参与各种政治活动的例子。[2] 20世纪60年代前期,暴力行为在主要城市重新出现,导致了大量的人员伤亡。1978~1979年,50多座城市发生大规模的反政府暴乱,进一步证明城市暴力行为并不是伊朗现代历史上一个孤立的现象。几个不同的城市社团在过去的城市示威和政治活动中扮演了重要角色。[3] 1988年9月,阿尔及利亚总统沙德利·本·杰迪德(Chadli Benjedid)讲到城市的不平等是一种深厚且永恒的危机,导致了10月骚乱的发生。有5000名青年参与骚乱和劫掠,引发了军队的干预。据非官方统计,死亡人数超过500人,被逮捕人数达到3500人。[4] 1980年摩洛哥政府试图削减在教育方面的开支,这项开支占了政府预算的25%。这一行为导致了学生的罢课。1981年7月,政府突然宣布提高补助食品的价格,导致在卡萨布兰卡发生了集体暴力,造成66人死亡。1984年政府宣布大幅度提高教学费用以及主要食品的费用,许多城市中心发

---

[1] Mohammed M. Hafez, *Why Muslims Rebel, Repression and Resisitance in the Islamic World*, Lynne Rienner, Colorado and London, 2003, p. 8.
[2] Farhad Kazemi, *Poverty and Revolution in Iran—The Migrant Poor, Urban Marginality and Politics*, New York University Press, New York and London, 1980, p. 1.
[3] Farhad Kazemi, *Poverty and Revolution in Iran—The Migrant Poor, Urban Marginality and Politics*, New York University Press, New York and London, 1980, p. 1.
[4] Kirk S. Bowman, Jerrold D. Green, *Urbanization and Political Instability in the Middle East*, Rand Corporation, California, 1997, p. 251.

生骚乱,并导致110人死亡。① 80年代突尼斯市的高失业率及1984年1月突尼斯市政府宣布面包价格上涨115%,引发城市暴力,造成89名官员死亡。另一个例子发生于1984年埃及的Kafr ad-Dawwar,原因也是主要食品价格上涨。1989年国际货币基金组织提高了基本食品和服务的价格,促发了约旦南部各城市的骚乱。1996年,约旦面包价格上涨再次引发了大规模暴乱。

但有所不同的是,同一时期也有许多城市拥有同样高水平甚至更高水平的相对匮乏,却仍然处于平静状态。对此,亨廷顿指出,移居城市的农村人口所聚居的贫民窟没有成为革命的主要发源地,这是因为他们向城市的流动无疑改善了其生活条件,与过去相比身处城市社会阶梯最底层的他们仍产生了一种"相对报偿感"。② 同时,移民中臻于定型的社会服从和政治消极行为模式形成了该群体超然于政治活动、不思考政治变革可能性等穷人保守主义的基础。因而他们更关心食品、住房、就业等直接利益,更倾向于拥护能给他们提供物质利益的政治机构及领袖。③ 对此,杰克·高登斯通(Jack Goldstone)指出,"城市的增长或者城乡间的人口迁移未必会造成政治上的动荡,只有当城市增长再加上食物短缺以及可获得岗位缺失时,那些刺激政治暴力发生的不满或怨恨才会增多",这些特殊的不满或者怨恨,才是城市政治动荡的根源。④ 城市增长在一定条件下会成为政治动荡的间接诱因。他进一步指出,只有当涉及一些不利的政治可变因素以及突然被迫经历一些艰难困境时,骚乱才会发生,这些可变因素和突发的困境被称为促发机制。⑤ 如果相对匮乏水平很高,而且政治变量(一些政治可变因素)也未减少焦虑的话,一些促发机制能够自发地产生城市暴力。

这里涉及的政治可变因素包括外部可变因素和内部可变因素。内部可变

---

① Kirk S. Bowman, Jerrold D. Green, *Urbanization and Political Instability in the Middle East*, Rand Corporation, California, 1997, p. 252.
② [美] 塞缪尔·亨廷顿:《变革社会中的政治秩序》,李盛平、杨玉生译,华夏出版社,1988,第273页。
③ [美] 塞缪尔·亨廷顿:《变革社会中的政治秩序》,李盛平、杨玉生译,华夏出版社,1988,第273页。
④ Kirk S. Bowman, Jerrold D. Green, *Urbanization and Political Instability in the Middle East*, Rand Corporation, California, 1997, p. 240.
⑤ Kirk S. Bowman, Jerrold D. Green, *Urbanization and Political Instability in the Middle East*, Rand Corporation, California, 1997, p. 250.

因素通常是食品的价格和食品的供应发生剧烈变化，也可能是劳动力市场上出现岗位短缺，这些变量对政治体制施加了压力。内部可变因素包括各种用于解决城市问题的可利用资源，中东城市被迫增加资源的消耗，从而防止进一步的衰败和完全的崩溃。例如，埃及政府不再发放食品补助金，而是经常求助于国际货币基金组织（IMF），这扩大了食品短缺，同时饥荒通常会加剧囤积居奇和投机买卖，还会加剧援助供给以及政府调控失效。外部因素方面，通常是外国援助减少及政府收入方面的剧烈变化，促使政府提高主要食品的价格或者减少各项服务供给，这导致城市大众的处境恶化。

从政治角度来看，持续不断、无法缓解的悲惨生活或许并没有动摇政治，而是生活现状发生的剧烈恶化动摇了政治。查尔斯·蒂利（Charles Tilly）指出，悲惨遭遇并非政治动乱的起因，"突如其来的强加于人的遭遇才是政治骚乱的起因"。[1]

二 发展失衡与社会失序

蒂利认为人口流动一定条件下会间接引发政治动荡。中东地区人口迁移具有持久的推动力量，其结果是城市以一种无法控制的速度增长。伊斯兰教曾经是人口迁移的动机，今天人口迁移的宗教动机较少。一般来讲，迁移为的是一种物质利益而不是寻求精神上的满足。中东严重的干旱或者乡村的贫乏致使移民们感觉到除了移向城市别无选择。城市化部分原因是人口迁移，而人口迁移本身就是经济剥夺的产物。大量移民并没有融入城市文化，现代城市中的性别道德和家庭道德通常与农村是截然不同的，现代城市里的电视和电影给这些新到的农村家庭展现的是浪漫、独立、物质和西方的价值观。农民们将这种与现代事物的突然相遇看成是一种对他们的传统文化的冲击。而且这会使他们感觉与"现代"的政治活动，例如参加选举和参加各种协会活动，格格不入。此时，只有伊斯兰教为城市移民提供了文化上的归属感。在中东城市，伊斯兰教仍然起着非常重要的作用。

"城市化就是打破旧的社会、经济和心理习惯，习惯于新社会、经济和

---

[1] Kirk S. Bowman, Jerrold D. Green, *Urbanization and Political Instability in the Middle East*, Rand Corporation, California, 1997, p. 238.

心理模式。"① 人口流动和迁移增加，新的社会组织出现，信息的控制放松，传播和媒介的普及，社会意识文化多元化，政府濡化机制受到削弱，外部异己意识形态的竞争增强等因素都削弱了政府的控制能力。同时，政治体制不能适应城市发展，从而导致低社会治理能力和低社会危机处理能力。在政府无法对城市困境做出有效反应的情况下，伊斯兰教团体承担了这一角色。如当开罗发生了损坏该市重要部分的大地震后，是伊斯兰社团而不是埃及政府对幸存者展开了救援。政府角色的缺失使伊斯兰团体成为城市移民社会的政治秩序和社会秩序的基础。然而伊斯兰教有一种反政府的天性，它拥有一种在一段相对短暂的时间里动员大量民众向上层政府发起挑战的能力。因而在伊斯兰教的政治动员下大规模的城市化以及城市政治抗议，有可能演变为大规模的组织严密的宗教政治动员。伊朗和阿尔及利亚就是这类政治革命的最好例证。

仅仅是人们在城市里生活的不幸福，并不意味着这些不幸的人就会从事政治暴力，甚至从事破坏政府稳定的政治活动。心理因素有可能促成政治暴力。政治进程的发展是由一些相当具体的压力所引起的，如人们的焦虑感、疏离感、政治参与受阻、期望值不断攀升等。埃及发生穆斯林叛乱和政治上排斥、政府非法化是相伴随的。②《穆斯林为什么造反》的作者认为，政治上的排他性常常导致政府合法性受到怀疑，刺激人们去寻找机构渠道来进行纠正。③ 一个国家政治体系的接受程度对于调查暴力活动的争论来说是非常重要的，因为这关系一个运动是采取改革措施还是采取暴力方式。④ 如埃及，从政治包容到政治排斥的过程是逐渐发生的，这个过程的特征是法律方面的限制和选举人的操纵，穆斯林参政在这两个方面受到阻碍。⑤ 而"人们能通

---

① Farhad Kazemi, *Poverty and Revolution in Iran—The Migrant Poor, Urban Marginality and Politics*, New York University Press, New York and London, 1980, p. 68.
② Mohammed M. Hafez, *Why Muslims Rebel, Repression and Resisitance in the Islamic World*, Lynne Rienner, Colorado and London, 2003, p. 55.
③ Mohammed M. Hafez, *Why Muslims Rebel, Repression and Resisitance in the Islamic World*, Lynne Rienner, Colorado and London, 2003, pp. 22 – 23.
④ Mohammed M. Hafez, *Why Muslims Rebel, Repression and Resisitance in the Islamic World*, Lynne Rienner, Colorado and London, 2003, p. 27.
⑤ Mohammed M. Hafez, *Why Muslims Rebel, Repression and Resisitance in the Islamic World*, Lynne Rienner, Colorado and London, 2003, p. 27.

过选举达成自己的目的时,是不会选择革命方式的"。如果在一场伊斯兰运动中,暴力方式是合法的,那么运动的支持者肯定认为暴力方法已是解决冲突的唯一方法了。① 如果国家为穆斯林提供参政机会,他们造反的概率就会降低。如果国家拒绝之,他们就会造反。1992~1997年埃及发生741起暴力事件,而1970~1991年只发生143起。② 之所以如此,是因为埃及在20世纪90年代对穆斯林关闭了通向政治权力的大门,从而导致穆斯林造反活动大增。③ 当人们认为他们拥有一个反应机敏并且关心民众的政府时,就会变得更加耐心。但中东地区长期存在战乱或者气候干旱等难以解决的问题,政府在面对这些问题时缺乏进行解决的动机和愿望。诺顿（Augustus R. Norton）在1993年的研究中指出"由于政府的无作为或无效性,大众产生愤怒、不满,并且普遍有被剥夺的感觉"。④ 正是萨达姆·侯赛因政府责任心的缺乏,造成了伊拉克的困境。⑤ 此外,经济政治寻租导致腐败滋生,国家机构官僚作风盛行、渎职和失职严重等现象使政权合法性遭到破坏。社会管理机构脆弱,其调节社会矛盾的能力低下,公平分配意愿小,民众广泛参与政治民主和利益表达的机会少,弱势群体容易受到忽视,成为加速城市暴力发生的重要因素。

　　城市经济的不均衡发展也导致了社会失序。二战后许多发展中国家都追求经济发展,在人均国民收入得到提高、摆脱贫困落后的同时,也遭遇了经济增长的严重负效应。快速现代化往往也意味着难以避免的社会不稳定。在某些情况下,经济发展可能会促进政治稳定,但也可能严重破坏政治稳定。最可能发生动荡的时刻是经济繁荣后停止增长开始下滑的拐点。一般来讲,人均 GDP 200~800 美元的时期是各种经济发展变量变动最大、最剧烈的时

---

① Mohammed M. Hafez, *Why Muslims Rebel, Repression and Resisitance in the Islamic World*, Lynne Rienner, Colorado and London, 2003, p. 30.
② Mohammed M. Hafez, *Why Muslims Rebel, Repression and Resisitance in the Islamic World*, Lynne Rienner, Colorado and London, 2003, p. 34.
③ Mohammed M. Hafez, *Why Muslims Rebel, Repression and Resisitance in the Islamic World*, Lynne Rienner, Colorado and London, 2003, p. 31.
④ Kirk S. Bowman, Jerrold D. Green, *Urbanization and Political Instability in the Middle East*, Rand Corporation, California, 1997, p. 241.
⑤ Kirk S. Bowman, Jerrold D. Green, *Urbanization and Political Instability in the Middle East*, Rand Corporation, California, 1997, p. 241.

期，也是政治结构和社会结构发生急剧变化、重新组合的时期。① 在经济起飞阶段，收入差距拉大，贫富分化日益明显，增加了社会不公平感，引起一部分人的失落感和相对被剥夺感，有的人会对现存社会分配制度不满；由于基数较大的绝对贫困人口仍将存在相当长的时间，因此这种社会不满情绪可能滋长蔓延开来。

城市经济增长造成社会经济发展不平衡加剧。西蒙·库兹涅茨提出，持续性高速经济增长是一个连续破坏性过程，它对各部门影响不同，增长慢的部门较增长快的部门受到更多的损失，它们付出的代价不是少数受惠者获得的经济利益所能补偿的。然而，快速增长的经济部门也没有带动整个城市经济的繁荣，相反，还导致传统经济部门萎缩，城市化发展的必然结果是从内部产生经济失衡。

在中东地区，伊朗、沙特等海湾产油国依靠丰富的石油资源积累了巨大的财富。然而，其经济增长严重依赖碳氢部门的收入，中东不少国家对石油的依赖使其表现出地租国家的鲜明特点。克鲁格曼的"新贸易理论"提出"路径依赖"这一概念，具体指：矿产资源匮乏而知识资源丰富的地区属于高收入类型省区，矿产资源丰富而知识资源匮乏的地区大多属于低收入或中下收入类型省区。前者更多依赖开发和利用丰富的知识资源，开放程度较高，市场多利用国际资源和国际市场；后者依赖开发丰富的矿产资源，开放程度低，利用国际资本和国际贸易的能力低。② 中东不少国家因"石油福利"陷入了知识资源贫乏和人力资源短缺的困境中。新兴现代工业在中东国家的发展没有带动其他经济部门，出口经济畸形发展表明这些国家残留着殖民时代的经济特征，国际油价的时常波动仍然决定着其经济增长和衰退交替的频率。经济结构中，其他部门与新兴经济的衔接出现严重错位，导致传统经济部门不可挽回地走向衰退。严重的经济衰退造成经济发展速度整体下滑，并对城市经济的稳定产生冲击。由于经济高速增长不是以公平增长的方式进行，因而也就不可能实现社会公平分配，这一状况造成城市社会群体社会风险增大，民众不满必然出现。随着城市人口增长，高社会风险、高社会成

---

① 胡鞍钢、胡联合等：《转型与稳定：中国如何长治久安》，人民出版社，2005，第4页。
② 胡鞍钢、胡联合等：《转型与稳定：中国如何长治久安》，人民出版社，2005，第52页。

本，不公平、不平衡等现象严重，通胀、失业、贫困、灾害、收入不平等、社保覆盖率低、赋税和负担重等诸多问题不断出现。

　　城市化是一个复杂的经济、政治、社会、文化全面发展的长期的历史过程。它必然使社会各领域发生深刻变化、各种社会关系出现重大调整，随之而来的不仅有经济发展和社会进步，也有社会冲突，暗含了各种混乱和风险。经济增长加剧了社会各阶层、各团体和社会成员间的利益调整所引起的矛盾、摩擦或冲突，使得矛盾冲突更加复杂化和尖锐化，更增加了社会与政治的不稳定因素。随着1976年建设速度的减慢，伊朗贫苦移民的状况更加恶化。他们的困境呈现了移民行动的最终结局——这一阶级再一次被系统地排除在分享新型石油产业带来的权力、财富和地位等好处之外，而这一切利益只有上层人士才能分享。[1] 考虑到贫困移民有限的社会机遇和有限的社会流动性，这一阶段的失业使得他们日常生活变得更加困难。[2] 随着贫困移民开始在政治上被动员起来反对国王的统治，形势开始急剧变化。尽管这种动员是许多因素共同作用的结果，但是反对政府的团体还是获得了这些底层阶级的支持，最终导致移民积极参与到革命斗争中。[3]

第三节　城市化与基础阶级关系的均衡性

　　社会学家涂尔干就现代社会的发展特征指出，"劳动分工在很大程度上破坏了手段与目的的一致性关系，人们在日常生活与社会规范中的不一致性乃至冲突，打破了社会的均衡状态，导致各种各样的越轨行为和问题的出现"。[4] 现代社会发展的科层化趋势一方面给社会带来稳定的等级关系，但另一方面忽视了个人的需求和欲望，造成二者之间的紧张关系。通常阶级成员的身份与地位不一致，即经济条件与权力、声望之间的不一致或者不匹配都

---

[1] Farhad Kazemi, *Poverty and Revolution in Iran—The Migrant Poor*, Urban Marginality and Politics, New York University Press, New York and London, 1980, p. 113.

[2] Farhad Kazemi, *Poverty and Revolution in Iran—The Migrant Poor*, Urban Marginality and Politics, New York University Press, New York and London, 1980, p. 114.

[3] Farhad Kazemi, *Poverty and Revolution in Iran—The Migrant Poor*, Urban Marginality and Politics, New York University Press, New York and London, 1980, p. 114.

[4] 王春光：《当前中国社会阶层关系变迁中的非均衡问题》，《社会》2005年第5期。

会造成社会均衡的消失，有经济条件的人没声望或有声望的人没有经济条件都会带来社会紧张和不均衡。新兴阶级的出现对获得一定地位提出要求，而已经获得很高地位的人会从制度上设置障碍，从而导致阶级关系紧张。

社会均衡要求有合理的、有效的机制来保障，这样的机制包括公平、公开的能力竞争机制，合理、合法的资源配置机制，和平、公正的矛盾化解机制，有效、公开的社会制约和监督机制。然而，社会不均衡是常态的和绝对的，均衡多是一定条件下的相对均衡。一般来讲，封闭社会比开放社会更容易做到社会均衡，而在开放社会实现阶级关系均衡的难度更大，开放社会的人们会感到更多的压抑和去人性化，注重功利主义，从而导致个体缺乏与社会融合的感觉，因此工业社会的自杀率较高。① 在中东地区，城市化进程中社会逐渐走向开放，这对传统社会基础阶级的均衡性产生了巨大影响，从而破坏了政治的整体稳定。

一 中东传统社会的基础阶级关系

在前现代中东社会结构中，阶级间关系处于大体均衡的状态。20世纪初的伊朗，社会的上层群体包括王室成员、地方贵族和豪强、部落首领、领主、大地主、高级乌莱玛、富商等。他们位于金字塔社会结构的顶端，虽然在总人口中的比重很小，但王室成员、贵族和大地主在政治中一直占有重要地位，国家行政部门的高级职位几乎全是由社会上层所把持。乌莱玛在伊朗穆斯林社会日常事务中承担了管理者的角色，它垄断了教育和司法两大领域，承担了教育和民事司法（shar）及立法等功能，该阶层对其他社会群体具有很强的影响力，宗教保守派对社会下层民众有很大影响。这一时期部落仍然强大，是保守力量的基础之一。强势的群体或保守的上层阶级在政治中处于优势地位。其中，地主的优势地位所形成的不均衡性反而成为传统社会达到整体均衡的必要条件。在20世纪下半叶之前，伊朗农民群体极为分散，绝大多数村庄规模不大，整个村庄属于外乡地主所有，农民处于分散和隔离状态，因而难以团结和形成阶级以对抗地主。农民对地主的依附性很强，外乡地主给村庄提供监护，包括政治保护，还有维修水利设施、提供农种等。

---

① 王春光：《当前中国社会阶层关系变迁中的非均衡问题》，《社会》2005年第5期。

农民的依附与地主的保护使二者之间形成稳固的依存关系，构筑了伊朗前现代相对均衡的阶级关系的基础。

各级地方长官（kadkhudes），还有中下层乌莱玛、中高级军官和官员、作坊主、巴扎商人、中小地主则构成了社会的中间阶层。伊朗缺乏大工业，也没有成熟的资产阶级，乌莱玛、巴扎商人和作坊主三大群体构成城市中产阶层的主体部分。中产阶层中的主要群体仍是从旧制度中发展而来的、带有传统性和保守性的巴扎商人和乌莱玛，他们在经济和政治上逐渐呈现下降趋势，小企业主群体由于缺乏政治领导能力力量逐渐受到削弱。中产阶层大多数居住于城市，其人数规模和所占的人口比例没有准确的数据。在20世纪初以前，伊朗农村个体农户所占土地不到17%，中小地主和富农等中间阶层占农村人口的约25%，[①] 占人口总数的近20%。中产阶层比例虽然不大，但也具备一定的经济实力和很强的组织性，能够在一定条件下形成对王权的挑战，并迫使当局让步。他们是伊朗最激进、最具革命性的群体，社会运动中的领导者和主力军通常都由中间阶层的某一群体来充当。

19世纪中叶以来，西方殖民国家加强经济渗透。西方工业品对伊朗本土的工商业形成了猛烈冲击，巴扎商人在国内市场中逐渐失去原有的地位，他们处于外国资本的支配之下。民族工业也遭到重创，不少传统手工业逐渐消失。外部势力的渗透使巴扎商人和作坊主的生存受到威胁，也间接损害了什叶派乌莱玛的经济利益，因为乌莱玛生存和发展的大部分经济资源是巴扎商人提供的。巴扎商人和作坊主原本就有紧密的经济联系，且以什叶派宗教意识形态和伊斯兰文化价值观为纽带，为了对付恺加王朝和外部势力的联盟，他们往往寻求乌莱玛的政治支持。在"烟草运动"和立宪革命中三者都充当了主角。中间阶层由于具有更好的组织性，内部各群体间的政治联合对日益走向腐朽的上层统治阶级既是一种挑战，也是一种制约的社会力量，而占绝对多数的社会下层劳动群体处于尚未觉醒的状态，且更多受到保守宗教阶层的影响，反对现存社会秩序的彻底改变，因此，整体看，前现代伊朗社会阶级关系处于相对均衡状态。

[①] Mansoor Moaddel, *Class, Politics, and Ideology in The Iranian Revolution*, Columbia University Press, Columbia, 2013, pp. 72–73.

二 城市化对基础阶级均衡性的影响

巴列维王朝建立后，伊朗城市化开始发展，阶级关系发生巨大变化。礼萨汗统治时期，部落首领因强制定居政策的影响势力下降，由于大批游牧人口转变为定居农民，许多部落首领也改变身份成了地主。20～50年代，部落首领、高级军官和官员、高级乌莱玛等都成为地主，地主群体在增长，他们在国家政治中的地位在逐渐上升。地主阶级是国家最强有力的阶级，国王本人是最大的地主，也是地主阶级的保护人。大地主在议会中占多数，在行政机构和司法部门都占据重要职位，在地方很有影响力，他们与地方官员有紧密联系。国王实行的经济政策有利于地主阶级，农业税基本都由农民负担，地主在伊朗的农村享有很高的地位。

礼萨汗统治时期，王权与外乡地主结成政治联盟，巴列维国王统治时期国王极力否定外乡地主的特权地位，因为地主控制农村地区不符合巴列维的利益。为了巩固王权的统治，他力图削弱地主的势力并赢得农民阶层的支持。1963年白色革命各项措施开始贯彻，享有租佃权的无地农民中约92%即194万农户获得了数量不等的土地，原来拥有少量土地的富裕农民亦在土地改革的第二阶段购置土地，外乡地主对乡村土地的垄断和超经济强制不复存在，人数众多的小所有者成为乡村重要的社会势力。随着地权的转移和经营方式的改变，封建主义在伊朗乡村日渐崩溃。① 白色革命后，土地改革大大削弱了旧地主阶级，也降低了地主的社会影响。外乡地主和官僚贵族被迫出售相当数量的土地之后，其投资方向由乡村和农业领域转向城市和工业领域，使用雇佣劳动，逐渐转化为资产阶级；有的将资本存入国外银行，成为食利阶层。

白色革命和地权的转移，意味着农民普遍摆脱了对租佃权的依赖和固着于土地的状态，进而形成自由劳动力的广阔市场。土改后，分成制农户和佃户群体分化，分成制农户有的上升为小地主，有的变卖土地成为无地农民。农村中分成制农民群体的消失给伊朗农村社会带来深刻影响。农村出现了新

---

① 哈全安：《从白色革命到伊斯兰革命——伊朗现代化的历史轨迹》，《历史研究》2001年第6期。

阶层，即小地主、富农、中农，其人数增长很快，无地农民略有下降。富农和小地主的土地占可耕地的45%，中农占28%，贫民占5%以下。① 传统农村社会的解体使封闭社会的阶级均衡出现瓦解迹象，在一个流动的、开放的社会中，伴随社会群体分化而形成的更多利益集团完全打破了伊朗基础阶级关系的均衡性，从而给政治带来诸多不稳定因素。

　　城市化进程促使产业工人规模持续增长。20年代伊朗国内纺织、印刷、电力等小型现代企业中仅有几百名工人，德黑兰手工工人有7000多人。30年代开始伊朗工业劳动力明显增长，至30年代末工人达到26万，分布于工矿企业、建筑业、交通业及手工业行会中。40年代伊朗资本主义生产得到发展，工人阶级继续成长，他们主要分布于少数几个工业集中的城市，德黑兰、大不里士、伊斯法罕、吉朗、马赞达兰等地的产业工人占全国产业工人总数的75%。仅德黑兰就有62个现代工厂，而传统手工工场有6.4万名工人。大不里士有18个中型企业，伊斯法罕有9个大型纺织厂，工人有1.1万；阿巴丹油田有1.6万工人，胡泽斯坦有4800名工人。② 四五十年代工人阶级人数进一步增长。百人及以上规模的现代企业逐渐增多，如石油、化工、钢铁、机械、进口替代制造业及交通业企业，其工人收入较高，占产业工人总数的1/3，被称为"工人贵族"。1941～1956年大工业中工人从4万增至7万。③ 而半熟练工人和中小型企业工人有50多万，收入较低，构成城市贫民阶层。工人阶级在工人阶级政党领导下成为一股令人震撼的力量，例如伊朗20世纪40年代工人运动在人民党领导下曾经席卷伊斯法罕，一度掌控该城市的市政管理，最后在资本家、保守乌莱玛和部落的联合镇压下趋于低落。

　　受土改影响，农村社会群体分化，农村人口大批向城市迁移。他们通过社会流动的阶梯，例如接受现代教育、进入国家机构或从军，地位得到提

---

① Mansoor Moaddel, *Class, Politics, and Ideology in the Iranian Revolution*, Columbia University Press, Columbia, 2013, p. 72.
② Ervand Abrahamian, *Iran Between Two Revolutions*, Princeton University Press, Princeton, 1982, p. 147.
③ 1976年大工业中工人达到40万。Ahmad Ashraf, Ali Banuazizi, "Class System vi Classes in the Pahlavi Period," *Encyclopaedia Iranica*, Vol. V, Fasc. 7, 1992, pp. 677–691.

升，结果中产阶层和工人阶级队伍不断壮大。同一时期，工业化的进程也产生了对劳动力的广泛需求，吸引大量乡村人口移入城市，从而导致城市人口的膨胀。1956~1966年，农村劳动力增长了19%，城市中的劳动力增长了47%。60年代有200万农村人口移入249个城市，有40万农村人口在城市中就业。1960年，伊朗人口的70%生活在乡村，30%生活在城市；1978年，乡村人口降至48%，城市人口升至52%。1978年，城市人口共计1782万，其中约有半数是1963年以后来自乡村的移民及其后裔。① 据1977年官方统计，制造业雇佣工人约250万，建筑业雇佣工人约100万，他们大多为乡村移民。②

随着城市化速度加快，六七十年代工人阶级规模迅速扩大。1976年伊朗工人阶级约有350万人，占劳动力总数的40.2%。制造业工人总数达223万人，占工人阶级63.1%；农业工人有61.4万。在国企或公共服务部门的工人约有56.6万。③ 产业工人是城市中规模最大的社会群体，主要分布于石油、钢铁、制造、服务、交通、水电等行业的大型企业或公共部门。由于现代工业所特有的知识、技术和管理要求，产业工人具有比其前辈更高的素质，同时具有了更强的组织性。④ 工人主要来自农村移民，伊朗产业工人集中于大城市的钢铁和石油等要害部门，并因其特殊的地位而在伊朗社会运动中起了关键作用。作为高速推进的现代化的产物，工人阶级队伍日益壮大，随着阶级意识逐渐觉醒，他们必然要求改善经济状况、提高政治地位。然而巴列维国王一方面大力发展社会经济，另一方面在政治发展方面却停滞不前，将新型社会群体排除于政治体系之外，并日益转向政治高压，从而失去了很多社会群体的支持。

城市化也促进资本家群体的发展。随着20世纪30年代伊朗工业化起步，机器设备及消费品的进口扩大便利了现代工商业的发展。从地主、作坊主和

---

① 哈全安：《从白色革命到伊斯兰革命——伊朗现代化的历史轨迹》，《历史研究》2001年第6期。
② 哈全安：《从白色革命到伊斯兰革命——伊朗现代化的历史轨迹》，《历史研究》2001年第6期。
③ Farhad Numani, Sohrab Behdad, *Class and Labor in Iran: Did the Revolution Matter?* Syracuse University Press, New York, 2006, p.98.
④ 徐天新、许平、王红生：《世界通史》（现代卷），人民出版社，2013，第28页。

巴扎商人等群体中分化出从事现代工商业的资本家群体，但以中小资本家居多。二战期间，现代工商业资本家进一步壮大，他们有不少成为商会或工矿业议事会的成员。50年代中期以后，伊朗出现石油经济繁荣，为私人资本快速增值创造了良机。国家以提供大额的低息贷款扶植私人资本的发展，银行家、外贸商、承包商及技术精英也发了家。资本家数量1966年为13.78万，[①] 1976年达到18.2万人（78.6%在城市）。该群体中的现代资本家仅占12.8%，他们本身是管理人员或专业技术人员，具有很强的专业背景；其余87.2%仍以传统方式经营，分布于工业、农业、商业、服务业等部门。

城市经济的发展使市场的平等化效应消失，市场本身成了不平等的根源。这对阶级关系产生了极大影响。私人资本集中于轻工业。重工业以国营为主，国王及技术精英成为大资本家，一个与外国资本有紧密关系的、受其控制的官僚买办资产阶级产生了。他们是伊朗发展国家资本主义的产物，来自现代工商业资本家、王室成员、高级官员和军官、现代银行家、农业资本家等。官僚买办资产阶级在银行、工业、外贸、保险、建筑等行业取得了独占地位。一批新的教育和素质较高的群体和公职人员也开始从事经营活动，进入市场并成为经济精英，包括富商、银行家、工业资本家和大承包商。由地主、商人或官员转变而来的大资本家，而与王室有紧密关系的人成为大承包商，成为新的经济精英。伊朗的经济精英和食利阶层都加入了社会上层。

1953～1963年，外国资本渗透进了伊朗经济生产中的重要部门，如工业、金融业和交通业等。外国资本运用借贷杠杆为工业发展厘定基本框架，成为外国资本支配伊朗工业发展的主要渠道。跨国公司和大型现代工业得到发展，其通过工业生产特许权来排除竞争对手，获得暴利。外国资本在伊朗经济中处于支配地位。伊朗现代经济发展处于外国资本的支配之下。伊朗社会上层就其经济发展特征而言明显依附外国资本，与本土传统经济部门完全分离。早期进入市场的边缘阶层则被挤出了市场，乌莱玛、巴扎商人和作坊主等城市传统中产阶层受到削弱。

富商、银行家、工业资本家和大承包商等新兴经济精英与乌莱玛和巴扎

---

① Julian Bharier, *Economic Development in Iran, 1900–1970*, Oxford University Press, London, 1971, p. 35.

商人在经济地位上的不平等是这一时期伊朗阶级关系的不均衡性的集中体现，两大群体逐渐形成相互对立的阵营。前者具有明显的依附性，而后者则集中体现了伊朗的民族性，两者根本性的利益矛盾使两个阵营的冲突不断积累，这是酿成伊斯兰革命的深层阶级根源。

三 城市化、基础阶级失衡与伊斯兰革命

伊斯兰革命爆发前，伊朗经历了半个多世纪的现代化发展历程及15年的经济飞速发展，整个国家似乎即将实现巴列维国王自诩的"世界第五强国"和"伟大的文明"的梦想。然而出乎意料的是，1979年初巴列维政权竟然在"人民的革命"中走向灭亡。关于革命的起因问题，彭树智先生评价说，"这场革命是在伊斯兰旗帜下由以霍梅尼为首的什叶派教士集团领导的反对世俗专制王朝的全民起义"，"是伊朗人民对巴列维国王不成功的现代化的一种伊斯兰式的回应"。[1]

这场革命就其来源可追溯到20世纪六七十年代伊朗的经济发展和现代化改革。1963～1977年是伊朗历史上的工业革命时期。从"三五计划"（1963～1967年）开始，年均增长18%的石油收入成为伊朗其他产业发展的资金来源，[2] 石油经济繁荣带动了制造业、建筑业、交通行业和服务业的高速增长，伊朗经济开始进入起飞阶段。现代工业的生产规模明显扩大，主要工业品的产量急剧增长。据伊朗官方统计，1963～1977年，10～49人的小型工厂由1052家增至7000家，50～500人的中型工厂由295家增至830家，500人以上的大型工厂由105家增至159家。冶金、化工、机器制造和纺织皆为颇具影响的支柱产业。1973年制定的第五个五年计划，预计投资365亿美元，后增加至700亿，主要用于发展机械、运输、电力、化工、冶金等工业，年均增长率达到25.9%。[3] 如果借用罗斯托的第三世界发展理论的话，关于现代社会的形成可划分为传统社会、为起飞创造条件、起飞、向成熟推

---

[1] 彭树智主编《伊斯兰教史与中东现代化进程》，西北大学出版社，1997，第272～278页。
[2] Jahangir Amuzegar, *Iran-Economic Development under Dualistic Condition*, The University of Chicago Press, Chicago, 1971, pp.36, 44.
[3] 哈全安：《中东国家的现代化历程》，人民出版社，2006，第300页。

进和高额大众消费五阶段,① 那么,可以说,这一时期伊朗经济实现了"起飞"。

社会发展带来的红利大部分被依附于外部势力的官僚资本窃据,资源分配严重失衡。为缓和社会矛盾和稳固王权统治,从1963年1月开始,巴列维强力推行土地改革、森林国有化、出售国企股份、工人参加企业分红、给予妇女选举权和建立扫盲大军等"白色革命"六点计划。此后相继推出了一系列社会改革措施,1967年"白色革命"又加入6项内容:成立农村卫生大军、成立开发大军、公正之家、实行水资源国有化、制订全国城乡建设规划,还有进行行政改革、改组政府机关,权力下放、反对官僚主义及提高行政效率等。② 1975年后又增加7项改革内容:出售企业股份和吸收工人入股及扩大企业所有权、反对投机倒把、免费教育、免费供养两岁以下儿童、在城市实行社会保险、反对贪污腐化、反对通货膨胀。③ 这一时期伊朗经济飞速发展,伊朗在高积累、高投资的同时,消费也在同步提高,伊朗发生了经济意义上的社会转型。城市大工业的发展、城市中迅速扩展的基础设施建设使城市中的就业机会增多;城乡收入差距的扩大也使人们相信,在城市中总会得到期待的高收入,这促使人们离开农村到城市谋生。正是在收入水平、就业机会、生活水平方面的差异,导致乡村人口迁往城市,推动了人口城市化进程。这成了城市化的"拉力因素"。"白色革命"各项措施的实行,特别是土地改革,加速了城市化;此外,伊朗农业生产效率低,在经济中的比重不断下降,农业劳动力过剩并大量流向其他产业。④ 新的信贷机构鼓励农机进口,这导致技术性失业现象的出现,大量农村人口到城市谋生;此外60年代伊朗农业连年歉收,生产停滞也导致农业的从业人口大幅下降。⑤ 农业

---

① 罗斯托代表了西方资产阶级右翼,其现代化理论被归为传播论,由于被历史发展反证备受诟病。参见罗荣渠《现代化新论——世界与中国的现代化进程》,商务印书馆,2009,第34页。
② 蒋真:《后霍梅尼时代伊朗政治发展研究》,人民出版社,2014,第27页。
③ 王新中、冀开运:《中东国家通史·伊朗卷》,商务印书馆,2002,第317页。
④ Hossein Askari, "Recent Economic Growth in Iran," *Middle Eastern Studies*, Vol. 12, No. 3, 1976, p. 110.
⑤ Jahangir Amuzegar, *Iran-Economic Development under Dualistic Condition*, The University of Chicago Press, Chicago, 1971, p. 48.

低速发展是农村人口流失和移向城市的重要原因,这是人口流向城市的"推力因素"。因此,农村移民人数逐年增长,从30年代开始移入城市的乡村居民年均3万,1941~1956年年均13万,1957~1966年年均25万,1967~1976年年均达到了33万。[①] 1966~1978年农村迁入城市的青壮年人口有300万,亲属计算在内可达1200多万。[②]

从1966年到1976年伊朗有300多万人农村人口进入城市,德黑兰的城市人口从1966年到1976年翻了一番达到400万;有200万人原先是农民。城市新移民根据经济状况可划分为三个群体,以德黑兰为例,第一个群体是来自伊朗其他城市生活富裕的移民,这些人熟悉城市环境,生活富有,适应德黑兰的生活对他们来说不存在任何问题;第二个群体主要来自小城市和城镇,这部分移民同第一个群体一样,期望德黑兰能为他们提供更多的机会,因而把德黑兰当作移居的首选城市;第三个群体是农村来的移民群体,与其他阶层相比,他们有"两高""两低",即高死亡率和高出生率,低识字率和低收入。农村移民是城市第三产业劳动力的后备力量,也是潜在的失业大军,是城市动荡的主要根源之一。由于这些贫困移民的发展机遇和社会流动性非常有限,一旦失业,他们的日常生活必然变得异常艰难。他们的困境表明,这一阶级再一次被全面地排除在石油产业带来的权力、繁荣和地位之外,而这些只有社会上层人士才能享有。政府缺少对城市贫困移民的照顾性措施是贫困移民边缘化的重要因素:收入低下的经济地位,参与权缺乏的政治地位,没有表达能力的社会地位。穷人很少感受到现代化带来的便利,通常愤怒也就由此而生了。由于普遍的相对贫困,贫困化的城市居民和迁移人口共同组成了政治和经济上的广大"被剥夺者"。

1978~1979年,德黑兰贫困移民数量从50万发展到100多万人。[③] 对他们来说,住房和服务设施不足、失业和不充分就业、缺乏医疗保障等,都司空见惯。城市移民群聚在城市中最贫穷的地区或者贫民区里。1976年,德黑兰100多万幢居所中12478座为帐篷之类简陋的住所。德黑兰南部郊区分布

---

① J. Foran, *Fragile Resistance, Social transformation in Iran from 1500 to the Revolution*, Westview Press, Boulder, 1993, p. 337.
② 车效梅、王泽壮:《城市化、城市边缘群体与伊斯兰革命》,《历史研究》2011年第5期。
③ 车效梅、王泽壮:《城市化、城市边缘群体与伊斯兰革命》,《历史研究》2011年第5期。

着13个大型棚户区，居住着大批穷人，这些地区落后、贫穷、脏乱，而北区则遍布豪华公寓、购物中心和舞厅剧院等摩登建筑，形成"一个城市，两个世界"的格局。① 数量巨大的乡村移民起到了稀释城市现代化的作用。米萨格·帕沙从社会财富分配制度角度提出"经济发展不能让社会主要成员受益，日益增长的贫富分化现象成为伊朗革命的社会根源"。②

法哈德·卡兹米通过实证调查，分析旧政权下城市贫困移民日益边缘化的生活状况以及革命动员过程。这一时期，城市远不能满足移民需要，新居民面临住房和环境卫生设施的短缺。一些德黑兰的贫困移民向高级官员请愿，特别是当住房被拆除的时候，然而，伊朗的行政机构腐败、没有效率，对人们的要求没有回应。

城市中产生了两极分化的城市以及"部分"城市化。城市中传统和现代尖锐对立，作为迁移人口所带来的行李中的一部分，城市移民还将他们在农村时的生活状态带到了城市。这些新到来的移民面对现代的医疗手段、包装食品以及通信手段而不知所措。随着极其快速的城市化，由于新迁移来的人口数量巨大，城市价值体系无法同化农民。相反，可能强化了许多城市移民对保守性传统、价值观的忠诚，而非青睐现代行为方式而抛弃传统。这样就不可避免地导致了紧张形势和骚乱。城乡价值观念的碰撞为政治反对派提供了大量候选人。这些新到的农民在早期被劝服接受了西方毒化是非常罪恶的思想。边缘群体在既没有国家关爱又缺少诉求表达渠道的困境中，唯有向他们最熟悉的宗教生活中心清真寺寻找安慰。大多数移民并没有加入有组织的政党，宗教协会为那些想参加组织活动的移民提供了唯一的机会。清真寺成为联系底层宗教人员和贫困居民的中介。在非法居住区和贫困人口聚集的地方，各级宗教人士与他们保持亲密、频繁的接触。

世俗化改革措施对什叶派乌莱玛形成直接冲击，乌莱玛被迫回到神学院和清真寺，乌莱玛的经济命脉"瓦克夫"受到抑制，巴扎商人成为乌莱玛最重要的经济来源。在20世纪70年代，乌莱玛大约80%的资金来自巴扎商人。这一群体曾是巴列维王朝建立政权的支柱，土地改革和世俗化措施损害

---

① 车效梅、王泽壮：《城市化、城市边缘群体与伊斯兰革命》，《历史研究》2011年第5期。
② Misagh Parsa, *Social Origins of the Iranian Revolution*, Rutgers University Press, Camden, 1989, Introduction.

了乌莱玛阶层的整体利益，引起了什叶派宗教领袖的强烈反对，使他们转变为王权的反对者。这一群体成为城市化运动造成的庞大农村移民的精神领袖，使王权失去了城市社会基础的支持。

国家支持现代经济的发展，资源过度集中于少数经济部门，加剧了社会、经济和地区之间的不平等。小型经济的发展空间受到严重挤压，损害了传统经济部门的利益，本土传统工商业发展呈现严重的萎缩现象。70年代中叶后，油价下跌使政府财政缩减，政府为增加收入提高税收，但这对伊朗经济是雪上加霜。为抑制通货膨胀，政府发动了反暴利运动，限制主要商品价格，巴扎商人成为打击的主要目标，其间因违背法令受到处罚的商人人数达到22万。但是限价运动的作用很有限，不但造成政府与巴扎商人之间严重的对立和冲突，还造成黑市猖獗，经济形势日益恶化。王权与巴扎商人的冲突使后者内聚力加强，1977年成立了德黑兰巴扎商人行会联盟，[①] 专门组织巴扎商人政治运动。他们印刷和传布乌莱玛发布的教令，拥护霍梅尼为最高领袖，支持被释放的塔勒哈尼，为罢工工人提供经济支持等，推动其他群体加入反对国王的行动。[②] 巴扎商人还为罢课教师提供资金支持，他们影响着温和乌莱玛的政治立场，促使后者从观望转向参与。巴扎商人积极出资帮助宗教机构开展抗议运动、举行宗教庆典。反对王权的联盟在巴扎商人推动下开始逐渐形成。20世纪70年代中叶的经济危机使作坊主日益陷入困境：手工业进口原料价格上涨，劳动力成本在提高，进口商品的竞争也使其经营难以维系。此外，行会成为国家政策的执行机构，执行国家的定价制度，这也直接损害了企业主的利益。巴扎商人和手工业主不断掀起抗议浪潮。

经济秩序和社会结构的深刻变革导致新兴社会群体的规模急剧扩大。世俗的教育体系和司法体系得到发展，政府机构和官僚制度在完善，知识界和政府雇员的人数随之增多，其社会影响明显扩大，他们提出政治参与和权力分享的迫切要求。然而巴列维王朝试图通过经济建设，而不是通过开放政治系统来获取政治合法性，这就把现代化本身造就的社会阶层挡在现代化进程之外，对来自社会任何阶层的政治要求和意愿皆予以严格压制。巴列维国王

---

① 领导人有勒巴斯赤和马尼安等，曾去巴黎约见霍梅尼。
② 车效梅、王泽壮:《城市化、城市边缘群体与伊斯兰革命》，《历史研究》2011年第5期。

不断强化权力垄断，排斥新兴社会群体的政治要求。民族阵线和人民党长期处于非法状态，左翼激进组织人民圣战者和人民敢死队屡遭镇压。工人没有结社的自由，自发组织的工会遭到取缔。君主独裁的政治模式导致了新兴社会群体与巴列维王朝之间的尖锐对抗。

巴列维国王是在1953年受西方国家扶植和通过政变推翻摩萨台政府而掌权的，其在知识分层阶层中"政变政权"的印象为其政权合法性蒙上了一层阴影。加之政变之后知识分子的政治边缘化，他们与王权彻底疏离，在心理上不能接受巴列维王朝的统治。这一时期伊朗形成了几个较大的政治反对派，民族阵线是其中的温和派。1953年政变中民族阵线受到巨大损失，该组织于1954年改组为民族抵抗运动，1960~1963年改称第二民族阵线。他们主要由拥护摩萨台的自由派知识分子组成，其社会基础有大学生和专业技术人员如教师协会，还有宗教知识分子和马克思主义知识分子，他们政治上要求自由选举和社会改革。1965年自由派知识分子成立第三民族阵线。巴扎尔甘领导的伊朗自由运动①和马勒克领导的"第三力量"一直是民族阵线的组成部分。

左派政治力量也在兴起，人民党是左派中组织性最好的政党，主要由马克思主义知识分子组成。其社会基础以城市中产阶层为主，还有工人阶级、青年学生、妇女组织，也有少数民族和宗教少数派等。1958年人民党被萨瓦克破坏，60年代初该党又恢复了组织和活动。1963年后国王推进改革，政治控制有所放松，人民党依靠苏联支持又开始着手恢复在伊朗的国内组织。60年代人民党想要在全国范围内发展基层组织，但党组织多次遭到萨瓦克破坏，直到70年代人民党恢复组织的努力都没有成功。

其他左派组织较为年轻化，有人民敢死队和人民圣战者，还有世俗马克思主义者。这一派不包括人民党。伊朗世俗大学是这类激进力量集中的地方，左派以德黑兰大学及工程类大学和技术类院校的工程师群体为骨干力量，他们具有激进的革命倾向，这与他们许多其他国家的同行保守、温和的

---

① 主要由宗教阶层组成，与民族阵线有紧密关系，代表人物有巴扎尔甘和塔勒卡尼。

政治立场截然不同。① 两类群体都来自城市中产阶层，都有中等的经济收入和较高的教育水平，他们政治上有较大的不满情绪，政治参与度很高，主张以暴力方式结束政治危机。巴扎商人、知识分子等群体都要求恢复宪法和议会。民族阵线、人民党、人民圣战者和人民敢死队等"非法组织"也加入了激进乌莱玛阵营，共同构成反对派。

1977年5月开始，德黑兰世俗知识分子掀起民主运动，要求限制王权和恢复1906年宪法。1978年初库姆发生乌莱玛和巴扎商人抗议运动。而政府因财政吃紧采取了一些不当措施，如为减少开支停发宗教阶层补贴，还削减了政府职员的工资福利，促使工薪阶层也加入了抗议行列。工人阶级也不满生活待遇持续下降和社会福利的削减，要求推翻国王的统治。1978年6月开始，德黑兰、阿巴丹、大不里士等地工人举行罢工要求推翻国王。罢工遍及政府机构及各个行业，壮大了政治反对派的力量。1978年9月8日，政府镇压德黑兰贾勒赫广场示威者，激起了更多阶层的反抗。国王单靠武力镇压已经难以奏效，只好妥协，软化了立场。

1978年10月31日，石油工人的政治性罢工给国王的统治以致命打击，伊朗经济彻底陷入瘫痪。1978年12月10日，宗教领袖塔勒哈尼和桑贾比带领100多万人示威。② 国王出走，逃亡埃及，政权由自由派的巴赫蒂亚尔首相接管。宗教阶层提出，一切非伊玛目的政府都是非法的，他们否认巴赫蒂亚尔的政府。在宗教阶层领导下，伊朗革命继续深入发展，革命力量推翻了巴赫蒂亚尔政府，政权由伊斯兰革命委员会接管。1979年2月9日，临时政府成立。至此，伊斯兰革命取得了成功。

第四节　城市化与城市民间社团嬗变

流动性、松散性、相对开放性、缺乏合作性是前工业社会时期中东城市的特点。之所以如此，一方面是中东国家和城市的统治者不愿意看到独立的、紧密的组织产生；另一方面是缺乏本土的充分发展的资产阶级。而在西

---

① Stephanie Cronin, *Reformers and Revolutionaries in Modern Iran: New Perspectives on the Iranian Left*, Routledge Curzon, London, New York, 2004, p.241.
② 冀开运、蔺焕萍：《二十世纪伊朗史》，甘肃人民出版社，2002，第180页。

方国家，正是商业资产阶级的巨大力量推动了城市作为独特的、有广泛政治自治权利的实体的出现，城市有独立的权利、特权、协会、组织和议会。[①]其结果是中东城市民间社团功能强大。在传统社会，它既从事教育、卫生、慈善活动，也调解人们之间的矛盾、传播信息、组织成员抵抗外部威胁、发挥国家才拥有的功能。第二次世界大战后城市化的迅猛推进导致大量农村人口进入城市。由于政府没有足够的公共服务机构为城市移民提供帮助，很多政府职责转移到由居民自发成立的组织中。中东国家政治机构的缺乏导致民间社团兴起并承担起包括调解冲突、分配财富、传播信息、维护社会传统道德的职责，在某种程度上民间社团为人们在快速发展的城市中提供安全感，维护社会的整体性和稳定性，同时也是城市动荡之温床。在中东地区，民间社团具有很强的生命力，许多民间社团扮演着正规组织之作用。

一 中东城市传统的民间社团类型与成因

传统的中东城市存在一种历史悠久的社会组织——民间社团。其类型主要如下。①保护人—委托人社团（patron-client cluster）。城市中存在强势群体和弱势群体，弱势群体一般会委托强势群体保护自身的利益，由此形成利益团体。②职业社团（networks based on occupational ties）。从事相同职业的人的组织。③宗教社团（religious associations）。信仰同一宗教的人的组织。④社区社团（neighborhood）。居住同一地区的人们的组织。这些团体存在相同的特点。第一，组织内部成员之间存在某种利益联系，个人感情、个人关系对社团运作影响巨大，组织结构相对松散且没有固定模式，没有完整、清晰的规章制度。第二，民间社团的成立有很大随机性，在发展过程中具有不确定性。如某些群体的利益受到伤害，可以成立组织来维护，如果利益得到满足，组织会立刻解散；如果要长久维护他们的某种利益，或是某些群体的利益长期得不到满足，他们的组织会长期存在，并有发展为正式组织的可能。第三，虽然本书将民间社团分为四类，但要明确区分中东地区的某一民间社团属于上述哪一类，有时仍有困难，因为很多民间社团是根据社团成员

---

① Guilain Denoeux, *Urban Unrest in the Middle East, A Comparative Study of Informal Networks Egypt, Iran, and Lebanon*, State University of New York Press, New York, 1993, p. 30.

之间的亲友关系、职业关系结合而成的,有的甚至是因为在同一个清真寺做礼拜而产生的。同时在伊斯兰世界,任何组织的活动都会受到宗教的影响,以职业社团而言,奥斯曼帝国时期,大城市开罗的人口中"除了高级官吏和军队人员之外,所有城市人口组织在行会体系中"。[①] 但行会成员认为,他们会组成行会,不仅因为他们从事同一职业,而且也因为对真主的虔诚信仰,并以努力工作来表示自己对真主的信仰。

中东地区民间社团的产生与中东地区特殊的政治、地理、经济、文化、宗教因素密不可分。

第一,阿拉伯帝国的军事扩张摧毁了被占领地区原有的政治体系,导致大量民间社团出现。历史上,中东国家有一个重要特征——正式的政治组织出现晚且数量少。先知穆罕默德去世后,四大哈里发通过圣战创建了地域广阔的阿拉伯帝国。帝国版图辽阔,包含诸多不同历史、不同文化之民族。当时,一方面,以沙漠为主的地理因素对中东不同民族之间的交流造成不便,致使阿拉伯帝国难以控制整个国家;另一方面,在阿拉伯帝国扩张过程中,为缓和当地居民的抵抗,对土著居民的宗教信仰和生活方式干预不多。同时,阿拉伯人征服区域囊括波斯、埃及古代文明国家,而这些地区早已形成自成一体的行政和社会管理体系。被征服地区的政治组织在异族统治下,为避免和新统治者对抗,大多转化为由当地居民自发成立、自我管理的民间社团——民族社团、社区社团等。这样既不会引起异族统治者的关注,又能通过自己的组织实现社会管理和服务功能。

第二,历史上的中东城市,有自成体系的行政管理机构,[②] 但这些机构的完备性、严密性、组织能力、行政能力,和中世纪欧洲城市的类似机构无法相提并论。之所以如此,一方面是中东城市的兴衰受到多种非经济因素的影响,如商路变迁、战争、外贸范围等;另一方面,在阿拉伯征服过程中,体系完备、功能多样的正式组织的建立和维持面临诸多困难,而人们身处动荡环境,更需要团结,以保护自己的生命安全和财产。在此情况下职业社团应运而生。这些民间社团大多数由有共同利益需求之人自发组成。规模根据

[①] Gabriel Baer, *Fellah and Townsman in the Middle East*, F. Cass Press, London, 1988, p.115.
[②] 车效梅:《全球化与中东城市发展研究》,人民出版社,2013,第三章。

人们的需要可大可小，功能可繁可简，存在时间可长可短，可以根据人们的需要建立，也在不需要时自动消失。这样，中东居民就拥有维持成本低又能满足自身需求的社会组织形式。

第三，中东许多的著名城市（如巴格达等）屡次受到外族（蒙古人、土耳其人等）入侵占领，异族统治者往往不屑于学习当地语言，直接去管理土著居民，所以统治者与被统治者的隔离程度高。如在奥斯曼帝国兴盛时期，帝国统治下的国家精英通常是土耳其人，土耳其语是官方语言。在政府机构工作的人员懂得当地语言被认为是一种降低自己身份的事情。[1] 这样统治者对当地居民而言是外来人，而统治者本身对当地所知甚少，当地居民既不认可他们的统治者，也不向政府表达自己的想法和需求。这样的隔膜，导致统治者通过一些土著社会名流来充当自己和当地居民之间的"中间人"，实行间接统治。统治者不希望看到土著居民组织成为自己政权的挑战者，土著领导人也意识到自己控制的组织发展到统治者无法容忍的地步是相当危险的事情。于是结构松散但又可以为当地居民提供服务，不挑战政府的权威又可以满足社会管理需要的民间社团组织——保护人—委托人关系结合体就在这样的环境下形成，并逐渐成为一种当地特有的文化现象。正是由于这种民间社团的存在，既可以让统治者达到对征服地的居民"分教而治""分族而治"之目的，同时也有效地实现了城市安全、道德建设、有效进行管理之目的。

第四，伊斯兰教内部没有形成完整的宗教等级体系。伊斯兰宗教人员从来没有被组织到权力强大、等级制度严格的宗教体系中。事实上，先知穆罕默德在伊斯兰教发展的早期正是依靠个人亲属之间的联系和个人忠诚去传播信仰的，因此伊斯兰教组织在某种程度上是分散的、非正式的。

在伊斯兰世界，宗教对社会具有决定性作用。"依照神圣立法者严格的意图，城市社会除了宗教制度外不能有任何制度。"[2] 由于影响人们日常生活的宗教组织表现出松散的特征，人们为生活而组建的其他组织也具有相似之禀性，其各种组织自然也体现出"非正式"特征。同时，伊斯兰法不鼓励个人加入正式组织或参与决定社会地位的分层体系，这导致伊斯兰世界中的个

---

[1] Guilain Denoeux, *Urban Unrest in the Middle East*, *A Comparative Study of Informal Networks E-gypt*, *Iran*, *and Lebanon*, State University of New York Press, New York, 1993, p. 35.

[2] R. B. Serjeant, *The Islamic City*, UNESCO, Paris, 1980, p. 14.

人自由度大，社会流动性高，而这些又不利于机构严密的组织的存在和发展。而国家在伊斯兰世界中只不过被看作是"创造条件去保护古兰经和伊斯兰的价值、道德和生活方式"。①

第五，民间社团在历史上维护了中东城市社会的整体性和高水准的公共活动。某种程度上讲正是由于它的存在，中东社会中各种矛盾得以消除、社会保持了稳定。15世纪末伊斯坦布尔的犹太社区人口多达3万。② 18世纪的开罗1/5的人口属于民族社团（土耳其人、叙利亚人和北非人）或宗教社团（科普特基督教、叙利亚基督教和犹太教）。③ 虽然中东城市中有大量的少数民族和异教徒居民，但是城市并没有发生大的民族和宗教冲突，这与民间社团的活动密不可分。

二 中东城市民间社团的嬗变与成因

进入现代社会后，民间社团为适应中东地区快速发展的城市化，不仅数量剧增，如巴林拥有500多个民间团体，④ 在埃及，国家退出某些社会服务作为其权力下放政策的一部分，民间团体繁荣发展，从1985年的7600个发展到2008年的25000个左右，其中70%在城市；⑤ 而且其组织形式、组织模式、活动方式也发生了变化。

第一，保护人—委托人类型社团的变化与作用。在传统中东城市，保护人—委托人社团是社会矛盾的减压器。随着中东国家城市化发展，新的社会阶层工人阶级、律师、医生、知识分子等出现，他们可以通过正规组织实现自己的诉求。这样保护人—委托人社团在现代社会就失去了存在基础和活动空间。但是，保护人—委托人社团并没有从现实生活中消失。之所以如此，与以下几个因素相关。首先，中东地区虽然建立了现代政治组织和社会组

---

① Guilain Denoeux, *Urban Unrest in the Middle East*, *A Comparative Study of Informal Networks Egypt*, *Iran*, *and Lebanon*, State University of New York Press, New York, 1993, p. 32.
② 〔英〕塞西尔·罗斯：《简明犹太民族史》，黄福武等译，山东大学出版社，1997，第325页。
③ 车效梅：《中东中世纪城市的产生、发展与嬗变》，中国社会科学出版社，2004，第78页。
④ UN-Habitat, *The State of Arab Cities 2012*: *Challenges of Urban Transition*, United Nations Human Settlements Programme, 2012, p. 164.
⑤ UN-Habitat, *The State of Arab Cities 2012*: *Challenges of Urban Transition*, United Nations Human Settlements Programme, 2012, p. 71.

织，但是这些组织并不能容纳所有社会成员。部分社会成员由于文化水平低、政治经验不足，不能参加正规组织。同时有些国家压制正规组织，使非正规组织有存在的可能性。其次，城市化进程的加快，导致城市弱势群体和边缘群体大量存在，由于这些群体的利益得不到政府的有效保护，他们或自发组成社团保护自身利益，或寻求强大组织来维护自身利益。这样，在现代中东城市，仍存在保护—委托社团，所不同的是该保护关系相对于传统社会而言有所扩展，不仅有政治利益，也有经济利益、社会利益、文化利益等。值得注意的是，保护人—委托人社团，在某些情况下可能为维护组织利益而采取激进方式，甚至诉诸暴力。社团成员在社会发展中如果遭遇经济利益被侵害、基本要求被（政府）忽视等情况，那么他们会认为暴力行动是他们唯一可以诉求的办法。在伊朗伊斯兰革命发生前，著名宗教人士和社会中某些群体产生了保护—委托关系，他们之间结成保护人—委托人社团。如 Shaykh Khalkhali 及其组织"伊斯兰爱好者"。Khalkhali 在谴责国王的合作者以及在革命后对持不同政见者进行恐吓的过程中充当"铁面判官"（Judge Blood）的角色，他得到了一部分贫苦移民的支持。城市边缘群体为 Khalkhali 的组织和他的极端主义神权政治提供了深厚的群众基础。Khalkhali 通过援引保留在当今伊朗宪法中的宗教口号，如"行善避恶"，动员穷人反对他们的压迫者。[1]

第二，职业社团的变化及其作用。随着城市化的推进，在经济领域，中东城市从传统生产方式转向现代生产方式；在社会领域，传统手工劳动在国家经济中的重要性下降。职业群体的变化促使职业社团发生了相应变化。职业社团中不仅有代表旧生产方式的社团如巴扎商人团体，也有新职业群体社团如律师组成的律师公会及工人阶级的工会组织。随着世俗教育的发展，伊朗属于国家体制内的部分专业性技术官僚集团规模急速扩大。"白色革命"前伊朗政府设有 12 个部，雇员有 15 万人，到 70 年代中叶，增加到 19 个部、56 万人。[2] 从 1963 年"白色革命"到 1976 年，这个阶层的人数从 40 多万增加到 140 多万，成为城市中的第三大阶层。职业社团的种类和数量增加，意

---

[1] Farhad Kazemi, *Poverty and Revolution in Iran—The Migrant Poor, Urban Marginality and Politics*, New York University Press, New York and London, 1980, p. 118.

[2] M. Amjad, *Iran: From Royal Dictatorship to Theocracy*, Children's Books Literature & Fiction, New York, 1989, p. 94.

味着职业社团可以在更加广阔的范围内参与社会生活。

第三，宗教社团的变化及其作用。中东城市化虽然成就斐然，但同时造就诸多社会问题，如拜金主义盛行，一些人的行为偏离伊斯兰传统价值观。如何在快速变化的社会中保持精神的纯洁，成为人们普遍关注的问题。在这样的环境下，伊斯兰教成为人们净化心灵、保持心态稳定的普遍选择。虔诚信仰的人们认为只要坚定对真主的信仰就可以战胜外来思想和文化，保持自己的文化传统，这样宗教社团在社会环境剧烈变化的情况下维持着人们的心理平和。同时，"伊斯兰教主张通过富者对于贫者施舍的办法来调节阶级关系，避免社会发生激烈的动乱，起到了一定的作用"。[1] 2012 年，在约旦估计有 3200 个民间团体组织，共有 100 多万成员，其中的 36% 做慈善等社会工作。[2]

但是宗教社团的社会作用不仅在于维持人们的心理平和，它们还广泛参与社会活动。剧烈变动的社会使原本在社会中占有重要地位的宗教人员受到空前冲击。如在前工业社会，伊斯兰教拥有收取宗教税款、进行司法裁判的权力。中东国家在加强国家权力时，损害了宗教人员的利益，他们为维护自身利益而结盟。埃及穆斯林兄弟会就是其中一个，20 世纪 40 年代该组织发展到顶峰，在全国有 2000 个分部和 50 万成员。[3] 在黎巴嫩，注册的民间团体组织有 6032 个。真主党和以色列发生冲突后，一些民间团体为受害者提供救济和支持。[4] 拥有众多成员的宗教社团在社会变化中的作用不容小觑。

第四，社区社团的变化及其作用。中东快速的城市化是社区社团变化的主要因素。城市扩展促使城市布局发生变化，社区社团随之变化。由于城市居民多依赖国家提供的各种服务，特别是需要国家维持社会秩序，社区社团的安全功能减弱。新职业群体的出现也降低了社区社团的作用。在传统城市中，同一个社区居住的人们大多具有相同的宗教信仰、职业背

---

[1] 金宜久主编《伊斯兰教》，宗教文化出版社，1997，第 333 页。
[2] UN-Habitat, *The State of Arab Cities 2012：Challenges of Urban Transition*, United Nations Human Settlements Programme, 2012, p. 71.
[3] Guilain Denoeux, *Urban Unrest in the Middle East, A Comparative Study of Informal Networks Egypt, Iran, and Lebanon*, State University of New York Press, New York, 1993, p. 90.
[4] UNDP, *Lebanon Human Development Report：Towards a Citizen's State*, 2008.

景，但是现代城市社区的划分多以教育背景、社会背景为前提，传统社区消失。

城市移民会集中居住在同一地区，产生较为紧密的社会关系。移民来到城市，为规避新环境带来的不利影响而聚集在一起。由于农村移民宗教观念更加保守，社会适应能力较弱，对比城市繁华和自身困境，更容易产生对社会的不满。这样，移民社团往往与其他不满社会现状的社会组织结盟，成为社会不稳定因素。而移民社团容易成为不满社会现状的人实现自己目标的工具，这样民间社团极有可能导致社会动乱。在伊朗伊斯兰革命中，德黑兰街头示威中站在最前面的都是"衣衫不整的亡命徒"，[1] 他们"疯狂地高呼反国王口号，身着白色裹尸布，似乎准备随时为革命殉道"。[2] 他们自觉地听从乌莱玛指挥，夜晚来临时，在屋顶大喊"真主至大""国王滚出伊朗"等口号以鼓动民心。这些城市贫民作为革命的先锋和主力军，由于其社会地位和生活状态，他们带着颠覆一切的心理并愿意以生命为代价站在革命的最前沿。

20世纪后半叶，中东国家在政治上要取得国家和民族的独立；在经济上要发展本国经济，并且还要适应经济全球化的趋势；在文化上既要保持本国的文化传统特征，又不得不面对不断向本国渗透的西方文化。中东国家的复杂环境，是民间组织发生变化的原因，同时也为民间社团发挥作用提供了舞台。

首先，快速城市化是民间社团变迁的首要原因。城市用非人格的关系取代了前工业社会的人与人之间的紧密关系。因经济利益而产生的人与人之间的关系取代了自愿结合的，因亲属、邻居、朋友关系而结成的关系，人们之间的交往超出了传统的社交范围。同时，快速城市化造成严重的城市病，基础设施滞后，城市服务体系不完备，贫富悬殊。特别是进入城市的农民工，"离开了家园，在新的环境中没有方向，倍感孤独；离开原有亲友关系网，在新环境中感受个人飘零。在大城市中的迷茫，使他们易于转向左或右，或

---

[1] Guilain Denoeux, *Urban Unrest in the Middle East, A Comparative Study of Informal Networks Egypt, Iran, and Lebanon*, State University of New York Press, New York, 1993, pp. 212–213.

[2] J. Avary, K. Anderson, *Foucault and the Islamic Revolution*, The University of Chicago Press, Chicago, 2005, p. 113.

是被一些煽动家的蛊惑所吸引"。① 可见，城市化在增加城市人口的同时也让传统社团中的成员数量增加。②

其次，政治机构的缺乏导致民间社团繁荣。中东国家片面重视经济发展，不重视甚至忽视政治制度建设，导致本国人民没有正常的渠道可以表达自己的不满。③ 很多中东国家虽然按照西方模式建立起民主政治体系，但在实际操作过程中仍采用专制政治管理方法。对于国内出现的矛盾，政府不是因势利导、积极化解，而是采取简单的高压政策，迫使本国人民诉诸极端方式回应。中东国家政府服务功能建设乏力，使本应由政府机构管理的事务、提供的服务落入民间社团之手。"政治机构的缺乏导致民间社团承担包括调解冲突、分配财富、传播信息、提供心理辅导和维护社会的整体性的责任"。④ 许多民间社团在实际上发挥了政府之作用，特别是在不能得到政府帮助的城市移民中，民间社团为他们提供支持，如巴勒斯坦被占区，国家政府的缺失刺激了多样化的民间团体组织的发展，它们在提供社会服务中发挥了关键作用。据估计，他们提供了60%的初级卫生服务，管理42%的医院、90%的康复中心和95%的学前教育。⑤ 研究表明，在发展中国家近30年的快速城市化过程中，民间社团已经越来越多地参与到了政治活动中，特别是在城市的贫困人口中这个现象更加突出。在许多发展中国家，城市居民向国家表达他们的需求和不满时，不能通过正常的政治渠道和政党组织而只能通过保护人—委托人社团进行。⑥

再次，中东非正规经济大量存在促进民间社团发展。个体经济单位的存

---

① Guilain Denoeux, *Urban Unrest in the Middle East, A Comparative Study of Informal Networks E-gypt, Iran, and Lebanon*, State University of New York Press, New York, 1993, p. 15.
② Guilain Denoeux, *Urban Unrest in the Middle East, A Comparative Study of Informal Networks E-gypt, Iran, and Lebanon*, State University of New York Press, New York, 1993, p. 214.
③ Mohammed M. Hafez, *Why Muslims Rebel, Repression and Resisitance in the Islamic World*, Lynne Rienner, Colorado and London, 2003, p. 22.
④ Guilain Denoeux, *Urban Unrest in the Middle East, A Comparative Study of Informal Networks E-gypt, Iran, and Lebanon*, State University of New York Press, New York, 1993, p. 16.
⑤ UN-Habitat, *The State of Arab Cities 2012: Challenges of Urban Transition*, United Nations Human Settlements Programme, 2012, p. 71.
⑥ Mohammed M. Hafez, *Why Muslims Rebel, Repression and Resisitance in the Islamic World*, Lynne Rienner, Colorado and London, 2003, p. 6.

在必然会使"个人接触和个人关系频繁,这些关系包括同行之间、老板与员工之间、买家与卖家之间"。① 同时在这些私人经济单位中,劳动人员在不同工作单位之间频繁换岗使员工很难产生"阶级"概念,导致工会组织不容易产生,这样私人经济部门的从业人员要想参加政治活动或是加入某一社会组织只能通过基于个人关系和个人忠诚的民间社团。中东国家现代化衍生新经济部门、新社会经济利益关系、新社会阶层。从国家现代化、城市化过程中获利的阶层与组织不会反对使其受益的政治和经济环境,而没有从现代化、城市化过程中获利或本身利益受损或自身利益和地位下降的阶层则会组成各种民间社团维护自己的权益。如伊朗巴列维改革使宗教人员和巴扎商人受冲击最大,而宗教人员和巴扎商人的反对导致其政权垮台。

最后,相互帮助之需要使民间社团长期存在。民间社团通常有固定的经济来源,这些资源在数量上虽然不能和政府相比但也是很可观的,在使用效率上也高于许多官方组织。中东各国广泛存在失业、低工资、疾病、物资匮乏等社会问题,民间社团可以为组织中的成员解决这些问题。社团在经济上帮助移民和城市贫困居民享受城市经济发展的好处,在政治上提供表达他们意愿的渠道。

但是,民间社团毕竟只是民间组织,对其作用不能高估,如民间社团也没有能力消除其成员的失落感等。

三 中东城市民间社团展望

中东大多数国家贫富分化严重,政府机构服务功能尚待完善,所以民间社团仍然有存在和发展的空间。根据民间社团的功能和中东地区目前的形势,可以预测民间社团发展趋势如下:如果中东各国经济平稳发展,社会矛盾得以顺利化解,各国政治进入平稳状态,中东热点问题得到妥善解决,那么民间社团将发挥为社会服务、稳定社会秩序的作用;如果中东地区实际情况不容乐观,民族矛盾、宗教矛盾、巴以问题、恐怖主义问题继续困扰该区,那么民间社团将可能引发社会动乱。

---

① Guilain Denoeux, *Urban Unrest in the Middle East, A Comparative Study of Informal Networks Egypt, Iran, and Lebanon*, State University of New York Press, New York, 1993, p. 16.

首先,中东城市的经济状况是决定民间社团走向的根本因素。二战后中东国家的经济发展虽然成就斐然,但是其经济发展不平衡(该不平衡不仅表现在国与国之间,如沙特等国在人均国民生产总值方面已进入发达国家行列,也门等国还属于贫穷国家;而且表现在一个国家内部的地区之间、城乡之间)不仅不利于国家整体发展,而且使经济落后地区的居民对国家认同感下降,极易滋生不满情绪,甚至导致社会动乱。[1]

其次,中东地区的政治环境和政府政策是决定民间社团走向的关键性因素。民间社团的作用与政府的政策密切相关。随着城市范围的扩大,新移民将根据已有的文化裂痕去建立自己的社会网络。这些网络一方面会加强社区内部的稳定性,但另一方面也强化社会的距离感,导致人们对城市社会和国家整体的认同感减弱。小范围的对宗教或民族的忠诚代替了对于大范围的国家的忠诚。迅猛的城市化过程,导致更大的、内聚型的社区组成城市,但更大的、潜在的冲突也存在于它们之间。城市增长对政治冲突有独立的影响,而这个影响可以由在城市化过程中产生的各种各样的社会检验。[2] 在伊拉克,萨达姆·侯赛因政权需要民间团体组织,所以对其进行登记,由此产生了这些组织与政权相联系并代表政府工作的观念。2010 年,伊拉克通过了一项新的非政府组织法案,旨在强化民间组织与政府部门的定位。[3] 在很多中东国家,政治活动仅局限于少数,大多数社会群体和阶层都没有表达自己的诉求的渠道。这些社会群体和阶层常常用自己方式来表达宗教诉求。同时中东国家对政治性抗议活动一般采取镇压方式,而镇压从短时段看似解决了矛盾却为下一轮暴力活动留下了隐患,其结果是使中东社会动乱表现出规模由小至大、程度由弱变强的特征。

最后,中东地区的各类矛盾是民间社团参与社会动乱的直接诱因。由于历史渊源与现实利益纠葛,在短期内,中东地区的民族矛盾、宗教矛盾、恐

---

[1] Mohammed M. Hafez, *Why Muslims Rebel*, *Repression and Resisitance in the Islamic World*, Lynne Rienner, Colorado and London, 2003, p. 8.

[2] Guilain Denoeux, *Urban Unrest in the Middle East*, *A Comparative Study of Informal Networks E-gypt*, *Iran*, *and Lebanon*, State University of New York Press, New York, 1993, p. 25.

[3] UN-Habitat, *The State of Arab Cities 2012*: *Challenges of Urban Transition*, United Nations Human Settlements Programme, 2012, p. 71.

怖主义、大国争夺不会得到化解。如果这些矛盾不能得到妥善解决，民间社团仍将参与甚至领导社会运动。

总之，民间社团的走向在很大程度上取决于政府之政策，如果中东各国经济依然以不均衡方式发展，贫富分化问题得不到有效解决，民间社团的负面作用将呈现上升之势。反之，其正面作用则可能增加。中东各新兴工业化国家和石油资源丰富国家面临"全球化矛盾"，为了应对国际竞争，城市必须作为经济行动的一个集体单元，但是同时城市也面临内部不断加剧的社会和经济分化，这在一定程度上阻碍了城市之间及其内部建立联合的经济体系、配置资源和形成良好的城市治理结构的能力。在过去十多年，中东城市治理出现四点变化试图应对城市化、全球化所带来的冲突和矛盾：政府改革和地方分权、民间社团参与城市政策的制定和执行、多层治理和公私合作、适应形势的政策和以地区为治理单元的相关政策。在民间社团和非政府组织的参与下，许多社区已经能够建立自助的网络和组织，这是在多元分化和资源及容量有限的城市中形成社团凝聚力的基础。这也使我们认识到，民间社团对城市发展过程中经济社会文化全方位的参与和建构活动必须基于城市的可持续发展，否则，不断涌现的城市问题将吞没民间社团和非政府组织为解决城市化问题做出的所有努力。

结　语

城市化是影响中东政治稳定的重要因素。城市化是推动中东政治制度变迁的重要内在因素。中东国家建立了现代政治制度，但中东地区是资本主义经济尚处于萌芽状态的、有强烈的专制主义传统和长期政教合一的政治宗教的社会。城市化使中东社会政治力量的构成也发生了变化，城市化中新兴阶层的经济地位迅速提高，同时出现了新富群体，随着经济实力的增强，他们必然要求与其新的经济地位相适应的社会地位与政治权力。随着国家体制日益完善，法律制度、行政管理的发展导致社会群体被国家体制所融合，社会群体日益职业化，不同族群日益同质化。城市化的发展使中东政治形态发生变化，稳固的现代政治制度逐渐建立。

中东不少国家盛行强人政治，威权主义下中东国家所出现的政治稳定是一种相对的、暂时的稳定，基本上都建立在铁腕人物的权威之上。一旦此类权威消失，新的权威很难接续，政体危机即刻就显露出来。中东国家虽然建立了现代政治制度，但随着城市化过程中社会变革加快，政治诉求不断增长，原有的价值体系与社会控制机制遭到空前的冲击和破坏，产生了大量社会不稳定因素。而政治变革节奏慢，政治体制的应变能力、控制能力、反馈能力、调整能力欠缺，难以适应大量滋生的社会矛盾与难题，可能导致城市政府穷于应付、一筹莫展，或反应迟钝，或反应过度，甚至出现决策失误而激化矛盾。而政治体系不能有效满足和整合其政治诉求，政治变革滞后于经济与社会变革，将引起一部分人的不满，容易导致政治领域的混乱与动荡。

过度城市化在中东导致了严重的失业和贫富分化，移民群聚在城市中最贫穷的地区，面临住房和服务设施不足、失业和不充分就业、缺乏医疗保障等问题，城市中出现了较高水平的"相对匮乏"。而在当代中东城市中，高水平的相对匮乏的后果往往是暴乱。城市化发展的结果是从内部产生经济失衡，导致社会各阶层、各团体和社会成员间的利益调整引发矛盾、摩擦或冲突，使得矛盾冲突更加复杂化和尖锐化，从而更增加了社会与政治的不稳定因素。城市经济的不均衡发展导致社会失序。

人口流动和迁移增加，新的社会组织出现，信息控制放松，传播和媒介的普及，社会意识文化多元化，政府濡化机制受到削弱，外部异己意识形态的竞争增强等因素都削弱了政府的控制能力。在政府无法对城市困境做出有效反应的情况下，民间团体承担了这一角色。大规模的城市化以及城市政治抗议在伊斯兰教的政治动员下，有可能演变为大规模的组织严密的宗教政治动员。

第四章
城市化与经济稳定

城市是一个国家社会经济发展的缩影,城市化与国家经济稳定息息相关。城市化是一个国家和地区实现经济发展的必经之路,健康的城市化对经济社会将起到积极的推动作用,而过度城市化则对经济稳定造成不利影响。

第一节 城市化与经济形势稳定

发轫于18~19世纪的中东城市化,并非由于自身内部的孕育,而是基于外力楔入。"近代中东是一部中东各国逐渐衰落,以及迅速走上资本主义发展道路的欧洲对中东国家形成巨大挑战,中东国家起而应战的历史。"[1] 这种没有实现资本主义生产方式、自由贸易、自由竞争、现代化产业基础的"外发型"城市化启动给中东城市的发展带来了深远影响。[2]

二战后中东地区的经济取得了很大的发展。然而这种发展并非连续的线性发展,而是充满了曲折。从横向比较看,中东的经济发展在世界范围内也缺少亮点,在世界经济中的比重甚至有缩小的趋势,也就是相对的经济停滞

---

[1] 黄民兴:《中东历史与现状十八讲》,陕西人民出版社,2008,第15页。
[2] 车效梅:《全球化与中东城市发展研究》,人民出版社,2013,第103页。

甚至倒退。① 提起中东经济，大多数人会联想到石油经济。且不说石油输出国不到中东国家的一半，就是在产油国内部，经济发展也参差不齐。而在公认的富裕国家即海湾六国内部，石油美元并未转化为技术与投资，经济结构仍旧单一，经济基础依然薄弱，国民经济受国际油价波动的影响而难以稳定繁荣。导致中东经济陷入困境的因素很多，其中过度城市化的影响不可忽视。

一　城市化与城市经济

现代经济系统具有非均衡性特征。从全球范围看，世界经济具有明显的非均衡性，南北差距不断扩大，全球经济最有活力的地区有限且分布不均。具体到以民族国家为单位的经济体，这种非均衡性在发展中国家体现得尤为明显，乃至形成城乡二元结构。实际上，各国经济发展都呈现出以中心城市为首的多层次化特征。以城市经济为代表的中观经济处于宏观的国民经济和微观的个体经济之间。广义而言，中观经济泛指介于宏观经济与微观经济之间的多种经济形态。就狭义而言，中观经济特指国家范围内的区域经济、产业经济和城市经济。② 城市经济是联系国家层面的宏观经济和个人、企业层面的微观经济之间的桥梁，其重要性不言自明。

一个国家内部地区经济的不均衡性是客观存在的。城市由于存在"人口和经济活动在空间上的集中"，③ 理所当然地成为一个国家经济优先发展的地区。城市是一个国家或地区经济、社会和文化发展的中心，是经济、文化等各种资源的集结点。同时，城市也是一个国家和民族对外开放的窗口、商品国际交易的平台，也是资本流、信息流、技术流、人才流的集聚与辐射高地。从经济规模扩张的角度来看，城市是引领国家经济发展的龙头和经济增长的极点。城市的经济总量一般占国家经济总量的80%~90%甚至以上。据统计，发达国家的城市GDP占GDP总量的85%，发展中国家的城市经济相对薄弱，平均达到55%。这表明，发展中国家的城市经济尚未充分发挥国民

---

① 阿克尔赛·J. 哈尔巴赫:《工业国家和发展中国家的鸿沟在加深?》，方兴译，《国际经济评论》1991年第7期。
② 刘克田:《中观经济概论》，经济管理出版社，1999，第71~74页。
③ 〔英〕K. J. 巴顿:《城市经济学——理论和政策》，上海社会科学院部门研究所、城市经济研究室译，商务印书馆，1984，第14页。

经济的发动机和加速器的作用,城市发展水平有待提高。从国家竞争力角度来看,城市也是一个国家体制、机制和法制创新和财富创造的中心,决定着一个国家的综合实力和可持续发展竞争力。从制度变迁的角度审视,城市是世界经济一体化趋势发展过程中,国与国及区域间最先、最重要的融合点,也是引领国家工业化、现代化进程的航标,是推动国家现代化的引擎。因此,城市发展对整个国家的发展有举足轻重的作用,城市经济的稳定很大程度上决定了国家的宏观经济稳定。

城市经济发展是通过城市化来实现的。城市化是近代社会的产物,与工业化、现代化相伴而生。只有当社会生产力发展到一定程度,城市才会对乡村产生巨大的吸引力。工业革命以来,城市聚集了工厂和自由劳动力,社会分工日益精密,产生了巨大的集聚效应,推动了城市经济的高速发展,拉大了城乡差距,促使乡村人口逐渐转移到城市,导致城市的规模不断扩大,这种城市的发展带来进一步发展的机制便是城市化的过程,其动力来源无疑便是工业革命。

一般认为,世界各国的城市化基本上遵循一条规律,即城市化发展过程呈现出"S"形曲线运动轨迹,也就是所谓的"诺瑟姆曲线":城市化在起步阶段进展缓慢,城市人口占总人口的20%~30%后进入加速发展阶段,达到70%后增长放缓,趋于稳定,最终大体渐进在80%至90%之间。[1] 随着城市化的不断发展,城市文明加速普及,城市的先进生产方式、生活方式以及政治、经济、社会、文化等方方面面的影响力不断扩大。据研究,在城市人口占总人口的10%以前,城市的辐射力很弱,城市文明基本上只限于住在城里的人享受。当城市人口占总人口的20%~30%时,其辐射力开始增强,城市文明普及率为25%~35%。当城市人口占总人口的30%~40%时,城市文明普及率为35%~50%。当城市人口占总人口的50%以上时,城市文明普及率达到70%左右。当城市人口占总人口的70%~80%时,城市文明普及率有可能达到90%,甚至100%。[2] 也就是说,城市文明普及率一般大于城市化率,并呈现加速趋势。过去发达国家的城市化事例也表明,当城市人口占总人口

---

[1] 李笔戎:《城市化规律与中国城市化发展战略基本问题探讨》,《人文杂志》1988年第4期。
[2] 高珮义:《中外城市化比较研究》,南开大学出版社,2004,第133~134页。

的 70% 左右时，城市化趋于稳定，更加注重内涵式增长与发展。

然而，城市化并非盲目地发展，而是与经济发展相互促进的。经济发展带动了城市化，城市化的加速发展反过来又促进了经济的进一步发展，形成了一种良性循环，是一种"双向共促共进关系"。① 城市化肇始于工业革命。以往世界各国的历史发展也表明，城市化大体与工业化是同步进行的。发达国家的城市化普遍达到很高水平，基本上走完了城市化的完整轨迹。当人均国民生产总值从 200 美元左右增至 1000 美元时，平均工业产值从占国民生产总值的 18% 增至 30%，城市人口占总人口的比重也从 20% 增至 50% 时，进入中等收入国家。如果人均国民生产总值从 1000 美元增至 4000 美元，后两者分别增至 40% 和 60% 时，进入发达国家。② 然而，中东大多数国家由于各种原因，城市化与经济发展脱节，带来了严重的后果，不仅城市的发展遭遇各种困境，而且国民经济难以走上平稳发展的轨道。这种脱节现象通常又会由于政府管控不力而加剧。

我们知道，如果城市化滞后于经济发展，人员、技术、资金的流动会严重受限，整个经济社会会逐渐丧失活力。相反，如果城市化快于经济发展，即城市化超前于工业化和产业结构的合理进展，城市及城市人口增长比能够提供的工作机会和住房建设更为迅速，将会带来大城市人口膨胀和贫民窟、社会组织紊乱问题。③ 这种现象被称为过度城市化，这种现象在中东地区尤为突出（详见第一章）。

一国经济的非均衡性不仅表现在城市与乡村之间，而且在城市内部表现得尤为突出。大城市充当了增长极的作用，因此得到了优先发展甚至超先发展。大城市的超先发展符合规模经济原则，聚集和专业化分工降低了生产和流通的成本。然而，大城市超先发展并非无边界地扩展，当超过一定规模时，就会产生规模不经济，也就是可能带来成本增加和效益降低。规模不经济或者聚集不经济表现为各种各样的城市病，主要有两种原因：一是聚集不合理，大城市无序发展，缺乏科学合理的规划、完善的市政建设以及充足的就业机会；二是聚集过度，人口的聚集超过了资源的可承受度，城市建成区

---

① 高珮义：《中外城市化比较研究》，南开大学出版社，2004，第 155 页。
② 杨敬年：《西方发展经济学概论》，天津人民出版社，1988，第 468 页。
③ 车效梅：《全球化与中东城市发展研究》，人民出版社，2013，第 275 页。

面积过大，开发强度过高，仅仅是量的扩大，而非质的提高，不利于城市可持续发展，起不到对国民经济的带动作用。中东大部分国家的最大城市人口规模不合理，城市首位度极高。20世纪90年代中期伊朗的德黑兰首位度为3.44，土耳其的伊斯坦布尔为2.74，埃及开罗为5.01。

与此相对应的是，中东各国的中小城市增长乏力，起不到乡村和大城市间的缓冲和中介的作用。到1980年，土耳其55.7%的城市人口生活在10万人口以上的大城市，29.1%生活在5万~10万人口的中等城市，仅有15.2%生活在5万人以下的小城市。[1] 埃及在1976年62%的人口集中在开罗和亚历山大这两座大城市，5万~10万人口的小城市只有8座，且人口仅占全国人口的9%。[2] 然而城市化的正常进程是，人口从乡村向城镇转移，继而向中心城市转移，最终转移到大城市。但中东的农村人口往往直奔大城市，加重了大城市的基础设施等方面的负担。

二 城市化与宏观经济稳定

在发展经济学中，宏观经济稳定包含四个前提条件，分别为充分就业、物价稳定、经济发展与国际收支平衡。这四者相互联系、相互制约。经济稳定往往是成熟经济体所追求的目标，也是民族国家的执政当局实现长治久安的必要条件（本书主要探讨前三项）。然而，中东各国普遍存在经济不稳定状况。

（一）中东就业形势严峻

充分就业是劳动力市场中最理想的状态，但在现实世界中很难实现。大量的农村人口被城市的引力场所召唤，为城市的第二、第三产业提供了充足的劳动力。然而，城市经济虽然在不断发展，但前进的道路并不总是一帆风顺。市场的缺陷带来了生产的无计划性和人口流动的盲目性，不仅造成劳动力市场的总体性的供给过剩，而且带来了结构性的过剩。失业使个人和家庭

---

[1] Abdulaziz Y. Saqqaf, *The Middle East City: Ancient Traditions Confront a Modern World*, Paragon House, New York, 1987, p. 307.
[2] Abdulaziz Y. Saqqaf, *The Middle East City: Ancient Traditions Confront a Modern World*, Paragon House, New York, 1987, p. 244.

陷入贫困，带来多种社会问题。从宏观经济角度看，失业意味着人力资源这一稀缺资源的闲置和浪费，造成经济总产出下降，社会总福利受损。因此，世界各国政府都在努力降低失业率。

然而，中东就业形势严峻，失业率居高不下。1980年德黑兰的失业率为16.2%，1986年巴格达失业人员有300万，1989年巴林的失业率达到10%。① 20世纪90年代，阿拉伯世界的失业率在世界上名列第二，仅次于非洲。联合国在2009年发表了一份阿拉伯国家发展报告，其中指出，2005年阿拉伯国家总体失业率高达14.4%，远高于同期全球6.3%的平均水平。特别是青壮年失业率居高不下，成为部分阿拉伯国家经济安全的最大威胁。② 伊朗2015年失业率为11%，其中男性的失业率为9.1%，女性的为19.75%；城市失业率为12%，农村为8.2%。青年人的失业问题突出，15~24岁失业率为25.9%，其中男性为22%，女性为43.2%；城市失业率为29%，农村为19.6%。15~29岁失业率为22.9%，其中男性为18.7%，女性为40.4%；城市为25.1%，农村为17.4%。③ 中东和北非在经历了近年来的"阿拉伯之春"后，就业市场进一步萎缩，2012年中东和北非地区的失业率达到19%。④ 如此高的失业率导致了中东经济的脆弱性。

(二) 中东物价飞速上涨

物价稳定意味着城市居民的支出是可控的，它和实现就业一起构成普通市民生活稳定这一硬币的正反面。物价稳定是指物价总水平的稳定，并非指价格总水平固定不变，而是价格指数的相对稳定。物价稳定的国家大多保持低而稳定的通货膨胀率，在短时期内将通胀率维持在大致相同的水平，可以促进经济的发展，也能为普通市民所接受。

中东各国的物价指数往往呈现剧烈波动的态势，其中消费物价指数

---

① 车效梅：《全球化与中东城市发展研究》，人民出版社，2013，第304页。
② 卢艾·哈提卜：《中东："地租型国家"的转型之路》，《华夏时报》2015年8月24日，http://www.chinatimes.cc/article/50313.html。
③ 冀开运主编《伊朗发展报告（2015~2016）》，社会科学文献出版社，2016，第52~53页。
④ 参见中华人民共和国商务部网站，http://www.mofcom.gov.cn/article/i/jyjl/k/201312/20131200447747.shtml。

(CPI）不断上涨。1985～1989年，大开罗区的CPI上升1倍，平均每年上涨19.7%；1980～1985年，土耳其主要食品价格更是上涨了5～9倍，而同期工人工资只提高了3～5倍。[1] 2005年1月至2015年12月埃及消费物价指数平均每年上涨9.97%，其中2008年涨幅更是达到了18.31%。[2] 2015年土耳其的CPI涨幅为7.67%，在2016年第一季度，因为俄土争端爆发，CPI甚至飙升至9.58%。[3] 而伊朗CPI在2012～2013年和2013～2014年飙升，反映出国际制裁对伊朗国内消费品价格的迅速上涨产生了相当明显的影响。

中东城市化的快速发展导致城市人口急剧增加，对食品等生活资料的需求与日俱增。然而，中东的可耕地面积不足，而城市的无序扩张又侵占、污染了大量可耕地，目前中东各国面临严峻的粮食危机。[4] 2000年伊朗的小麦产量只有800多万吨，大麦产量168万吨，水稻产量197万吨，均为临近年份的最低值，而2008年伊朗的小麦产量更是跌破800万吨，相比2001～2007年年均1350多万吨的小麦产量，少了500多万吨。伊朗近10年的大麦和小麦产量也下降了34%～75%。[5] 中东各国不得不依赖粮食进口，国际粮食价格的波动对本国的物价指数往往产生强烈影响。以卡塔尔为例，2008年度该国粮食进口价格平均上浮19%，其中谷类价格上涨了15%、肉类31%、果蔬类19%、薯类18%。[6] 据联合国粮农组织统计，2011年2月全球粮食价格指数攀升至237点。[7] 根据埃及中央统计总局的统计，2013年8月与2012年同期相比肉禽类价格上涨了12%，食品上涨了9%，牛奶上涨了14%。[8] 在中东地区，粮食危机所造成的影响更为剧烈、深远。早在1992年春天，因为政府没法满足城市贫民的经济需要，"让高物价去死吧"就成了设拉子骚乱

---

[1] 车效梅：《全球化与中东城市发展研究》，人民出版社，2013，第331页。
[2] http://www.qqjjsj.com/zdlssj/96544.html.
[3] http://wallstreetcn.com/node/254086.
[4] 车效梅、李晶：《中东城市化与粮食安全》，《阿拉伯世界研究》2011年第5期。
[5] Marzieh Keshavarz, Ezatollah Karami, Mansoor Zibaei, "Adaptation of Iranian Farmers to Climate Variability and Change," *Regional Environment Change*, Vol. 14, No. 3, 2014.
[6] Smith, Pamela Ann, "Gulf Food Security," *The Middle East*, No. 7, 2008.
[7] FAO, http://www.fao.org/worldfoodsituation/wfs-home/foodpricesindex/en/Release.
[8] 中华人民共和国商务部网站，http://www.mofcom.gov.cn/article/i/jyjl/k/201309/20130900304868.shtml.

者们喊出的口号。① 2010 年末发生在突尼斯的抗议浪潮蔓延至整个中东。世界银行行长罗伯特·佐利克断言,"持续飙升的粮食价格是近来中东地区街头抗议不断发生的主要刺激性因素之一"。② 粮食安全问题再次成为中东国家不可回避的课题。

（三）中东经济增长的不确定性

近代以来中东各国受到西方列强的殖民统治或者控制,主权大多不完整,没有真正意义上的独立的民族国家,导致中东地区成为资本主义世界体系的一部分,依附于西方列强,经济发展缓慢。中东国家的现代化与资本主义国家原发型现代化不同,打上了深深的殖民烙印,其现代化过程具有外发性的特点。③ 内生经济增长的要素不足对后来中东各国的国民经济造成了严重影响。

第二次世界大战后,中东各国先后实现了民族独立,获得了政治上的主权。中东各国政府大多缺乏治国理政的经验,不得不照搬先进国家的经验。在二战前,苏联的社会主义生产模式取得了辉煌的成就,对新兴民族国家具有巨大的吸引力。中东各国纷纷拜苏联为师,制订了庞大的工业化和经济现代化计划,完善国民经济体系,通过推行"五年计划"的方式来加强国家对宏观经济的操控。中东各国领导人或多或少都对城市有某种偏好,再加上中东地区传统的政治、经济、文化特别是宗教活动主要是围绕城市展开,二战后中东的城市化很自然地走上了快车道,经过不断加速甚至有失控的趋势。此外,在石油工业的带动下,海湾地区的城市化异军突起,进而也带动了非产油国的城市化,整个中东地区的城市化加速发展。然而,中东的城市化与工业化不相匹配,市场机制不健全,制度建设滞后,导致中东经济增长不能达到持续稳定（详见第一章）。

---

① Michael E. Bonine, *Population, Poverty, and Politics in Middle East Cities*, Florida University Press, Florida, 1997, p. 279.
② 美国国家公共电台, http://www.npr.org/2011/02/18/133852810/the-impact-of-rising-food-prices-on-arab-unrest。
③ 车效梅:《中东中世纪城市的产生、发展与嬗变》, 中国社会科学出版社, 2004, 第 214～217 页。

中东各国存在的非正规经济增大了经济增长的不确定性。中东历史上一直盛行巴扎经济。中世纪的中东城市商贾云集，巴扎建在城市中心，聚集着城市手工业者和商人，服务于城市居民生活。这些巴扎提供的商品和服务，在本质上是一种传统的经济模式，即"非正规经济"。非正规经济极少受政府规定的限制，也不在政府部门登记注册，难以监管和统计。非正规经济的产生是缘于习俗或者惯例，注重宗教和道德信仰，在近代社会则表现为市场机制不健全，资本主义发展不充分，经济制度不完善。新制度经济史学家诺斯认为经济增长的首要原因为有效率的经济组织。[1] 以跨国公司为代表的组织调动了全球的资源进行优化配置，通过规范的组织的经济活动为国家和社会提供产出和效益，在产业类别上更多地表现为资本密集型和技术密集型产业。而中东普遍存在的非正规经济非但不能参与全球分工体系，也给政府的宏观经济调控增加了难度。

粮食危机导致政府出台粮食补贴政策，加重了中东国家的财政负担，影响正常经济建设。高昂的粮食进口费用和粮食补贴政策极大地恶化了中东国家尤其是低收入国家的财政状况，无疑将为中东城市化在经济领域的发展增加更多的不确定性。

历史经验表明，经济不稳定往往引发政治动乱、社会动荡和冲突。低收入或经济增长缓慢将提高一国陷入国内冲突的风险，贫困和经济停滞使人们被边缘化，无法享受富有成效的经济带来的益处。由于就业或享受体面生活的希望渺茫，人们可能转而从事暴力活动。因此，宏观经济稳定的重要性不可小觑。

三 城市化与经济形势稳定

城市通过对要素资源的聚集实现了经济的发展。尽管这在全国范围内引起了地区经济发展不均衡，但城市文明扩散定律表明，当城市化达到一定程度，城市发展的成果可以为该经济体的绝大多数人口所享受。然而，发展中国家的地区经济不均衡发展带来的更多的是负面影响。发达国家走过的历史

---

[1] 〔美〕道格拉斯·诺斯、罗伯斯·托马斯：《西方世界的兴起》，厉以平、蔡磊译，华夏出版社，1999，第5页。

道路表明，在城市化加速发展阶段往往是城市问题丛生、社会矛盾爆发的时期。发展中国家的城市化由于是"外生型"的，制度建设不够完善，市场作用发挥不够充分，在国际分工中处于弱势地位，种种因素叠加，致使发展中国家的城市化带来了经济形势的不稳定，这在中东表现得尤为突出。中东国家存在过度城市化、大城市人口过度集中等弊端，由此引发了贫困、失业和经济衰退等问题，对经济形势产生了不利影响。

（一）中东城市化的不利因素

中东的城市化先天不足。尽管中东历史上存在显赫一时的伊斯兰城市文明，但城市化要求城市结构转变，从封闭走向开放，人口和要素能够自由流动。从世界范围看，各国中世纪城市向现代城市转化的模式主要有两种。一种是城市内部结构嬗变引发城市功能、城市性质变化，其变化过程为工业化推动城市化和城市现代化，城市化和城市现代化又反过来促进工业化，欧美城市现代化多属此类型。另一种模式是由于外部力量冲击，城市功能、城市内部结构变化，其变化从外力冲击开始，城市化与工业化脱节，中东城市属于此类。[1] 因此，中东城市的经济结构不合理，难以发挥资源优化配置的作用。面对西方列强，中东被强制纳入资本主义世界体系，中东城市本质上是为殖民者服务，与广大的内陆腹地脱节，产业结构按照殖民者的需求设定，城市规划缺乏全局和长远眼光，成为后来中东城市经济发展的桎梏。中东的殖民城市从宗主国得到物资和指令，虽然殖民城市的商人及特权阶层在一定程度上分享了这些城市发展带来的好处，但"并未达到那些与大城市核心区有密切联系者所享有的程度"。[2] 而更重要的是，中东城市的市场体系发育不完善，市场不能充分发挥供需调节作用，要素流通受阻，这是中东城市经济形势不稳定的根源。

第二次世界大战后，中东各国的城市化迅速发展，甚至超过工业化和经济社会的发展速度，城市人口尤其是大城市人口呈现爆炸式增长，为各国的经济发展带来了各种问题。中东城市的巨大扩展并没有促成财富和权利的相

---

[1] 车效梅：《全球化与中东城市发展研究》，人民出版社，2013，第103页。
[2] Philip D. Curtin, *Cross-Culture Trade in History*, Cambridge University Press, Cambridge, 1984, p. 212.

应增加，相反，在持续的经济停滞和社会政治功能失常中城市变得更加庞大。正如一位分析家所说，在更多情形下，这些城市区域已经丧失了"它们作为现代化和历史发展发动机的功能"。① 可以说在先天不足的苛刻条件下，中东城市后天畸形发展，经济发展更加艰难。

中东的城市经济发展是由资源的高消耗和土地的高扩张这种外延式、粗放型的发展模式来支撑的。中东大部分国家开始出现耕地用途非农化、农村产业非农化现象。中东城市化是在牺牲最肥沃的土地资源基础上实现的。② 20世纪60年代中期，德黑兰的面积达到180平方公里，1976年面积为250平方公里。从1941年到1986年，经过40多年的发展，德黑兰城市面积扩大了12倍。③ 20世纪90年代中期，德黑兰面积进一步扩大为700平方公里。④ 1987年古城萨那的面积增加到2000公顷，25年间增加20倍。⑤ 1992年利雅得城区面积扩展到2000多平方公里。⑥ 开罗的扩张靠的是蚕食城市周边的农业土地。据统计，大开罗地区占用周围农业用地的数量，从1968~1977年每年平均328公顷，增加为1977~1982年每年平均593公顷。⑦ 土地是不可再生的稀缺资源，因此这种经济增长模式难以为继，不仅如此，还产生了诸如交通拥堵、住房短缺、贫困与失业、生态环境恶化等城市问题。中东经济实现平稳发展有赖城市的可持续发展，重点在于修正和改善城市化的某些路径。

在竞争日益激烈的国际国内背景中，生态环境对经济社会要素集聚、放大的效应愈发体现出来，优美和谐的生态环境已经成为竞争中取胜的重要因

---

① 〔美〕乔尔·科特金：《全球城市史》，王旭译，社会科学文献出版社，2006，第236页。
② Michael E. Bonine, *Population, Poverty, and Politics in Middle East Cities*, Florida University Press, Florida, 1997, p. 331.
③ Ali Madanipour, *Tehran: The Making of a Metropolis*, John Wiley and Sons, Chichester, 1998, p. 40.
④ 参见Gholan Hossein Karbaschi《德黑兰——一座再生的城市》，朱观鑫、李富明译，《技术经济与管理世界》1997年第4期。
⑤ Yasser Elsheshtawy, *Planning Middle Eastern City: An Urban Kaleidoscope in a Globalizing World*, Routledge, London and New York, 2004, p. 101.
⑥ Yasser Elshehtawy, *The Evolving Arab City, Tradition Modernity and Urban Development*, Routledge, New York, 2008, p. 135.
⑦ Carole Rakodi, *The Urban Challenge in Africa: Growth and Management of Its Large Cities*, United Nations University Press, Tokyo, 1997, p. 123.

素，从这种意义上看，生态环境已经成为城市经营中值得高度关注的战略性资源。被《纽约时报》记者托马斯·弗里德曼推崇为"世界未来文化上和经济上的模板"①的迪拜也被环境问题和资源高消耗所困扰。沙漠是迪拜早期开发和发展的障碍。随着城市日益扩大，环境治理压力也在增大。迪拜正在寻找更加有效的改变生态环境的途径。尽管对碱性植物和非可再生能源潜能的最新研究有所突破，但是迪拜过多开发旅游资源，而忽视垃圾处理等问题，城市发展与环境保护如何和谐发展仍是不可回避的重大挑战。②迪拜的新土地政策，允许外籍公民购买本国地产，一方面确实刺激了迪拜建筑、基础设施等一系列产业的发展，但是另一方面也带来房价上涨等问题，这将对迪拜的经济产生重压。由于世界各地被迪拜免税政策吸引的专业人士及公司纷至沓来，迪拜的地租一飞冲天，虽然在酋长谢赫·穆罕默德的命令下，到2006年为止平均薪酬每年都已经调涨15%。但薪资的调涨也说明了失控的租金上涨对经济发展的挫伤。此地的立法工作则翔实地反映了这里的资产市场仍然处于新生阶段，多数契约及承租协定是有利于出租人或贩售土地资产的公司的。③

（二）全球化时代中东城市的发展

第二次世界大战后，随着信息技术的突飞猛进，交通和通信手段得到快速发展，世界愈加形成一个紧密的整体，这也预示着全球化时代的到来。在全球化时代，原来的殖民地——宗主国模式的资本主义世界经济体系被打破，代之以新的国际经济体系。即便如此，发达国家在全球分工体系中也依然占据核心位置，建立起了有利于己的国际贸易体系和金融体系，跨国公司成为全球资源配置的主体，发展中国家处于边缘化的位置。全球城市体系亦由世界资本运行的"核心—边缘"分工体制所决定。核心国家的跨国公司从边缘地区寻求产品市场、原材料及廉价劳动力，加剧了全球经济的不均衡性。

中东各国在战后的国际分工体系中处于被边缘化的地位，体现在产业结

---

① 杨冀编译《迪拜——中东最公开的秘密》，《世界博览》2005年第3期。
② United Nations, *Economic and Social Commission for Western Asia—Urbanization and the Changing of the Arab City*, New York, 2005, p. 34.
③ 车效梅、杜雁平：《迪拜的崛起与走向》，《西亚非洲》2008年第6期。

构落后和人力资源匮乏上。从全球产业分工体系看,中东仍处于世界产业链条的末端,仅赚取一点"加工费",从政府到企业普遍缺乏技术创新需求,缺乏产业升级的主动性;由于技术研发和生产者服务业(Producers Services)仍为跨国公司所掌控,技术升级与产业转型困难。

第一,中东城市的产业布局不合理。不同于欧美内生型的经济发展,中东国家的经济发展呈现出后发型和外生型的特点,城市发展缺乏相应的现代产业基础,因此快速城市化仅仅是量的增长,而非质的提高。同时,中东城市经济具有脆弱性,主要表现为过度依赖外贸,内需不足,经济转型乏力。投资来源较为单一,主要依靠外资,经济发展缺乏稳定性。城市体系不平衡,劳动力集中在劳动密集型部门和非正规经济部门。长期以来,中东城市的功能相对单一,强调工业的发展而忽视市场的建立。二战后,不管是产油国还是非产油国,中东各国都制订和执行了庞大的工业化和经济现代化计划。但国家严格控制产业的发展带来了经济体制的僵化,而且导致权力交易等腐败泛滥。在这种国家主导的经济体制下,中东各国农业基础长期薄弱,轻重工业比重失调,长期忽视第三产业和城市基础设施建设,导致城市发育不良,可以说,中东城市百病缠身,已陷入积重难返的困境。

随着全球化的进一步发展,信息时代来临,科学技术在城市发展中的作用进一步凸显,信息技术决定着城市的未来走向。20世纪80年代以来,以互联网为特征的现代信息技术革命日趋成熟,加速了信息传播的全球化,也深深地影响了全球城市的发展。就像硅谷成为全球创新的中心,信息城市正在异军突起,对传统城市发展模式形成极大的挑战。在这股信息化潮流中,中东城市已经明显落后。

中东城市大多信息基础设施落后。尽管中东在21世纪开始后互联网的使用率方面有了很大进步,但仍然远远落后于西方国家。截至2016年1月,中东地区约有1.5亿互联网用户,占全球互联网用户的4%,普及率为53%,而同期西欧地区的互联网普及率为83%,北美地区则达到了88%。[①] 据伊朗《德黑兰时报》2014年11月的报道,伊历年第一季度(2014年3月21日至5月22日),伊朗7800万人口中有4000万互联网用户,

---

① http://www.askci.com/news/chanye/2016/02/29/9542ykuc_2.shtml.

其中2300万为互联网签约用户,互联网普及率达53.2%。① 互联网不仅影响着人们的生活方式,而且也改变了企业的经营模式,电子商务广泛使用,线上线下共同发展,产生了巨大的经济效益和社会影响。但部分中东国家对信息通信建设的重视不够,投入资金有限,并设置了较高的准入门槛,阻碍了中东信息化的发展。

第二,中东人力资源遭遇重大挑战。中东科技人才缺失。中东的世俗教育和科技教育较为滞后,至20世纪80年代末90年代初,中东地区接受大学教育比例最高的国家是卡塔尔,但也仅为21.7%,其余国家都不足20%。② 近20年来,中东的高等教育向大众化发展,大学的不断扩招也带来了新的问题,即教育质量下降,毕业生有学位却找不到工作。③ 由于阿拉伯传统文化鄙薄技术工作,厌恶体力劳动,因此中东的高等教育以文科为主。1996年的数据显示,阿拉伯世界学习自然科学和技术的大学生不到29%。④ 沙特1993～1994年度理工科学生在国家大学生中的比例为16.3%。1995～1999年,12万大学毕业生中专业为技术学科的仅有1万人,占进入沙特劳动力市场总人数的2%。2003年,大学生中专业为教育和人文学科的占60.7%,专业为社会科学的占15.1%,专业为医学的占4.6%,专业为科学、技术和工程类的占13.6%,其他的占6.1%。⑤ 现代社会,人才分为技术人才和管理人才,对经济发展起到重要的推动作用。科技人才的缺失意味着中东城市发展面临人力资源不足的困境。加大政府对科学技术的扶植力度,为创新型人才提供成长和聚集的优越环境,是中东城市文化创造力提升的重要环节。⑥

第三,中东市民社会弱小。城市化包括市民社会的发展。中东城市化畸形发展的另一个表现是市民社会过于弱小,"由此造成的权力真空允许甚至迫使政府主导经济的发展"。反过来,"政府主导的发展计划已经造成了严重

---

① 中华人民共和国驻伊朗伊斯兰共和国大使馆经济商务参赞处,http://ir.mofcom.gov.cn/。
② 马秀卿:《石油·挑战·发展:走向二十一世纪的中东经济》,石油工业出版社,1995,第145页。
③ Philip G. Altbach:《中东高等教育改革》,《国际高等教育》2011年第4期。
④ 彭树智主编《二十世纪中东史》,高等教育出版社,2001,第384页。
⑤ 刘园:《沙特阿拉伯王国高等教育发展研究》,西北大学硕士学位论文,2012,第20页。
⑥ 车效梅:《全球化与中东城市发展研究》,人民出版社,2013,第401页。

的官僚主义和对私人经济的严重限制"。[①] 腐败和独裁统治没有让日益增长的城市人口分享到国家繁荣所带来的好处，反而加大了城市人口的贫困。城市的企业家和受过良好教育的人群开始逃离中东城市，去北美和欧洲寻找出路。这是人力资源的巨大损失。与之对应的是，中东城市涌入了越来越多的农村移民，他们往往缺乏技术和资金，并非熟练劳动力，也难以胜任管理岗位，绝大多数只能加入非正规经济部门。中东城市化的现状是，城市建筑和人口等有形资产发展较快，而市民的生活方式和价值观念等无形资产显著落后。中东政府面临的首要任务是提高人口素质，重视人口质量而非数量，采取适当措施控制人口，大力普及教育，提高城市居民的文化水平和技术能力。

总之，中东的城市化对经济稳定带来了诸多负面影响，国民经济未能实现可持续发展。在城市化过程中，只有协调各种资源，完善市场流通机制，优化和调整产业结构，调动社会各阶层的积极性，充分发挥科技和人才的作用，才能使经济实现持续稳定增长。

第二节　城市化与产业结构调整

第二次世界大战后，中东各国努力实现现代化，大力发展第二、第三产业，以实现国家的富强。经过几十年的发展，中东各国的工业化发展迅速，取得了很大的成绩。然而，中东地区普遍存在二元经济结构、工业化与城市化脱节、产业结构失衡等问题。中东的产业发展与城市化密不可分。城市化意味着人口从第一产业转移到第二、第三产业，工业化要求配套的金融、分配和销售，都比过去所知的形态更复杂。[②] 第三产业，也就是商务服务等部门，"甚至比工业生产本身更集中于城市中"。[③] 因此，中东的产业调整影响到经济全局的稳定。

一　中东产业发展的历史与现状

优越的地理位置往往产生额外的效益，这便是"优位经济"理论。世界

[①] 蒂姆·古兰:《中东经济落后的制度原因》，张清津译，《制度经济学研究》2010年第3期。
[②] 鲍德威:《中国的城市变迁》，北京大学出版社，2010，第2页。
[③] 鲍德威:《中国的城市变迁》，北京大学出版社，2010，第2页。

上的城市总是集中于自然环境良好、交通区位优势突出抑或矿产资源丰富的地区。中东地区的自然禀赋优势突出。由于位于五海三洲之地，中东成为东西方的交通要道，区位优越，自古便是著名的商路，以商业和手工业为主的巴扎经济塑造了中世纪中东城市经济的辉煌。随着近代石油的发现和能源时代的到来，丰富的石油资源又成为中东城市发展的巨大推动力。二战后，中东各国的城市化迅速发展，形成了众多有特色的城市，特别是石油城市和商务服务城市的发展惹人注目，综合型大城市也不断发展。然而，中东的自然禀赋劣势也同样突出。中东大部分地区属于戈壁、半戈壁，沙漠、半沙漠地带，农业发展受到极大束缚，第一产业为城市发展提供的动力不足，成为掣肘中东城市发展的不利因素。

中东的产业按照三次产业的划分标准，其特点为第一产业发展滞后，第二产业发展缓慢，第三产业发展不足。

中东大部分国家在历史上是传统的农业社会，尼罗河三角洲和两河流域更是农耕文明的发祥地。然而，中东发展农业的自然资源相对匮乏，大部分地区降雨稀少，荒漠化程度高，耕地面积有限。除塞浦路斯、土耳其、以色列和黎巴嫩外，其他国家耕地面积所占比重普遍较小，其中叙利亚、约旦和埃及的沙漠面积占其国土面积的比重分别高达70%、85%、95%。海湾国家的可耕地面积更是少得可怜，2008年巴林可耕地面积占国土面积的比重仅为1.8%，沙特为1.6%，卡塔尔为1.1%，阿联酋为0.8%，科威特为0.64%，阿曼仅为0.1%。[1] 其中适于种植业的地区主要集中在尼罗河和两河流域，以及地中海东岸的狭长地带。阿拉伯半岛的广袤沙漠地区只能发展畜牧业。较为适宜发展农业的国家仅有土耳其、塞浦路斯、黎巴嫩等。因此，中东各国第一产业的产值在国民经济中所占比重普遍较低，能够容纳的劳动力也十分有限。在城市化的起步阶段，农村经济的发展是重要的推力，这在19世纪欧美的工业城市化中体现得尤为明显。城市化进程本身就是变落后的乡村社会为先进的城市社会的过程。乡村的农业生产力不断提高，为城市人口提供了必要的商品粮，为城市工业发展提供原始资金，为城市产业的进一步发展提

---

[1] FAO, *Crop Prospects and Food Situation*, No. 3, July 2008, http://www.fao.org/giews/english/cpfs/index.htm.

供必要的原料、市场和劳动力。而中东国家的农业等第一产业先天孱弱,不仅起不到对城市化的推力作用,甚至还需要城市来反哺农业。海湾国家为了自身的粮食安全,不惜投入巨资兴建水利,改造农田。20世纪80年代,沙特阿拉伯、阿联酋、科威特三国的农业总产值分别增加了2.4倍、1.2倍和3.7倍,而同期世界农业总产值仅增加0.25倍。[①] 以色列更是将沙漠农业发展到了极致。

中东国家的第二产业在国民生产总值中往往占有较高比例。第二产业即加工业,包括加工制造业和建筑业,以初级产品为对象,通过加工使其符合生产或者生活需要。中东的加工业分为石油输出国和石油进口国两大阵营。

中东地区的石油是宝贵的资源,并带动了石油产业以及相关产业的发展。正如有学者所言,"在本世纪中东地区的最重大改变之一,就是石油的发现、开采和利用"。[②] 中东地区,特别是在波斯湾周围蕴藏着丰富的石油天然气资源。据统计,中东地区的石油储量约占世界的58%。[③] 然而,中东的石油分布极不均衡,集中在海湾地区,主要产油国为海湾六国和两伊(伊朗和伊拉克)。主要产油国的加工业主要为石油开采和加工业,也造成经济结构单一的后果。中东的石油价格在20世纪70年代的石油危机后大幅上升,石油业及相关收入成为产油国的支柱产业和主要收入来源。中东产油国1965年的石油收入为65亿美元,1973年为127亿美元,1974年为536亿美元,1977年为775亿美元,到1981年达到2120亿美元。[④] 在油气产业的带动下,海湾地区很快出现了一批石油城市,代表性的为达曼、阿巴丹、基尔库克、马斯喀特、阿布扎比等。这些城市发展的共同特点是由石油资源提供动力基础,依托大油田,通过石油开采和加工形成庞大的石油工业。炼油业最为发达的沙特阿拉伯,现有9个大型炼油厂,2000年时炼油能力已达1.4亿吨。其他国家的炼油能力也很强大。但表面上的强大掩盖不住核心技术的孱弱。由于工科教育缺失,科技创新人才不足,这些国家的炼油业缺乏核心技术和

---

① 车效梅:《全球化与中东城市发展研究》,人民出版社,2013,第324页。
② 〔英〕伯纳斯·路易斯:《中东:激荡在辉煌的历史中》,郑之书译,中国友谊出版社,2000,第468页。
③ 石油输出国组织:《2008年年度统计报告》,2009,第17页。
④ 田文林:《抗拒与变迁:中东经济现代化的多维透视》,《阿拉伯世界研究》2001年第3期。

顶级装备，不得不高价从国外引进人才、技术、设备，雇用外国劳动者。石油产业对城市发展仅起到输血而非造血的作用。由于资源丰富易得，产油国社会缺乏进取和创新精神，政府也忽视教育和科技人才的培养。著名发展经济学家库兹涅茨认为，经济发展很大程度源于生产技术的改善，仅有很小部分是由于劳动力、资本和自然资源的高消耗。① 这就不难解释，中东产油国的产业结构为何不能得到有效发展。由于工业基础薄弱，制造业发展缓慢，20 世纪 90 年代初海湾诸国制造业只占国内生产总值的 10% 左右，其中科威特和卡塔尔为 10%，阿联酋和阿曼只有 9% 和 6%。②

与石油工业相关的橡胶、化纤、食品等工业也有所发展。但总体来说，石油工业积累的原始资金未能转化为再生产、完善和优化产业发展、形成产业集群。相反，坐收石油之利，导致产油国产业陷入经济单一的困境，城市发展和经济状况极易受到国际石油市场和金融市场波动的影响。

非产油国的加工业虽然发展较为迅速，但产业布局仍然不够合理。二战后，埃及、土耳其等国大力发展进口替代工业，建立起了比较完善的工业体系。到 1992 年，中东各国制造业在国民经济中的比重，土耳其和以色列为 23%，约旦为 15%，伊朗为 14%，埃及为 12%。制造业中以食品加工和纺织业等轻工业为主体，其中叙利亚轻工业占加工业产值的 60%、埃及为 42%。而重化学工业的比重较低，机械和运输设备所占比例在 10% 以上的只有 3 个国家，其中以色列为 31%，土耳其为 18%，伊朗为 16%。③

第三产业大致形成于 20 世纪初。第三产业的主体是为生产和生活服务的部门，如批发和零售业、金融业、保险业、旅游业、居民服务业等，因此又称服务业。服务业产值在国民经济中的比例可以反映该国经济的发展水平。当工业化发展到一定阶段后，以服务部门为代表的第三产业在就业中的比重会趋于提高，在国民生产总值中的比重上升并稳定在一定水平。大量数据表明，发达国家的城市第三产业比重通常在 70% 左右甚至更高。

尽管近代中东城市的经济结构呈现出"商强工弱"的特点，但这并不意

---

① 〔美〕布赖恩·贝利：《比较城市化——20 世纪的不同道路》，顾朝林等译，商务印书馆，2008，第 3 页。
② 世界银行：《1990 年世界银行发展报告》，中国财政经济出版社，1990，第 183 页。
③ 车效梅：《全球化与中东城市发展研究》，人民出版社，2013，第 287 页。

味着中东城市的第三产业走在先进行列。这里所说的商,很大程度上还是传统的集市贸易。随着全球化的发展,中东城市的商务服务产业也得到长足发展,并催生出众多商务服务城市,迪拜就是其中的代表。迪拜依靠石油产业积累了充足的原始资本,奠定了城市发展的物质基础。但迪拜的发展并不止于加工业,而是向多元化发展,大力发展服务业,特别是附加值高的商务服务业。20世纪80年代,迪拜已经成为阿联酋和整个中东地区的金融、经济、贸易、商业和旅游中心。① 然而,虽然迪拜等城市的第三产业发展取得极大成就,但短板依旧突出。中东商务城市的基础产业依然比较薄弱,导致第三产业特别是高投资、高附加值的金融、房地产、旅游等产业的支撑有限,基础不牢,有潜在风险。此外,中东的"城市病",如人口过密、交通拥挤、住宅不足等也制约着第三产业的发展。

二 中东各国的城市产业政策

(一) 二战后初期中东国家的产业政策

第二次世界大战后中东各国实行的产业政策不同,走出的产业发展之路也不尽相同。中东各国的现代化起步条件差,长期的西方殖民统治导致资源遭受掠夺,国民经济贫困化,而且在宗主国的操控下经济畸形发展,具有很强的依赖性。因此,中东各国将苏联的计划经济体制和国家管控奉若圭臬,希望通过强有力的国家干预迅速实现现代化。中东国家的城市化和产业化与西欧原发型的自然发展不同,打上了人为控制的烙印。

在战后初期,中东各国以苏联为师,有计划地发展民族经济,而忽视了市场的调节作用。埃及政府从1960年开始实行国民经济五年计划,制订了详尽的经济发展目标,规定第一个五年计划工业年均增长14%。纳赛尔时代埃及经济生活的突出现象是国有化和工业化。② 国家资本主义致力于工业的优先发展,完善工业结构。不仅继续发展传统工业,即纺织业、食品加工业、建材业等劳动密集型产业,而且大力发展所谓的新型工业,如冶金、机械和化工等重化学工业,强化了国家的经济基础。土耳其得益于战后美苏争霸的

---

① 车效梅:《全球化与中东城市发展研究》,人民出版社,2013,第231页。
② 哈全安:《中东史》,天津人民出版社,2010,第541页。

有利局势,其五年计划的制订和实施都得到了苏联的援助。叙利亚从60年代开始也推行以发展工业为主的五年计划。复兴党政权致力于发展进口替代的工业发展模式,不断加强国家的干预。此后,海湾各国也开始模仿,在整个六七十年代,中东的产业发展完全脱离了市场机制,而依靠国家的计划和指令。在战后初期,由于各国产业基础薄弱,由国家集中有限的资源,重点发展国计民生产业,这原本无可厚非;甚至在欧洲和日本,国家调控也是战后复兴的重要助推力。然而,中东的情况不同,其市场经济原本就发展不充分,近代的城市产业发展拥有外生性和依附性的特征,独立之后的政府并没有发展产业的经验,政治上的集权主义导致经济计划的制订和实施缺乏民主。并且,由于缺乏市场机制的调控,经济代理商的信息不对称,以至于经济决策严重背离了经济发展规律。

中东产业政策的最大特点是大力发展加工业,忽视了农业和服务业的发展。根据我国学者的研究和总结,发达国家的城市化进程是"六化"同步,即政治民主化、经济自由化、产业革命化、市场国际化、社会现代化和人口城市化。[①] 发达国家的城市化起步阶段通常经历了产业发展的结构性转变,即农业生产技术的改进产生了剩余产品和剩余劳动力,推动了产业结构的升级,剩余人口在没有制度障碍的情况下向城市转移。城市最先发展劳动密集型产业,在积累了一定的原始资金后开始发展资金密集型产业。在此过程中,随着市政建设的完善,人才不断集中到城市,教育推动人才培养和科学技术的发展,熟练劳动力和技术工人构成城市劳动者的主体,城市的技术密集型产业获得了充足的发展条件,为加工业提供设计、外包、销售以及金融等服务的服务业也蓬勃发展,构成了城市产业不断升级的良性循环链条。

中东国家在70年代之前产业转换难言成功。过分强调优先发展工业,牺牲农业资源的投入,这样的工业化和城市化人为因素影响过大。在城市化发展到一定阶段,即城市化率超过30%后,城市化进程进入加速发展阶段,城市问题和各种社会问题逐渐暴露出来,并且由于城市产业结构的失衡而导致城市不能健康发展。中东的产业结构转换"并非是技术革新的结果,而且这些国家是先实现产业结构的转换,然后反过来带动需求结构的转换,与工

---

① 高珮义:《中外城市化比较研究》,南开大学出版社,2004,第19页。

业健康发展与产业结构优化有赖人口的合理控制。

在后工业时代,城市的一个重要变化,是通过产业结构调整和升级换代,逐渐从工业生产中心转换为第三产业中心。[①] 中东各国要解决城市化带来的经济问题,唯有进行产业结构调整,推动产业结构升级,实现产业结构合理化。

产业结构合理化是指在现有资源和技术条件下,生产要素能得到合理配置,产业间能协调发展、产生良好经济效益的过程。产业结构合理化起源于第一次世界大战后的德国。当时战败后的德国经济一度濒临崩溃,但进入20世纪20年代后,德国开展了全民性的产业结构合理化运动,仅用10年时间便完成了工业生产技术的更新改造。受其影响,英美法等国也提出产业结构合理化口号,东亚的日本也亦步亦趋,形成资本主义世界产业结构合理化的第一次浪潮。第二次世界大战后,上述各国在战后经济复兴过程中推进了更深层次的产业结构合理化,实现了战后资本主义的复兴。发达国家产业结构合理化的过程可以总结出如下经验。一是官退民进,鼓励私人投资,加快私有化进程,引入竞争机制,盘活各级市场。二是鼓励企业联合或者重组,提高企业生产效率,降低生产成本。三是推动技术更新改造,淘汰落后产能。四是改善产业金融,通过投融资引导产业投资,单一产业向多元化发展。

中东各国的国情和历史不同,产业结构合理化的路径也不相同。中东的几个大国,如埃及、土耳其、伊朗等综合国力相对较强,这些国家的大城市依托国内市场形成了综合性的产业齐全的大都市,具有一定的国际竞争力。在全球化浪潮下,这些城市面临产业结构调整和升级的种种机遇。开罗、伊斯坦布尔、德黑兰等中东大城市都有突出的区位优势、广阔的市场以及丰富的劳动力资源,因此可以参与到全球化下的新的国际分工体系。20世纪50年代以来,伴随科学技术的进一步创新,经济全球化的趋势进一步增强,发达国家的垄断企业凭借充足的资本和先进的技术发展为跨国公司,并成为影响全球经济的举足轻重的力量。跨国公司突破了国界的限制,绕过贸易壁垒,在全球范围内进行生产和经营活动。跨国公司的资本和技术转移促进了发展中国家相关产业部门的发展,加快了中东工业化和城市化进程。

---

① 谢文蕙、邓卫:《城市经济学》(第二版),清华大学出版社,2008,第20页。

产业结构合理化的核心在于产业结构的升级，调整和淘汰过剩产能，引入和推广高附加值产业。中东各国曾经大力推行的国有化和重工业化战略固然有助于建立起完善的国民经济体系，但国家操控较少以市场为导向，再加上产品生命周期和固定资产折旧，中东各国的加工制造业尤其是重工业出现了严重的产能过剩。2008年全球金融危机以来，国际市场对石油的需求锐减，导致全球石油市场出现供给过剩，油价一路下跌，令中东产油国遭遇严重的产业困境，也使中东众多石油城市的发展更加困难。

产业结构合理化是城市化的不断发展提出的更高要求，也是经济持续稳定发展的必要条件。纵观发达国家的历史可以发现，产业结构合理化是一个痛苦的历程，这个过程中伴随某些行业的萎缩以及企业的倒闭和裁员，以及随之而来的大规模的失业。随着产业结构优化，之前不景气的产业的企业从业工人从隐形失业变为显性失业。同时，世纪换代的新兴产业急需大量技术和管理人才。这便是劳动力市场的结构失衡，需要国家通过发展职业教育和职业培训，实现劳动力的结构性优化。

第三节 城市化与宏观调控

城市经济是中东国民经济的命脉。国民经济的健康稳定发展除了要发挥市场这只"看不见的手"的作用外，还需要政府的宏观调控，发挥"看得见的手"的功能。国家的宏观调控可以弥补市场的不足，在提升效率的前提下促进公平，在保证经济稳定增长的同时实现较为充分的就业和较为公平的收入分配。然而，政府的宏观调控并不总是能改善市场结果。随着中东城市化的发展，社会总供给与总需求愈来愈难以达到平衡；过度城市化和非正规经济导致经济杠杆缺乏灵敏性，以至于中东各国从市场失灵走向政府失灵。

一 宏观调控的非经济手段

一般而言，宏观调控的手段包括经济手段、行政手段和法律手段。在成熟的市场机制下，经济手段发挥主要作用。然而，中东的市场发育不健全，非正规经济比重居高不下，市政建设滞后，因此非经济因素反倒成为宏观调控能否顺利进行的关键所在。

城市化产生的聚集效应使得越来越多的人口集中于城市。这给当局带来了新课题：城市的生产率必须赶得上人口增长率。城市化改变了人类的生存空间，也改变了一国的禀赋结构。城市化促使人类的自我生产方式、组织和制度以及社会文化都在不断变迁。考察中东各国的宏观调控，需要分析中东的人口、社会文化、政府组织等非经济要素。

（一）中东城市人口与调控的艰难性

人口是一国经济发展的重要变量。中东人口的数量、素质、年龄结构以及人口迁徙与城市化息息相关。历史经验表明，人口的增长在约束力量和适应力量两种力量下实现均衡。约束力量包括气候、疾病、食物、土地等要素。适应力量则是人类对约束要素的适应以及通过技术进步对土地等要素的改进。二战后，中东各国大力发展民族工业，实施土地改革，改善医疗卫生状况，在提高人口出生率的同时大大降低了人口死亡率。到20世纪70年代，中东迎来了人口高峰，此后人口增长率一直高于世界平均水平。到2010年，中东国家的总人口上升到3.71亿，比1950年增长了4~6倍，照此速度，预计到2050年中东人口将翻一番，达到7.3亿。[1]

中东的快速城市化造成城市人口不断膨胀。中东的城市较之于农村有巨大的比较优势。在城市中，人口的适应力量更强而约束力量更弱。也可以说，中东农村发展的滞后使得城市化具有超前性。中东城市的人口爆炸缘于人口的自然增长和机械增长，后者的贡献率更高。中东城市移民来源主要包括农村移民、国际移民以及难民。2000年初，中东的城市人口已超过总人口的70%。[2]

1. 人口与粮食安全

庞大的城市人口对中东各国的宏观调控而言是严峻考验。人口的不断增长，衍生出日益增多的需求，其中最基本的是生活资料的需求。人是构成城市的主体，人的生存离不开衣、食、住、行等条件的保障。然而，中东的可

---

[1] U. S. Census Bureau, *International Database*, August 8, 2012, http：//www.census.gov/ipc/www/idb/informationGateway.php.
[2] 冯璐璐：《试论21世纪中东应对经济全球化的战略及其对策》，《阿拉伯世界研究》2007年第7期。

耕地面积不足，城市的无序扩张侵占、污染了大量可耕地，中东各国面临严峻的粮食危机。[①] 中东各国不得不依赖粮食进口，国际粮食价格的波动对本国的物价指数往往产生强烈影响。以卡塔尔为例，2008年度该国粮食进口价格平均上浮19%，其中谷类价格上涨了15%，肉类为31%，果蔬类为19%，薯类为18%。[②]

粮食危机加重中东政府财政负担，影响正常经济建设。联合国粮农组织曾预测，2010～2011年度包括埃及、阿富汗、伊拉克、叙利亚和也门等中东国家在内的低收入国家的进口费用将增长约20%，其中粗粮进口费用占比将高达20%。[③] 各种粮食补贴政策使中东各国政府财政负担雪上加霜。如阿尔及利亚，受粮食危机影响，政府将硬粒小麦收购价格从每公斤2100第纳尔提高到4500第纳尔，而向制粉厂出售的价格仅为每百斤2280第纳尔，其中差价全部由政府补贴。阿政府的面包补贴制度每月需耗资约5000万美元。[④] 高昂的粮食进口费用和粮食补贴政策极大地恶化了中东国家，尤其是低收入国家的财政状况。而财政本身作为各国维护经济稳定和发展的重要宏观调控手段，在城市化进程中的重要意义不言而喻，各国财政负担的加重无疑为中东城市化在经济领域的发展增加了更多的不确定性。

2. 人口与住房供应

住宅是城市居民的栖身之处，是城市得以发展的重要条件。住宅的需求与供给、建设与分配，是国际公认的重大经济与社会问题，是城市化健康发展的保证，也是国家宏观调控的重点内容。"住宅权"是人类生存权的前提。早在1948年联合国第177次全体会议通过的《世界人权宣言》就提出"人人有权享受其本人及其家属康乐所需之生活程度"。1981年在伦敦召开的国际住宅和城市问题研究会议上通过的《住宅人权宣言》申明"有环境良好适合于人的住所，是所有居民的基本人权"。[⑤]

---

① 车效梅、李晶：《中东城市化与粮食安全》，《阿拉伯世界研究》2011年第5期。
② Pamela Ann Smith, "Gulf Food Security," *The Middle East*, No. 7, 2008.
③ FAO, *Global Food Price Monitor*, No. 14, January 2011, http://www.fao.org/giews/english/gfpm/GFPM_01_2011.pdf.
④ FAO, *Crop Prospects and Food Situation*, No. 3, July 2008, http://www.fao.org/giews/english/cpfs/index.htm.
⑤ 谢文蕙、邓卫：《城市经济学》（第二版），清华大学出版社，2008，第187页。

随着城市化的快速发展，中东各国不同程度地遭遇到住房问题，大城市体现得尤为突出。中东的大城市大多住房短缺严重。开罗的住房随着人口的增长而日益捉襟见肘。1947~1972年，开罗人口增长了2.5倍，单元楼虽然也增长了2倍，但房屋数却只增加了1.7倍，[1] 直接导致房屋数量不足。这种情况表明，开罗新建楼房层数低，城市向四周扩张而非向上发展，城市发展仍属于粗放式而非集约式。同时，开罗的贫富差距加剧，增加的楼房大部分为富人所有，房间的使用率低。埃及的住房政策失当，住宅供应不足、投资有限、流通不畅，住宅市场缺乏活力。二战后，中东各国加大了国有化力度，国家重点投资加工业特别是重化学工业，对城市基建投资不足。在1952~1975年埃及的住房投资仅相当于重点工业投资的37.5%。[2] 土耳其政府在"一五规划"中用于住房的投资占比从1963年的24%降为1967年的19%，到"二五规划"时降为9.3%。[3] 在资源有限的情况下，政府对房地产投资不足，重视生产而忽略了城市的生活功能。此外，中东住宅市场的投资渠道单一，私人资本和外资很难介入。这就造成了一方面是城市居民旺盛的住宅需求，但另一方面是严重短缺的住宅供应的情况，住宅市场严重扭曲。有限的住宅价格飞涨，进一步恶化了城市住房问题。

3. 人口与就业问题

中东的人口结构具有鲜明的特点，即人口年轻化的金字塔人口结构。中东城市人口结构与居高不下的人口出生率以及农村移民的涌入有关。

人口年轻化有利于劳动力的充足、稳定的供应，但同时也给就业市场带来巨大压力。仅2010年，中东劳动力市场就新增723万人。[4] 这些劳动力市场的新进入者大多为青少年劳动者，多数缺乏劳动经验，为不熟练工人，因此更容易失业。如埃及2013年上半年消费物价指数同比上涨8%以上，失业

---

[1] Mahmoud A. Fadil, *Political Economy of Nasserism*, Cambridge University Press, Cambridge, 1980, p. 128.

[2] Mettei Dogan, John D. Kasarda, *The Metropolis Era Mega: Cities*, Vol. 2, Sage Publications, London, 1988, p. 248.

[3] Michael N. Danielson, Rusen Keles, *The Politics of Rapid Urbanization*, Holmes & Meier, New York, 1986, p. 47.

[4] CIA, *World Factbook*, August 8, 2012, http://www.cia.gov/library/publications/the-world-factbook/index.himl.

率为13%，年轻人失业率高达30%。① 这些劳动者的受教育水平不高、劳动技能低下，再加上国家的产业布局失衡，往往造成结构性失业。即使在高等教育毕业生中，由于课程设置与岗位需求脱节，也出现了"毕业即失业"现象。据不完全统计，中东和北非的青年失业率达30%甚至更高，② 这无疑将成为社会极大的不稳定因素。

青年是推动中东政治变局的主导力量。③ 信息化时代的到来推动了互联网使用率的提高，年轻一代通过社交网络组织起来，对政府权威提出挑战，促成了中东乱局。可见就业问题不仅关系经济稳定，更是中东国家政治稳定的红线。

综上所述，中东宏观经济的不稳定在于总供给和总需求的失衡，而根源在于人口的无序增长，以及由此带来的过度城市化。国家宏观调控的要义在于控制人口数量，提高人口素质，改善人口结构。这往往需要通过行政和法律手段实现。

（二）政府的调控能力

中东在二战前不同程度地遭受欧美列强的殖民统治。二战后虽然兴起一批独立的民族国家，但各个国家的政治现代化进程不同，再加上复杂多变的国际形势对国内政局的影响以及大国的干涉，中东各国普遍存在政局不稳的情况，这在很大程度上限制了政府进行宏观调控的能力。

中东国家的发展正处于传统专制主义（或集权主义）向现代民主政治体制过渡的转型时期。④ 这一过程自第二次世界大战后起步，目前仍处于转型的过渡期。大多数中东国家仍保留集权主义或半集权主义的政治体制。在这种威权体制下，国家权力掌握在少数家族手中，腐败盛行，行政效率低下。

随着中东城市化的迅猛发展，以城市为主要对象的调控不仅要发挥中央政府的作用，而且需要地方政府的参与，这有赖市政体制的改革与完善。近

---

① 杨福昌：《新一轮动荡期的埃及局势分析》，《阿拉伯世界研究》2013年第5期。
② 萨克斯：《躁动无休的阿拉伯青年》，《联合早报》2011年4月8日，http://www.zaobao.com/forum/expert/others/story20110408-56571。
③ 杨光主编《中东非洲发展报告（2010~2011）》，社会科学文献出版社，2011，第19页。
④ 王京烈：《解读中东政治危机》，《西亚非洲》2011年第6期。

几十年来，中东国家城市化迅猛发展，城市人口急剧增长，城市基础设施供应不足，迫使中东各国进行市政改革。

1983年土耳其祖国党执政后，为市政府提供更多资金，授予其更大的自治权力，特别是财政权，例如"三〇三〇法案"规定："对城市主要基础设施投资和建设进行战略性规划；对大城市制定总体规划，并确保地方市政府规划与总体规划一致；对交通运输及相关活动进行调控；建设娱乐设施，保护环境；提供排水、供水和供暖等服务。"[1]

1979年伊朗的伊斯兰革命后，德黑兰建立了城市管理委员会，管理城市财政、城市福利、城市交通等。这表明伊朗政府已经将城市基础设施建设和管理作为市政管理的主要内容。到20世纪90年代，市政府开始在财政上独立，而且市政服务开始允许私人投资，开始私有化改革。伊朗大力改善首都德黑兰的基础设施，尤其是交通设施。德黑兰市政府修建了市区两翼的高速公路，并积极修建城市地铁，发展城市无轨电车。1990~1998年修建高速公路300公里，是1990年之前总和的3倍还多。[2]

然而，中东各国的市政改革虽然取得一定的成绩，但仍然存在较大的局限性，在某种程度上掣肘城市公共基础设施建设。城市的发展不能仅依靠市政府当局，还需要中央政府、大城市政府以及地方城市政府的明确分工和鼎力合作。此外，还应当回应公众参与城市管理的愿望。成熟健全的市民社会有助于市政建设、推动城市发展。中东的市政改革不彻底，各级政府权责不明，地方自治有限，市民的参与遭到排斥。土耳其的"三〇三〇法案"规定，"大城市不涵盖的那些城市服务职能属于地方"，如垃圾处理、维修二级公路、颁发二级和三级建筑许可证。然而，大城市政府在有关基础设施项目的规划、监督，以及颁发工程许可证等权力行使方面，常常与地方市政府相交叉，甚至产生冲突。[3] 德黑兰是伊朗中央政府所在地，一方面受到中央特

---

[1] Metin Heper, *Local Government in Turkey—Governing Greater Istanbul*, Routledge, London, 1989, p. 32.

[2] Kaveh Ehsani, "Municipal Matters: The Urbanization of Consciousness and Political Change in Tehran," *Middle East Report*, Vol. 88, No. 212, 1999.

[3] Metin Heper, *Local Government in Turkey—Governing Greater Istanbul*, Routledge, London, 1989, p. 18.

别是内政部的管理，市政府权威不足；另一方面市政府的管理局限在都市部分，对城郊发展无能为力。① 总之，中东城市化过程中的诸多问题或多或少与城市基础设施不完善有关，而城市基础设施又与市政建设息息相关，因此中东对城市进行调控的重点应该在于对市政建设进一步改革和完善。

（三）社会文化的影响

中东是一个以伊斯兰教为主的宗教社会。伊斯兰教是一个城市宗教，"穆罕默德不希望他的人们重返沙漠和囿于部落的价值体系，需要城市作为人们在一起祷告的地方"。② 尽管社会制度的变迁可以通过法律及行政手段在较短的时间内实现，然而社会文化的影响却持久而深远，在长时期内其影响更甚于政府组织。

伊斯兰教对中东的影响无处不在，"承载了太多的非宗教功能，即宗教本身的功能与非宗教功能尚未分离，说明了伊斯兰教仍处在一个相对落后的发展阶段"。③ 在伊斯兰城市中，土地依然固守圣训的规定。传统的伊斯兰城市空间组织与伊斯兰教的要求是一致的，城市分为公共部分和私人部分，功能各异。④ 公共部分包括城市中心的聚礼清真寺，以及环绕周围的宗教学校、公共浴室和巴扎，其土地归国家所有。居民区的土地则为私人所有。由于土地的私人所有仅限于居民区，中东的城市无法为产业的发展提供足够的产权支撑。不仅如此，居民区的土地缺少规划，道路网毫无规则。伊斯兰教义禁止（除了几个例外：麦加及麦加的外港吉达、开罗）高层建筑，认为这是可憎的骄傲心理的表现，建筑物不能向高空发展，只能侵占公共道路再加上伊斯兰法规对公共道路没有大力保护，大街成了小巷，两头载货的驴同时通行便能堵塞交通。⑤ 随着西方殖民者的到来，原有的城市格局被打破。"殖民者把它们作为行政中心和商业中心，通过这些城市出口欧洲需要的原材料。并

---

① 车效梅：《德黑兰都市困境探析》，《世界历史》2007年第4期。
② 车效梅：《全球化与中东城市发展研究》，人民出版社，2013，第63页。
③ 王京烈：《伊斯兰世界的命运与前途》，《国际问题研究》2004年第1期。
④ 车效梅：《全球化与中东城市发展研究》，人民出版社，2013，第101页。
⑤ 〔法〕布罗代尔：《15~18世纪的物质文明、经济与资本主义》（第1卷），顾良、施康强译，三联书店，1992，第602页。

且，殖民者在那里建造自己的第二个家园，竭力排斥当地文化，以保持自己所习惯的生活方式。"[1] 二战后，中东各国走上了自主发展的道路，城市基础设施的建设和管理被纳入国家发展战略中。

虽然中东各国都在推行世俗化，但目前看来任重而道远。土耳其是中东较早推行世俗化的国家，1922年凯末尔领导废除了苏丹—哈里发神权统治，废除了伊斯兰教的国教地位，建立了土耳其共和国，制定了资产阶级性质的宪法，规定土耳其国家政权与宗教分离，禁止宗教干预国家政权。1928年，土耳其大国民议会通过了《字母改革法》，停止使用阿拉伯文与波斯文，土耳其语改用拉丁字母拼写，割断了土耳其与伊斯兰传统的联系。战后中东地区相继诞生了一批现代民族国家。这些民族国家纷纷以政治的或文化的民族主义为立国之本，以捍卫国家主权和领土完整、维护国家与民族的利益为根本宗旨，以发展民族经济从事现代化建设为基本目标，在政治制度、法律制度、教育制度等上层建筑以及社会生活领域推行世俗化。如埃及在1955年宣布废除传统的沙里亚法院，改由全国统一的司法系统行使司法权，建立起单一的世俗法院体系。伊朗在伊斯兰革命前的1976年就已基本建立起欧化的司法系统，法官和检察官都由政府任命。世俗化改革在一定程度上削弱了伊斯兰教的影响。[2] 然而，自20世纪60年代末开始，随着伊斯兰复兴运动的兴起和迅速蔓延，伊斯兰教的政治影响力日益强大。在许多中东国家，伊斯兰教成为政治反对派组织的工具，如埃及和叙利亚等国的穆斯林兄弟会、黎巴嫩的真主党、土耳其的救国党等。1979年，伊朗伊斯兰革命的胜利，以及2011年以来自突尼斯爆发，席卷阿拉伯世界的"阿拉伯之春"皆折射出伊斯兰势力的崛起，中东世俗化之路依然漫长。

二 宏观调控的经济手段

国家的宏观调控最有效的当属经济手段，通过经济杠杆对市场上的要素施加影响。经济调控包括财政政策和货币政策。

城市财政对现代城市经济发展与社会生活有深刻的影响。城市财政

---

[1] 〔英〕安德鲁·韦伯斯特：《发展社会学》，陈一筠等译，华夏出版社，1987，第74页。
[2] 姚大学：《伊斯兰教与战后中东现代化》，《内蒙古民族大学学报》2002年第4期。

从本质上讲是地方公共财政的一种，是国家财政的重要组成部分。城市财政的收入主要来源于税收、收费、土地、发行债券以及政府拨款。税收是城市财政收入的主要途径，主要税种包括增值税、营业税、企业所得税、个人所得税、土地增值税、城市维护建设税等，不同国家有不同的税种。税种的设置和税率的设定可以规范和指导产业和行业发展，对社会生产进行二次调整。城市财政除了用于城市建设与维护、市政开支之外，还以财政补贴的形式为城市居民的住房、食品、交通、燃料等多方面的消费提供资助，同时对特殊群体提供补助。因此，可以说，城市财政是城市经济生活的"管家婆"。

中东产油国的财政收入主要依靠石油，非产油国则依靠税收。产油国中的海湾国家基本不需要征收税费，被称为"地租型经济"。在非产油国内部，土耳其和以色列的税收占财政收入的比例分别高达84.6%和78.2%，[1] 表明其税收体系十分完善。叙利亚和约旦的税收比例也比较高。其余国家的税收系统则很不完善。中东各国城市中除了正规部门经济外，非正规部门经济广泛存在。这些部门的经济活动很难统计，也无法纳入国家的税收系统，是国家宏观调控的盲区。

货币政策更多地通过金融来实施。金融业是商品经济发展的产物，在市场经济的运行中发挥着极为重要的调节作用。城市金融业是城市经济的神经中枢，引导和控制着经济运行的方向、速度和规模。

中东城市在历史上商业繁荣，却没有建立起类似于西欧的公司产权制度。伊斯兰传统文化对金融业影响巨大。伊斯兰教认为真主是世间财富唯一的主人，穆斯林仅有占有权和使用权，反对重利盘剥和不义之财。因此，对于货币借贷中是否应该出现"利息"，在伊斯兰世界有过激烈的争论。对于利息合法性的不确定，使得中东传统上"有金融而无银行"，[2] 限制了城市金融的发展。伊朗在伊斯兰革命后不收取利息，坚持依照伊斯兰教方式融资，从制度上压制了城市金融的发展。虽然中东各国城市化加速了伊斯兰社会的世俗化，但在大部分国家，城市金融体系不够完善。

---

[1] Rodney Wilson, *Economic is Development in the Middle East*, Routledge, London, 2005, p.183.
[2] Timur Kuran：《中东地区何以经济落后：经济停滞的历史机理》，《开放时代》2006年第3期。

虽然城市金融可以对城市经济发展起到助推器的作用，但金融产品代表的虚拟经济毕竟带有不确定性和泡沫性，一旦与实体经济背离，后果不堪设想。如城市债券是城市融资的一种主要手段。通过发行债券，城市政府可以吸引游资，增加公共支出，改善基础设施和投资环境，使城市经济步入良性循环轨道。然而，城市负债也是一把双刃剑，往往给城市发展带来难以预测的风险。迪拜的城市发展战略受挫就是突出的例子。迪拜一直致力于将自身打造为中东乃至世界上的金融、商业和贸易中心；其快速聚集巨额资金，打造超级奢华房地产和旅游业的成功做法，一度被称为"迪拜模式"。但迪拜的巨额投资是通过国际金融市场的间接融资来实现的。2008年美国次贷危机带来全球性经济大衰退，引起大宗商品价格的迅速下滑，各国纷纷陷入经济危机。由于市场需求不足，石油价格开始大幅下挫，并且维持在低价位。这对中东的石油经济是巨大的冲击。石油美元出现巨大波动。中东各国也陷入了债务危机。迪拜一家国有建筑和房地产公司被迫进行债务重组，影响了整个阿联酋的经济。迪拜在推行上述"迪拜模式"时，政府与所属开发公司在全球债券市场大举借债，筹措投资资金，而这些投资巨大的项目却难以在短期内实现赢利，结果导致震荡全球金融市场的2009年迪拜债务危机。迪拜债务危机给中东各大城市敲响了警钟：城市金融的功能不是万能的，必须有相应的实体经济做支撑，同时防止投资过快过大，预防经济泡沫，维护经济稳定。

三　宏观调控的灵敏性

国家的宏观调控实质上是要解决总供给与总需求的平衡。中东的过度城市化带来总需求的绝对增加以及经济要素的不合理消耗。政府面临的首要问题是如何把蛋糕做大，在供给侧大做文章。其次是如何把蛋糕分好，解决分配问题。下面从土地、住房以及城市基础设施方面分别分析之。

（一）中东的土地调控

由于自然特征及历史传承，中东各国的土地产权制度各不相同。随着西方近代文明的楔入，中东各国从19世纪开始推行土地改革，农村的土地制度出现了巨大变革。1858年，赛义德颁布法令，废除穆罕默德·阿里时期的国有土地赐封制,允许个人购买和拥有土地。① 19 世纪后期,埃及的土地非国有化趋势加强,包税制被彻底消灭。奥斯曼帝国于 1858 年规定土地归实际占有者所有。在伊朗,随着资本主义的发展,土地也变为纯地产。二战后,中东各国纷纷实行了土地改革措施,战前残余的封建土地所有制迅速向近代土地所有制转变,土地的产权关系取得极大进步。土地改革导致原有的部落解体,越来越多的农民进入城市。然而,城市中的土地政策依然是国有化政策,这无疑加剧了城市中的人地矛盾。纳赛尔政府严厉打击土地私有者和大资本家,没收他们的土地和公司。中东城市中的土地产权制度不利于私人资本的成长。这也是尽管中东各国在 20 世纪 80 年代后开始产业结构调整,但城市经济仍然缺乏活力的原因。

土地是城市建设最重要也是极为稀缺的资源,中东的城市土地用地应该向集约节约化发展。在全球化的大环境中,中东大城市应该以提高城市活力和品质为目标,积极探索渐进式、可持续的有机更新模式,以存量土地的更新利用来满足城市未来发展的空间需求,倒逼土地利用方式由外延粗放式扩张向内涵增长效益提升转变。土地利用的集约化将带动城市化的良性发展。

地租是调节城市建设用地的杠杆。合理的城市布局应该是越靠近市中心地价越高。在接近市中心时,建筑物的高度以指数形式增加,因此市中心附近的建筑物远高于周围的建筑物,即使只相隔几个街区。② 而且根据租金的不同,形成了不同功能的用地。因此,土地租金也是城市规划的风向标。中东城市的功能分区仍有待优化。1995 年德黑兰土地价格最便宜的地区是位于城市南部的第 20 区,每平方米 18.5 万里亚尔,最贵的是北部的第 1 区,每平方米 320.5 万里亚尔。③ 中东的大城市更多保留了近代以来的二元城市结构,不利于城市资源的整合和要素资源的有效配置。

中东的某些城市已经开始着手修改土地政策以吸引外资。2002 年迪拜修

---

① Vatikiotis P. J. , *The History of Modern Egypt*: *From Muhammad Ali to Mubarak*, Johns Hopkins, Baltimore, 1991, p. 55.
② 〔美〕阿瑟·奥沙利文:《城市经济学》,周京奎译,北京大学出版社,2015,第 113 页。
③ Ali Madanipour, *Tehran*: *The Making of a Metropolis*, John Wiley and Sons, Chichester, 1998, p. 186.

改了地产持有权法，准许非阿联酋国民在迪拜拥有自己的地产，虽然地产不包含地皮，但不动产的永久持有权及 99 年的长期租赁权仍准许售予拥有私人公司的个人。此外，为鼓励工业企业的发展，阿联酋向企业提供一系列优惠政策，如无偿或低价批拨工业用地，以优惠条件及象征性租金出租工业项目用地等。[1] 这些土地政策主要针对商业和工业用地，为城市的生产和服务功能提供了保障，促进了城市产业的发展。优惠的土地政策减小了外来人员和公司对居住、办公场所的忧虑，吸引了大量优质资产和人力资源进入迪拜，从而为城市经济快速发展提供了保证。[2] 中东其他城市也可以借鉴迪拜的经验，划出特定的区域，如经济开发区、自由贸易区等实施优厚的土地政策，以吸引外资，拉动产业升级和经济发展。

（二）中东的住房调控

中东各国的住房政策大多致力于加大住房供给，试图从供给层面对住房市场进行调控。伊朗政府在 20 世纪 90 年代针对日益严峻的住房形势，提出在 20 年内解决住房问题。进入 21 世纪，伊朗更提出以"提高房屋质量，延长房屋使用寿命"的办法缓解住房难问题。[3] 这是符合伊朗国情的举措。在现有住宅保有量不变的情况下，对住宅进行结构和平面的改造、场地的整治、环境的美化和室内的装修，对现有住宅进行改进和维护，大大提高了住宅的使用功能和服务水平，对缓解住房压力起了"四两拨千斤"的作用。伊拉克政府 1955 年授权 Doxiadis Associates 为巴格达的城市发展拟定规划，这是政府首次为解决城市住房问题、改善政府服务而制定的现代城市规划。[4] 但 Doxiadis Associates 的规划方针带有田园都市的思想，1961～1963 年拆除了许多非法建筑，将原住民迁到城郊的 al-nur 和 madinat al-thawra 住房工程中。此后伊拉克的住房政策发生转变，聘请 Polservice 公司制定巴格达新的城市

---

[1] 钟志成：《中东国家通史·海湾五国卷》，商务印书馆，2007，第 333 页。
[2] 车效梅：《全球化与中东城市发展研究》，人民出版社，2013，第 233 页。
[3] 《伊朗住房部长表示住房难问题有望解决》，中华人民共和国驻伊朗代表团经贸处子站，2003 年 1 月 14 日，http://ccn.mofcom.gov.cn/swxw/show.php?eid=11029。
[4] Yasser Elsheshtawy, *Planning Middle Eastern City: An Urban Kaleidoscope in a Globalizing World*, Routledge, London and New York, 2004, p.66.

规划。后者将建设高层建筑作为解决住房问题的主要方案。1975～1979年巴格达政府在其规划指导下,建筑居民公寓的数量增加了70%。[①] 埃及政府则在大城市周边兴建卧城,即主要承担居住职能的卫星城。2005年穆巴拉克总统提出国家住房计划,目标是6年内建设50万套住房,主要欲解决青年人和低收入人群的住房问题。其中穆巴拉克国家青年住房计划预计分三期完成,建设住房14万套,分布在13座新城。此外还有其他住房项目。仅2005～2006年,埃及政府就新建27.5万套住房,其中12.5万套为经济住房,还有4.3万套中档住房、1.2万套中等偏高档住房。[②]

住宅的本质属性是商品,因此必须激发住宅市场的活力,通过市场来实现供求平衡。如果一国政府将其作为纯粹的福利品由财政统包统揽,从住宅的供应、流通、配给实行一条龙包办,则既无经济上的长久支撑能力,又为现实的分配不公所否定,唯有走商品化的道路,才是顺应历史发展潮流、大势所趋的。[③] 为此,中东各国应该加大住房制度改革。一是住宅投资多元化,改变单一的由国家投资的旧体制,实行多元化投资政策。要鼓励个人、单位、外资等各主体积极投资住房市场,从制度层面为住房投资创建良好的渠道。二是盘活住宅流通体制,使住宅经营商品化,通过市场来调节供需、组织流通。三是实行住宅服务社会化,聘请专业的物业管理公司对住房实行管理和服务,完善社会分工,促进服务业的发展,也有助于城市居民享受到更加舒适便利的住房服务。

住房制度改革并不局限于住宅制度本身,还需要财政、税收、金融、工资、物价及房地产管理等方面的配套改革。住宅金融属于房地产金融的一部分,是指在住宅的投资、生产、流通、经营、消费过程中,通过金融机构和金融市场,运用各种金融工具和方式,进行资金的筹集、融通、借贷结算及提供相关的金融服务。[④] 住宅金融分为住宅生产融资和住宅消费融资,前者

---

① Yasser Elsheshtawy, *Planning Middle Eastern City: An Urban Kaleidoscope in a Globalizing World*, Routledge, London and New York, 2004, p. 68.
② 阿拉伯埃及共和国驻华大使馆新闻处:《阿拉伯埃及共和国年鉴》,第13章,"住房、设施与建筑发展",2008年6月11日,http://www.embassy.org.cn/eg/。
③ 谢文蕙、邓卫:《城市经济学》(第二版),清华大学出版社,2008,第198页。
④ 谢文蕙、邓卫:《城市经济学》(第二版),清华大学出版社,2008,第202页。

满足企业生产住宅的需要，后者满足城市居民获取住宅的需求。可见，住宅金融是联系住宅供给和需求的纽带和润滑剂。由于住宅的价值较高，城市的中产阶级也无力全资购买，依靠住宅贷款则可以满足住房需求。中东的城市居民个人住宅抵押贷款与发达国家相比比例偏小，金融市场不成熟，金融产品不健全，仍有很大的发展空间。

此外，住宅是高档消费品，城市低收入群体往往无力承担，因此住宅问题的解决也不能完全交由市场，而应该在一定程度上实行住房福利，比如政府向低收入者提供住房援助，通过再分配的形式实现社会公平，维护社会稳定。在这一方面，中东还有很长的路要走。

（三）城市基础设施的调控

城市基础设施是城市赖以生存和发展的物质平台，是城市居民不可或缺的公共资源。基础设施提供的产品和服务具有公共性，不能排除任何一个市民使用，也即公用事业。城市基础设施属于公共经济，维系城市经济正常运转，是城市经济发展的前提和基础。"公共品"（public goods）具有外部性，厂商不能独享投资带来的收益，而且投资的风险很大，造成私人投资意愿明显不足。城市基础设施关系第二、第三产业的几十个行业，是一个综合性极强的系统，需要健全的市政管理方能科学规划和实施。同时，城市基础设施建设和管理是政府投资行为，其不仅直接参与生产、服务生产，如电力、自来水、煤气供应等，而且间接地支持生产、服务生产，如交通和电信的畅通是经济发展的必要条件。由于城市基础设施与城市经济存在巨大的相关性，理所当然地成为国家宏观调控的杠杆工具。市政管理中民主化的趋向增强，突出反映在城市规划及基础设施建设方面，从国家包办到城市自治的加强和市民的有效参与，使基础设施更能代表城市居民的需求、服务于城市发展。

中东各国对城市基础设施的调控重点应放在设施的有效供给与服务功能的提高上。为此，应该丰富融资渠道、完善管理体制。城市基础设施的资金来源不能仅依靠中央和地方财政，还应该完善税收管理体制，适度发行债券。对于已有的基础设施要加强维护和管理。此外，诸如自来水、电力、电信等公共事业要合理定价，收取一定的费用用于维持再生产。基础设施的定价过低，则需要大量的政府补贴，而且难以实现水、电等资源的合理配置；

定价过高，城市居民的负担将加重，会引起更加严重的贫困。因此，应该鼓励市民阶层的参与，召开价格听证会，将公共品的价格确定在合理范围，同时破除行业垄断，引入竞争机制，对行业巨无霸进行适度拆分。

总之，中东国家的大多数经济问题在城市化过程中产生，随着快速城市化而加剧。由于城市化超前于工业化，存在资源配置低效率甚至负效率的情况。在现代化的转型过程中，各种社会矛盾由隐性转为显性，很多情况下是由于经济不稳定造成的。因此，中东的宏观调控要解决好城市化带来的问题，还要从控制人口、改组政府机构以及推进世俗化等方面入手，重视非经济因素在国民经济中的地位和影响。

中东国家的宏观调控是一项复杂而艰巨的任务，特别是城市经济伴随着城市化的发展，不断变化，难以把控。中东国家从20世纪80年代起开始以"结构调整"为指导方案，大力推行宏观经济稳定化、资源配置市场化、市场主体民营化、贸易制度自由化，在一定程度上改善了宏观经济状况，扩大了经济增长的基础，推动了工业化进程。① 但调控的步伐受到社会矛盾的制约，是中东国家不得不面对的问题。中东各国唯有探寻适合自身的发展道路，方能实现城市的可持续发展，从而实现国民经济的可持续发展。

第四节 城市化与城市反贫困制度的构建

柏拉图说，任何城市，无论大小，实际上可分为两部分：穷人的部分和富人的部分。② 城市化的过程，是社会资源重新配置的过程，必然会出现城市居民家庭收入和社会地位的分化。健康的城市制度安排下，社会阶层之间的流动没有制度性的障碍，因此城市贫民有机会摆脱贫困、进入上升的通道。然而，一个显而易见的事实是，随着城市化的深入发展，中东城市的贫困人口非但没有减少，在大城市甚至呈现爆炸式增长。贫困人口的不断增长无益于城市生活稳定，建立反贫困制度是中东城市治理的关键所在。

---

① 杨光：《全球化与中东经济体制调整——新世纪中东经济发展问题之一》，《西亚非洲》2007年第11期。
② Plato, *The Republic of Plato*, Basic Books, New York, 1990, p. 111.

一 城市化与中东城市的贫困问题

贫困是指部分社会成员缺少一定的资源和能力,从而导致生活水平达不到社会公认的最基本标准的状态。[①] 一般发展中国家的城市贫困主要是在快速的工业化和城市化过程中农村人口大量涌入城市,导致城市就业和住房紧张,主要由城市公共设施和社会福利制度不健全等因素造成。

提起中东,人们往往联想到的是石油和沙漠,与之对应的是因石油而暴富的中东富豪,以及沙漠和战争导致的中东贫民和难民,可以说,一半是天堂,一半是地狱。自古以来,中东由于自然条件的限制,在广袤的沙漠中生活的贝都因人过着游牧的生活。而定居城市的商人则充分发挥地理优势从事商业活动,积累起巨额财富,促进了巴格达、大马士革、开罗、伊斯坦布尔等一大批城市的繁荣。这在当时的旅行家的游记以及当时的文学作品中处处可见。[②] 中世纪的伊斯兰城市排斥农村移民,著名历史学家伊本·哈尔东(Ibn Khaldun)把田野中的农民和沙漠中的游牧民称为"外来人",甚至认为城市人和农村妇女之间的婚姻是不可行的。城市中除了统治阶级以外,居民构成主体为商人、手工业者等,居民大多可以自给自足,贫困现象不甚明显。据此可知,中世纪的城市缺乏社会流动性,城市和乡村之间存在流动障碍,城市化尚未开始。此外,中东城市在经济关系上通过超经济强制获得乡村农民的生产成果,对城市消费者的补贴以牺牲农民的利益为代价。[③] 中东中世纪城市强调政治职能,仅仅是消费中心,较少具有生产功能。

中东城市的贫困问题伴随着城市化而浮出水面。西方殖民者的到来带来了资本主义生产方式,推动了中东城市化进程。欧美列强在全世界展开角逐,把那些落后地区变为其原料产地和商品市场。工业革命产生了巨大的生产力,西方工业品对中东的冲击在于,城市中的手工业者由于失去竞争力而破产,行会也抵挡不住西方商品,逐渐衰落,城市平民陷入贫困。随着现代工业在中东城市出现,城市的吸力大大增加。与此同时,中东各国推行土地改革,打破原有的封建土地制度,解放了农村的劳动力,不仅使农民迁入城

---

① 向德平主编《城市社会学》,高等教育出版社,2005,第206页。
② 车效梅:《全球化与中东城市发展研究》,人民出版社,2013,第67~69页。
③ 车效梅:《全球化与中东城市发展研究》,人民出版社,2013,第96页。

市变得自由，还促使大地产者更多把资金投入城市，乡村的推力初现。城市化的最重要标志便是人口规模的扩大。19世纪中东城市人口增长显著，主要是由于持续不断的农村移民。如1867年德黑兰出生的人口仅占该市当年全部新增人口的26.7%，[1]其余为外来人口。

城市化的发展意味着社会阶层间的自由流动，各阶层都有上升的通道，这恰恰说明了城市的欣欣向荣。然而，阶层流动并不是单向的，而是错综复杂的，因此城市的贫困人口是不可避免的。

贫困是城市化过程中避免不了的城市问题之一，是由城市引力场所产生的副作用，这是"城市化过程中所必须付出的代价，正如母亲想得到新生婴儿必须忍受生育的痛苦一样"。[2]社会发展过程中产生的问题必须通过发展来解决。根据城市文明普及定律，当城市人口达到总人口的70%以上时，城市文明即为几乎全部人口所享有，乡村也普及了城市文明，两者之间的区别仅仅是人口密度不同而已。现在的发达国家大多已发展到城市化的成熟阶段，"城市病"也较好地得到解决。中东各国大多处于城市化加速发展阶段，正是城市问题集中爆发的时期。同时中东国家城市化的畸形发展加剧了城市贫困的发生。

调查资料显示，阿拉伯国家的贫困率居高不下，2009年黎巴嫩和叙利亚的贫困率为28.6%~30%，埃及为41%，也门高达59.9%。据此推算，大约有6500万阿拉伯人生活在贫穷中。[3]中东非阿拉伯国家的情况也不容乐观。几十年来，中东的贫困不但没有缓解，反而进一步加剧了。

如果从横向比较的话，同一个国家范围内城市的贫困率是小于乡村的。以埃及为例，1982~1991年，贫困人口在总人口中所占的比例从17.0%上升到25.1%，其中乡村地区的贫困人口比例从16.1%上升到28.6%，城市地区则从18.2%上升到20.3%。基尼系数在乡村从0.27上升为0.36，在城市从0.32上升为0.34。[4]从数据上可以看出，1982年埃及的城市贫困率高于乡

---

[1] Ali Madanipour, *Tehran: The Making of a Metropolis*, John Wiley and Sons, Chichester, 1998, p. 10.
[2] 高珮义：《中外城市化比较研究》，南开大学出版社，2004，第128页。
[3] http://xyf.mofcom.gov.cn/article/zcfb/200907/20090706415523.shtml.
[4] Kienle E., *A Grand Delusion, Democracy and Economic Reform in Egypt*, I. B. Tauris & Co., London, 2001, pp. 146–147.

村；随着城市化的加速发展，虽然城市的贫困率不断上升，但幅度小于乡村。事实上，贫困现象存在明显的地域差距。2000年，埃及有820万贫困人口生活在乡村，250万贫困人口生活在城市。① 有学者认为，"城市充斥着贫困人口并非因为城市生产贫困人口，而是因为城市吸引贫困人口，来改善他们的生活"。② 对于这些农民来说，在城市中心，尤其是在有政治影响的首都，他们至少可以得到最基本的公共服务，也便于得到国际援助的食物，并有可能找到临时就业机会。③ 这表明，第三世界国家贫困的根源在农村。农业的落后和农村的贫困逼迫越来越多的农民成为城市移民。

大城市的贫困问题更加突出。这是因为大城市的人口基数大，人口密度高，贫困人口多集中在贫民窟和非法棚户区。中东很多国家存在过度城市化的问题，其表现之一便是低下的生活方式（under urbanism）。城市化表现为乡村人口转变为城市人口的过程，但实质上是城市先进的工业文明代替乡村农耕文明的过程。城市聚集了人类物质文明和精神文明的精华。工业革命以来，科学技术转化为生产力，大大改变了人类的生活方式，在城市体现得最明显。第二次世界大战后，科学技术更是日新月异，以家庭耐用大件消费品为例，几乎每隔十年便会有一次更新换代。城市生活方式不仅是在工业社会的转型的具体表现，而且在一定程度上促进了工业化的持续发展。与中世纪的消费城市不同，工业时代的消费城市让全球经济连成一体，人类迈入大众消费社会。

然而，中东的城市化仅仅是数量的上升，而非质量的提高。涌入城市的农村移民并没有融入城市生活，也不能提高社会的现代化水平，他们成为城市贫困人口的重要来源。比贫困更为严重的问题是贫富差距的日益增大。中东近代城市化的起步是依靠欧美列强的外部刺激。自20世纪70年代以来，以埃及为代表的中东国家开始了从国家资本主义向自由资本主义转变的历史阶段，大力推行私有化的新经济政策。但是几十年过去了，"旧的体制趋于崩溃而新的体制尚未确立"，结果导致"贫富差距日趋扩大，社会分化明显

---

① 哈全安：《中东史》，天津人民出版社，2010，第580页。
② Edward Glaser, *Triumph of the City*, Penguin Books, New York, 2011, p. 70.
③ Alan Gilbert, Josef Gugler, *Cities, Poverty and Development: Urbanization in the Third World*, Oxford University Press, London, 1991, p. 85.

加剧，腐败现象蔓延"。① 中东各国普遍存在收入差距悬殊问题，基尼系数在埃及为 0.35 左右，在土耳其、伊朗等国接近或超过 0.40。② 居民收入的两极分化割裂了城市社区，不利于城市社会的稳定。

二 城市化与失业问题

贫困的最主要原因在于失业。城市是一个巨大的生产和消费的中心；不同于乡村的自给自足，城市居民要维持生活必须通过消费取得，因此获得稳定的收入是城市生活的重要保障。然而，城市的劳动力市场供求总是不能达到均衡状态，失业是不可避免的，长期的失业则导致个人和家庭的贫困。因此，失业和贫困相伴相生，要解决贫困问题，首先必须解决就业问题。

中东城市化的重要表现是人口数量的增长。新增人口带来不断增长的就业需求。然而，劳动力市场的供给却远远不能满足需求。中东各国同大部分第三世界国家一样，"工业化远远滞后于城市化，以至于大批的移民主要在城市中寻找最边缘的就业岗位"。③ 城市中快速增长的劳动力往往无法得到充分的就业，很多人在小企业甚至私人性质的企业工作，这种非正规经济部门提供的工作往往极不稳定。这些人群往往因为缺乏正规教育和培训机会而没有就业优势，或者因为性别、年龄和种族而形成严格的劳动分工差异。在广大中东城市特别是巨型城市中无法铲除的贫民窟和低矮建筑群总是和高失业率、非充分就业率、非正规经济同时存在。④

可悲的是，即使在 20 世纪七八十年代石油业发展的鼎盛时期，中东这些城市也没有能够创办大规模的制造业和世界先进水平的服务产业，来解决各阶层城市居民的就业问题。⑤ 进入 21 世纪以来，石油市场出现了严重的供大于求，中东国家的石油及相关产业面临产能过剩，石油红利开始渐行渐远，对中东的劳动力市场更是严峻考验。

---

① 哈全安：《中东史》，天津人民出版社，2010，第 581 页。
② 杨光：《全球化与中东经济体制调整——新世纪中东经济发展问题之一》，《西亚非洲》2007 年第 11 期。
③ 〔美〕布赖恩·贝利：《比较城市化——20 世纪的不同道路》，顾朝林等译，商务印书馆，2014，第 74 页。
④ 车效梅：《全球化与中东城市发展研究》，人民出版社，2013，第 284 页。
⑤ 〔美〕乔尔·科特金：《全球城市史》，王旭译，社会科学文献出版社，2006，第 242 页。

面对困境，中东各国从80年代开始着手经济体制改革，以期减少政府对经济的过度干预，建立市场经济体制，恢复经济活力。从各国的经验上看，大规模的产业结构调整会带来较严重的失业问题。由于外商投资形成的就业机会有很大一部分面向年轻的劳动力和农村的劳动力（因为前者技术能力更强，后者价格更便宜），城市失业下岗者不但不能在外商投资的企业中就业，而且在城市非正规就业领域还遇到外来移民的强力竞争。2005年土耳其失业率高达11.2%，在全国2133万就业人口中，有48%未缴纳社会保险金，为"未登记"就业。[1] 2013~2014财年埃及的失业率达到了13.3%，全国青年人口（18~29周岁）数量为2070万，占总人口的23.6%，其中约26.3%的青年人处于失业状态。[2]

中东各国劳动力还面临外国劳动力的竞争。在产油国，从事石油开采和加工的大多为外籍员工。中东各国科技水平低下，在石油收归国有之初无力独立自主开发和建设，不得不高薪聘请国外的技术开发人员，尤其是美国、英国、德国和法国等西方发达国家的技术和管理人员。二战后，尽管沙特的本地劳工占石油部门劳工总量的62.1%，卡塔尔石油公司的本地劳工占60.6%，巴林为59.0%，但本地劳工绝大多数是非技术人员。[3] 在非技术岗位，外籍员工也有逐渐增多的趋势。阿联酋的外籍劳工已成为劳动力市场的主体，主要来自印度、巴基斯坦、埃及、叙利亚、巴勒斯坦等。外籍劳工不仅成为石油开采及加工以及相关工业的主力劳动力，而且充斥着整个服务行业包括家政服务等。2007年，阿联酋的总人口为520万，其中外籍劳工约占79.9%。[4] 外籍劳工挤占了原本狭窄的产油国劳动力市场，是产油国失业率居高不下的重要因素。非产油国虽然通过劳务输出解决了一部分就业问题，但并不能从根本上解决国内劳动力市场的不均衡问题。

三 福利政治与济贫制度

发达国家通过卓有成效的城市管理，基本在城市中建立起完善的福利政

---

[1]《国际统计信息综述》（第14期），湖南统计信息网，2006年3月30日。
[2] http://www.mofcom.gov.cn/article/i/jyjl/k/201508/20150801084269.shtml.
[3] Hooshang Amrahmadi, S. EL-Shakhs, *Urban Development in the Muslim World*, the State University of New Jersey, New Jersey, 1993, pp. 189–190.
[4] 车效梅：《全球化与中东城市发展研究》，人民出版社，2013，第226页。

治体制，通过各种政策和制度给人们提供美好的生活愿景。发展中国家的济贫制度往往很不完善。社会保障制度的不充分导致社会中的弱势群体容易沦为贫困人口。在社会保障制度中，失业、医疗和养老的社会保障对贫困人口的影响最大。中东国家的城市济贫制度应该学习西方发达国家，但不应一味模仿，而应根据自身的国情进行适度调整。

城市居民的生活保障大致包括两个方面：一是社会保障，即社会保险、公共扶助、社会服务；二是雇佣保障，即实现雇佣的相关政策。雇佣保障是生活保障的基础，将失业率控制在一个较低的水平上，不仅贫困率会大大降低，政府的社会保障支出也将大大缩减，还有助于维持社会稳定。这是一种积极的济贫制度。而社会保障、公共扶助则是解决城市居民因失业、疾病等风险不能得到稳定收入时的最低生活保障问题。社会保障制度与济贫制度是维持城市社会稳定的蓄水池，通过政府的二次分配来实现社会的相对公平。此为消极的济贫制度。

在伊斯兰教的传统观念中，穷人也应该受到保护。《古兰经》的教义规定，富人应该意识到"乞丐和贫民应有的权利"。[1] 城市贫困的加剧和贫富差距的扩大不仅与伊斯兰教义相悖，而且滋生出宗教激进主义，严重影响城市的社会稳定和经济运行。从政治学意义上看，城市贫困问题的长期存在会对社会的价值观和道德观念体系带来严重的负面影响。特别是如果政府长期忽视贫困问题和穷人的状况，将可能使社会成员的平等、公正、同情、互助意识淡薄，从而带来更多的社会问题。城市贫困现象的存在必然是政府所推行的社会政策的后果，所以政府必然是减贫方案的制定者、决策者和管理者，这是政府必然承担的责任。济贫制度不仅是中东城市持续发展的保障，而且是中东社会稳定的安全阀，具有重要意义。

奥科克指出，"从政策决定问题的意义上来看，贫困的界定通常取决于应对贫困的各项政策，于是政策和贫困就好像学术圈内存在着的'鸡和蛋'的谜面，理解贫困首先就要去理解政策"。[2] 这段评论恰如其分地说明了济贫制度与防止贫困之间的矛盾。例如，向城市贫民发放食品补贴、修建廉租房

---

[1] Albert Hourani, *A History of Arab Peoples*, Harvard University Press, Cambridge, Mass, 2002, p. 120.
[2] Peter Alcock, *Understanding Poverty*, the Macmillan Press LTD, London, 1993, p. 13.

可能会提高他们的生活质量，但这些措施很可能会吸引更多的农村贫困人口涌向城市。

中东产油国特别是海湾六国已建立起较为完善的社会保险制度。海合会成员不仅不向民众征收税款，还利用巨额石油收入来提供高福利，向民众转移石油收益。这种做法有悖于福利经济学的原则，不仅难以形成可持续的经济体系，而且还阻隔了民众的政治参与。当油价受国际经济的影响剧烈波动时，这种福利政策必然会产生严重的破绽。

其他中东国家的社会保障体系则普遍存在社会保障制度滞后，覆盖面狭窄，社会事业保障、养老保障和医疗保障不完善，甚至某些重要保障制度缺失等问题，无法为城市人口提供有效保障。中东国家的社会保险种类较为简单，主要是提供退休金，国家职工从60岁以后就可以享受退休金，此外，社会保险还为孕产妇提供全薪。[1]

中东的社会保障制度由国家主导，忽视了经济效率，造成国家负担日益加重。穆巴拉克时期，埃及政府为克服财政赤字而削减生活必需品补助金的发放金额。1992~1997年，政府发放的生活必需品补助金在国内生产总值中所占的比例，从5.2%下降到1.6%。[2] 即便如此，有限的社会保障也未能最大限度地发挥作用。埃及低收入阶层占总人口的30%，但国内的物价补贴却仍然覆盖近80%的人口。

中东现有的济贫制度偏重于发放生活补贴等方式的消极应对，类似于向贫困人口输血。可持续发展的济贫制度应侧重于帮助贫困人口恢复"造血"功能，即赋予其摆脱贫困的能力。埃及等国的失业保险规模小，在社会保险中微不足道。这就意味着城市居民一旦失业就将陷入贫困的境地。

除了失业保险外，政府还应该推动在职培训以及失业人员的技术培训，提高其职业技能，以帮助其再就业，同时为进一步的产业调整储备劳动力和人才。中东各国的高等教育应加大职业教育的力度，培养实用型人才，以消除"知识失业"的怪现象。政府在进行产业结构调整的时候要适当考虑就业问题，大力发展劳动密集型产业，积极发展第三产业。

---

[1] Rodney Wilson, *Economic is Development in the Middle East*, Routledge, London, 2005, p. 182.
[2] 哈全安：《中东史》，天津人民出版社，2010，第577页。

城市的第一要素是人。城市济贫制度也应该充分发挥人的主观能动性。中东各国应该鼓励大众创业和创新。在城市化过程中，不仅重视政府的宏观调控、强化政府的反贫困职能，还要提升城市居民个体的反贫困能力。市民社会的要义在于城市公民的参与。此外，还应鼓励非政府组织和城市社团共同参与反贫困运动，多管齐下方能达成目的。

城市反贫困体制的建立对于中东的经济稳定乃至社会稳定都意义非凡。贫困意味着资源配置不合理，贫困人口的大量存在和增加会造成有效需求不足，阻碍市场调节机制发挥作用，最终影响国民经济的健康运行。贫困及贫富差距扩大反映出分配机制的不合理，资源或被转向暴力、寻租和腐败。脆弱的经济加大了政治动乱的可能性，城市也可能成为动乱的中心。

结　语

中东的城市化与工业化的脱节，带来了经济形势的不稳，加大了宏观调控的难度。中东的发展历程表明，提高城市化水平对经济增长的促进作用是有条件的。城市通过聚集经济促进了资本、人力和物流的集中，间接促进了国民经济的增长，但城市化的过程中也伴随失业、贫困、通胀等阻力，削弱了城市化对国民经济发展的贡献。中东各国应在本地区生产结构和技术水平基础上，制定相应的城市化政策，促进经济的持续稳定增长，进而确保社会的和谐稳定。

第五章
城市化与社会心理稳定

在中东城市化进程中，由于速度过快，且主要以西方城市为模板进行城市建设，城市社会成员的心理不稳定因素增加，而市民的心理稳定则是审视中东城市化结果以及影响中东社会稳定的重要变量。

第一节 城市化与城市社会成员对政府的信任和支持

在城市社会成员的众多社会心理中，对政府的信任与支持程度是直接关系政府有效治理城市以及国家稳定的因素。在该问题上，我们要看到，城市化给城市人口的心理影响是多层面的，不同社会阶层或团体的社会成员甚至同一阶层的成员在不同时期受城市化影响不同，因此不同阶层甚至同一阶层不同时期对政府的支持程度都有所不同。总的来说，从城市化视域来看，在某一时期支持政府的市民都是在这一时期从政府城市化政策中受益的群体；反之，其利益在城市化中受到伤害或没有得到保障的则可能不信任或不支持政府。

一 心理认同与对政府的支持

中东国家的城市化改变了中东地区传统的社会结构（详见本书第二章）和经济结构（详见本书第四章），一定程度上增强了城市社会成员对其民族国家的认同，进而使其在心理上更加支持政府。

（一）城市化打破了原来以族群①、教派、阶层为单位的聚居状态，增强了市民的民族国家认同

中东的城市化进程可以追溯到18世纪末19世纪初。面对西方国家的渗透，一方面，奥斯曼帝国从17世纪开始便展开了自上而下的改革，②以军事改革为主的早期改革实行从农村大量征兵的政策，大量年轻村民入伍；另一方面，对外战争的节节失利与内部的教派、部落战争使大量农田荒芜，农民开始离开农村到城市谋求生计，从而开始了中东的早期城市化进程。而这一进程间接弱化了中东地区民众长期持有的宗教社团认同。

在中东传统的地方社会中，人们对领土的认同程度远不及对宗教、家族、部落或语言的认同，中东语言中的"国家"③一词只表示政府、民权、政治统治、王朝等，根本没有领土的含义，而中东国家也极少正式提及其领土属性，统治者也很少被冠以领土性的头衔，因此民众对其国家的政治忠诚中也缺乏对其领土的忠诚。在其自我介绍中，常常会听到说自己是"穆斯林""犹太人""亚美尼亚人"等充满族群、教派的自我界定，却很少有人会定义自己为"土耳其人"、"埃及人"或"叙利亚人"。由于在奥斯曼帝国时期，帝国对城市实行"米勒特"管理制度，以教区为市民居住、征税、防卫的基本单位，客观上强化了市民的宗教社团认同。由于族群也是帝国在划分社团时的考虑因素，且相近阶层常常聚居在同一社区，因此"族群认同""阶层认同"等"次民族（国族）认同"充斥在中东的传统社会里，但宗教社团认同是其中最主要的认同。

到18世纪中叶，随着中东地区城市化的展开，这种局面开始发生变化。首先，虽然大多数社区仍保留着16世纪以族群、教派命名的社区名，如

---

① 广义上的"族群"既包括以血缘关系为纽带的"族群"即狭义的"族群"，也包括以宗教信仰为纽带的"族群"即"教派"。本书出于论述需要将两者分别对待，采用狭义"族群"概念。
② 一般历史学家认为谢里姆三世统治时期（1789~1807年）是奥斯曼帝国现代化改革的开端，但实际上早在奥斯曼二世（1618~1622年）时期奥斯曼帝国就已经开始了现代化改革。详见王铁铮、黄民兴等《中东史》，人民出版社，2010，第193页。
③ 阿语中的dawlah、土耳其语中的devlet及波斯语中的doulat。

"犹太人社区""库尔德人社区"等名称,但它们已经不能代表社区内所有居民的特征,甚至有的已名不符实。如18世纪阿勒颇北部的一些"库尔德人社区"已不再是马木路克时期完全是库尔德人居住的景象,当时在那里居住的主要是阿拉伯穆斯林和基督徒,到20世纪早期这些"库尔德人社区"中的居民93%是基督徒。[1]其次,社区逐渐混居着来自不同社会阶层的居民。最初中东地区富裕的市民大多居住在市中心,贫穷的农民住在边缘地区。但18世纪后,由于城内市中心地区更易受到外来骚扰,许多富裕家庭选择居住在城郊,市中心社区部分房价有所回落,房价有高有低,从农村涌向城市的新居民开始入住市中心社区,社区遂出现不同阶层混居局面。许多社区中居住着社会背景、职业、文化信仰等不同的居民,他们被社区连为整体,共享利益并履行义务。

二战后,中东地区的民族国家如雨后春笋般出现,随之而来的是更大规模的城市化进程。这种城市化进程多为政府支持和主导,使城市出现了更多不同族群、教派、阶层混居的现象。这使不同族群、教派、阶层的社会成员通过混居为邻里而建立了感情,客观上弱化了其心理上固有的"次民族认同",逐渐使其在心理上建立了对新的"民族国家"和"民族(国族)"的自豪及热爱之情,并最终产生"民族国家认同"和对政府的支持。

(二) 政府拉拢新中产阶层及实施惠民政策的行动一定程度上加强了市民对其的认同

首先,中东政府在城市化过程中注意拉拢新中产阶层,使其成为支持政府的有效力量。20世纪70年代以后,中东国家广泛开始国家政治、经济、城市等各方面建设,与此同时,城市化进程步伐加快。在城市化过程中,从农村走出的学生作为一支潜在的力量受到各国政府的重视,且中东国家主要从两方面利用这支新兴力量。第一,通过教育改革扩大大中院校的招生,以扩大教育的覆盖面来促进国家的城市化;第二,注意吸纳毕业生进入政府系统或国有企业,使其成为新中产阶层的重要组成部分及政府的有力支持者。

---

[1] Abraham Marcus, *The Middle East on the Eve of Modernity: Aleppo in the Eighteenth Century*, Columbia University Press, New York, 1989, p. 317.

以叙利亚为例，20世纪70~80年代，通过教育发展及对知识分子的补贴，叙利亚形成了一大批以知识分子及中等学校毕业生为主的新的中产阶层。[1]他们毕业后成为教师、政府雇员及国有企业的技术工人等，由于其利益与政府息息相关，因此成为政府的坚定支持者。

其次，在城市化过程中，中东大多数政府通过加大投入的方式来实施惠民政策。由于20世纪七八十年代既是中东经济腾飞、城市化进程加快的年代，也是美苏冷战正酣的时期，中东国家经济上获得大量美苏外援，因而资金雄厚足以支持高投入的惠民政策。这些惠民政策通常是通过在国家经济生活中实行"三方补贴"即补贴生产者、补贴消费者、补贴出售者的手段提高国民的生活水平。二战后，大量土地荒芜，大批村民失去土地，到城市寻求生计，大部分移居到城市的"新市民"一开始生活十分艰苦。政府的惠民政策使他们在举目无亲、衣食不足、居无定所的状况下生活有所改善，心理上得到安慰和满足，这种心理满足感增强了他们在城市的安全感，从而使其对政府更加信任、依赖与支持。

（三）社会成员对政府的认同度会随着受惠程度以及城市安全的下降而降低

20世纪80年代末之后，中东政府拉拢以大中学校毕业生为主的新中产阶层的政策、以高投入维系的惠民政策基本无法维系。一方面，在团结和扶植新中产阶层上出现了三个问题。第一，由于政府广泛吸纳大学毕业生进入政府及事业单位，从而在一定阶段内大大解决了学生就业问题，使更多来自农村的学子将上学看作改变命运的有效途径。第二，由于政府盲目扩大教育规模而没有及时对学生择校甚至科目进行疏导，导致学生分布不均，学生大量选择读普通高校而非技术类学校，且集中在传统上受重视的专业领域如宗教学、文学、历史等，最终导致教学质量不佳且失业严重。第三，政府为了加强拥护自己的新中产阶层的力量而盲目扩大公务员、国有企业及事业单位雇员的规模，最终产生了数量庞大的冗员，且公共系统工作效率低下。如叙利亚在20世纪70年代国有工厂利润低下的最大问题在于生产和管理的严重

---

[1] 王霏：《叙利亚现代民族国家构建》，西北大学博士学位论文，2014，第126页。

超员。① 另一方面，惠民政策因资金严重不足而无法维系。中东国家在20世纪70~80年代得以实施这惠民政策。原因有二：第一，20世纪70~80年代，中东国家经济长足发展且石油收入大幅度增加；第二，这一时期是美苏冷战的重要时期，两国在中东不断通过经济、军事、技术等援助来建立、巩固自己在中东地区的利益，因而中东国家外汇充足。然而，从20世纪80年代末开始，除了产油国的收入没有大幅度下降外，其他国家均因冷战的低迷、美苏尤其是苏联减少经济援助而收入锐减。此外，20世纪70年代末，在中东兴起的伊斯兰复兴主义及20世纪90年代初兴起的伊斯兰恐怖主义思潮的影响下，② 一些激进分子对政府补贴的商店进行袭击，③ 对城市进行各种破坏，尤其是2010年"阿拉伯之春"爆发以后中东城市普遍遭到严重毁坏，市民心理上出现严重的不安全感。在受惠程度降低、安全受到威胁的情况下，中东城市社会成员对政府的认同大大降低。

二 心理失落与对政府的怀疑

在中东的城市化过程中，由于缺乏有效的城市治理，"城市病"日益严峻。面对久拖未决的城市问题，社会成员出现了不同程度的心理失落感，从而滋生了对政府的怀疑甚至不支持。其中，边缘群体问题、市民认同问题、城市腐败问题较为突出，针对这些问题，城市社会成员出现了以下相应的心理失落。

（一）边缘群体的失落

中东国家的城市化伴随产业结构和城乡结构的转换过程，即农业人口向非农业人口的转换。随着中东城市化的深入发展，移民潮成了中东经济转轨时期生产力发展的反映。这些"移民群体"进城谋职、谋业、谋生，作为弱势群体，在城市中他们常常遭受来自各方面的歧视和冷遇，无法真正融入城市生活，是介于城市工人阶级和纯粹的农民阶级之间的边缘阶层，我们称之为城市"边缘群体"。

---

① Tahitha Petran, *Syria: Nation of the Modern World*, Ernest Benn, London, 1972, p. 210.
② 参见王铁铮主编《全球化与当代中东社会思潮》，人民出版社，2013，第2~8页。
③ 王霏：《叙利亚现代民族国家构建》，西北大学博士学位论文，2014，第127页。

第五章 城市化与社会心理稳定

从社会学和社会心理学的角度来看，边缘人是在社会文化变迁或地理变迁过程中产生的一种转型人格。它是在新旧文化或本族文化与他族文化的碰撞、选择、冲突下人格分裂呈多变双重化的产物。[①] 大量农村剩余劳动力是边缘群体的源泉，他们是城镇劳动力的重要组成部分。一方面，边缘群体为城镇的经济发展做出了巨大贡献，成了城镇劳动中不可或缺的组成部分；另一方面，又给城市建设、社会发展带来许多不可避免的问题。这是社会亟须关注并加强管理、给予保护的群体。

总的来说，边缘群体成因如下。第一，城乡差别是动力。在中东，都市的现代生活是吸引农村人口进城的终极原因。这些人来到城市期望过上更好的生活，但因为自身学历、技术、资金等方面受限，找不到理想工作，只好从事报酬极低而又不稳定的边缘经济活动，甚至常常处于失业的边缘，从而沦为城市的"边缘群体"。第二，过度城市化的产物。大规模的城市化使城市负荷过重，中东国家普遍出现过度城市化现象。经济活动、就业机会和服务业集中在城市，扩大了城市之间和城乡之间的经济和社会差距，拉动农村人口和小城市人口向中心城市流动，造成大城市的过度拥挤和城市边缘区的蔓延、贫民窟的出现。2010年底，开罗市区人口达到1101.1万。世界最大的30座贫民窟，中东地区有6座，其中开罗就有4座。[②] 开罗最大的4座贫民窟中，印巴巴区（Imbaba）和埃兹贝特埃尔—哈格戛纳区（Ezbet El-Haggana）人口高达100万；死人城（city of the dead）和曼施纳萨尔（Manshiet Nasr）贫民窟人口分别高达80万和50万。除上述四座贫民窟外，还有众多贫民窟散落在开罗中心老城区及城市外围。据埃及政府统计，整个大开罗地区的贫民窟数目高达81座。[③] 开罗贫民窟内人口所属阶层复杂，增加了社区稳定及治理的难度。第三，土地所有权及其管辖机构混乱进一步加速其形成。中东国家政府各部门在土地所有权上争执不下，中央机构与各省针锋相对地争夺土地管辖权，使普通公民和其他机构容易侵占大片土地。对违规占

[①] 车效梅、李晶：《多维视野下的西方边缘性理论》，《史学理论研究》2014年第1期。
[②] United Nations Human Settlements Programme, *The State of Arab Cities of 2012*, *Challenges of Urban Transition*, Nairobi, 2012, p. 15.
[③] David Sims, *Urban Slum Reports*: *The Case of Cairo*, *Egypt*, http://www.ucl.ac.uk/dpu-projects/Global_Report/pdfs/Cairo.pdf.

地者没有严肃查处，亦造成土地管理的混乱、建设规划的紊乱。这些为边缘区的出现与蔓延提供了有利的外部环境。移民和城市贫民在城市边缘区搭建窝棚草屋，日后往往膨胀成贫民窟。例如开罗的纳赛尔区便起源于20世纪60年代初的窝棚草屋。这些窝棚草屋沿着铁路线蔓延了约2公里，至今犹存。

1. 边缘群体的成员特点

中东国家的边缘群体成员的主要特点如下。第一，数量多、文化素质低。边缘群体多为转向城市谋生的农民，他们人数庞大、文化水平低，没有受过专门技术训练，因而缺乏寻找工作的知识、技术、资金与经验。以开罗为例，开罗边缘区人口居民的75%来自农村，10%原来居住在其他城市，其余为开罗人；他们父辈大多是文盲，多为工人和手工业者；95%的妇女为家庭主妇，家庭规模为6人左右，许多人的住房系非法占地（即没有合法产权）。第二，流动性大、居住区环境差。由于边缘群体进城的目的主要是赚钱，哪里有钱赚就到哪里，他们具有明显的"游民化"倾向。所以常常居无定所或聚居在贫民窟中。第三，空间分布不均匀。边缘群体因地缘和业缘关系，主要集中在城乡接合部，呈分散状态。此外，边缘群体还根据一些纽带而内部产生分化，如同乡群体、建筑工群体等，因而更加复杂化。

2. 边缘群体心理失落的成因

城市边缘群体形成后，其成员心中逐渐出现了一种社会失落感，这直接导致了他们对政府的怀疑与不认同。边缘群体产生心理失落的原因如下。

第一，城市"边缘区"的出现。中东的"边缘区"一般具有如下特征：①多数住房环境差，合住现象普遍，房间内拥挤不堪；②缺乏基础设施和公共服务，如自来水、下水道和电等；③人口极其稠密，街道狭窄，工商业活动与居民生活区相互交错；④缺少绿地和运动场所；⑤缺乏应对危机的装备，如消防设施、卫生防疫；⑥卫生条件差，垃圾成堆，污水横流，通风不佳，采光不好；⑦教育条件差，社区周围缺乏足够的学校，边缘群体子女普遍受教育状况不佳。由于以上特征，边缘群体成为城市中最贫穷、落后、脏乱的人群，他们心理上能深刻感受到处于城市边缘地位的强烈失落感。

第二，心理上的受歧视感和地位低劣感。边缘群体中存在社会焦虑与社会失落感心理，由此形成无形的屏障，阻碍了他们与市民的认同和融合。城市学家 Philip Hauser 认为移民"必须采取新的和不熟悉的生活方式；货币经济；有规律的工作时间；缺乏舒适的家庭生活；与别人之间有大量的非人事关系的联系；新的休闲方式；变化巨大的外部环境（如住房、卫生设施、交通拥挤、噪音）；承受经济、社会和心理压力。快速城市化可以造成社会、经济和心理的分化和紧张，这些紧张感带进政治领域可以成为一种不稳定的因素"。①

边缘群体主要在以下几方面受到歧视。①就业方面。由于边缘群体文化程度低，缺乏基本的技能，只能从事一些"边缘"的职业即普通市民不愿从事的脏、累、苦、险职业，如建筑、保姆、环卫、搬家等。②居住方面。边缘群体长期居住在"边缘区"甚至贫民窟中，普通市民也不愿与他们毗邻。埃及在整治开罗贫民窟问题时曾计划将贫民窟整合进普通社区，开罗市民普遍反对，他们表示不愿和这群"肮脏""暴力"的人住在一起。由此，边缘群体长期聚居在一起，经常是同一地方来的人居住在一起，从而形成了小团体意识，更加缺少市民认同。③社会接纳方面。边缘群体在社会上遭受普通市民的白眼，被看作不讲卫生、没有文化且具有犯罪倾向的人群，因而无法被真正接纳。④政治参与方面。边缘群体的政治参与是畸形的，一方面，政治冷淡笼罩着城市边缘区，边缘人口为解决温饱而奔波，根本无暇顾及政治。各政党包括执政党、政府都没有真正进入边缘区，边缘区是孤立于主流社会的政治孤岛，边缘人口的政治愿望和正当利益没有常规的表达渠道，边缘区的政治能量得不到合法渠道的吸纳和化解。总体来说，边缘群体缺乏正常合法的政治参与渠道，主要表现为投票率低。同时，边缘区与其他地区差距日益扩大，边缘区人口感到受到压迫和剥削。他们生活在城市文化的边缘，处于国家机构管理的边缘，倾向于诉诸非常态政治参与，积极卷入政治暴力和政治动荡，因为唯有政治动荡时，当局才感受得到他们的力量。边缘人口是现存秩序的牺牲品，代表社会中的变革力量。2011 年初开罗爆发政治骚乱，边缘群体渴望被关注，他们声称现有的政权没有保障国家赋予他们的政治权利，因此，为了找回自己的骄傲和尊严，他们在解放广场一遍又一遍

---

① Farhad Kazemi, *Poverty and Revolution in Iran—The Migrant Poor, Urban Marginality and Politics*, New York University Press, New York and London, 1980, p. 60.

地重复口号:"我们都是埃及人。"①

第三,生活状况普遍恶化。①患病率高,且得不到有效救治。边缘群体因为居住环境卫生条件差而常常染上疾病,而边缘区的医疗条件又极为恶劣,因而常常得不到救治,患病率甚至死亡率都较高。②犯罪率高。一方面,边缘群体受教育程度低、长期被歧视,因而暴力倾向较严重;另一方面,为了生存,很多失业的边缘群体成员从事毒品交易等犯罪活动。③失业率高、离婚率高,邻里关系不睦。边缘群体的生活常常被没有工作、住房困扰,他们很多人酗酒甚至吸毒,抱怨社会、仇视社会其他阶层,因而人际关系往往不好,生活幸福感极低。

城市是经济活动的主要场所,诸如就业、教育以及更好的卫生保健等方面的机会是吸引农村人口涌入城市的拉动因素。人们怀着对美好生活的憧憬被吸引到城市地区,而大多数进入城市的人并没有真正享受到这些城市的福利,他们逐渐成为边缘群体,并由于上述种种因素而形成了强烈的心理失落感。这种失落感严重影响了他们对政府的信任与支持以及与普通市民的融合,并倾向于暴力反对政府。

(二) 普通市民的失落感

城市化带来的社会生活方式的巨大变化,使城市成为成功、幸福、便利的代名词。生产的集中、消费的集中、人口的集中是城市发展的重要条件。城市化导致的急剧集中,既带来了效率和成本上的收益,也给刚刚踏上现代化发展道路的城市带来了巨大挑战。这些挑战映射在市民心理上的常常是一种难以言表的失落感。

1. 对传统生存环境变迁感到失落

城市化是现代化的一个重要部分,后者还包括工业化、科技化、世俗化以及殖民主义、民族主义、民族国家、公民社会等的建立过程。而现代化的过程又直接体现了现代性这一社会学理念。在某种意义上,现代性涉及四种历史进程的复杂关系:政治的、经济的、社会的和文化的。世俗政治权力的确立和合法化、现代民族国家的建立、世界市场的形成和工业化过程、传统

---

① http://iremam.univ-provence.fr/IMG/pdf.

社会秩序的衰落和社会的分化与分工、宗教的衰微与世俗化的兴起、城市化与城市文化的兴盛等都深刻地反映了现代社会的形成。中东的城市化进程极大地改变了中东地区民众的生活,但也使他们对传统生存环境的丧失而深感失落。

第一,对城市空间体系改变感到失落。新兴的中东民族国家的城市空间体系变化主要有以下几方面。①铁路及公路的快速发展改变了原有的城市空间体系。二战后,中东无论是国家政府、地方政府还是企业家,都对大规模兴建铁路、公路产生了浓厚的兴趣。随即铁路、公路沿线城镇人口迅速集中和增长,铁路、公路周围地区逐渐发展为大、中、小城市。②工业化带动的高楼大厦林立成为中东大城市的新景观。中东国家特别是海湾产油国在战后石油经济的带动下,城市现代化进程加快,西式高楼大厦成了中东大城市的标志。③私人空间的变化。中东铁路、公路的修建不仅推动了城市化进程,而且一定程度上改变了原来中东的城市面貌和私人空间,特别是小街巷密布与死胡同繁多的景象。城市空间体系的变化使市民原来熟悉的城市面目全非。面对密集的公路线、高耸的大楼以及现代的公寓住宅,市民更多感受到的是一种冷冰冰的钢铁水泥铸就的城市带给他们的冷漠与孤独感。

第二,对人口极度膨胀感到失落。二战后,随着中东国家工业化的普遍推进,人口剧增。过于庞大的人口数量给中东城市带来的负面影响主要有以下几方面。①极大地制约了工业化的发展水平。人口增长吞噬了大部分新增国民收入,减少了储蓄和投资,加重了社会负担,并使生产要素的组合比例失调,从而降低了整体经济效率。②人口膨胀降低了人均资源占有量,造成了严重的失业问题,教育、保健、住房等社会基础设施的紧张,还导致高抚养率,加重社会负担,并制造了大量贫民窟。③造成食物供给紧张,出现通货膨胀。如城市化后的开罗消耗全埃及进口粮食总量的一半,[①] 进口粮食价格不断提高。尽管政府每年花费巨额资金进行粮食补贴,但效果并不明显。④不利于人均收入的提高。人口的剧增加剧了人口和土地的比例失调,引起消费品生产成本上升,生活水平下降。在1985~1989年的五年中,开罗消费

---

① 〔埃及〕侯赛因·凯法菲:《埃及》,陕西人民出版社,1983,第54页。

品价格指数提高一倍,平均每年提高19.7%,且这种趋势仍在加强;① 随着家庭人口增多,家庭支出增加,不利于资本的积累;国民收入的增加往往为人口的增长所抵消。⑤人口素质下降。开罗在20世纪90年代60%的人既不能读也不会写,妇女文盲率更高。② 人口素质低下导致犯罪率上升和社会不稳定。总之,城市化使大量人口涌入城市,人口剧增的上述种种负面影响都在城市市民的心中打下了烙印,使城市社会成员的失落心理愈发严重。

第三,对城市环境恶化感到失落。工业化是城市化的孪生兄弟,工业化在促进城市化发展的同时也造成了环境的恶化。以排水系统为例,20世纪60年代中东地区大多数城市还缺乏完善的污水排放及处理系统。70年代新的有效的污水处理系统虽然在一些大城市建立起来,但随着人口的剧增,污水处理系统很快滞后。20世纪80年代伊斯坦布尔的全部排水、脏水和工业废水的25%未经处理就流入金角湾,环绕该城的水域受到工业废水的严重污染。③ 1980年埃及科研机构现场调查报告称,开罗为"世界上最喧闹的城市之一",开罗在车辆和人们拥挤时噪音达到80分贝以上,而世界卫生组织规定的标准为45分贝。④ 2001年6月一家负责播报空气污染程度的新闻中心指出,德黑兰空气质量每况愈下,正严重影响居民的身体健康。据该中心一位官员统计,每年大约有4600名市民的死亡与空气污染有关。⑤

第四,对城市拆迁改造感到失落。城市扩张直接一方面导致中东政府实施了大规模的拆迁工程,典型事件为对非法占地建房的城市边缘群体实施暴力拆迁。1977年末1978年初德黑兰市政当局在没有采取任何安置措施的情况下,对大量城市边缘群体居住的棚户区展开强制拆迁,造成大量城市边缘群体无家可归。⑥ 另一方面使城市逐渐失去了历史韵味,市民失去了对城市

---

① 车效梅:《当代开罗城市化问题探析》,《西亚非洲》1997年第5期。
② 车效梅:《当代开罗城市化问题探析》,《西亚非洲》1997年第5期。
③ Michael N. Danielson, Rusen Keles, *The Polities of Rapid Urbanization*, Holmes & Meier Publishers, New York, 1986, pp. 133 – 134.
④ Michael N. Danielson, Rusen Keles, *The Polities of Rapid Urbanization*, Holmes & Meier Publishers, New York, 1986, pp. 133 – 134.
⑤ http://www.fujian-window.com/Fujian_w/news/fzrb/.
⑥ Farhad Kazemi, *Poverty and Revolution in Iran—The Migrant Poor, Urban Marginality and Politics*, New York University Press, New York and London, 1980, p. 88.

的历史记忆感与亲切感,在新的城市中找不到归属感,从而产生强烈的失落感。"随着外国资本的渗透,我们似乎已经失去了从前的那种主人的感觉。我们曾一直渴望城市化不断得到发展,希望自己能从中获得些许的享受;然而现在我们生活在这个城市之中,却远远偏离了城市的实际,我们彼此之间已变得那么遥远和陌生。"[1]

2. 对生活感到失落

第一,对住房感到失落。城市是幸福、现代化的标志,而中东的城市化由于进程加快,城市人口超负荷,加重了市民住房危机。1952年"七月革命"后,埃及的历届政府都极其重视开罗的房屋建设问题,但由于人口增长速度快于房屋建筑速度,住房问题日益严重。每个房间住的人数由1947年的2人上升为1960年的2.3人和1976年的3.32人。20世纪90年代,开罗房价飞涨,一小套公寓起码要卖3万埃镑,[2] 远远超出一般市民家庭的经济承受范围。于是,贫民窟、楼顶房等相应在开罗出现。

第二,对教育感到失落。中东地区的教育状况一直不容乐观。奥斯曼帝国后期,国家的教育机构主要分为三大类:传统清真寺学校、国外传教士学校和私立学校、公办的世俗学校。其中,公办的世俗学校便是奥斯曼政府在国外传教士及私人学校控制奥斯曼教育体系的局面下兴办的,是近代中东现代教育的先声。二战后,中东新建立的民族国家纷纷开始现代教育建设,扩大教育规模,大力发展基础教育、高中等教育,以及技术教育。但教育出现了一系列问题,比如教育质量不高、技术教育生源有限、高校过度招生引起就业问题严峻等。而就业问题是中东国家市民对教育失望的主要原因。当然,从教育层面看,就业形势严峻是由许多因素造成的,除了学校过度招生外,还有一个重要因素就是学生在专业分布上不均,不愿选择技术、工程类学科,因而人才市场供需脱节。

第三,对失业感到失落。失业有着不可忽视的经济、社会和政治影响,失业是大多数社会问题的主要根源,严重威胁市民心理稳定与社会和谐。正

---

[1] Yasser Elshehtawy, *The Evolving Arab City*, *Tradition Modernity and Urban Development*, Routledge, New York, 2008, p. 64.
[2] 〔埃及〕穆·哈·海卡尔:《愤怒的秋天——安瓦尔·萨达特执政始末》,世界知识出版社,1992,第132页。

常情况下，在任何社会里，都没有比存在大量的失业人口更危险的。失业问题是当前埃及、叙利亚等中东国家经济面临的最严峻挑战，2011 年埃及发生政治动荡时，官方统计的失业率为 8.5%，但实际数字可能更高。[1] 失业问题不仅是中东国民经济尤其是劳动力市场紊乱的首要问题，且成为影响市民心理的主要问题，严重危及政治、经济稳定和社会和谐以及市民的心理健康。失业率高是国家宏观经济失衡的主要标志之一，是许多发达国家和发展中国家普遍存在的经济和社会问题。失业意味着部分人力资源没有得到利用，即愿意并且有能力工作的人没有投入生产。对失业者及其家庭而言，失业意味着丧失工资收入从而极可能陷入贫困之中。埃及人口普查将劳动年龄人口分为两类：①劳动力，包括自主雇佣者、业主、工资劳动者、给亲友工作而不获取报酬者、长期失业人员和新近失业人员；②劳动力之外者，包括全日制学生、全日制家政人员、不愿工作的人、养老金领取者、不工作的老龄人口和丧失工作能力者。长期对失业问题产生失落感的主要是前一类失业者。

除了上述失落感外，市民还有一种最深沉的失落感，即对城市治理感到失落，其中最有代表性的是对城市腐败的失落感，这种失落情绪最终可能导致市民行为的极端化。本章第二节将对此进行详细论述。

三　中东城市意志与市民社会的发展

城市化不仅是人类居住的物质空间形态发生变化的过程，同时也是城市经济、社会结构乃至人们的思想观念、思维方式等发生深刻变革的过程，是具物质性但无意识性的城市成长为物质性与精神性并重的城市、城市意志得以形成的过程。这一过程是与市民社会的发展紧密相连的。

（一）城市意志产生的条件

城市意志不等同于城市意识形态，后者是一个具有强烈政治色彩的概念。而城市意志是一个社会文化学的概念，指城市作为当今社会中一类重大的存在主体，应有属于自己的利益诉求、思想表达；作为有机体的城市，还

---

[1] 安维华：《埃及的经济发展与社会问题探析》，《西亚非洲》2011 年第 6 期。

有喜、怒、哀、乐等各种主观世界的活动及内容。

1. 城市化是城市意志产生的重要条件

城市意志并非自城市诞生起就有的。在传统的、静态的农业社会条件下，城市仅仅作为一类与乡村对峙的人类居住空间形态而存在，城市没有自己的价值与属性。如中世纪的欧洲，城市通常也不过是封建统治的堡垒，担负着政治统治与军事镇压的职能，且长期与乡村对立。因此，该阶段的城市还没有自己的意识、意志与思维。市政当局为获取统治的合理性与合法性，常常把自己的意志、意愿说成是城市意志。

城市化时代的到来使城市意志的出现成为可能。"多样性是城市的天性"。[1] 城市社会本身具有高度的异质性，而城市化时代的来临又增添了城市社会整合的难度。虽然多元化、城市社会利益格局的形成有利于城市保持生机与活力，但失控、失当可能使城市步入崩溃与耗散，城市危机、矛盾将随之出现。城市意志迫切需要厘清与官方意志的边界。正是在此背景下，1984 年土耳其政府颁布了"三〇三〇法案"，其目的是建立一个大城市市政结构，使大城市通过有计划的、程序性的、有效的和协调的方式执行城市服务职能。[2] 国家第一次用立法的形式确立了新市政制度的权威性。"三〇三〇法案"第一款写道："新法案的目标是使大城市市政府处于这样一种法律地位，即能够有计划、可控制、有效和协调地提供相应服务。"同时也规定，"大城市市政府需要对那些财政资源不充足的地方市政府提供财政援助"，[3] 以使伊斯坦布尔区形成一个完整的市政系统。

2. 城市意志的形成与理性、成熟的市民社会密不可分

在现代文明下，不仅"新的生活方式孕育着一个多元化的城市社会"，而且"城市社会的人"也正在"创造着个性化的生活方式"。[4] 城市社会不回避和畏惧多元化，相反不呈现多元化特征的城市便不是城市社会。但多元

---

[1] 〔加〕简·雅各布斯：《美国大城市的死与生》，金衡山译，译林出版社，2005，第 143 页。
[2] 车效梅、侯志俊：《"三〇三〇法案"与伊斯坦布尔市政改革解读》，《西亚非洲》2010 年第 3 期。
[3] Metin Heper, *Local Government in Turkey—Governing Greater Istanbul*, Routledge, London, 1989, p. 51.
[4] 张鸿雁：《城市定位的本土化回归与创新："找回失去的 100 年的自我"》，《社会科学》2008 年第 8 期。

化的现代城市社会是在相互尊重与承认的前提下的多元化。这种要求，对于由"进城"方式实现突飞猛进的城市化的中东国家而言，无疑是颇有挑战性的。这既需要城市居民努力改造、改变自身，学会对话与合作，更需要构建一种适应现实需要的制度设置，以确保不同利益主体的要求和亚意志的整合，使其结为一种整体性的城市意志。

城市意志的出现同市民社会的形成密切相关。然而，市民社会与城市社会不是一回事。城市社会是一个历史范畴。自"城市"这一人类社会的集聚形态出现起，城市社会便已存在。市民社会作为一个社会政治术语，与现代意义上的、同政治国家相区别的社会有诸多的相似性、共通性。近代以前，在伊斯兰世界，有些伊斯兰学者认为伊斯兰教历史上存在着独特的伊斯兰公民社会（al-mujtama al-madani）即"乌玛"，"乌玛"从一开始就是具有自治性的团体。这里的"公民"即为基于部落和地缘关系而结盟的穆斯林，与近代以来的市民社会仍有巨大区别。所以近代之前，中东市民社会还没有真正形成，传统城市还仅仅是一种居住形态而不是一种社会政治生态，居住于城市中的人们还没有在城市中建立起精神家园，城市人与乡村之间的精神脐带尚未剪断，故城市没有表达自己意愿与想法的内在需要。城市意志在传统城市时期既无存在的可能，也无存在的必要。

中东城市居民的理性化程度不足和社会参与程度不够。中东城市由传统到现代的转型意味着中东社会结构和外部环境发生变化。身处社会变迁中的中东城市居民承受着巨大的无所适从和前途难以判断的心理压力。特别是全球化背景下中东城市内部竞争压力的增大，造成城市居民长期心理焦灼状态的产生，并进而大大降低了原本初具的理性化程度。同时中东社会转型使城市社会成员内部的价值体系异化，统一的伊斯兰价值体系开始分化，于是社会成员间难以达成共识，社会认同出现严重危机。这样，尽管中东国家的市民社会正逐渐成熟并一定程度上开始发挥作用，但由于社会成员价值观的多样，而难以达成共识，市民社会参与困难，社会动荡的可能性大大提高。世俗化政策并没有解决中东城市发展所遇到的问题，相反，人们发现彻底的世俗化将使社会失去精神支柱，使城市中穆斯林的认同感大为削弱。城市化进程的加速，导致城市人精神缺失、认同感下降蔓延。

3. 在支持城市意志形成的众多条件中，城市治理模式有重大影响

城市治理模式在不同社会、政治生态下是不一样的。目前，最有利于城市意志形成的治理模式是共同治理。这种治理模式得到了作为与市场经济相适应、自下而上的政府治理的参与式国家（授权式国家）的制度供给。1984年的"三〇三〇法案"、20 世纪 90 年代的德黑兰市政改革说明中东市政改革所追求的公共管理主体的多元化、公民参与、责任性、回应性、有效性、法制化等，恰好能够满足城市意志形成的实践需要。中东市政改革既使中东城市作为一类多种社会力量并存的社会生态，加强了其内部多种力量的意志整合，也使城市主体在通过制度性的谈判、博弈、考量与平衡后达成意志共识。而城市意志的形成过程，正是各方面对话、合作、寻求能为大家所共同接受的方案的过程，此过程的实质即现代民主训练过程。这对于缺乏民主传统的中东国家民众的素质提高具有重要意义，也有利于国家民主政治建设。

（二）市民意识与市民社会

1. 市民意识

市民意识（civic consciousness）广义上既是城市居民的生活习惯、行为方式，又是城市居民的意识、信念和理想。对于前者，阿诺德·布鲁诺（Arnold W. Brunner，1857~1925）提出，"我们的家园必须表达我们的个人品位和个性化的偏好"，[1] 即城市也可以具有人性化的特征，城市中的建筑物、街区、立交桥、人行道等都可以视为市民（citizens）表达某种精神和公共意识的标志。而本书的市民意识主要侧重对后者的论述，即指城市精神和公共意识。就 20 世纪中叶至今中东国家的市民意识来说，较突出的特点是中东人民反对专制、追求平等。2010 年开始的"阿拉伯之春"就是这种市民意识的表达。

农村生活方式向城市生活方式的转变是人们接受城市文明的过程，市民意识产生于农村观念向城市观念的转变过程中。由于不同的市民具有不同的心理、习惯、态度和价值观念，在城市社会中存在不同的声音，这种差异性

---

[1] Arnold Brunner, *Cleveland's Group Plan*, *Proceedings of the Eighth National Conference on City Planning*, Cleveland, National Conference on City Planning, New York, June 5–7, 1916.

往往导致市民对政府的城市政策、市政改革持不同态度。一方面，一个城市中市民的道德和精神面貌必然给城市改革烙下深刻的印记；另一方面，市民意识中的市民认同又是市民对城市制度和机构的一种珍视、依归，是个人的自我意识被其所属的集体性自我意识部分取代时的一种行为，是关注整体福祉和共同利益的一种态度。

市民意识的形成有赖市民"城市性"的确立。城市社会学"芝加哥学派"的重要成员路易斯·沃思归纳出了三个指标意义的城市特性：人口数量、居住地的密度和居民以及群体生活的异质性。[①] 随着城市化的发展，人口的城市性特征日益明显，其原来所具有并带入城市的乡村性色彩将日渐褪去。但是，城市的阴暗面制造了障碍，导致城市居民的乡村观念再一次发生作用，城市性替代乡村性的过程出现"延迟"。

在城市人口增长中，城市特性表现在以下几个方面。第一，城市日益表现出多元色彩，尤其是技术工人进入城市使城市的技术含量提高。第二，城市经历了一系列的城市改进，如街道的铺设、街灯的安装、汽车和火车的使用、公园和娱乐场所的建立等，改变了城市生活模式。第三，城市改革中教育事业的发展惠及"新市民"群体，教育的发展提高了城市人口的素质。第四，住房问题缓解也是促使人口增长的一个因素。中东政府提出了一些解决城市住房问题的方案，并成立专门委员会负责。公共住房计划建设了统一的公寓住房，一定程度上改善了城市居民的生活状况。第五，政治热情的增长，城市人口数量的增加都意味着选举人的增加。这些都是有利于城市居民获得并确立城市性的因素。

从人的发展来看，农村人口转移到城市，只是完成城市化的一个步骤，即人口空间上的流动。城市化还有个体的改造过程，即农村人口素质、生活方式、思想意识上的市民化。市民意识转变的完成有三个指标：文化适应（acculturation）、角色转换（role transition）和市民认同（civility）。文化适应是人类学的概念，从城市—乡村连续统（continuum）视域看，文化适应就是在城市化过程中农村人口对城市文明的接受、对城市生活方式的适应，通常

---

① 于海：《城市社会学文选》，复旦大学出版社，2005，第44～57页；蔡禾：《城市社会学：理论与视野》，中山大学出版社，2003，第66页。

伴随着某些变革。文化适应是个体把原有的文化特性置于新的文化环境之中，从而完成个体意识转换。对于城市改革者来说，他们极力要争取大多数市民的支持，这大多数的市民首先是接受城市文明的群体，然后才能支持改革。正如哈茨马切尔所说，除非改革的精神渗透到每一个城市居民之中，否则就没有希望取得满足新工业文明需要的有意义的政治、经济和社会调整。[①]角色转换是城市居民对自己角色的清楚认识和积极转变。在中东城市中，市民角色转换至少包含三个群体的角色转换，即原城市居民、农村移民和外来移民。市民认同是对构成市民社会的那些制度或机构的一种珍视或依归。在城市改革中，市民认同就是城市居民支持改革、对改革措施的认同、对改革所取得的成果的珍惜。市民认同关注整体的福祉和共同的利益，是市民意识中对城市改革起主要推动作用的因素。从城市发展来看，当城市病出现时，需要有人站出来揭露这一事实。然而，除了那些既得利益者，城市普通居民往往心有余而力不足，且城市中居住着大量外来人口，他们绝大多数是从落后的农村地区迁入的，他们对于生活的要求是很低的、很容易满足。他们没有成熟的市民意识，也拿不出解决社会问题的具体方案。这意味着城市问题单靠个人已经不能解决，尤其是在个人觉悟较低的中东社会，如市民意识转变完成的三个指标——文化适应、角色转换和市民认同方面皆存在诸多问题，如农村移民的亚文化现象，移民只完成了地域上的转换，心理、习俗多遵循旧的习惯，移民还不具有市民的特质，奢谈市民认同。因而中东的城市意志任重道远。

2. "市民社会"

市民社会（civic society）在本书中有特定含义，"市民"（citizen）指的是城市居民，出现于城市文明兴起、城市生活方式逐渐取代农村生活方式占据主导地位之时。"市民社会"是城市社会、城市文明或城市生活方式、城市性和市民城市意识起支配作用的社会。中东国家在二战后及建国初城市化的历史过程中市民及其意识的作用愈发突出，反映了中东城市化进程中农村文明向城市文明转换、村民意识向市民意识转换、传统生活方式向现代生活

[①] J. Joseph Huthmacher, "Urban Liberalism and the Age of Reform," *The Mississippi Valley Historical Review*, Vol. 49, No. 2, Sep. 1962, p. 231.

方式转换的历史过程。

查尔斯·泰勒（Charles Taylor）从以下几个方面定义"市民社会"。①就最低限度的含义来说，只要存在不受制于国家权力支配的自由社团，市民社会便存在了。②就较为严格的含义来说，只有当整个社会能够通过那些不受国家支配的社团建构自身并协调其行为时，市民社会才存在。③作为对第二种含义的替代或补充，当这些社团能够相当有效地决定或影响国家政策之方向时，我们便可以称之为市民社会。①泰勒在这里强调了三个方面：社团的存在是市民社会的要素之一，市民社会是相对独立的或者说社会高于国家，市民社会能够影响国家政策。

城市改革与市民社会是相互作用的。一方面，城市改革是市民社会活动的动力。就市民而言，城市改革既培养了市民的危机意识、改革意识和公共意识，也培养了市民的城市意识、社会意识和国家意识。城市改革及其需要强化了市民的政治参与意识，并使其萌生了一种与进步思想潮流一致的"新的精神"。另一方面，市民社会的活动是对城市改革的有力支持，会促进改革的深化。市民社会中对市民的言论、出版、结社和宗教自由权利的保障催生了包含民主、进步色彩的"新的精神"。富有这种精神的"新中产阶级"是城市改革的主要助力。随着二战后中东诸多国家的政治独立和城市化发展，大量市民社会组织如雨后春笋般出现；市民社会组织对政治问题给予广泛关注；市民社会组织与政府存在着既对立又合作的双重关系等。从20世纪60年代中期到80年代末，中东公民社会组织有了显著增加，从2万个增至7万多个。根据著名学者萨阿德·埃丁·易卜拉欣统计的埃及相关资料，在注册的市民社会组织中只有40%是真正有活力的。在该时期成立的市民社会组织中最引人瞩目的是大量政党的出现，如也门43个、约旦23个、埃及13个。2002年，这一地区拥有近13万个有组织的市民社会团体。在中东的非阿拉伯国家，市民社会得到了快速发展，如土耳其在20世纪90年代初期就约有5万个非政府组织。②在伊朗，其实早在1979年伊斯兰革命之前，国内就存在一个发达的市民社会，主要由巴扎商人、乌莱玛和知识分子三个阶

---

① 〔英〕J. C. 亚历山大：《国家与市民社会：一种社会理论的研究路径》，邓正来译，中央编译出版社，1999，第6~7页。
② 姚大学：《论中东市民社会及其特征》，《西亚非洲》2008年第11期。

第五章　城市化与社会心理稳定

层构成。

同时也要看到中东城市存在另一类公民社会,其被称为"宗教公民社会"(religious civil society),即由宗教力量为主导所建立的公民社会,认同伊斯兰解决一切问题的理念,在真主的旗帜下开展社会活动。这类公民社会其组织名称中多包含伊斯兰、穆斯林等字样,或者与伊斯兰的文化、思想、历史密切相关,如青年穆斯林协会,清晰地表达了它要求在真主的旗帜下开展社会活动的愿望。

中东城市伊斯兰公民社会与世俗性的非政府组织一样,认识到国家社会服务有效供给不足,力图弥补本应政府承担的责任,通过建立伊斯兰基金会、清真寺等向广大民众尤其是穷人提供多种社会福利,如修建避难所、提供免费或低价医疗服务、向穆斯林提供法律援助及修建运动设施、建立维护妇女权益的组织等。在20世纪60年代,伊斯兰性质的非政府组织占各类非政府组织总数的17.3%,在20世纪70年代占31.2%,在20世纪80年代后期占34%。在1991年上升至43%,且这个比例还呈现不断上升态势。[①] 这类公民社会在宗教的外衣下有了长足的发展,其中尤以"穆斯林兄弟会"在这一时期的发展壮大最为典型。

由于城市社会是一个复杂的有机体,阶级和社团之间在宗教信仰、生活习惯、种族观念、经济等级和具体目标上有所不同,人们寻求的改革具有多种模式,使得市民社会需要有一个认同的观念(国家认同),在共同利益和整体福祉中以求减少彼此诉求的差异。但无论如何,城市改革是市民社会与国家互动的手段,市民意识是市民社会与国家互动的表达,市民意识又通过社团组织即市民社会甚至公民社会推动城市改革的进行。如伊斯坦布尔的"三〇三〇法案"创立了大众选举地方市长的制度。民众参与选举地方市长,为权力和职责的分配拓展出新的发展前景,[②] 尽管此时市民对市政的参与还是非常有限的,但是普选制度的引入将为日后更广泛的市

[①] 蒋灏:《埃及公民社会伊斯兰化及政府对策》,《阿拉伯世界研究》2011年第1期。
[②] Metin Heper, *Local Government in Turkey—Governing Greater Istanbul*, Routledge, London, 1989, p.34.

213

民参政开辟道路。①

(三) 城市意志的意义

城市意志赋予了城市个性,是现代城市必不可少的灵魂。在现代国家大一统的框架下,所有城市的政治架构基本是同一模式的,因而无法通过政治性区别城市;但城市意志因为各个城市的具体诉求不同,而体现着城市居民不同的愿望、呼声和要求,承载着自由、自治、民主的精神,从而更能彰显城市的个性。

城市意志形成机制的建立,有利于推进城市化向更高层次迈进,并解决新时期出现的城市问题。良好的城市制度对城市的发展有重大作用。新形势下探索城市意志的形成机制与建立新的城市社会运行、治理模式有密切关系。城市意志固然是城市的一种内在属性,然而城市意志的形成也必须得到外在资源系统的有力支持,否则城市意志难以形成。

城市意志是城市官方意志形成的重要参数,城市官方意志的形成以及城市管治都无法忽视城市意志的存在。所以,对城市意志,城市当局应当持一种开明的态度,多疏导而不是堰堵。市政当局可以通过社会动员系统和舆论力量对正常的城市意志的形成施加必要的影响,而不是任其自然生成而无所作为。市政当局要引导常态的城市意志的形成。反之无疑既弱化了市民意志表达的力量,又增添了城市社会理性、有序运行的风险。伊朗1979年伊斯兰革命之后,德黑兰市政制度中的民主性进一步发展,主要表现为城市管理中引进新理念:"重要的基础设施项目和塑型工程的实施是与旨在合理划分权力和责利的行政运行机制改革同步进行的。"② 这种分权体制改革,不仅有力地确保了改革的制度化,而且也为筹集实施"整容工程"所需要的资金打下了基础;不仅为市政府的战略规划奠定了良好的基石,而且也有利于提升广大市民的参与意识,激励他们为德黑兰的发展献计献策。1992年创办市民报《Hamshahri》,提升市民的参与意识与文化素质,该报有广大的读者群。自

---

① 车效梅、侯志俊:《"三〇三〇法案"与伊斯坦布尔市政改革解读》,《西亚非洲》2010年第3期。
② Gholan Hossein Karbaschi:《德黑兰——一座再生的城市》,朱观鑫、李富明译,《技术经济与管理世界》1997年第4期。

此，市政制度中的民主性显著增强。

有人从城市与城市社会的视角大胆断定，"世界历史，即是城市的历史"。① 亚里士多德亦言，"城邦的长成出于人类'生活'的发展，而其实际的存在却是为了'优良的生活'"。② 帕克指出："城市环境的最终产物，表现为它培养成的各种新型人格。"③ 因此，对于城市及城市社会，古今的人们都寄托着极高期望与遐想。但是城市社会维系、运行的复杂性也超出人们的想象。令人欣慰的是，中东城市意志正在形成，城市化快速发展使得民主思想的传播极为容易。城市成为大众基层民主的摇篮和发源地。"三〇三〇法案"就涉及了选举制度、民主决策制度和双层市政府制度等内容，加强了城市自治权力，改善了城市选举制度，健全了城市民主制约机制，促进了土耳其政治民主化进程。④ 在"三〇三〇法案"指导下伊斯坦布尔市实行地方分权所产生的重要结果之一便是大批市民来到地方市长办公室，迫切要求提供服务，向市长诉苦。⑤ 地方市政府，除了提供有效的城市服务以外，还能让选民与政策制定者之间有亲密接触的机会。伊斯坦布尔的地方市政体制，积极鼓励平民参与地方政治活动。甚至地方市政府非法居住区的居民也试图诉说自己的不平之事，要求得到一些服务以作为回报。数据显示，土耳其1984年创建双层都市市政体制后所取得的成就是过去相同时间内所取得成就的2到3倍。内务部官员认为，在很大程度上地方市长为取得这些重大成就做出了贡献。⑥ 正是在此背景下，伊斯坦布尔城市基础设施更新有效，使城市形象改善和竞争力提高，⑦ 避免了矛盾无限累积后城市社会的崩溃。可见，城市意志有"强化城市自我发展能力"的功效。

---

① 〔德〕奥·斯宾格勒：《西方的没落》，陈晓林译，黑龙江教育出版社，1988，第353页。
② 〔古希腊〕亚里士多德：《政治学》，吴寿彭译，商务印书馆，1997，第7页。
③ 〔美〕帕克：《城市社会学》，宋俊岭等译，华夏出版社，1987，第273页。
④ 车效梅、侯志俊："《三〇三〇法案》与伊斯坦布尔市政改革解读"，《西亚非洲》2010年第3期。
⑤ Metin Heper, *Local Government in Turkey—Governing Greater Istanbul*, Routledge, London, 1989, p. 37.
⑥ Michael E. Bonine, *Population, Poverty, and Politics in Middle East Cities*, Florida University Press, Florida, 1997, p. 33.
⑦ 车效梅、侯志俊："《三〇三〇法案》与伊斯坦布尔市政改革解读"，《西亚非洲》2010年第3期。

但是，由于中东城市意志仍是新生事物，有的城市主体间还缺乏共同城市意志的有效整合，在城市内部有出现不同利益主体间的激烈对抗，以及群体性、突发性事件频发的现象。如纵观德黑兰市政改革历程，公众参与城市管理的愿望总是遭遇中央政府控制。在经历半个多世纪的努力后，虽然建立了权力逐渐强大的市政府，但由于德黑兰是中央政府所在地，德黑兰城市管理遭遇尴尬局面，即一方面有多层管理，如内政部管理市政府的建立和废除、城市委员会的选举和罢免，以及决定城市的边界，监督城市规则的制定及执行，处理登记宗教的捐赠等。又如，城市住房部建设建筑和其他设施的钱来自国家的发展预算。[1] 另一方面又缺少把城市作为一个整体而管理的权威，市政府仍是中央政府提供服务的一个分支。而德黑兰市政权威的局限导致其城市管理的另一个缺点，即活动范围的有限性：仅仅局限在都市区，对城郊发展无能为力。[2] 中央政府与市政府责权不明，大市政府与地方市政府责权不明，导致市政行为是以一种不协调的方式来执行，导致人们对地方政府缺乏信任。[3] 城市化发展呼唤地方市政府和大城市市政府合作，共同处理那些棘手问题。[4] 但是法案一方面让地方市政府在政治上扮演一种新角色，另一方面却保持大市政府官僚机构角色不变，这将导致改革效果大打折扣。这说明，中东城市的市民意志表达与形成机制仍待完善。

第二节 城市化与城市社会成员价值取向和行为选择

一般而言，从农村移入城市的人，最初可能会因离开了家族或部落的庇护而产生一种陌生感甚至不安全感。但久而久之，城市居住区里会形成小的社区或社团组织，形成某种邻里关系，共同维护社区的道德、法律和治安。这样，一方面，市民形成了能代表自己利益且具有民族国家认同的组织，也

---

[1] Ali Madanipour, *Tehran: The Making of a Metropolis*, John Wiley and Sons, Chichester, 1998, p. 74.

[2] 车效梅：《德黑兰都市困境探析》，《世界历史》2007年第4期。

[3] Metin Heper, *Local Government in Turkey—Governing Greater Istanbul*, Routledge, London, 1989, p. 12.

[4] Metin Heper, *Local Government in Turkey—Governing Greater Istanbul*, Routledge, London, 1989, p. 39.

就是出现了公民社会组织。另一方面，中东的城市化破坏了其农村自古以来的以血缘、家族、情感为基础的初级纽带，城市成了滋生孤独感、冷漠、不道德甚至犯罪等异质性的地方。

一　中东公民社会的出现与发展

公民社会介于公民与国家之间，与政府、市场共同构成现代公共治理的三大支柱。[1] 英国著名学者戈登·怀特指出，"作为对20世纪60年代和70年代发展中国家状况总体反应中的第三个要素，公民社会在社会学上的意义等同于经济领域中的市场以及政治领域中的民主"，并认为公民社会连同民主和市场构成了发展学派万应妙药的"魔力三重唱"。[2] 而与民主、市场不同的是，作为公民的自发组织，它更能反映某一阶段社会的普遍心理。

（一）何为"公民社会"？

公民社会同"民族国家"一样，是起源于欧洲的现代组织，泛指自组织（self-organized）起来满足其共同或公共需求的社会部门，是折射市民社会心理尤其是市民对政府支持度的一面镜子。它以公民自组织为核心，还包括媒体、网络、公民的各种公共交往形式等公共领域，公民的集体行动和社会运动，等等。[3] 从表现形态来讲，公民社会包括政党、工会、行业协会、联合会、商会、志愿者组织、慈善组织、妇女组织、青年组织、其他利益集团等社会团体，统称公民社会组织（Civil Society Organizations，CSOs）。

公民社会作为非政府组织，需要具备以下三个要素。第一，独立性。公民社会必须具有独立于中央和地方政府的特性才能合法地对本组织、本领域、本阶层成员的利益加以维护，否则公民社会存在的价值必将大打折扣。第二，非营利性。公民社会不以获取经济利益为目的，独立于商业部门。由

---

[1] 贾西津：《转型秩序与公民社会》，中国经济体制改革研究会公共政策研究网，http://www.crcon.ore/cpipphtml/jiaxijin/2007-7/26/200707260938.html。

[2]〔英〕戈登·怀特：《公民社会、民主化和发展：廓清分析的范围》，何增科主编《公民社会与第三部门》，社会科学文献出版社，2000，第58页。

[3] 贾西津：《什么是公民社会》，中国经济体制改革研究会公共政策研究网，http://www.crcpp.org/cpipphtml/jiaxijin/2007-7/24/200707241715.html。

于非营利性组织主要分布在教育、医疗、文化、科研、体育以及各类社会团体中,公民社会的这一特征使其获得了广泛的社会参与基础,进而增强了自身的生命力。第三,服务性。公民社会的独立性与非营利性使其同样具有服务大众这一特点。公民社会不仅代表某行业或团体,而且是综合性群体,因而其服务对象也具有广泛性。[1] 此外,公民社会还具有一个重要特征,即参加公民社会组织的人必须享有共同的价值观并为之采取共同的行动。[2]

根据以上要素,我们可以发现,在中东步入现代之前,基本没有真正意义上的"公民社会"。在近代,"公民社会"主要表现为城市阶级组成的"市民社会"。市民社会是西方中世纪城市的主要组成部分,与民主政治联系紧密。中东城市的大商人没有将资金转向生产,而是投入传统的农业领域,因此难以形成西方意义上的市民社会。[3] 从这一层面来说,中东的公民社会也和它们的民族国家一样先天不足。

公民社会与国家的关系模式一般有五种:公民社会制衡国家的模式——大社会、小政府;公民社会对抗国家的模式——社会最终代替国家;公民社会与国家并存共强的模式——强社会、强政府;公民社会参与国家的模式;公民社会与国家合作互补的模式。[4] 赛义德·艾丁·易卜拉欣特别指出,国家—社会关系的非零和博弈特征显示,强国家并不就意味着弱社会,有时恰恰相反。如大多数西方稳定的民主制度都是建立在强社会和强国家二者基础上的。而中东国家通常是弱社会和弱国家。[5]

(二)公民社会的促进民主的作用

作为公民社会心理的集中体现,现代公民社会在推动民主和发展这两大

---

[1] M. Riad El-Ghonemy, *Egypt in the Twenty-First Century: Challenges for Development*, Routledge Curzon, London, p. 200.

[2] Saad Eddin Ibrahim, "Civil Society and Prospects for Democratization," 转引自 Tim Niblock, "Civil Society in the Middle East," in Youssef M. Choueiri, *A Companion to the History of the Middle East*, Blackwell Publishing Ltd, London, 2005, p. 487。关于更多中东公民社会的理论问题可参见该书第 486~503 页。

[3] 车效梅:《中东中世纪城市的产生、发展与嬗变》,中国社会科学出版社,2004,第 122 页。

[4] 何增科主编《公民社会与第三部门》,社会科学文献出版社,2000,第 6~8 页。

[5] Saad Eddin Ibrahim, *Egypt, Islam and Democracy: Critical Essays*, American University in Cairo Press, Cairo, 2004, p. 246.

世界潮流方面扮演着不可或缺之角色。具体来讲，公民社会在促进社会民主方面有如下作用。

第一，公民社会的发展可以改变国家和社会之间的力量对比。一个日渐长成的公民社会势必会增强社会的力量，从而有助于形成与政府"势均力敌的反对派"，这被认为是现有民主政权的一大特征。在威权主义盛行的中东国家，公民社会的成长则意味着有组织的社会力量的能力日益增强，而这将削弱国家控制社会的能力。第二，一个强大的公民社会可以限制国家。公民社会主要通过实施公共伦理标准和行为准则、改进政治家和行政人员的责任制来限制国家。既然权力会滋生腐败，绝对的权力滋生绝对的腐败，那么从集权式国家向公民社会的变化将会使权力持有者处于更大压力之下，从而更加负责地使用手中的权力。第三，公民社会可以推进国家和社会之间的政治沟通。公民社会作为国家和社会之间的媒介，在政治生活中发挥着关键作用。公民社会通过引导和处理各不相同的要求，对社会产生一种约束性的效果，有助于缓解国家和公民之间的矛盾。第四，通过沿着民主的路线重新界定政治游戏规则，公民社会可以发挥创制的作用（constitutive role）。表现有三：①公民社会组织把遵守那些构成竞争性自由民主特征的一系列政治游戏规则看作符合自己利益的行为，并在它们中间把这些规则永久化，当遵从构成了所有相关政治力量实行的分权策略的均衡状态时，民主就得到了巩固；②公民社会创造和维持了一系列新的民主规范，后者调节着国家的行为，以及国家与社会、公民个人的公共领域之间特定的政治关系；③公民社会不同部门也拥有不同的、供其支配的权力资源，而不同的规范体系界定政治安排的能力依赖体现在各种体系中或隐藏在各种体系后面的权力，亦即向民主的转变就是"在朝的和在野的政治利益集团围绕着政治游戏规则和所运用的资源而展开的一场斗争"。[①]

公民社会与民主的联系是显而易见的。如果说民主在最低限度上意味着一整套的统治规则以及通过竞争性组织或者利益集团之间的和平操作而实现的制度化治理，那么公民社会就是最为标准的此类组织或集团。除了那种直

[①] 〔英〕戈登·怀特：《公民社会、民主化和发展：廓清分析的范围》，何增科主编《公民社会与第三部门》，社会科学文献出版社，2000，第69~74页。

接民主的模式，公民社会组织被认为是实现大众参与治理的最佳渠道。① 当然，公民社会和民主化的关系在实际中绝不会这么简单，更不是在真空状态操作。这种关系往往受到国家"政治文化"的影响，例如国家的特殊遗产、集体记忆、个人和集团当前的状况（形式和内容）等。此外，地区的和国际的因素也会阻碍或者促进二者之间的关系，使之更加难以确定。②

(三) 中东国家的公民社会

很多西方观察家认为中东民主化步履艰难正是因为中东公民社会缺失或者其"政治文化"受阻。甚至一些被称为"东方主义者"的西方人士断言中东根本就不可能培育出公民社会，因而也就谈不上任何民主化的前景。而实际上，中东很多政府曾经为了加深公民尤其是市民对政府的认同与支持，而在某一时间内鼓励发展公民社会组织，以加强民众的公民意识。例如，埃及的"穆斯林兄弟会"便是20世纪中叶中东出现的典型的反政府的公民社会；21世纪初，叙利亚新总统巴沙尔领导了被西方称为"大马士革之春"的社会改革，充分支持公民社会组织的活动；伊朗在哈塔米担任总统期间（1996～2004年）大力倡导建立公民社会，认为相较于建立在希腊罗马文明基础之上的西方的公民社会，他的公民社会是建立在先知之城的基础上的，是具有中东特色的公民社会。③ 本书以叙利亚公民社会的出现与衰落为例，探讨中东国家公民社会发展的特点。

1. 叙利亚公民社会出现的背景④

叙利亚公民社会的真正出现是在巴沙尔执政初期的"大马士革之春"改革后，改革措施如下。第一，宣布实行多党制与自由选举制，放宽对言论、媒体的限制。第二，为缓解叙利亚紧张的政治气氛，对反对派采取较为宽容的政策。特赦了数百名政治犯，将潜在竞争对手、前任总参谋长希克马特·

---

① Saad Eddin Ibrahim, *Egypt, Islam and Democracy: Critical Essays*, American University in Cairo Press, Cairo, 2004, p.247.
② 〔美〕塞缪尔·亨廷顿：《第三波：20世纪末期的民主化》，李盛平、李玉生译，华夏出版社，1988，第31～107页。
③ 王铁铮主编《全球化与当代中东社会思潮》，人民出版社，2013，第11页。
④ 这部分主要来自王霆著《叙利亚现代民族国家构建研究》，中国社会科学出版社，2015，第199～204页。

谢哈比请回国，并授予其"总统府贵宾"荣誉称号。第三，为缓和国内压力和反对派的对抗，赋予人民议会更多的权力，采纳人民议会对经济政策的一些积极建议。在"大马士革之春"改革的召唤下，叙利亚公民社会出现并展现出初步繁荣。

2. 叙利亚公民社会发展的特点

第一，政治、经济论坛涌现。20世纪90年代中叶，大马士革的巴拉马克区（al-Baramkah）出现了最早的论坛"艾布·扎拉姆（Abu Zlam）现代研究论坛""杜马尔（Dumar）文化论坛"[1] 等非官方的讨论会。这些论坛探讨政治问题，并呼吁社会其他部门响应。1999年12月，在埃胡德·巴拉克成为以色列总理后，叙利亚和以色列之间重新展开和平对话，引发了叙利亚民众围绕与以色列关系正常化的广泛讨论。而随着谈判的失败，国内讨论重新转向叙利亚的腐败与改革，随着总理马哈茂德·祖阿比（Mahmoud al-Zuabi）被开除党籍讨论达到高峰。

第二，对政府提出调整选举法以加强人民议会作用。早在1999年叙利亚召开的人民议会第七次立法选举中，利亚德·萨伊夫（Riyad Sayf）、阿里夫·达里拉（Aref Dalilah）等就提出了调整改革法及加强人民议会作用等要求。2000年7月17日，巴沙尔在其总统就职典礼上强调了尊重他人观点的重要性，这给予了民众适度的言论自由的空间。

第三，知识分子明确提出建立"公民社会"的观念。在哈菲兹·阿萨德去世前，左翼知识分子已将"公民社会"升华为民主改革的一部分。1999年的人民议会的参加者号召建立"公民社会之友协会"，为建立一个发达的"民主社会"做出贡献。他们详细定义了"公民社会"，认为其是"一组非政府的社会委员会、政党、组织、协会和自由媒体。它的本质是民主的选择，如果没有社会的觉醒，通过其系统和组织为了祖国的利益在社会与政府之间创造批判的对话的氛围，便无法实现民主。公民社会组织的活动是为所有人建立一个真正国家以及建立一个有效的社会运动的唯一途径"。[2] 2000

---

[1] 杜马尔，Dumar，阿拉伯语音译，意为"破坏、毁灭"，表明该论坛意在破坏旧的社会、营造新的公民社会。
[2] Radwan Ziadeh, *Power and Policy in Syria: Intelligence Services, Foreign Relations and Democracy in the Modern Middle East*, I. B. Tauris & Co. Ltd, London, 2013, p. 63.

年9月27日,"99个知识分子公报"竭力主张政府取消"自1963年起在叙利亚实行的国家紧急状态法、对政治犯进行普遍大赦、让所有流放者回国、给予普遍自由、承认政治和知识分子团体,以及给予公民结社、出版和言论的自由"。[1] 该公报由若干有影响力的叙利亚知识分子及大批知名律师签署,引起了国际和阿拉伯媒体的关注,将其描述为来自叙利亚内部的"对自由的首次呐喊"。该公报是叙利亚知识分子觉醒的标志。政府对公报做出了积极的回应,不仅签署公报的人员无一遭到情报机构的压制,政府还于2000年10月释放了600名政治犯。

第四,公民社会组织的出现。叙利亚这种政治宽松氛围刺激了公民社会的发展,特别是论坛迅速发展起来,较著名的有人权文化论坛(Culture Forum for Human Rights)、贾马尔·阿塔西论坛(Jamal al-Atasi Forum for Democratic Dialogue)。此外,一些知识分子自发组成"公民社会复兴建设委员会"(Establishing Committee Board for the Revival of Civil Society),他们定期会面并发表了《千人宣言》(Manifesto of the Thousand),批评从1963年3月8日复兴党上台到1970年11月哈菲兹·阿萨德为总统期间叙利亚的政治生活。由于《千人宣言》的参与者包含国防部长穆斯塔法·塔拉斯(Mustafa Talas)、通信部长穆罕默德·乌玛兰(Muhammad Umran)等而在叙利亚引起轰动。政府官方报纸、叙利亚政府喉舌的杂志(如al-Muharrer al-Arabi)都开始批评叙利亚政治。

《千人宣言》对叙利亚社会产生了直接影响。越来越多的知识分子开始号召政府给予公民社会更多自由以及承认政治多元化,而"公民社会复兴建设委员会"成为叙利亚知识分子的代言人。宽松的政治氛围鼓励利亚德·萨伊夫于2001年1月31日在民族对话论坛上宣布成立一个新党"社会和平运动"(The Movement for Social Peace),号召在"全国进步阵线"外实现政治党派活动的多元化。前复兴党地区书记苏莱曼·贾德哈(Sulayman Qaddah)则表示,2001年2月14日政府将宣布一项新法律,通过创建有相似想法的民族主义政党来扩大"全国进步阵线"。[2] 这是政府对公共活动的重组,开始

---

[1] Radwan Ziadeh, *Power and Policy in Syria: Intelligence Services, Foreign Relations and Democracy in the Modern Middle East*, I. B. Tauris & Co. Ltd, London, 2013, p. 63.

[2] Radwan Ziadeh, *Power and Policy in Syria: Intelligence Services, Foreign Relations and Democracy in the Modern Middle East*, I. B. Tauris & Co. Ltd, London, 2013, p. 65.

禁止"全国进步阵线"以外的政治活动。

3. "大马士革之春"的结束与对公民社会的压制

叙利亚在 20 世纪末 21 世纪初出现"大马士革之春"是由两个因素决定的：一是叙利亚在政治领导人变更的情况下，仍希望维持一个以严格的等级秩序为基础的集权主义系统，总统是该系统及其机构中唯一的决策者；二是社会在外交、活力、文化和参与上的愿望，期望通过克服障碍使政府听取它的意见从而达到自我复兴。最终，政府为了向国内外显示叙利亚国家权力由其父老阿萨德过渡给巴沙尔的合理性，便采取了一系列反腐、更新法律、给予公民社会更多参与空间等改革措施，但所有这些改革都是在不能动摇复兴党政府及巴沙尔的统治基础上进行的。

但是改革不久公民社会的活动已逐渐超越了政府容忍的底线，于是政府开始压制其活动。2001 年 2 月，政府宣布控制了形势，即压制了有关论坛的活动。政府命令主管部门的成员向官方提供演讲及参与者的名字。[①] 一些参与论坛活动的知识分子被控诉里通外国。另外，一些复兴党组织通过访问各地来警告人民反对"公民社会"的概念。面对这些障碍，大多数论坛宣布暂停活动，除了代表纳赛尔主义的"民主对话论坛"的杰马尔·阿塔西等。

2001 年 9 月 11 日，叙利亚政府逮捕了"公民社会运动"中最著名的活动家，包括议员马木恩·胡姆西（Ma'mun al-Humsi）、利亚德·萨伊夫及叙利亚共产党政治机构的总书记利亚德·图尔克（Riyad al-Turk）等，从而向社会活动家及社会大众传递了一个信息，即关于叙利亚政府维持现状的决心，"大马士革之春"至此结束。

叙利亚"大马士革之春"带来的公民社会的短暂兴旺折射了中东国家公民社会发展中的一些问题。中东各国政府在现代化进程中，一方面认识到了代表民主与公民心理表达的公民社会发展的重要性，开始有意识地鼓励本国公民社会的发展；另一方面，害怕公民社会组织的壮大会威胁政府的权力及国家的稳定，因而在其发展到一定程度时又对其进行压制。尽管如此，中东的公民社会仍在艰难的政治环境中继续发展。在叙利亚，巴沙尔倡导的"大

---

① Radwan Ziadeh, *Power and Policy in Syria: Intelligence Services, Foreign Relations and Democracy in the Modern Middle East*, I. B. Tauris & Co. Ltd, London, 2013, p. 65.

马士革之春"虽然十分短暂且其社会动员仍有严重的限制,但仍在叙利亚制造了新的政治气氛。参与"公民社会"活动的叙利亚知识分子和民众同意抛弃他们之间的思想分歧,摒弃秘密行动,支持活动的透明性,以追求在叙利亚最终达成民主。

在埃及,非政府组织在长期边缘化之后仍在发展,但由于有自身能力、基金、成员、志愿者以及与政权的关系等亟待解决的问题,没有发挥更大的社会作用。由于公民社会组织时常遭到压制,刚刚出现的民主、自由又离他们而去,中东的城市社会成员对自由更加渴望,城市社会心理不稳,"阿拉伯之春"的爆发有部分原因也是中东的城市社会成员寻求更多政治参与、言论自由的心理的反映。

二 市民行为的异化

城市的异质性特征导致城市人产生孤独感、寂寞感和不信任感。路易斯·沃思(Louis Wirth)指出,城市是"由不同的异质个体组成的一个相对大的、相对稠密的、相对长久的居住地"。[①]随着城市化的发展,城市个体的异质性特征只会越来越强,其范围也会扩大,农村原来的以血缘、亲缘关系为基础的初级纽带被城市中非个人的次级纽带所取代,城市居民普遍感到一种孤独感和不信任感。这是人口由农村向城市转移、农村生活方式向城市生活方式过渡、乡村意识向市民意识转变时期产生的一个问题。城市化对市民的另一影响是出现了行为的极端化,中东城市化成为中东宗教激进主义、恐怖主义、暴力行为、犯罪等相继出现、发展的重要因素。

(一)市民行为异化的原因

城市化以及随之而来的中东城市治理中的弊病是主要原因,具体如下。

1. 社会心理危机的出现

心理危机主要指人们在心理层面出现的恐慌、焦虑等。在城市化进程中,一些新旧制度的革新会引起很多社会群体的变化,心理危机如信仰危机、压力感和社会恐慌等极易产生。如果这种心理危机持续扩散,则极有可

[①] 蔡禾主编《城市社会学:理论与视野》,中山大学出版社,2003,第65页。

能演化为社会心理危机。特别是在社会的转型期，如果一个人不适应社会的变化，就会产生强烈的心理茫然感、心理挫折感等负面情绪，因此，社会转型期也是人们的社会性心理危机表现得尤为明显的时期。

第二次世界大战后至今，中东国家大多经历了从建立民族国家到探索经济、社会建设的过程，是从传统社会到现代社会的转型期，其中城市化、工业化、现代化、世俗化无一不在挑战着中东人民的神经。在这个转型期中，中东人民中间主要出现的社会心理危机主要表现在以下几方面。

第一，社会信任感缺失。社会信任感可谓对社会经济生活影响最大的社会心理因素，它对经济产生的影响又反过来作用于社会心理。在经济上，社会信任感缺失对政府绩效、居民的社会活动参与度、大型组织绩效、社会效率等均有极大影响。福山指出，尽管新古典经济学理论能对80%的现实世界做出解释，但它不能解释的20%缺憾仍需要在文化和历史传统等"社会资本"领域寻找答案。[1] 其中，社会成员之间的信任便是一个重要因素。社会的普遍信任可以推动人们之间的合作，从而提高社会的交易效率进而促进经济发展。加姆拜塔（Gambetta）、科尔曼（Coleman）、普特南姆（Putnam）、福山（Fukuyama）等人均认为，为了达到社会最优结局、避免不合作的无效结局，社会信任和社会资本自然而然地选择相互合作。从这个层次来说，一种文化或社会可分成高信任社会/文化或低信任社会/文化。在高信任社会中，人们、组织之间的自发性交往活动发达，中间层组织丰富而且多样化，它能无须借助政府的力量而由民间自发发展出强大而向心力高的大规模组织。在这些组织内部以及之间，交易活动频繁，交易范围广阔，交易方式多样，非生产性寻利的规模和强度也被限制在一定范围内，因而整个社会的交易效率也比较高。相反，在低信任社会/文化中，人们、组织间的自发交易活动少，中间层组织发展不足，交易活动范围小、形式单一、次数有限，常常需要借助政府的力量，于是非生产性寻利规模会增大，整个社会的交易效率也被限制在较低水平上。更进一步，这种基于社会道德和习惯的信任程度也是整个社会经济活动的基础，如果缺少这种道德和习惯，整个社会的交易

---

[1] 〔美〕弗朗西斯·福山：《信任：社会道德和繁荣的创造》，李宛蓉译，远方出版社，1998，第20页。

活动就会受到重大影响，交易的基础也会发生动摇。

在市场经济条件下，信任的作用更加明显。因为市场经济的本质就是交易经济，如果卖方不信任买方的金钱，买方不信任卖方的产品质量、数量，银行不信任顾客的信誉，顾客不信任银行的实力，股东不信任经营者，经营者不信任股东，工人不信任厂长，厂长不信任工人，等等，那么整个市场经济的存在就成问题了。

影响中东社会信任感缺失的因素[1]主要有以下几个。第一，地域文化背景。中东国家中仍保存着游牧社会的许多文化特质，其中游牧民商旅中常常遇到的打劫、抢掠也是中东城市中缺乏社会信任感的一个因素。第二，地区交易发达程度。中东自古以来就是商业贸易占重要地位的地区，商业交易发达，但仍存在许多不规范的地方。第三，人民受教育水平。中东国家人民的受教育程度仍较低，尤其是城市化中的进城务工人员。第四，城市化水平和城市管理机制。中东的城市化"质"的方面水平整体偏低，且缺少全社会相互信任的机制。此外，中东国家在城市治理上的问题如城市腐败等也是中东社会信任感缺失的重要原因，本书将在下文详细阐述。

作为一种社会心理危机，社会信任感缺失还会导致心理茫然、孤寂、无助等一系列心理问题。而且，社会信任感缺失还会加大各部门、各单位的鉴别成本，阻碍了不同部门、不同单位、不同个人之间的劳动分工和专业化协作，从而使中东市场经济的发展受阻，人民致富摩擦力加大。这反过来又会进一步增加中东城市社会成员间的社会不信任感及其他心理危机。

第二，心理挫折感严重。中东城市社会心理挫折感主要可以分为老市民的挫折感和新市民的挫折感。由于新市民又分为毕业的大、中院校的学生和来自农村务工的人员即前文提到的"边缘群体"，新市民的挫折感又分为青年学生的挫折感和边缘群体的挫折感。

老市民的挫折感主要是原有优越性的丧失。在大规模城市化开始之前，中东大城市的居民普遍有一种优越感。在当时的人看来，大城市象征着先

---

[1] 事实上，国内张维迎等人对信任的研究与国外经济学家对信任的研究存在差别。国外经济学家以信任作为解释变量，来解释信任对政府绩效、居民的社会活动参与度、大型组织绩效、社会效率等的影响，而张维迎等人的研究是以交通设施、城市化、高等教育、市场化指数、人群中的干部人数等来解释信任。笔者比较赞同前者。

进、时尚、幸福的生活，城市尤其是大城市的居民自然也就高人一等。而中东城市化大规模进行后，城市的老市民发觉他们的生活变了。首先，他们引以为傲的生活环境——城市，已经不是他们独享的了，大量他们从前瞧不起的"非城市人口"开始在城市居住；其次，大量"边缘群体"的到来让他们觉得自己的饭碗被抢了；最后，少数外来人员甚至"边缘群体"成员发家致富，挤入城市中产阶层甚至上层社会，彻底摧毁了老市民的心理优越感。此外，老市民在住房、子女上学等诸多问题上都受到了新市民的冲击，他们由此树立了"金钱至上"的观念，从前的优越感与现实的反差使其心理上的挫折感加重。

新市民的挫折感中，一方面，青年学生的挫折感主要反映在就业、择业不理想上。他们怀着改变命运的理想到大、中城市上学，而由于中东国家大、中院校学生的专业设置不合理，传统受欢迎专业学生供大于求，因而大量学子毕业后难以找到理想工作甚至面临失业。这种从"天之骄子"到"待业青年"的身份转变往往会给他们带来巨大的心理挫折感。另一方面，"边缘群体"的挫折感则包含较多内容。他们从农村来到城市，把城市当作实现梦想的地方、幸福的天堂。而实际上，他们居住在"边缘区"甚至贫民窟，生存环境恶劣，医疗、卫生条件极差；他们常常处于失业边缘，或者只能从事老市民不愿意干的"脏累苦"工种；他们受到老市民的歧视与排挤，虽然为城市做出了不可磨灭的贡献，却被认为是影响城市尊严的一群人。这种残酷的现实使边缘群体挫折感极为严重。

第三，心理压力过大。随着中东城市化进程的深化，城市生活节奏明显加快。中东大城市中充斥着行色匆匆的市民，这种生活与中东传统崇尚自由、游牧生活的习俗相违背。中东在城市化轰轰烈烈开展的同时，城市的生活成本逐渐提高，城市社会成员整日为生计奔波，年轻人更是拼命工作，以买房、结婚、养育子女等。现代中东城市社会成员普遍心理压力过大，上班族必须努力工作才不会被裁汰，失业的人也要想尽方法找工作才能糊口。

第四，心理孤独感凸显。面对城市化给中东城市带来的钢铁建筑，中东城市社会成员产生了强烈的心理孤独感。在现代化过程中，中东城市的居住环境和空间结构发生了极大改变，原来的社区及宅院越来越少，西式高楼大厦及公寓式住房越来越普及。在这种居住环境里，中东的城市社会成员失去了从前街坊邻居之间的亲密关系。在农村地区或者前现代社会的中东城市，人们一般一家一个宅院，贫穷的人家两家共享一套宅院，大门外是街道。由于街道狭窄，房屋不隔音，甚至行人走在街道上都能听到屋里的人的对话。人们一般都知道整个社区居住着哪些人，每户人家的人员构成甚至家庭隐私。一个家庭遇到困难或发生争执，邻居都会自发前来帮助或劝解，邻居之间闲暇时也会一起坐在门口聊天或相约去咖啡馆、剧院、公园、饭馆等。而城市化进程开始之后，在西式公寓住宅里，居民甚至不知道周围邻居是谁，更不用说与之交朋友了。在这样的城市人际关系中，他们甚至在心理出现问题时也无人倾诉，面对城市林立的建筑群，市民往往会感到自身的渺小、无助，进而出现严重的心理孤独感。

2. 城市治理乏力

第一，政治腐败。腐败是人类社会复杂的政治现象之一。20世纪60年代以来，国内外学者对"腐败"做出过无数定义，其中最有影响力的当属美国政治学家约瑟夫·奈[①]在其《腐败与政治发展》中指出的："腐败是为私人、家庭成员或私人小圈子获取金钱、身份而背离公共角色的规范职责的行为，或违反那些旨在防止滥用私人影响以谋取私利的规则的行为。腐败包括贿赂、裙带关系和盗用。"每个人都有多种社会角色，该定义的长处是突出了腐败主体的"公共角色"，即把腐败行为与主体的公共角色相联系。他还指出了腐败一定是违背"规范职责"，违反那些限制性、预防性规范的行为。[②]

"腐败"可从不同视角进行分类。有些外国学者按照腐败的方式将其分为七类：交易（transactive）、敲诈（extortive）、行贿（investive）、防御（defensive）、庇护（nepotistic）、自生（autogenic）和赞助（supportive）[③]；有些按照内容将其分为非法政治交易、贪污公款、权钱交易、行贿受贿等。本书

[①] 约瑟夫·S. 奈，美国哈佛大学肯尼迪政府学院院长，曾担任美国助理国防部长，提出了"软实力"（soft power）概念。

[②] Joseph S. Nye, "Corruption and Political Development: A Cost-Benefit Analysis," *The American Political Science Review*, Vol. 61, No. 2, Jun. 1967, pp. 417–427.

[③] Robert Harris, *Political Corruption, in and beyond the Nation State*, Routledge, London, 2003, p. 5.

借用美国马里兰大学经济系教授约翰·约瑟夫·沃利斯在《美国政治和经济历史中的体制性腐败》一文中的分类方法,将腐败分为体制型腐败(systematic corruption)和收买型腐败(venal corruption)。[1]

体制型腐败指,政府官员利用手中掌握的政治权力和政治资源,通过有选择性地授予某些利益集团一些经济特权来获得利益,并利用所得利益巩固、加强其政治优势。这类腐败的基本特征是政府官员操纵经济系统,政治行为腐蚀经济生活。收买型腐败是指,各种利益集团通过贿赂、收买政府官员影响立法、司法、政府管制和政策制定,并最终服务于自身的特殊利益。此类腐败的基本特征是经济行为者操纵政治,经济利益腐蚀政治过程。经济学中讨论的所谓"俘虏理论",即公职人员受贿、成为利益集团的俘虏,便属于典型的收买型腐败。

从某种意义上讲,体制型腐败一般出现在社会转型期,对经济发展的阻碍作用较为明显。而收买型腐败产生的一个重要条件是市政管理体制存在漏洞,利益集团利用这些漏洞,通过收买政府官员而对政治权力形成控制。在中东城市化进程当中,这两种类型的腐败同时存在,但收买型腐败的色彩更重一些,并主要表现为市政官员的腐败和警察系统的腐败等。一方面,中东的市政体制存在漏洞,对腐败的监管力度不够,给一些利益集团收买政府官员提供了机会;另一方面,政府官员也通过有选择性地给予某些利益集团一些经济特权来获得利益,并利用所得利益来巩固、加强其政治优势。

对于社会转型阶段腐败产生的原因,亨廷顿总结出了三条:第一,社会转型时期人们的基本价值观在转变;第二,社会转型涉及新的财富和权力的来源和分配问题;第三,现代化加速了政治制度的变革及腐败的产生。[2] 亨廷顿虽然强调了价值观念和政治制度在社会转型时期对腐败的影响,但忽视了社会转型时期的政府管理问题。实际上,在社会转型过程中,经济基础与结构发生巨大变革,如果上层建筑即政府的管理体制依然停留在旧有的社会

---

[1] John Joseph Wallis, "The Concept of Systematic Corruption in the American Political and Economic History," *Nber Working Papers*, 2004, http://www.bsos.umd.edu/gvpt/apworkshop/wallis05.pdf.

[2] 〔美〕塞缪尔·亨廷顿:《变化社会中的政治秩序》,王冠华等译,三联书店,1989,第55~57页。

形态，各种社会与经济问题便会接踵而至或急速加剧，腐败现象就会大规模蔓延。而且，腐败与权力密切相关，腐败程度的高低与权力的大小有着千丝万缕的联系，英国有句名言说，"权力使人腐化，绝对的权力产生绝对的腐化"。①

20世纪后半叶至今，中东社会处在社会动荡、问题丛生的社会转型期。城市发展和城市管理混乱并存。城市政府没有对城市、"边缘群体"进行有效的、规范的管理。而从农村不断涌入的"边缘群体"则进一步加重了城市的负担。边缘群体在城市里所面临的实际问题并没有引起城市政府的足够重视，使得城市社会日益混乱。这一时期，城市管理的核心问题就在于缺乏一个分工科学、责任明确的市政管理机构。市政管理机构本身设置混乱，再加上与中央政府之间权限不清、职责不明，管理异常混乱，其结果是有的方面权力叠加，有的方面则出现权力真空。腐败是体制性问题，几乎整个社会都在为虎作伥，有人为其包庇，有人视而不见。这样，中东腐败体制才能在长期内成为普遍现象并正常运转。阿拉伯学者阿卜杜勒·阿齐兹·奥斯曼指出，"阿拉伯之春"推翻了世袭独裁统治，并实现了通过投票箱赢得选举的"民主"制度，但是以这种方式上台的新当权者则采取了比前任更加暴烈的独裁，具体是通过对前任变本加厉的讨伐与惩治来树立新政权的权威。沙特作家图尔基·哈麦德曾提出质疑："民主不仅是选举和投票箱，它更代表了文化与社会价值观，理应在人们走近投票箱之前深入人心。这些价值包括宽容、接受他者、承认选民意愿，即使这种意愿让你失望。长期的专制统治使得这些价值观在阿拉伯世界和阿拉伯的政治文化中是匮乏的。"② 宗教与世俗的激烈斗争导致严重动荡，发展经济、改善民生等目标被束之高阁。有学者指出，埃及等阿拉伯动荡国家需要的是稳定而不是选举，恢复稳定必须优先于重新选举。③

在中东政治腐败产生的原因当中，法制不健全、道德水准低下是关键。不仅公职人员法律意识、责任意识淡薄，公众道德水平整体也在下降，整个

---

① 杨继亮：《腐败论》，中国社会科学出版社，1997，第2页。
② 图尔基·哈麦德：《关于民主和阿拉伯人民革命的前景》，http://www.darlbrl.com/vb/showthread.php?t=23269 。
③ 吉迪恩·拉赫曼：《埃及现在需要稳定而不是选举》，《金融时报》2013年8月19日。

社会都弥漫着拜金主义。在腐败产生后，公众舆论对腐败的淡漠、公众道德水平的下降、道德底线的崩溃往往就是腐败泛滥的开始。在古典哲学家看来，政府是社会价值观的一面镜子。政府官员的个人行为会对公众的态度和行为产生示范性的影响。当政府官员道德水平下降时，整个社会的道德水平也将随之下降。公众道德水平的下降不仅体现为为了获取经济利益而丧失政治原则，还包括对腐败现象的宽容。如果公众适应了腐败，再鼓动他们参与改革就比较困难了。这一时期，中东多数城市居民对政治的淡漠不仅为腐败的滋生提供了条件，而且减弱了对政府官员行为的监督，导致腐败现象日益猖獗。

中东城市公众道德水平下降后，市民对于腐败逐渐由痛恨转为麻木，由麻木转为适应，甚至学会利用腐败者为自己获取一些正当或不正当的利益。而实际上，公众道德的下降恰恰折射出了他们对城市治理的失望与放弃对政府寄予希望的"适者生存"的悲剧心理。

第二，边缘区治理不善。城市政府的重要职能之一就是为城市居民提供整洁卫生、治安良好、运转有序的城市环境，为城市居民提供诸如就业、医疗、救济、法律等方面的服务。而对边缘区的治理则成为衡量政府城市治理效力的一把有力的标尺。

边缘区的存在是中东城市的一大特点。以开罗为例，城市边缘区是埃及城市普遍存在的社会现象。据估计，埃及的城市边缘区人口达1156万人，占全国总人口的近20%。埃及住房及建设部1993年的研究表明，在大开罗有171处城市边缘区，全国共有1034处。其中开罗省79处，吉萨省32处，盖勒尤卜省60处，亚历山大省40处。边缘区人口占开罗省和吉萨省人口的比例分别为35.9%和62%。吉萨省是全国各省城市边缘区人口最多的省份，其边缘区人口达225万；开罗次之，219万；亚历山大为111万；盖勒尤卜省为93万。就城市边缘区的数量而言，代盖赫利耶省最多，共有109处；开罗省次之，79处；[①] 盖勒尤卜省有60处。在全国26个省中，只有北西奈省和新河谷省没有城市边缘区。

对于边缘区的治理，埃及主要采用三种方法。一是建造卫星市，将边缘

---

① 毕健康：《当代埃及的城市边缘区问题》，《世界历史》2002年第6期，第4页。

区居民整体乔迁；二是拆掉，将生活在边缘区的居民分散地迁到其他社区；三是对边缘区进行改造。第一种方法的缺陷是新建的卫星城一般离边缘区居民的工作地点较远，搬过去就意味着失业，所以不受欢迎；第二种方法也难以进行，由于政府反复宣传边缘区的"脏乱差"以保证顺利实施第二种方案，普通市民对边缘区居民有反感和排斥情绪，他们不愿让这群不卫生又有暴力、犯罪倾向的人住到自己的社区中，因而出现了抵制政府政策的示威。由于前两种方案效果都不令人满意，对边缘区的改造就成为城市治理的关键。

边缘区（棚户区）改造的主要任务是建设、规范基础设施和公共服务，改善生存环境，提高生活质量。埃及改造边缘区计划分两期工程实施。第一期工程覆盖 1993~1997 年，契合第三个五年计划，改造 11 个省的 667 处棚户区，涉及大开罗 3 省（开罗、吉萨和盖勒尤卜），上埃及北部的法尤姆、明亚、贝尼苏韦夫，上埃及中部的艾斯尤特和南部的索哈杰、基纳和阿斯旺诸省，人口约 700 万。第二期工程覆盖第四个五年计划的 1997~2002 年，改造其他 10 个省——苏伊士、伊斯梅利亚、塞得港、东部省、杜姆亚特、代盖赫利耶、西部省、米努夫、谢赫村省和布海拉省——的棚户区。

棚户区改造计划由于遭遇诸多困难举步维艰。首先，改造计划覆盖的地理范围过广，投资规模大，政府财政压力大。改造计划是在 10 年时间内解决数十年来遗留下来的老大难问题，相当困难。政府的财政拨款相对于改造工程所需的款项而言可谓杯水车薪。即便中央财政款项可及时、足额地拨付到位，地方财政也很难配套，特别是在上埃及的贫困地区。其次，就工程的实施、监理而言，政府各部、中央与地方存在不协调问题、腐败问题，地方政府常常以改造工程为名将拨款挪用到非棚户区。再次，1997 年后南埃及、西奈、苏伊士湾和塞得港等国家大型工程纷纷上马，挤占了棚户区改造工程拨款。最后，边缘区的治理问题和暴力等市民行为的异化互相作用：边缘区治理的失败导致市民尤其是边缘群体的行为异化、暴力频发，但正是这种异化的行为才促使政府重视边缘区的改造；20 世纪 90 年代末，由于埃及经济改革初见成效，进入中速增长期，边缘区的政治暴力接近尾声，政府对边缘区的改造逐渐丧失了热情。

第三，贫富差距的扩大。城市治理的另一个要求是对资源的公平分配。

然而在中东城市，贫富差距极大。少数富人过着穷奢极侈、挥金如土的生活，这在海湾产油国最为明显，而大多数城市社会成员为生活奔走，甚至失业，在生存线上挣扎。即便是有工作的人，也因为房价、物价的上涨而过着较为艰难的生活。再加上上文提到的边缘群体和边缘区的存在加剧了贫富分化以及处于贫困中的社会阶层的不满，穷人的仇富心理、心理不平衡感上升，为市民尤其是包含边缘群体在内的穷人的行为异化埋下了伏笔。

(二) 行为异化的特征

中东市民心理危机严重与对政府的城市治理不满情绪交互作用，导致了其行为的异化。主要表现如下。

第一，犯罪率上升。中东城市的犯罪主体是居住在城市边缘区中的边缘群体以及正在走向边缘化的无所事事的青年。我国学者顾朝林认为"城市边缘区的概念发展到现在已经包含了两方面的含义，即同时具有自然特性和社会特性"。[①] 城市边缘区的二元性特征从本质上讲属于"个性化"不强，兼有多性实无个性，属于一个无主流文化控制的紊乱系统，具有复杂性、过渡性、脆弱性等特点。

城市边缘区不仅在经济结构、管理体制上具有明显的"二元性"，其居民住户也具有明显的"二元性"。一方面，居民以农村来的暂住人口和外来流动人口为主；另一方面，边缘区还居住着城市化过程中因城市膨胀而外迁的城市中心老居民（多在边缘区工作或购买第二住房）以及当地的原住户。因而，边缘区中存在贫富和身份的差异。此外，边缘区的外来暂住人口和流动人口成分复杂，其中夹杂一些负案在逃的犯罪分子，因而在流动人口中犯罪率迅速上升。虽然在中东，不同国家、不同类型的城市边缘区的流动人口违法犯罪类型有所不同，但是从目的上看，流动人口犯罪以追求金钱为目的的财产型犯罪为主；从性别上看，以男性为主，但女性犯罪也有逐步上升的趋势；从犯罪类型看，主要是盗窃、抢劫、吸毒贩毒、制假贩假等；从年龄上看，具有低龄化的特点；从人员学历上看，具有低学历、高学历混合的状况；从组织形式上看，具有团伙性的特征，且近年来出现了普通边缘群体的

[①] 顾朝林：《中国大城市边缘区研究》，科学出版社，1989，第2页。

犯罪团伙与恐怖组织联合的迹象。

　　第二，暴力活动猖獗。暴力活动猖獗是近 20 年来中东市民行为异化的主要特征，其中以边缘区的暴力行为最为严重。中东城市的暴力活动按照其目的可以分为四类。一是纯粹的边缘群体的泄愤行为。主要表现为处于边缘群体的穷人、失业青年、农村移民思想极端化，开始对商店、公共建筑物进行中、小规模的打砸抢之类暴力活动。二是抗议政府具体政策的暴力示威活动。如，埃及作为人口膨胀最为突出的中东国家，粮食问题是关系国计民生的重要问题。仅开罗一个城市便消耗全埃及进口粮食总量的 1/2，而进口粮食价格不断提高，政府只能每年花费巨额资金提供粮食补贴。由于粮食补贴额过高，已成为国家沉重的负担，萨达特总统于 1977 年试图削减补贴。这一政策立刻导致了 1977 年 1 月普遍的骚乱和暴力活动，又称"大饼动荡/起义"，萨达特只好取消削减补贴的决定。[①] 1990 年 5 月，3000 名纺织工人为抗议食品涨价而游行示威，部分示威者被安全机关逮捕。1991 年实施经济改革以来，工人运动升级，也属于下层百姓的自发性暴力：1991 年发生罢工 20 起，静坐 3 起，游行示威 3 起；1992 年发生罢工 10 起，静坐 5 起，游行示威 5 起。[②] 三是恐怖主义暴力活动，往往受到宗教极端主义、恐怖主义组织的支持。后两种基本都属于政治暴力活动；第三种更极端，对其我们主要在本书"恐怖主义的蔓延"部分进行论述。四是畸形的政治参与式暴力。中东边缘区人口的政治参与度很高。但实质上，金钱与暴力在边缘区的选举中相互结合，使这种政治参与成为畸形的政治参与，比如城市边缘区的选举暴力。埃及议会选举中的暴力活动愈演愈烈，死伤人数也愈来愈多。1990 年选举中，全国共发生 70 起暴力事件，开罗的选举暴力仅发生在两个城市边缘区，即贾马利耶和扎维亚·哈拉姆。城市边缘区是选举暴力的高发区。这里的竞选竞争十分激烈，宗族关系介入选举过程，为候选人支持者之间的暴力冲突提供了肥沃的土壤。一些政党的候选人和独立候选人在选举过程中借助于当地的不法分子和恶棍流氓，把他们作为"武装民兵"，对竞争对手的支持者施暴。候选人雇佣恶棍流氓，按日支付报酬，

[①] 车效梅：《当代开罗城市化问题探析》，《西亚非洲》1997 年第 5 期。
[②] 毕健康：《当代埃及的城市边缘区问题》，《世界历史》2002 年第 6 期，第 8 页。

在有的选区日报酬甚至高达 200 埃镑。①

城市边缘区的暴力活动，大多是集体而无组织的自发性暴力，缺乏组织领导，杂乱无章，如突发性游行示威、小规模骚乱等。这种自发性暴力大多具有一定的破坏性，容易遭到政府的镇压，造成人力和物力的巨大损失。

第三，恐怖主义的蔓延。提到恐怖主义，我们必须先说伊斯兰极端主义，也就是"伊斯兰原教旨主义"，它强调伊斯兰原始精神思想。近代以来，阿拉伯半岛的瓦哈比运动、19 世纪苏丹的马赫迪运动、伊朗的巴布教徒运动等的活动都属于"伊斯兰原教旨主义"活动。1979 年伊朗霍梅尼革命进一步催化了当代伊斯兰极端主义的传播。中东地区如今是恐怖主义活动的多发区。中东恐怖主义主要表现为以政治诉求为主的、以宗教诉求为主的、以国家恐怖主义为主的恐怖主义和国际恐怖主义四大类。从冷战结束到 20 世纪 90 年代中期，中东恐怖主义的主要目标是夺取所在国政权；受海湾战争的影响，90 年代中期以后，中东的恐怖主义组织减少了针对本国政府的活动，而针对美国、以色列和西方的恐怖活动则大大增加。伊斯兰极端主义及中东恐怖主义都利用宗教学说来鼓动群众，而被鼓动参与恐怖活动的主要是中东的边缘群体。

从 20 世纪 70 年代开始，伊斯兰极端组织成功渗透进中东边缘区，与犯罪分子结成非正式的联盟。极端组织成功渗透原因如下。首先，边缘区人口稠密，易于找到廉价的住房，容易藏匿，便于开展活动。极端分子多与边缘区的家人或亲戚住在一起，易于隐蔽。甚至国家机关知道"棚户区与极端分子相互交错"亦无能为力。其次，城市边缘区人口庞大，超过了国家安全机关的控制能力。同时边缘区街道狭窄，房舍毗邻，一旦警方与伊斯兰极端分子在这里交火，警车不易通行，也容易造成无辜平民伤亡。再次，边缘区的人由于其经济和社会地位也不愿意举报犯罪嫌疑人，文化水平的低下亦造成极端思想易于传播。最后，中东边缘群体的心理有恐怖主义倾向。处于边缘地位的中东市民对社会的不满及心理危机使其产生了反工业化、现代化的倾向，尤其是当城市化给中东国家社会带来诸多社会问题时，边缘群体能诉诸

---

① 毕健康：《当代埃及的城市边缘区问题》，《世界历史》2002 年第 6 期，第 8 页。

的思想武器主要就是从小接受的传统宗教，从而加剧了宗教极端主义甚至恐怖主义的蔓延。

极端主义组织拉拢边缘群体的手段主要有两个。第一，宗教极端组织宣扬其理想是"致力于社会公正"，并提供社会服务，弥补了政府在城市边缘区的真空，有利于他们拉拢边缘区的民众。宗教极端组织在城市边缘区行使了政府的某些职能，按国家机构模式解决老百姓的实际问题，具有相当的社会基础，这也解释了宗教极端分子在光天化日之下，在车水马龙的街头作恶，却无人指证的原因。第二，对贫困人口进行政治动员和组织。如果说边缘区畸形的政治参与和选举暴力对一般意义上的政治稳定威胁不大，那么城市边缘人口卷入恐怖主义的政治暴力则另当别论。俗话说，哪里有压迫，哪里就有反抗；压迫愈深，反抗愈烈。这就是说，压迫、剥削造成的贫困，可能会使走投无路的饥民铤而走险、揭竿而起。但是，只有当贫困达到某种临界点，而且贫困人口达到一定的规模并且组织起来或遭遇爆发点时，才会发生暴动或起义。反之，当下层人民还有生存的狭小空间时，终日为生计而操劳奔波，贫困可能导致其消极待世，漠不关心，相信天命，这种贫困反倒可能有利于当局的统治，有利于政治稳定的保持。再者，下层百姓组织性不强，易于为统治者所分化瓦解。总之，贫困与暴力的相关性不是直线型的，二者之间存在某种联系，而在当代中东，主要就是伊斯兰极端组织。

由于以上因素，边缘群体或边缘区的恐怖主义暴力活动已成为最让中东国家政府头疼的问题之一。中东警方与宗教极端分子在城市边缘区的暴力交火也早在70年代就开始了。1977年，埃及安全机关在吉萨省的棚户区布拉盖·杜克鲁尔和开罗的棚户区艾因·夏姆斯捣毁"赎罪与迁徙集团"。1981年萨达特遇刺后抓捕的442名"圣战"组织和"伊斯兰集团"成员，多数来自城市边缘区。1986年，警方在舒布拉和米甸追捕越狱的宗教极端分子。1988年12月艾因·夏姆斯事件首次揭露出极端组织与城市边缘区犯罪集团之间存在事实上的联盟。90年代上半期，城市边缘区成为警方与宗教极端组织暴力冲突的主战场之一，形成"消耗战态势"，双方及无辜平民死伤人数剧增。1992年底，埃及保安部队调集了约14000人，大规模清剿吉萨省的边缘区因巴拜，以"控制局势，根绝因巴拜的恐怖主义"。1993年春，警方再次大规模出动，清剿因巴拜。对城市边缘区的保安清剿作战1994年在开罗省多达 23 次。

第三节 城市化与"阿拉伯之春"

中东城市社会成员在城市化进程中产生的种种社会心理危机,终于导致了 2011 年底爆发的轰轰烈烈的中东政治、社会危机——"阿拉伯之春"。

一 心理危机的共鸣——一个水果小贩引发的动荡

2009 年,伊朗爆发"绿色运动"后,阿拉伯的活动家和知识分子也受到影响,但没有像伊朗人那样走上街头。然而,2011 年突尼斯发生水果小贩自焚事件后,阿拉伯世界却充满了动荡。协法人员法蒂娅大概做梦也不会想到,她的一记耳光会颠覆 4 个国家的政权,让 1 个国家陷入内战并绵延至今。当然,这从一个侧面反映了中东社会问题的同质性,以及这些问题给中东市民带来的心理危机的严重性。可以说,"阿拉伯之春"最根本的原因是中东社会内部长期积累的矛盾的总爆发,其中,市民的心理危机是重中之重。从突尼斯的这场危机中,我们发现其民众的心理危机主要有以下几方面。

(一)不受尊重的受辱感

突尼斯革命爆发的导火索是小贩布瓦吉吉的死亡。虽然法蒂娅强调自己并没有掌掴小摊贩,但至少她倾倒小商贩的水果是事实。苛政给了执法寻租者很大的权力空间,却没有给普通市民一点维护尊严的权力。最终,受辱感促使 26 岁的布瓦吉吉将一桶汽油倒在自己身上,并点燃了它。如果他没有这样做,可能我们只会把二者之间的冲突看作一场由城市综合执法者的执法过当行为引起的普通的争执而已;但当一个风华正茂的青年选择用自焚的极端方式结束自己的生命,来控诉对这个社会的不满,并引起了大量群众的响应,进而爆发反政府革命时,就反映了整个社会的平民的心理危机。

最初,起义者可能没想过推翻政府,只是想维护自身权益。而在革命爆发之后,突尼斯领导人没有及时采取措施来缓解人们的愤怒情绪,处理社会矛盾,反而采取高压方式对待群众,还将枪口对准了手无寸铁的群众。这也反映了在这种高压的中东国家,普通市民的权力、尊严根本得不到重视。本·阿里在讲话中强调,"我理解失业者的感受……我们要快速解决西迪布吉德直接投资和就业问题",但同时他将示威者称为"暴徒和恐怖分子",并坚称"我们要使用最严厉的方式来制裁他们"。[①] 本·阿里的讲话引起了突尼斯人民更大的不满,示威持续扩大。突尼斯政府对示威的镇压也变本加厉,新闻和自由言论越来越受限制。最终,突尼斯"鼎盛"的政权一夜之间垮掉了。

(二) 安全感的缺失

从中东发生剧变的国家中,我们都能看到三个独立的关联群体:统治者、执法者、普通民众。统治者制定法律,执法者使用法律,人民遵守法律。以突尼斯为例,本·阿里代表的统治集团,制定了突尼斯的各项法律规范,但其政策设计思想带有强迫和命令的意志,这样的规范非常严苛。在严苛的法令之下,执法者寻租空间很大,可以对普通劳动者大肆欺压。

我们把类似突尼斯统治者这样的思想定义为"苛政思维",即统治集团制定严苛的法令,并采用强势的统治手段统治国家。这种思维模式下建立的政策环境中,执法者可以肆意地利用手中的权力,而普通民众的安全、利益则得不到保障。如若国家领导人的"苛政思维"长期存在,且不加以改善,普通民众和执法者之间就会慢慢产生无法调和的矛盾,最终引发民众对统治者的不满和反抗。

相对于"苛政思维",还有一种更好的政策设计思维"善政思维",即领导人和统治集团关心自己的国民,按照社会发展规律科学地制定法律规范,最大限度地限制执法者的执法空间,做到为百姓的安全和利益着想,从而实现社会稳定。例如在这次"阿拉伯之春"中,同属阿拉伯地区的阿联酋统治者,迅速地解决人民所抱怨的问题,将危机爆发的因素以合理方式及时化解,从而保证了国家、社会的稳定。

(三) 对社会不公的不平衡感加剧

突尼斯革命甚至"阿拉伯之春"中其他国家的革命很大程度上源于对政府腐败、社会不公的不满。在突尼斯小商贩事件发生的同时,维基解密曝光

---

① 秦天:《突尼斯"茉莉花革命"的前因后果》,《国际资料信息》2011年第2期。

了本·阿里及其家族腐败的一些细节，而这成为革命的催化剂。本·阿里发表第二次讲话时再次承诺会快速解决青年就业问题，并在年底之前新增30多万就业岗位。但在讲话中，他强调突尼斯社会动荡背后是"一帮蒙面歹徒"，他们的目的是危害国家利益、破坏突尼斯形象。这种对大众的回应显然不仅不能使人民满意，反而引起了更多的不满。2011年1月14日，突尼斯总统本·阿里携巨款逃离，政权倒台。

从某种程度上说，突尼斯革命中推翻政府的主要原因是民众不仅觉得政府对改善民众的生活状况不作为，而且认为政府是一个不合格的家族政府。统治者家族贪污腐败映射了社会制度的不公，这种不公使兢兢业业的百姓的不平衡感加剧，增加了他们对政府的不信任和反对。可以说，这场革命是人民积怨过深的爆发，但是革命爆发后，统治者不用解决问题的态度使国家走出困境，反而以强制手段镇压革命，这加剧了革命的严重性。

二 反对腐败、反独裁运动

众所周知，"阿拉伯之春"所波及的国家均是政治专制国家，这些国家里的政治强人都进行了长期的个人专断统治：本·阿里统治突尼斯23年，穆巴拉克统治埃及30年，也门总统阿里·阿卜杜拉·萨利赫执政达33年，卡扎菲统治利比亚42年。政治独裁统治一定时间内带来了经济的增长，但是长期独裁专制却造成贪污腐化、经济发展长期停滞不前、民生凋敝等社会问题，民众普遍不满，政治强人的统治逐渐丧失了合法性。

中东的腐败问题是国家治理、城市治理上的综合问题。腐败常常与家族、部落、宗教和教派、地区等多种传统因素结合在一起，这同样也是中东国家国家现代法治不健全的主要表现。中东国家腐败的主要特点如下。第一，政治民主化进程迟缓。中东地区不论是共和制国家还是君主制国家，普遍存在威权主义政治。一方面，尽管一些国家实现了多党制，但权力仍高度集中于某个政党，如叙利亚的复兴社会党；另一方面，权力高度集中于领导人，且中东地区很多国家形成了独具特色的克里斯玛式的个人统治，如埃及前总统穆巴拉克、突尼斯前总统本·阿里、也门总统萨利赫等在任均超过20年，叙利亚、埃及、利比亚等国还出现了政权家族化的倾向。权力的扩大必然导致腐败丛生，民主化的落后使中东成为腐败的高发地，如穆巴拉克和他的两个儿子被控从埃及预算资金中挪用1.25亿埃镑（约合1800万美元）用于修缮和修复总统府。第二，腐败往往与家族、部落、教派、党派等联系紧密。由于中东国家领导人的权力多是以家族、部落、教派、党派等的支持为基础，领导人的支持者经常打着其名号腐败。第三，腐败已成为一种社会普遍现象。中东地区的腐败种类繁多，有政治腐败、经济腐败、司法腐败等。特别是如今在网络发展的情况下，腐败问题更是被曝光在人们的监督和审视下，加重了社会矛盾和市民的社会心理危机。

腐败是"政治之癌"，是执政党丧失执政合法性的重要原因之一，只有不断打破权贵阶层对政治权力的设租、寻租活动，切断权力的利益输送链条，实现权力运行透明化、制度化和法治化，健全政治权力的制约和监督机制，消除腐败，推进司法公正和依法治国，以法治塑造执政合法性，才能重新获得民众的信任和支持。从上述分析可以看出，"阿拉伯之春"之所以发生，与国内严重的政治腐败和社会民生问题密切相关，革命的发生根源于国内的政治与社会治理环境，"阿拉伯之春"自开始起首先就是政治问题，到最后还是政治问题。

结　语

社会心理问题在中东快速的城市发展过程中得不到应有的关注，而恰恰是这一被忽视的问题折射出中东人民内心的渴望与需求。二战后中东城市化轰轰烈烈地进行，市民的心理受到前所未有的冲击，社会心理稳定成为中东社会稳定不可或缺的部分。又由于过度城市化的影响，中东城市边缘群体的心理危机最为严重，主要表现为对住房、就业、生活质量等诸多方面的不满与心理失衡。面对中东日益严重的社会心理危机，城市政府治理乏力，且各国的集权体制未能给城市意志提供合理表达的途径，公民社会力量薄弱，作用微乎其微。尽管如此，中东的市民仍自发甚至自觉地维护其自身利益，最终导致了市民对政府的不认同乃至反对，"阿拉伯之春"在一定程度上就是中东社会心理危机的总爆发。

第六章
城市化与社会秩序稳定

"社会秩序"是社会学的概念,指动态、有序、平衡的社会状态。16世纪英国哲学家霍布斯用社会契约论来解释社会秩序的起源,认为独立的个人为摆脱"各自为战"的混乱状态,相互缔结契约,从而形成了社会秩序。从另一种角度来说,社会是一个具有自我组织、自我调节、自我更新和自我意识功能的有机整体。与生物有机体一样,社会有机体中的每一个组成部分都相互联系、相互依存,彼此之间形成一种固定的关系,表现出一定的秩序。

我国古代思想家常用"治"与"乱"来分别表示社会的有序与无序状态。实际上,一个社会不可能没有冲突和无序的现象,社会有机体中的某一组成部分或某一环节出现了问题或故障,势必影响整个有机体的正常运行;只要把无序的现象控制在一定的范围内,便也是一种社会秩序。二战后中东城市化进程破坏或部分破坏了当地社会业已形成的固定关系,打乱了其正常的秩序。

第一节 城市化与社会秩序的关系

一 城市化中影响社会秩序的因素

二战后,中东国家在构建民族国家的进程中逐渐展开包括城市化在内的现代化进程。20世纪70~90年代，中东城市化显现出极大朝气，中东政治、经济等制度也进入重要的转型时期。城市化引起的诸多变化同时成为影响中东社会秩序的重要因素。

（一）城市贫困

城市贫困是城市化尤其是过度城市化中出现的一大严重问题。"一个社会所拥有的贫困现象的规模与程度，同这个社会的公正程度具有负相关。绝对贫困有悖于公正的保证原则与调剂原则，而相对贫困更是从多个方面违背了公正原则"。[1] 在沙特阿拉伯，1.6%的人生活在极端贫困中，[2] 政府承诺到2020年将贫困率降到2.2%。[3] 2002年，阿拉伯国家每天收入不足1美元的贫困人口总数已达9000万，每天收入不足2美元的贫困人口占总人口的50%。[4] 涌入城市却只能在生存线上挣扎的移民、长期失业的市民都沦为城市贫困个体。作为社会有机体中出现问题的一员，城市贫困个体的贫困状况若不能得到有效控制和改善，势必影响社会有机体的正常运转。城市贫困越严重，城市治安和城市道德水平越低，城市秩序越混乱。

值得注意的是，应对城市贫困给城市秩序带来的问题负主要责任的是社会而非城市贫困个体。将中东社会作为一个有机整体来看，由于它在城市化过程中没有充分给予城市贫困个体以关心和帮助，维持整个有机体的正常运转秩序，结果城市贫困成为影响中东城市秩序的一个关键因素。城市贫困人口不仅给城市发展带来经济负担，也成为导致社会秩序不稳定的主流人群。家庭暴力、盗窃、抢劫、诈骗、吸毒、贩毒等犯罪行为充斥在城市贫困人口中，自杀、抵抗城管执法、大型抗议活动、仇富或反政府的暴力袭击中也不乏他们的身影。

从这个意义上说，中东社会反贫困的责任，不仅是一种经济责任，也是

---

[1] 吴忠民：《贫困与公正》，《江苏社会科学》2000年第5期。
[2] UN-Habitat, *The State of Arab Cities 2012：Challenges of Urban Transition*, United Nations Human Settlements Programme, 2012, p. 140.
[3] UN-Habitat, *The State of Arab Cities 2012：Challenges of Urban Transition*, United Nations Human Settlements Programme, 2012, p. 140.
[4] 丁隆：《中东民主化进程：一个政治经济学的视角》，《阿拉伯世界研究》2008年第1期。

一种道德责任；不只是社会各有机组成部分的自我责任，更是一种社会责任、关护性责任、整体性责任，后者在"社会"作为反贫困主体时表现得更为明确、突出，为城市伦理所提倡。概而言之，中东社会这个主体能否在城市反贫困中更好地承担责任伦理，并采取相应的伦理行为，将在很大程度上影响中东城市的社会秩序稳定。因此，中东国家应当把社会作为一个整体纳入城市贫困问题的分析之中，同时分析其社会各组成部分对该问题的责任伦理，以发掘其生长机制，促进城市反贫困进程和社会秩序的稳定。

（二）民俗的变革

民俗与人类相伴而生，是"以传统方式出现的大规模的时空文化连续体"。[①] 这意味着民俗的时空播布和代际流传是一个文化互动现象，历时的延续性是民俗与生俱来的特征，体现了其传承性。这种"传承性"对上一代或传播源来说是"传递"，对下一代或传播客体来说是"继承"，这是一个能动的接受过程。每一代、每一种民俗的携带群体都会根据不同的社会生活需要，对民俗进行加工、改造，或增补、删减、融合。正是在这一过程中，民俗呈现出与原生民俗不同、新旧杂陈、表里不一，甚至相悖、变异的多元特点，成为不同时代、不同区域人类生活的共同伴生物。美国民俗学家布鲁范德指出，"自然而然，有些种类的民俗消失了，但新的东西又会迅速出现"。[②] 民俗的生命力正在于此。

民俗的变革既是城市化的逻辑起点和重要伴生物，也是影响社会秩序变化的重要因素。从政治统治角度来看，民俗是规范社会个体行为、维持社会秩序的重要社会控制机制。社会转型时期，民俗变革的典型特征是新旧民俗并行，解决新旧民俗间的冲突是维护社会秩序稳定的关键。

20 世纪七八十年代是中东城市化发展最快的时期，也是中东社会的转型期。在这一特殊历史背景下，变革的民俗既是城市化进程中的必然结果，也是政府进行社会控制的现实需要。中东民俗变革的特征是：一方面，城市化引入了新的政权组织形式、新的价值判断体系和新的思想文化观念；另一方

---

① 陶立璠：《民俗学》，学苑出版社，2003，第45页。
② 〔英〕J. H. 布鲁范德：《美国民俗学》，李扬译，汕头大学出版社，1993，第21页。

面，传统势力、传统价值取向和传统思想观念等仍然存在。于是，新旧民俗相互斗争、相互渗透，给中东社会秩序稳定带来了如下影响。

第一，民俗变革通过促进社会文明进步维持了中东城市的社会秩序稳定。在城市化进程中，城市文明进步的衡量标准是多维的。商品经济的发展、生产规模的扩大并不是城市进步的唯一评价标准，作为人的现代化重要内容的民俗现代化也是其中一个重要的衡量标准。民俗是影响社会全体的文化模式，具有丰富的内涵和广泛的外延。民俗产生的调节和规范作用是任何社会控制手段都望尘莫及的。也正因如此，罗斯宣称，"每一种管理的制度都应向风俗的绝对统治表示敬意"。[①] 民俗变革的目的是改造人及其社会生活。民俗变革是促进社会文明进步的必要手段，因此被提高到政治变革先导的位置。为政亦需随俗，"变政必先变俗"。[②] 变俗变政，换言之，即革新陋俗，提倡良俗，在寻求社会文明进步的同时，实现构建和维系政府权威的政治建设目标。

在中东，二战后急速推进的现代化进程极大地改变了当地的民俗，反过来，民俗的变革也促进了中东现代性的增长。福柯认为，现代性应该被理解为"一种态度"，[③] 其最基本的内涵是一种现代理性精神，包括科学主义和人文主义。现代性的增长不仅是中东走向文明进步的重要动力源，也是中东城市化的显著标志。从本质上看，民俗变革即是一场深层的社会—文化改造。政府的民俗变革有助于社会生活中现代理性精神的植入，对于科学主义、人文主义及城市精神的培育都有裨益。

随着城市化的推进，中东地区以宗教文化为依托的传统民俗一统天下的格局被打破，以西方文化为效仿对象的世俗、积极、进步的民俗逐渐传入中东。二战后，中东在"舶来"的现代"民族主义"思潮指导下纷纷建立起世俗的民族国家，一定程度上颠覆了传统的中东社会秩序。民俗的变革通过促进社会文明进步维护了中东变革中的社会秩序。

第二，民俗变革在推动中东现代性的同时与其传承性相冲突，给社会秩

---

① 〔美〕E. A. 罗斯：《社会控制》，秦志勇、毛永政译，华夏出版社，1989，第146页。
② 杨永泰：《革命先革心，变政先变俗——本年六月十三日在收复县区地方善后讲习会讲演》，《新生活运动促进总会会刊》1934年第1期。
③ 〔法〕米歇尔·福柯：《什么是启蒙》，李康译，王倪校，三联书店，1998，第430页。

第六章　城市化与社会秩序稳定

序稳定带来挑战。民俗是社会发展的产物,与一定社会的生产生活方式紧密相连,因而只要经济基础不变,传统民俗中的某些特色和要素即会得到相对稳定的传承。虽然城市化对中东的传统民俗造成了前所未有的冲击,但只要农业社会的经济基础尚未动摇,中东地区传统民俗中的某些特色、要素仍会得到相对稳定的传承,显示民俗具有超越个体的普遍性、跨越时空的稳定性。民俗一旦形成,即具有独特个性,不会完全随经济基础的改变而变化。民俗"常常在社会发生变革若干年之后依然在人们的头脑里发生作用,并支配人们的行为"。[1] 有的学者将其称为"文化滞后"。其实,民俗具有的独立性、延续性已使之成为一种"文化模式",它既受物质基础的制约,又使人们的物质世界和精神世界,在"集体无意识"状态下接受民俗的规范和调节。民俗变革具有一定复杂性,与物质世界紧密相连的生活文化,如衣食住行的习俗会随着经济生活的变化而改变,引起的社会反响也较为温和;而与精神世界联系密切的观念文化,内化为人的愿望、期盼、信仰,则不会随着生产力发展、科技进步而立刻变化。这种精神层面的民俗在某种程度上反映了人对自我发展、自我实现的永恒追求。正如马克思所说:"人的类特性恰恰就是自由自觉的活动。"[2] 如宗教信仰,具备长期留存的特质,该特质有时为中东城市化造成了思想上的阻碍。

在中东城市化进程中,一方面,随着生产力的发展、生产和生活方式的变革,一些孕育、生长于农业社会的传统民俗愈来愈成为现代都市中不和谐的音符,急待政府予以改良和改造;另一方面,社会急剧转型时期,多元价值判断体系共存的现状使习惯于以传统思想为是非标准的农村移民一时无处适从,急需政府规范、引领、引导他们融入城市生活。

第三,调和民俗变革中的新旧冲突问题是中东城市化中维护社会秩序稳定的关键。秩序稳定是政治统治稳定的前提和基础。在社会转型过程中,社会结构耦合度不高、社会运行机制不稳定,城市化进程的不可逆转性又要求社会必须对急剧的变革迅速做出反应,以稳定的秩序、顺畅的运行为城市化进程提供有力的保证。因而,这一时期的社会控制显得更为复杂,也尤为重要。

---

[1] 司马云杰:《文化社会学》,中国社会科学出版社,2001,第20页。
[2] 《马克思恩格斯全集》(第42卷),人民出版社,1979,第96页。

245

社会控制机制一般包括四种方式：法律控制、组织控制、道德控制和舆论控制。法律控制和组织控制属于社会控制机制的硬控制层面，道德控制和舆论控制则属于软控制层面。在社会急剧转型时期，政府往往会选择法律这一硬控制手段，作为主要的社会控制机制；但是具有隐蔽性的各种社会软控制手段以"润物细无声"的方式发挥作用，更容易实现政府强化政治权威的愿望。民俗就属于社会软控制层面，且具有社会性和集体性、典型性和模式性、传承性和播布性、变异性等特征。[①]

作为公共权威机构，政府的首要利益即权威的构建与维系。为实现这一目标，所有社会变革都被纳入维持社会稳定和推动社会进步的过程中，民俗变革也不例外。变俗变政的关键问题是以权威构建和维系为导向的秩序与进步。变俗变政的实质就是要维持社会秩序、推动社会进步，夯实政府执政的合法性基础。秩序与进步的偕同与纠葛正是民俗变革成败的关键因素。秩序重建的困境、合法性资源的缺失是无法回避的课题。究其根源，从共时性角度来看，地方的特殊性是中央政策在实际操作中发生变化的关键；从历时性角度来看，历史的传承性是民俗变革这一社会变革困难重重的根本。归根结底，在秩序与进步的考量中，秩序位于首位，成为决定中东各国政府能否稳定执政的关键。

可见，在社会转型中解决民俗的新旧冲突问题是维护社会秩序稳定的关键。民俗一经形成即具有相对独立性，陋俗不会因生产方式、经济制度的改变而消失。民俗不仅外在形式代代相传，而且以观念的形式存在于人们的意识中，成为集体性的社会心理，其中的陋俗则阻碍现代科学、文明观念的传播和内化。从历史演变过程看，传统的民俗文化中不仅蕴含着社会进步的能量，而且是维持、规范社会秩序不可或缺的因素。宗教信仰和家族、部落观念伴随着中东各民族从野蛮走向文明，从传统步入现代，已经化为民族精神的一部分，并演变为一种特定的思维模式，至今仍发挥着重要作用，如重视宗教信仰在人们甚至中东国家生活中的作用；注重宗教或教派社团、部落、家族的团结等。现代民族国家从传统地区、行省发展而来，与当地宗教精神、传统社会心理有着难以割断的渊源。当城市化大潮扑面而来之时，"现

---

① 陶立璠：《民俗学》，学苑出版社，2003，第33~50页。

代性"的追求与"传统"的承袭之间的关系成为中东亟待解决又难以解决的问题之一。从历时性角度分析，民俗的传承性成为政府介入民俗时必须考虑的因素，伊斯兰教信仰和影响深远的宗法观念既是城市化进程中的重要资源，亦是变俗变政中的巨大阻碍。一体同源的传统与现代，被国家意识强行分割，产生的阻力远超执政者预料，以秩序重建、维护统治为出发点的民俗变革换来的却是国家权威的损伤和合法性资源的流失。

民俗变革的关键在于能否进行广泛的社会动员。社会动员的类型主要有组织化动员和市场化动员两种，前者利用政治体制的力量去动员国家垄断的那部分资源，包括组织动员与政策动员；后者从社会中提取能量对自由流动的资源进行动员，包括传媒动员、参与动员与竞争动员。在中东，国家主导的城市化引发的民俗变革多为前者，国家主导色彩明显。

（三）社会结构的变化

从主体的角度来看，社会秩序是社会主体实践活动的产物，社会秩序存在于社会主体的实践中而不是脱离社会实践而独存。从客体的角度来看，社会秩序作为社会主体实践的产物蕴涵着社会主体间的关系——社会关系。社会关系是社会秩序的现实内容，社会秩序则是社会关系的存在状态。由于社会活动与社会关系是同一序列的概念，而社会规范体现了社会关系的规范性要求，社会活动、社会关系和社会规范成为考察社会秩序的相互联系、相对区别而又相互贯通的三个视角。其中，作为社会关系的重要衡量因素的社会结构体系因其内在属性和功能特点成为社会秩序生成的深层依据，而社会规范体系或社会制度则是社会秩序生成的直接载体。

社会结构体系既是社会秩序生成的深层依据，又是社会秩序变革的深层动因。前者是从生成的角度考察社会秩序与社会结构体系的关系，后者是从既成的社会秩序如何变化的角度考察其与社会结构体系的关系。社会秩序变革是社会秩序的自我更新或一种社会秩序代替另一种社会秩序。变化的是社会秩序的具体内容。社会结构体系之所以成为社会秩序变革的深层动因可从形式和内容两方面进行分析。从形式上看，结构具有相对稳定性。随着要素性质的变化，结构发生变化。结构变化必然导致某种系统运动状态的不稳定、不协调。从内容上看，由于社会主体的实践不断深化，基本社会结构、其他层次社会结构的具体要素的性质必然变化，当其变化内容和效率不匹配时，必然导致社会结构运动状态的不稳定、不协调，导致一种社会秩序向另一种社会秩序过渡。历史表明，一种社会结构体系向另一种社会结构体系过渡时往往呈现出社会秩序的动荡，而当一种社会结构体系最终被另一种社会结构体系所取代时，新的社会秩序也随之生成。而在同一种社会结构体系下，社会结构要素的结构状况也决定着社会秩序的状况。

历史上，伊斯兰教相同的宗教教义推动了中东城市社会秩序的发展，也培育了城市的不统一性。[1] 不同派别的伊斯兰教义冲突导致了社会结构的灾难性后果。[2] 中东城市化进程中，社会结构尤其是社会阶层结构的变化是社会秩序变化的主要动因。在社会阶层结构中，中产阶层的变化又是导致社会秩序发生动荡的最主要因素。在社会阶层结构的变化中，各阶层的利益诉求对社会秩序产生着潜移默化的影响。而在社会阶层中，中产阶层一般是人数最多、实力最强、最影响社会秩序及政府稳定的因素。中东的城市化过程中，大量农民涌入城市，为中产阶层的就业、收入、住房等带来了负面影响（见第二章第三节），城市治理中的市政腐败等黑暗面也大大影响了中产阶层的稳定性。

（四）社会规范体系的更新

社会规范体系或社会制度因具有约束性和规范性功能而成为社会秩序的载体。正是在一定的社会规范体系或社会制度的约束性或规范性功能作用下，特定的社会秩序才得以生成。

生成和变革是同一序列的范畴。由于新的社会秩序生成的过程即是旧的社会秩序变革、衰微的过程，社会规范体系或社会制度的更新是社会秩序变革的直接动因。社会规范体系中的各种形式因其属性不同、作用范围不同、更新特点不同，对社会秩序的变革影响也不同。历史唯物主义认为，法律规范是经济关系最直接、最集中的反映。因此，法律规范的更新对社会秩

---

[1] Guilain Denoeux, *Urban Unrest in the Middle East, A Comparative Study of Informal Networks Egypt, Iran, and Lebanon*, State University of New York Press, New York, 1993, p.46.

[2] Guilain Denoeux, *Urban Unrest in the Middle East, A Comparative Study of Informal Networks Egypt, Iran, and Lebanon*, State University of New York Press, New York, 1993, p.47.

第六章　城市化与社会秩序稳定

序的变革有直接的推动作用，而其更新状况对社会秩序的存在状况有根本性的影响。道德作为一种社会规范在本质上与法律规范有相似之处。恩格斯曾指出："人们自觉或不自觉地，归根到底总是从他们阶级地位所依据的实际关系中——从他们进行生产和交换的经济关系中，吸取自己的伦理观念。"①"一切以往的道德论归根到底都是当时的社会经济状况的产物。"②作为一种社会意识形式，道德规范还受政治关系及其他社会意识形式的多重制约。由于在属性、作用范围及作用方式等方面都不同于法律规范，道德规范一方面是直接作用于社会生活的重要社会意识形式，另一方面又是作为法律规范的补充形式而起作用的。

社会习俗的变更对社会秩序产生影响。它的影响主要取决于两方面：第一，社会习俗作为规范具有秩序功能并已融进了社会秩序的结构之中；第二，社会习俗自身不断发生变革。正如涂尔干从功能主义立场对劳动分工的分析指出的："分工带来的是各种功能，即在特定环境中固定重复着的各种明确的行为方式，这些功能是与社会生活普遍而且恒常的条件有关的。因此，这些功能之间确立的关系便在稳定性和规范性方面达到了同一水平。它们不仅以确定的方式相互作用，而且也与事物的性质相互吻合，并在不断重复的过程中变成了习惯。当习惯变得十分有力的时候，就会转变为行为规范——当它们确立了各种权利和责任的分配方式以后，它就变成强制性的了。"③由于习俗是从劳动分工中产生的行为规范，习俗自然是融入劳动秩序之中的。随着劳动分工的深化，习俗也在不断变化。与法律规范和道德规范不同，社会习俗主要存在于日常生活领域和社会心理层面，这使社会习俗的变更对社会秩序的影响具有潜在性的特点。在中东传统社会中，社会习俗实质上充当了法律的角色，与在现代社会中所扮演的角色相比，其变革对社会秩序的影响深刻而巨大。

在中东城市化进程中，影响社会秩序稳定的因素还有许多，诸如失业问题、城市腐败问题，等等。由于在前几章对这些问题已有论述，这里不再一一赘述。

---

① 《马克思恩格斯选集》（第3卷），人民出版社，1995，第434页。
② 《马克思恩格斯选集》（第3卷），人民出版社，1995，第435页。
③ 〔法〕埃米尔·涂尔干：《社会分工论》，渠东译，三联书店，2000，第326页。

二 社会秩序功能及其弱化的后果

(一) 何为社会秩序功能？

社会秩序恶化的最终表现是社会秩序功能的弱化。社会秩序的功能主要有如下两个方面。

第一，社会秩序的整合功能。社会秩序的整合功能就是社会秩序能够把各种要素或力量结合在一起从而促进社会存在或发展的能力或功效。考察社会秩序的整合功能需要分别研究整合的前提、对象、过程、机制、方式、特点和应处理的相关关系等。

第二，社会秩序的控制功能。社会秩序的控制功能是指社会秩序具有通过把握相关社会实体的活动和相互关系从而维持社会的正常运行和发展的能力和功效。研究社会秩序的控制功能首先必须区别"社会控制"和"秩序控制"两个概念。社会控制的实施者是社会或社会主体，而秩序控制的实施者是社会秩序。两者不仅外延不同，更重要的是研究对象和角度都有异。

社会秩序是社会的存在过程中的一种属性及其实现状态，社会秩序研究是社会研究的一个层面。"社会控制"主要研究社会主体如何运用各种控制手段实现社会生活有序化的目标，而"秩序控制"的研究内容是社会秩序生成后作用于社会生活的方式，以及社会主体如何利用社会秩序实现自己的社会目的。

社会秩序与有序、失序及无序等概念的关系也必须区分清楚。[①] 社会秩序作为社会运行和发展的特殊属性和状态可以体现为社会活动的一致状态、社会关系的协调状态、社会规范的约束状态，我们也可以把社会秩序界定为社会稳定或协调状态是对以上三种社会情境的抽象概括；有序就是社会在运行和发展中存在这种稳定或协调状态；无序就是社会在运行和发展中不处于稳定状态或处于不协调状态，即社会处于混乱、失范、冲突甚至战争和解体等状态；在日常话语中，人们常把失序笼统地等同于无序，即社会处于某种混乱状态，但严格说来，两者含义并不完全相同。因为无序是指社会已处于

---

① 参见邢建国、汪青松、吴鹏森《秩序论》，人民出版社，1993，第6篇。

某种确定性的状态，失序则意味着社会正从原来稳定或协调的状态向正在失去这种内在属性和状态发展。有学者认为，"所谓有序，是指事物内部的要素和事物之间有规则的联系或转化，所谓无序，是指事物内部诸要素或事物之间混乱而无规则的组合，以及事物运动转化的无规则性"。[1] 衡量一个社会的社会秩序的控制功能主要看它的控制范围、控制力度、控制手段、控制限度等方面。

（二）社会秩序功能弱化与缺失的后果

因为社会秩序是社会主体实践活动的产物，社会结构体系是社会秩序的深层基础，所以社会秩序要发挥其内在功能必须以各种现实条件为前提和基础。当现实条件不具备时，社会秩序无法发挥其功能，而当社会秩序功能弱化与缺失时，会引发严重的社会问题，如社会失范、社会冲突和社会解体等。

社会失范是指，在社会运行和发展中，秩序功能弱化和缺失特别是社会规则体系失效所导致的混乱状态。[2] 社会失范是在社会运行或发展中出现的一种严重社会问题。根据上文的阐述，社会秩序具有把各种要素或力量结合在一起，通过把握相关社会实体的活动和相互关系而维持自身存在的能力和功效。社会秩序功能弱化与缺失意味着社会缺乏系统的、完善的社会规范体系，或已有的社会规范体系滞后于变化的社会生活，从而受到社会主体的主观拒斥。社会失范，就社会秩序本身的结构来看，表明社会秩序的规则要素不再有效；就秩序主体而言，则是社会主体所遵循的是不协调或前后矛盾的社会规则，或社会主体根本无社会规则可循。"既然规范体系是各种社会功能自发形成的关系所构成的一个确定形式，那么只要这些机构能够得到充分的接触，并形成牢固的关系，失范状态就不可能产生。"[3] 随着中东城市化的迅猛发展，在中东城市社会生活中广泛存在个人主义价值观。而个人主义价值观的膨胀就是社会秩序功能缺失的表现。社会秩序整合功能缺失意味着传统的社会权威不能有效发挥主导性功能。而建立合理、完善的社会规范体系

---

[1] 沈小峰、王德胜：《自然辩证法范畴论》，北京师范大学出版社，1986，第152页。
[2] 〔法〕埃米尔·涂尔干：《社会分工论》，渠东译，三联书店，2000，第329页。
[3] 〔法〕埃米尔·涂尔干：《社会分工论》，渠东译，三联书店，2000，第329页。

和符合社会生活要求的价值内核的确立，始终需要社会权威的直接推动作用。否则，社会生活就会呈现失范状态。

社会冲突是社会秩序功能弱化与缺失的又一社会后果。社会冲突范畴本身含义混杂。冲突学派的主要代表人物之一 L．科塞曾从社会关系的角度研究社会冲突的功能，特别是社会冲突的正向功能，把社会冲突定义为"社会群体之间由于利益或价值的对立而发生的对抗"，[1] 或"是有关价值、对稀有地位的要求、权力和资源的斗争，在这种斗争中，对立双方的目的是要破坏以至伤害对方"。[2] 另一代表人物拉尔夫·达仁道夫从自由主义的立场把"现代社会冲突"界定为"一种应得权利和供给、政治和经济、公民权利和经济增长的对抗"。[3] 就社会秩序而言，社会冲突是因秩序功能弱化与缺失而导致的社会秩序主体之间普遍的对抗活动及相应的社会状态。

社会冲突不仅是人个体之间的对抗，而且是个体和群体（组织）以及群体（组织）之间的对抗；不仅是心理层面的对立或斗争，而且是现实社会活动和社会关系层面的对立或斗争；不仅包括实际利益的对抗和斗争，而且包括价值追求层面的对立和斗争。在不同条件下社会冲突虽有不同的内容，但社会秩序功能缺失下的社会冲突必然呈现为一定秩序范围内的社会秩序主体之间普遍的对抗而不是局部的和偶然的对抗。

虽然社会冲突在一定社会条件下有"增强特定社会关系或群体的适应和调适能力"[4] 的功能，但只是"在冲突能消除敌对者之间紧张关系的范围内，冲突具有安定的功能，并成为关系的整合因素。然而，并不是所有的冲突都对群体关系有积极功能，而只是那些目标、价值观念、利益及其相互关系赖以建立的基本条件不相矛盾的冲突才有积极功能"。[5]

社会冲突会出现是因为秩序功能弱化与缺失。秩序功能弱化导致追求资源占有的方式缺乏社会规范的约束与调节。只要社会资源有限，社会秩序主

---

[1] 〔美〕L．科塞等：《社会学导论》，安美华译，南开大学出版社，1990，第589页。
[2] 〔美〕L．科塞：《社会冲突的功能》，孙立平等译，华夏出版社，1989，前言。
[3] 〔英〕拉尔夫·达仁道夫：《现代社会冲突》，林荣远译，中国社会科学出版社，2000，第3页。
[4] 〔美〕L．科塞：《社会冲突的功能》，孙立平等译，华夏出版社，1989，前言。
[5] 〔美〕L．科塞：《社会冲突的功能》，孙立平等译，华夏出版社，1989，第67页。

体就会追求对资源的占有，一定秩序确立前后都是如此。中东城市人口膨胀的直接结果是城市资源紧缺，这也解释了城市冲突频发的缘由。但从逻辑上看来，资源追求并不必然导致社会冲突；社会规范体系转化为社会秩序的规则要素发挥作用、对追求和占有资源进行制度安排是根本性原因。社会历史发展也证明了这点：社会冲突严重时恰是社会规范体系不健全或不能发挥作用时，而社会关系稳定及协调时，正是社会规范体系完整并正常发挥功能时。同时，秩序功能弱化导致追求资源占有上的价值观念混乱繁杂。处于一定秩序中的社会主体虽然在资源占有的价值观念上不尽相同，但由于受到一定社会秩序中的价值内核的凝聚、整合和统摄作用，不会导致严重的价值观念混乱，资源追求和占有行为也在更深层次上得到控制。但秩序整合和控制功能的弱化和缺失必然导致秩序主体失去资源占有活动上的社会根据而陷入迷茫。当然，秩序功能弱化与缺失也导致社会权威失效。社会权威作为贯通社会规则和价值理念的现实性力量在资源分配中发挥核心作用，秩序功能弱化与缺失使社会权威无法发挥应有的影响力和控制力，而这意味着秩序主体在资源占有和追求中陷入混乱状态。总之，社会秩序功能弱化与缺失意味着社会秩序结构性要素的某种缺失或要素间的结构性关系的破裂，而这必将导致社会冲突。

社会秩序功能弱化和缺失持续下去会呈现从社会失范转向社会冲突。社会失范是社会规范逐渐失去功效的过程和状态；社会冲突则是利益冲突和价值冲突等深层次问题暴露，并造成日益严重的社会后果。社会冲突体现在两个方面：其一，社会问题普遍存在于经济、政治和文化领域等社会结构体系中；其二，随着社会关系的不断紧张、扭曲和激化，各种对抗性社会活动包括暴力等极端活动出现，结果又加剧了社会秩序的功能弱化和缺失。如埃及，2013年7月3日，埃及国防部长塞西宣布解除穆尔西的总统职务，由最高宪法法院院长代行总统职责，成立过渡政府。[①] 穆斯林兄弟会则发动游行示威，抗议军事政变。双方剑拔弩张，冲突不断，开罗局势紧张。在8月14日的清场活动中，根据埃及卫生部门的统计，有638人死亡，约4000人受

---

① 《穆尔西被埃及军方赶下台》，《北京日报》2013年7月5日。

253

伤，而根据埃及穆兄会的统计，清场行动造成至少 2600 人死亡。[①] 暴力事件频发进一步削弱了社会秩序功能。直到 2014 年 6 月 8 日，塞西宣誓就职。塞西采取措施以强制力使国家局势基本稳定下来，对内严厉打击穆兄会，宣布穆兄会为恐怖组织，逮捕包括穆尔西在内的 2000 多名穆兄会成员，遏制了其反抗能力；对外，埃及获得沙特、阿联酋、科威特等海湾国家的经济援助，国家经济基本保持了稳定。[②]

社会解体是由一种结构性整体走向完全破碎的过程。社会结构体系能够保持稳定是因为在社会主体的社会活动中产生了社会秩序，社会秩序的整合和控制功能使社会结构体系得以维系。社会解体是与社会结构稳定相反的运动趋向和过程，该过程也是社会失序的过程或原有社会秩序完全丧失其整合和控制功能的过程。

社会秩序完全丧失其整合和控制功能意味着社会规范体系趋于完全失灵，社会不再具有认同性和内聚力的价值内核，社会主体完全根据自己的需求和欲望各行其是，导致在社会主体的精神层面充满了矛盾和冲突；原有的社会权威遭到颠覆，社会成员为争取新的权威地位和相应的精神和物质资源而陷入持续纷争之中，使用各种破坏性手段包括暴力手段，无所不用其极，社会结构体系处于分崩离析和碎片化状态。社会解体是社会秩序功能弱化和缺失在逻辑意义上的最极端和最彻底阶段，也是对现实中的极具破坏性的社会事实的概括和描述。社会陷入持续内战状态即是一种社会解体的事实，如内战持续的叙利亚。

三 政府对民俗变革的社会控制

在中东国家的城市化进程中，政府控制是解决城市化问题、稳定社会秩序的最重要手段。由于在对城市贫困等问题的治理的分析部分已有涉及，这里主要论述政府对民俗变革的社会控制。

[①] 刘中民、朱威烈主编《中东地区发展报告：转型与动荡的二元变奏》，时事出版社，2014，第 37 页。
[②] 杨福昌：《塞西当选总统后的埃及形势》，《阿拉伯世界研究》2014 年第 5 期。

（一）中东民俗变革的内容

民俗作为一种权力资源，自古以来就备受统治阶级的关注，并被作为一种社会控制的重要手段加以利用。历代政府都不曾放弃以俗变政的努力。时至今日，移风易俗仍是中东乃至全世界现代精神文明不可或缺的重要内容。国家是具有一定社会控制目标的社会控制系统。民俗是在人们的日常生活中靠口头和行为传承的文化模式，[①] 具有调节和规范人们的思想和行为的功能。因此，从政治统治视角来看，民俗是一种权力资源，一旦被政府部门所利用，即成为一种社会控制手段。它对人们的行为的控制作用，不像法律和道德那样是在强力和舆论的威慑下发生作用，而是靠内化于人们的心理，在没有外在压力的情况下，促成人们的习惯性行为，常常起到法律、道德起不到的作用。任何社会的权力机构都不会放弃利用、管辖民俗的努力，规范它并使之为自己的政治统治服务。

在中东，民俗的变革很快被纳入构建和维系政府权威的政治建设体系中。一方面，政府介入民俗变革，以刚性的标准划分良陋美恶，通过对旧俗的涤荡、新俗的铸模，试图重建社会秩序、推动文明进步，进一步获取执政的合法性资源；另一方面，在现代民族国家政治权力的介入下，民俗演变历程呈现出不同以往的面相和轨迹。民俗变革不同于其他社会变革：其一，民俗的"民"性决定了民俗变革必须从民众出发，以"民"为本，以"民"为主，具有最大的广泛性；其二，民俗的"俗"性，即"民"的行为模式化，决定了民俗变革具有其他社会变革难以达到的高度和深远度。因此，从城市民俗变革这一视角出发研究中东城市化引发城市民俗变迁是极其必要的。

城市化为各种民俗的交融汇通提供了契机。恩格斯说："大工业需要许多工人在一个建筑物里共同劳动；这些工人必须住在近处，甚至在不大的工厂近旁，他们也会形成一个完整的村镇。他们都有一定的需要。为了满足这些需要还要有其他的人，如裁缝、鞋匠、面包师、泥瓦匠、木匠都搬到这里

[①] 陶立璠：《民俗学》，学苑出版社，2003，第2~3页。

来了，于是村镇就变成了小城市，而小城市又变成了大城市。"① 作为历史范畴，城市化又必然受到社会政治、经济、文化等多种因素的制约。正如不同民族和国家具有不同历史发展道路一样，城市化也会在不同国家和民族呈现出不同的模式。② "工业化和城市化，这两个过程互为因果的联系是显而易见的，但其中的关系却又十分复杂。城市化和工业化都离不开人口的增加。"③

城市化首先是人的城市化。对于农村移民来说，他们经历的不仅仅是从乡民变为市民的社会化过程，而是经过多次社会化，直至成为城市人的过程。城市化的内涵不仅在于城乡人口结构的转化，还意味着传统生产方式、生活方式和行为方式向现代生产方式、生活方式和行为方式的转化，也就是民俗的变革，主要体现在以下几方面。

第一，传统生产方式转化为现代生产方式。城市化标志着机器大工业时代的来临，随着现代科学技术的迅速发展与应用以及非生物能源的广泛采用，技术力代替了自然力和人力，人类的生产方式发生了质变。与传统分散经营相比，城市的生产方式主要是以聚集为主，公共设施的建造成为必然，尤其是公共交通设施。

第二，现代市政建设直接改变了衣食住行等物质生活方式。与传统乡村的自然性相比，现代城市主要是通过人的思维规划建造的。为了更大程度地满足人的生活需求，城市逐渐建设出相应的人工生活环境，客观上改变了原来的衣食住行。服饰上，前现代社会的烦琐、讲究的服饰已跟不上现代城市发展的节奏，没有阶层分别、简约、轻便的服饰越来越受市民和时尚潮流的欢迎。中东城市中的男女很多抛弃了传统的长袍，穿上了西式服装，女性甚至追逐西方潮流。食品上，由于西方食品的大量传入，中东的饮食更加多元化，且西式快餐越来越受快节奏的都市上班族欢迎。住宅上，由于城市化带来城市人口的激增，传统中东那种一户（有时两户）一宅院的住宅模式逐渐被打破，公寓式住宅越来越多。出行上，随着现代道路建设的开展，市民的出行更加方便，人们更易到达前现代时代不易到达的遥远地区，文明交往的

---

① 《马克思恩格斯全集》（第2卷），人民出版社，1974，第300~301页。
② 行龙：《近代中国城市化特征》，《清史研究》1999年第4期。
③ 〔澳〕约翰·R. 拉瓦蒂：《城市革命》，宋俊岭、陈占祥译，贵州人民出版社，1984，第36页。

范围扩大、速度加快。

第三，现代都市生活伴生着传统行为方式的现代化。行为方式是指一定的社会角色在社会生活中形成的程序化、规范化、模式化的活动。现代生产、生活方式的出现，打破了中东人亘古以来受自然规律限制的行为方式。现代工厂凭借现代机器和电力技术等，可以不分昼夜地进行生产，从乡村走入都市、进入现代化机器生产线的工人不得不适应现代生产而改变作息时间，养成新的行为方式。市民的日常活动被纳入随西方机器生产一起引入的星期制度，并失去了原来由季节变化而带来的闲暇时间。现代科技彻底改变了娱乐时间和娱乐内容，休闲成为城市生活的一种新的行为方式。在中东，喝咖啡、旅游甚至重温古老的贝都因人在沙漠的生活都成了都市人休假时选择的休闲度假方式。

第四，城市生活使中东市民的世俗性加强。自古以来，宗教信仰就是中东地区的人们生活中的重要组成部分。7世纪以后，伊斯兰教成为中东人民的主流信仰，它的教义涉及穆斯林生活的方方面面。中东不论是城市还是农村，人们常常会依照相同宗教甚至教派信仰聚居在一起。宗教是影响其政治理念、婚姻生活、日常起居、工作交友等的重要因素。人们的宗教观念根深蒂固，农村尤为明显。而且，农村的宗教信仰有时还和巫术相混杂，影响人们生活和观念的现代化。"随着市场经济体制的完善，在现代社会中，宗教制度、超自然信仰以及与此相关的事物已变得相对不再重要，社会成员越来越趋向于现实性、理性化，越来越重视对社会事务的参与，各种活动逐渐脱离宗教形态。"[①] 与传统社会相比，城市中社会成员的个性意识觉醒，城市居民更加注重经济利益，注重现实的物质生活，中东城市社会中现实感普遍形成。尽管快速的城市化导致城市人口膨胀、就业、居住等问题，但与农村社会相比，现代化程度高的城市仍令人向往，具有强烈现实性和理性色彩的城市世俗化，使更多中东农村人口感受到只有城里人的切身利益才同现代化发展息息相关。这样，中东城市中"现实"和"理性"等世俗化成分再一次强化了城市固有的聚集效应。中东各国民众，特别是农村中大量具有上进心的年轻人，开始将城市化同自己的命运联系在一起。这就使得城市化成为整个

---

① 吴忠民、刘祖云主编《发展社会学》，高等教育出版社，2002，第157页。

中东社会的共识，成为大众特别是农村人口的行为取向。于是，这一过程中，中东各国的城市化进程拥有了一种持久的强劲动力，城市化成为中东地区不可逆转的发展趋势。

（二）社会控制

社会控制是政府自上而下的权力介入过程，政府及相关职能机构、各种社会团体构成民俗变革的重要主体，政府的政策、条文、法令的颁布和实施以及与各种社会团体的合作对民俗的变革轨迹产生重要影响。从社会控制角度来看，引入政府权威理论，有助于关注民俗变革中政府的职能与行为、变革主体（政府）与客体（民俗）的关系，变革中国家与社会之间的关系。政府是公共权威机构，权威的维系是政府的首要任务。权威是指某一个主体把自己的意志强加于对象以使之服从的能力。[1] 从政治学上讲，权威是一种精神力量，是一种社会心理过程，它主要借助掌权者的威信在公众情感、信任等方面施加影响、发挥作用，它是以自觉自愿的服从为前提的，权威是建立在合法性基础上的影响力。[2] 可见，政府权威是权力、威严与能力、威望的和谐统一。

社会学家 E. A. 罗斯把人和社会的关系分为社会优势和个人优势两个部分，指出风俗作为社会优势中社会影响的重要组成部分，产生约束和调节两种后果。因此，任何社会对于风俗的调整方针在很大程度上是为了使它能够提供给社会效用并得到充分的发挥。[3] 本尼迪克特强调文化模式对个体的影响："说到底，我们必然是生活在由我们自己的文化所制度化了的那种你我之间泾渭分明的构架中。"[4] 20世纪后半叶，中东社会经历了一场前所未有的变革，在各种矛盾和冲突日益尖锐的社会转型时期，尤其需要政府有合理而有效的权威。"一个缺乏权威的弱政府是不能履行其职能的"，亨廷顿认为，"同时它还是一个不道德的政府，就像一个腐败的法官，一个怯懦的士

---

[1] 王沪宁：《政治的逻辑——马克思主义政治学原理》，上海人民出版社，1994，第249页。
[2] 廖扬丽：《论法理型政府权威的一般理论》，《齐齐哈尔大学学报》（哲学社会科学版）2003年第5期。
[3] 参见〔美〕E. A. 罗斯：《社会控制》，秦志勇、毛永政译，华夏出版社，1989。
[4] 〔美〕露丝·本尼迪克特：《文化模式》，王炜等译，三联书店，1988，第12页。

兵，或一个无知的教师是不道德的一样"。①

政府依靠军事力量和政治强权建立，成立后面临的主要任务是将权力迅速转化为权威，构筑政权统治的合法性基础。对于法理性政府权威来说，在获得宪法和法律授予的权力后，政府权威的维系取决于政府在维持社会稳定和推动社会发展两个方面的作用。在维持社会稳定方面，其一，清除旧的权威体系；其二，重建新的社会秩序。换言之，秩序化的历程将从"破旧"和"立新"两个向度同时展开。

在推动社会发展方面，政府要解决的亦是两个问题：一是社会动员，获取最广泛的社会支持；二是社会整合，消除社会变革过程中不可避免的异趋。最后，对政府权威维系的评价也是依据这两方面任务的完成结果分别阐述。在中东城市化进程中，民俗变革中鲜明的人本主义和科学主义倾向取得了一定的成效，现代性的增长和社会趋向文明进步即是明证；但秩序重建和权威维系的终极目标没有实现也是无法回避的事实。

第二节 城市化与社会治安

社会治安的好坏是衡量社会秩序的重要标准之一。在中东城市化进程中，社会治安问题主要集中在边缘区，出现问题的主要是城市的边缘群体。因而，本节主要关注城市化给中东边缘区带来的治安问题。

一 城市边缘区的社会治安问题

城市边缘区是第二次世界大战之后，随着大城市急剧膨胀而出现的，中东地区尤为严重。我国学者顾朝林认为，"城市边缘区的概念发展到现在已经包含了两方面的含义，即同时具有自然特性和社会特性。"② 城市边缘区在二元性特征本质上讲属于个性化不强，兼有多元性的一个无主流文化控制的紊乱系统，它具有复杂性、过渡性、脆弱性等特点。

---

① 〔美〕塞缪尔·亨廷顿：《变化社会中的政治秩序》，王冠华等译，三联书店，1989，第26页。
② 顾朝林、熊江波：《简论城市边缘区研究》，《地理研究》1989年第8期。

(一) 边缘区治安问题成因分析

在中东,城市边缘区的违法犯罪等社会治安问题日益突出,逐渐引起学者、社会的重视。边缘区治安问题严峻的成因如下。

第一,管理体制混乱。中东城市的边缘区、贫民窟,缺乏政府的关注和有效治理。边缘区常常成为城市中的"三不管地带"。又由于边缘区的居民对政府的仇视,政府更不愿介入边缘区的事务。埃及贫民窟的一名家庭妇女说,"我们生活在恐惧和恐怖活动中。我有5个女儿,曾经有对暴徒暴行的报道,我时刻为她们担心","没有人保护我们,这里也没有警察"。人们已经对此提出过多次申诉,如在这里建立警察局,但是他们的抱怨被忽视。[1] 如开罗政府于1982年颁布城市规划法,该法只适用于城市范围,却将边缘群体所居住的城市周边地区排除在外,于是原本便生活在贫民窟的边缘群体,生活环境更加恶化。[2] 然而,在进行选举的时候,边缘区又从"被遗忘"变成了"炙手可热"。如伊朗,无论是宗教机构还是其他城市团体,都试图将贫穷移民吸纳进政治领域。因为该阶层与现存政治体制相疏远已使各级政权付出了昂贵的代价,以至于没有伊朗政权敢再忽略这一问题。1979年春,伊朗新政府建立了一个专门处理德黑兰的棚户区问题的委员会。这些棚户区的居民积极选举他们在委员会中的代表,目的是向政府表达各种需求。[3] 两个游击队组织——人民牺牲游击队与伊朗人民斗士,敏感地意识到了贫苦移民的具体需求,大力宣传自己以得到棚户区居民的支持。[4] 但是各政权组织通过吸纳移民的努力,意识到这些移民的需求以及该阶层的经济抱负。伊朗的城市贫民将逐渐意识到自己潜在的政治力量并逐渐学会革命的各种口号和方式。他们可以使用这些口号来反对那些阻挠他们实现目标的人。但是仅仅认

---

[1] Abdul-Wahab El-Kadi, "Cairo's Slums: A Ticking Time Bomb," *Journal of Civil Engineering and Architecture*, Vol. 8, No. 8, Aug. 2014, p. 998.

[2] Ahmed M. Soliman, *A Possible Way Out: Formalizing Housing Informality in Egyptian Cities*, Press of America, New York, 2004, p. 99.

[3] Farhad Kazemi, *Poverty and Revolution in Iran—The Migrant Poor, Urban Marginality and Politics*, New York University Press, New York and London, 1980, p. 118.

[4] Farhad Kazemi, *Poverty and Revolution in Iran—The Migrant Poor, Urban Marginality and Politics*, New York University Press, New York and London, 1980, p. 118.

识到贫穷移民的合法需求是否就能够成功地改变这些穷人的边缘地位还属未知。① 外来移民在生活的压力之下，对于腐败已逐渐由痛恨转为麻木、由麻木转为适应，甚至学会利用腐败者为自己获取一些正当或不正当的利益。正如丹尼尔·布尔斯廷所指出的："移民的政治，是个人需要的政治。重要的是工作、住房、食物和友谊，至于头头在关税上或在国外战争中的立场态度，那是无关紧要的。"② 因而，就像开罗边缘群体的某些政治参与，某种程度上就是物质刺激的畸形产物。大批官员及其代理人来到城市边缘区拉票，加大了市政腐败及边缘群体对政府的不满情绪。在争相拉票的过程中，常常会出现竞选双方在边缘区的争斗，有时甚至会引发较为严重的政治暴力活动。

第二，居住人群构成的复杂性。西方城市社会学研究表明，城市社会中不同阶层的人口选择居住地时，往往将自身置于特定的社会群体中，并依据自身的生活方式、收入水平、社会地位选择居住场所。③ 这是西方城市化进程中经常出现的"同质聚居"现象。但在中东，过度城市化造成住房流通灵活性下降、租金管理体制僵化以及房地产市场不完善，它们交互作用，使贫困并不集中于某个特定的地区，贫困人口与贫民窟居民也并非两个完全重叠的范畴。在贫民窟内部存在着明显的阶层异质性：极度贫困的家庭与中等收入家庭在许多城市的旧核心居住区及非正规居住区内混杂而居。据埃及学者佐瑞调查，79.3%的农村移民倾向于与来自同村或同省的移民聚居在地价相对便宜的开罗郊区。④ 在这些聚居区，农村移民就像生活在原先的农村一样，保持着传统的风俗、道德和日常生活方式，而拒绝现代城市文化。这就形成了边缘区中，穷人和富人、上班族和失业者等并存的二元居住特色。

第三，贫富悬殊，边缘区生存环境恶劣。二战后，随着中东国家城市化

---

① Farhad Kazemi, *Poverty and Revolution in Iran—The Migrant Poor, Urban Marginality and Politics*, New York University Press, New York and London, 1980, p. 119.
② 〔美〕丹尼尔·J. 布尔斯廷：《美国人：民主的历程》，谢延光译，上海译文出版社，1997，第383页。
③ 潘允康等：《社会学家论城市建设与城市发展》，天津社会科学院出版社，2005，第132页。
④ A. Zohry, *Rural-to-Urban Labor Migration: A Study of Upper Egyptian Laborers in Cairo*, Ph. D. dissertation, University of Sussex, Brighton, p. 159.

的发展，生产和资本急速积聚与集中，贫富悬殊日益扩大。沙特全国有 340 万贫民窟居民，其中大约 1/3 在吉达，约 4800 公顷的土地上分布着 50 个贫民窟（占城市建筑区面积的 16%）。① 埃及 1998 年对农村移民聚居区伊兹贝特贝赫特贫民窟的家庭收入调查显示，15.2% 的居民月收入在 44.1 美元以下，50.1% 的居民月收入为 44.1~88.2 美元，仅有 34.7% 的居民月收入在 88.2 美元以上，而同期开罗居民月收入平均值却高达 205.8 美元。② 2000 年上埃及农村通电率约为 93.3%，大开罗地区通电率达 99.7%，而居住在开罗贫民窟中的农村移民中这一数值仅为 71.9%；上埃及农村家庭拥有自来水的比例为 75.6%，大开罗为 99.7%，移居开罗的农村移民群体中仅为 65%。除了恶劣的生活条件外，农村移民群体还要承担城市高消费水平，他们每日仅食品消费一项就占到全部日常消费的 57.4%。③ 边缘区由于缺乏治理，生存环境极为恶劣，人们怨声载道。这里道路狭窄、缺乏下水道及自来水系统，也没有基本医疗、活动设施和学校等。如位于开罗市中心以东 20 公里，纳赛尔城以西 5 公里处的埃兹贝特埃尔—哈格戛纳贫民窟，只能依靠其北部的一条自来水管道供水；污水处理主要利用原始的化粪池进行收集，用木桶由驴车运出；居民多依靠发电机自行发电；拥有百万人口的社区仅有初等、中等学校各一所。④ 在伊兹贝特贝赫特贫民窟，人口密度高达每公顷 2200 人，超过 30% 的家庭只拥有 1 间住房并共用 1 个厕所，而相同居住条件的家庭在整个开罗的比例仅为 8.2%。⑤ 收入低和大家庭食物预算不足导致了营养的缺乏甚至是营养不良。⑥ 在开罗贫民窟和棚户区居住的人健康状况往往比

---

① UN-Habitat, *The State of Arab Cities 2012: Challenges of Urban Transition*, United Nations Human Settlements Programme, 2012, p. 149.
② David Sims, *Urban Slum Reports: The Case of Cairo, Egypt*, http://www.ucl.ac.uk/dpu-projects/Global_Report/pdfs/Cairo.pdf.
③ A. Zohry, *Rural-to-Urban Labor Migration: A Study of Upper Egyptian Laborers in Cairo*, Ph. D. dissertation, University of Sussex, Brighton, pp. 154, 157, 164.
④ A. Zohry, *Rural-to-Urban Labor Migration: A Study of Upper Egyptian Laborers in Cairo*, Ph. D. dissertation, University of Sussex, Brighton, p. 183.
⑤ David Sims, *Urban Slum Reports: The Case of Cairo, Egypt*, http://www.ucl.ac.uk/dpu-projects/Global_Report/pdfs/Cairo.pdf.
⑥ Michael E. Bonine, *Population, Poverty, and Politics in Middle East Cities*, Florida University Press, Florida, 1997, p. 14.

农村地区的人还要差。① 生活在埃及的大城市中那些破败的郊区的人们由于没有得到应有的东西，于是转向了更加激进的伊斯兰教运动。有学者认为，只有先将新城市移民和受过教育的年轻人的经济问题解决，这些激进组织才可能被消除，包括他们军事化的宗教还有他们的干部。② 科威特的 Jebel Al‐Shuyoukh 贫民窟，居民主要是外来工人，住房条件极差，是当地犯罪滋生地。③ 对比中东城市的其他富裕地区居民富足甚至挥金如土的奢侈生活，边缘区的贫困成了中东城市的毒瘤，严重影响了中东城市的社会稳定。

第四，边缘群体心理失衡严重。"以农村移民为主体的穷人对城市社会主流制度的脱离是其文化的重要组成部分。这些人群长期脱离主流社会，对主流阶级所信奉的基本制度怀有敌意，仇视警察，不信任当局政府及位居高层的人"，④ 在贫民窟内形成了一种边缘化心理。这种心理潜伏着一种对现有社会秩序的敌视，增加了城市社会稳定的脆弱性。一旦有某些刺激性因素出现，便可能成为压倒"社会稳定"局面的最后一根稻草。没有政治权利加强了城市移民的孤独感。⑤ 政治上的排他性常常导致政府合法性受到怀疑，刺激人们去寻求其他机构或渠道来予以纠正。⑥ 如 2011 年初埃及爆发了强烈的政治地震，一场"街头革命"席卷首都开罗。尽管目前尚无准确数据显示开罗贫民窟居民在这场政治动荡中的参与情况，但考虑到这一群体平均每天消费只有 1.60 美元的贫困现状，⑦ 他们很可能构成了此次抗议人群的重要组成部分，而社会不公与贫富差距所造成的社会期望受挫是促使大量贫民窟居民走上街头的重要诱因。

---

① Michael E. Bonine, *Population, Poverty, and Politics in Middle East Cities*, Florida University Press, Florida, 1997, p. 14.
② Mohammed M. Hafez, *Why Muslims Rebel, Repression and Resisitance in the Islamic World*, Lynne Rienner, Colorado and London, 2003, p. 8.
③ R. El Gamal, "Thousands Live in the Slums of Kuwait," *Kuwait Times*, June 1, 2007.
④ 〔美〕布赖恩·贝利：《比较城市化——20 世纪的不同道路》，顾朝林等译，商务印书馆，2008，第 91 页。
⑤ Michael E. Bonine, *Population, Poverty, and Politics in Middle East Cities*, Florida University Press, Florida, 1997, pp. 248－249.
⑥ Mohammed M. Hafez, *Why Muslims Rebel, Repression and Resisitance in the Islamic World*, Lynne Rienner, Colorado and London, 2003, pp. 22－23.
⑦ A. Zohry, *Rural-to-Urban Labor Migration: A Study of Upper Egyptian Laborers in Cairo*, Ph. D. dissertation, University of Sussex, Brighton, p. 163.

第五，边缘区居民的素质较差。中东边缘区中的流动人口以年龄结构偏轻、18~35岁的单身打工的农民工为主。且由于过度城市化，阿拉伯城市青年（18~35岁）失业率过去一直是且现在仍然是世界上最高的地区之一。[1] 据统计，2006年，由农村迁往大开罗地区的移民文盲率高达43.16%，只有4.49%的移民具有中级以上技能。[2] 他们文化素质较低，呈现出两头小中间大的文化结构，很多人受教育程度不高，甚至有大量文盲；他们的心理状况较特殊，所处的年龄阶段使他们具有情绪不稳定、易冲动、心理冲突多、追求刺激、易受暗示等特殊心理，自我约束力差。"年轻人对于埃及政府疲软的经济状态感到非常不满，他们非常容易成为伊斯兰造反者的潜在的人选"，"原教旨主义者的反应的范围和强度，从精神上的复苏到革命的暴力活动，他们所依靠的就是危机环境的蔓延"。[3]

第六，城市边缘群体的亚文化状态。随着城市化的迅猛推进，农村移民进城后，往往根据已有的文化裂痕去建立自己的社会网。这样的社会网在加强社区内部的稳定性的同时，也导致与外部社会的隔膜感加大，因此导致人们对于城市社会和国家的整体认同减弱。小范围的对于宗教的或民族的忠诚代替了对于大范围的国家的忠诚。迅速发展的城市化，使更大的内聚型的社区组成了城市，或许更大的潜在冲突就存在于他们之间。[4] 由于对城市文化的排斥，边缘群体与城市市民的社会交往有限，多为工作业务往来。当前安曼正在进行的许多工程项目大多集中在西部地区的高端消费群领域，而在东部却发展很少。这样的举措进一步拉大了安曼东西部的发展差距，加大了城市的贫富差距，甚至影响社会的稳定。1976年，德黑兰100多万幢居所中有12478座是帐篷之类的简易住所，并不适合人们长期居住。德黑兰南部郊区

---

[1] Gaëlle Gillot, Jean-Yves Moisseron, "The Arab Spring and Urban Governance Challenges in North African Countries," in Maria Cristina Paciello, Habib Ayeb, Gaëlle Gillot, Jean-Yves Moisseron, *Reversing the Vicious Circle in North Africa's Political Economy*, The German Marshall Fund of the United States & Istituto Affari Internazionali, May 2012.

[2] Jackline Wahba, "An Overview of Internal and International Migration in Egypt," *Economic Research Forum: Working Paper Series*, 2007, p. 16.

[3] Mohammed M. Hafez, *Why Muslims Rebel, Repression and Resisitance in the Islamic World*, Lynne Rienner, Colorado and London, 2003, p. 8.

[4] Guilain Denoeux, *Urban Unrest in the Middle East, A Comparative Study of Informal Networks-Egypt, Iran, and Lebanon*, State University of New York Press, New York, 1993, p. 25.

分布着13个大型棚户区，居住着大批穷人，落后、贫穷、脏乱，而北区则遍布豪华公寓、购物中心和舞厅剧院等摩登建筑，形成"一个城市，两个世界"的格局。"南北部两种国民之间没有交流，没有同情，对于对方的习惯、思想和感情毫无所知，好像他们居于不同的地带，或者是不同星球的居民，他们接受不同的学校教育，依靠不同的粮食养活，服从不同的礼制安排，遵守不同的法律。"① 南部居民穷困潦倒，备受歧视和剥削，无法享受城市服务，被排斥在主流经济活动之外，结果以群体的方式生活在城市边缘。由于彼此间离得很近，他们的"农村生活方式"得到了加强而不是减弱。② 被边缘化的农村移民群体内部所形成的亚文化潜伏着一种对现有社会秩序的反抗。而当他们认识到他们从经济发展中得到的利益与他们的付出不成比例时，愤怒是最正常的结果之一。

（二）边缘区治安问题的特点

边缘区的治安问题主要表现为暴力事件频发、犯罪案件多发。亚当·斯密说过，"穷人会用公开的暴力手段使富人的财产减少到与自己相当"，"于是在需求和恶意的驱使下去侵犯他们的财产"。③ 两极分化会对经济增长和社会秩序稳定产生动摇性的负面影响。边缘区治安问题有以下特点。

第一，犯罪趋于低龄化。边缘群体整体素质不高，边缘区缺乏学校等设施，教育条件恶劣，因而青少年往往得不到良好的家庭和学校教育。而且，由于大多边缘区居民经济条件差，家庭不和睦者居多，离婚率比其他地区高得多。在这样的家庭中成长起来的青年，往往叛逆心理严重，较早辍学又找不到正经工作。他们常常喜欢和当地的同龄人成帮结伙地吸烟、酗酒、打架甚至吸毒、贩毒，较容易被犯罪团伙纳入其中。

第二，团伙犯罪突出。边缘群体中流动人口的社会交往圈主要在老乡或外来工友间。他们多以来源地域、共同宗教信仰为依据聚集在一起，对自己

---

① Mohen M. Milani, *The Making of Iran's Islamic Revolution: From Monarchy to Islamic Republic*, Westview Press, Boulder, 1994, p. 120.
② Abdulaziz Y. Saqqa, *The Middle East City: Ancient Tradition Confront a Modern World*, Paragon-House, New York, 1987, p. 234.
③ 〔英〕亚当·斯密：《道德情操论》，余涌译，中国社会科学出版社，2003，第7页。

的小团体具有强烈的认同感,区域的整体性使他们不愿相信外部力量,他们容易成为反对当局或反对其他社区的主要力量。①

第三,暴力问题突出,入室盗窃、抢劫、杀人案件频发。中东城市贫困街区成为各种极端主义思想的温床。贫困、匮乏以及苦难吞没了这些"边缘和放逐"之地。虽然极端主义可以在各处生根,但极端的和特别危险的环境显然更有利于其生存发展。②边缘群体对社会不公、经济分配不均的不满导致他们仇恨社会,暴力问题突出。一些游手好闲的青年常常打砸抢,喜好寻衅滋事,甚至重伤、杀害他人。

第四,抓捕、审讯困难。由于边缘区长期不受政府重视,政府在边缘区也没有威信。边缘区的居民很多反对政府,不服从政府指令。加上边缘区特殊的地形、混乱的布局,居民之间的相互包庇、作伪证等,使政府处理这里的犯罪案件从嫌犯抓捕到审讯、定罪都极为困难。

二 解决社会治安问题的关键

社会治安治理的目标是控制并逐步降低重大恶性案件和多发性案件,减少社会丑恶现象,彻底改变治安混乱状况,实现良好、稳定的社会治安秩序,使市民在社会中具有安全感。社会治安治理的工作范围,主要包括"打击、防范、教育、管理、建设、改造"六个方面。对于中东国家,社会治安问题的解决关键在于以下几个方面。

(一)加强城市管理

按照《中外城市知识辞典》所下的定义,城市管理(Urban Management)是指"对人们所从事的社会、经济、思想文化等方面活动进行决策、计划、组织、指挥、协调、控制等一系列活动的总和。或者说,是对城市中人的因素和物的因素进行整体管理"。③

---

① Guilain Denoeux, *Urban Unrest in the Middle East*, *A Comparative Study of Informal Networks Egypt, Iran, and Lebanon*, State University of New York Press, New York, 1993, p.46.
② Yasser Elshehtawy, *The Evolving Arab City*, *Tradition Modernity and Urban Development*, Routledge, New York, 2008, p.106.
③ 刘国光:《中外城市知识辞典》,中国城市出版社,1991,第605页。

从城市管理的职能看，它是通过城市政府职能的发挥实现的。政府职能亦称行政职能，主要包括基本职能（政治职能、经济职能、文化职能、社会职能）和运行职能（程序性职能）。后者即是指法约尔所提出的管理五项职能（计划、组织、指挥、协调和控制）。这五种职能或管理要素形成了一个完整的管理过程。后来一些西方管理学家循着这种思路进行研究，又出现了所谓的"三职能说"——计划、组织与控制，"四职能说"——计划、组织、控制、决策，"五职能说"——计划、组织、指挥、协调和控制，或者决策、信息、咨询、执行和监督；"七职能说"——计划、组织、人事、指挥、协调、报告和预算。

城市是人类将物质、能量、信息与自然环境融为一体并赋予其精神的聚集节点，"多样性是城市的天性"。① 作为一个由多个层次、众多子系统组成的开放的复杂系统，城市的性质、功能和发展取决于其结构特点。因此，城市管理离不开对城市系统结构的分析和把握。城市治理的关键在于对城市结构的调节。

城市是一个由经济系统、环境系统和社会系统复合而成的复杂系统，与此相对应，综合考虑城市发展的规模和质量，可以将城市发展表述为城市系统的"发展动力"、"公平行为"和"质量水平"的三维集合的整体轨迹，它们构成了城市治理的判据。加强城市治理是提高社会治安水平的最有效途径，具体需要做到以下两方面：第一，促进城市共同富裕；第二，加大对环境的治理。第七章将专门论述，此处略过。

（二）加大治安力度

城市安全是城市发展、繁荣的基础。随着城市化的发展，城市发展过程中所面临的不确定因素不断增加，这意味着城市的风险日益增加。从风险的角度看，中东部分国家由于目前正处于城市化加速时期，城市社会内部失衡、社会分裂，城乡差距持续扩大，城市发展面临整体性风险。因此，加大治安力度是解决中东社会治安问题的直接、有效的手段。主要包括以下几方面的手段。

---

① 王富臣：《论城市结构的复杂性》，《城市规划汇刊》2002年第4期。

第一，针对城市特定边缘区需要大幅增加警力，主要是增加基层警察、治安警察的数量。目前中东大多数城市的警察数量并不能对社会治安的强化和优化起到根本作用，甚至有些城市因警力不够、管理不善而加剧了社会秩序的不稳。但增加警力又涉及行政、法律、财政等一系列问题。无论如何，加大对边缘区的监督、警戒终归有助于有效地维护社会治安。第二，在边缘区及其周围预防为本，装备到位。治安工作的根本不是惩治犯罪而是犯罪预防。在边缘区及其周围治安问题较多的地区，中东城市政府应加强预防，做到：①使用足够警力维持 24 小时巡逻；②加大对边缘区的拆迁、重建和改造，只有将其改造成现代化的街区，才有可能进一步推广楼宇乃至小区入口多重门禁系统等措施，进一步防范盗窃等城市犯罪；③加大监控力度，给不法分子造成心理震慑，包括进一步优化城市夜晚照明，加大照明灯的数量，优化照明灯的清晰度等，以及选择标识上进一步突出的摄像监控装备等等。第三，完善司法系统，惩治有效，刑罚到位。由于宗教干预、担心进一步引发边缘区的反政府情绪、顾及国际形象等，中东政府的刑事政策趋向温和。除了少数社会影响较大的知名案件，对包括严重刑事犯罪活动在内的刑事犯罪的惩罚力度均不够重。第四，控制特大型城市的人口数量。由于目前特大城市贫民区的生存成本较低，外来人口进入特大城市的门槛过低，形成了寄生在特大城市物理空间内的外来人口的自交易经济圈，成为治安问题的根源和政治稳定的隐患。提高城市生活的经济成本、政策成本，用经济杠杆、政策手段限制外来人口的低成本流入是加强城市治安的有效手段之一。

第三节　城市化与社会风气

社会风气，简称风气，指社会上或某个群体内，在一定时期和一定范围内竞相仿效和传播流行的观念、爱好、习惯、传统和行为。它是社会经济、政治、文化和道德等状况的综合反映，同时也反映了社会的价值观念、风俗习惯与精神面貌。从微观角度考查，实际上这是群体中人际关系的一种氛围，是影响群体意识、群体凝聚力和群体工作效率的一个重要因素。

社会风气表现在社会生活的各个方面，渗透在人们的言论和活动中，对人们的思想、心理和情感常发挥潜移默化的作用,而如何处理个人与他人、个人与群体及国家的关系,则是社会风气好坏的最重要的指标。社会风气是推动或阻碍社会前进的巨大力量,它直接关系社会成员的身心健康、社会安危、国家存亡与民族兴衰。良好的社会风气对振奋民族精神以及培养积极乐观、勤劳朴实、道德高尚的现代市民和社会安定具有重要意义。

一 中东城市的社会风气问题

对于社会风气,应该结合时代的特点进行分析。二战后至今,中东各国掀起了轰轰烈烈的现代化、城市化浪潮。一方面,在中东的城市,洋溢着开拓创新、追求发展、追求知识、追求富裕生活、追求成才奉献等正能量的社会风气。所有这些都体现了时代精神,表现了新一代人的新风尚。但另一方面,传统观念的裂变和否定与对新观念的理解的矛盾,又使一些文化水平较低和缺乏批判能力的人染上了不良的习气,给城市社会风气抹上了灰暗的一笔。总的来说,中东的社会风气问题主要体现在以下几方面。

(一) 拜金主义、功利主义盛行

功利主义、拜金主义和高消费等现象开始出现在中东城市社会。随着中东城市经济的发展,城市居民的物质生活和精神生活极大丰富,越来越多的穆斯林开始注重现实而非来世或者彼岸。正如齐美尔所指出的,大都市始终是货币经济的中心。货币经济是一种金钱理性,是大都市理性及智力活动的来源和表达。金钱一方面成为个人自由和独立的支撑,另一方面它置真诚的个性交往于度外,因为金钱仅按照"多少"来表达事物间质的区别,在城市中金钱以其苍白、冷漠的特性成为一切价值的共同标准。金钱交易成为现代都市理性世界的最佳解释。[①] 于是,中东城市居民在这种城市经济理性推动下,个性意识开始无限膨胀,并逐渐衍生出与传统伊斯兰教法相悖的观念,如个性意识开始嬗变为一种轻视整体、无视社会秩序、否定自我约束的价值取向。中东社会呈现出一种社会风气恶化、犯罪率上升、社会问题不断增多

[①] 叶中强:《齐美尔、沃思的都市社会学及其在当代中国的影响》,《江苏行政学院学报》2002年第3期。

的图景。

　　功利主义、拜金主义虽然被一些有识之士认为也能成为激励人们奋斗的动力，但它也是中东现代社会物欲横流、道德沦丧的源泉之一。拜金主义者太过强调金钱的重要性，以致变得唯利是图。随着改革步伐的加快、经济的腾飞、生活水平的提高，有些人为了追求利益最大化，满足个人的某种私欲，在一些领域道德失范。拜金主义、享乐主义、个人主义滋生蔓延。中东城市中的拜金主义造成了许多不良后果。

　　首先，盗窃、假冒伪劣、欺诈等成为社会公害，严重损害了社会信任感。前现代时期，中东城市的家庭有"夜不闭户"的良好社会景象，而如今家家都担心自身的生命财产安全，并要时刻提防诈骗等行为。在当今的信息化时代，中东假冒伪劣产品不仅种类增多，且违法分子的造假手段越来越高。欺诈在中东城市更是屡见不鲜，电信诈骗、网络诈骗等多种高科技犯罪层出不穷。其次，危害青少年身心健康的腐朽文化和消极书刊屡禁不止。虽然中东在伊斯兰教的影响下，公开的舆论大多数仍是传统的宗教道德观，但是，随着西方文化的传入和人们对现代生活的向往，再加上网络信息时代的来临，许多青少年接触的是"金钱万能"论。这种观念通过各种传播途径渗透到了青少年心中。再次，腐败现象在一些地方不同程度地存在。在"有钱代表一切"的观念的驱使下，中东地区的腐败现象十分严重。追求金钱的心理战胜了对国家奉献光荣的观念，很多人更多地想到的是自身的利益而不是国家、社会的利益。在中东，家族、部落、教派等关系往往盘根错节，为腐败的滋生和蔓延埋下了隐患；体制腐败和收买腐败在中东都极为常见，其中体制腐败最为严重。腐败的盛行不仅危害了中东城市社会秩序，还通过将腐败的金钱观渗透给市民而增加了腐败治理的困难性。最后，攀比之风屡禁不止，人们的幸福感普遍降低。在中东，虽然人们一直向往古代先民那种自由自在的极简的游牧生活，但在现代都市生活中人们更加羡慕有钱人的生活。拜金主义、享乐主义正越来越大胆地牵动人们的衣襟。在许多人眼里，斗富、显阔、纵欲是"潇洒人生"；越来越多的人把有钱人当作崇拜的偶像；拥有金钱、别墅、豪车、奢侈品被看成辉煌人生的象征。在这样的社会风气下，人们的幸福感大大降低。

(二) 消极悲观情绪突出

在中东，城市化、现代化使一批人富了起来。而从阶层变迁来看，总体变化不大。传统贵族仍占有大量有利资源，如海湾国家的王室占有石油；农民即便从农村走向城市，一路奋斗到中产的毕竟是极为有限的少数幸运者，大多数沦为了城市边缘群体；青年中虽然有一部分通过上学成了城市中产阶层，但在失业率逐渐上升的中东社会，没有背景的青年学子也是很难找到理想的工作、改变命运的。

对于边缘群体来说，这种消极悲观的情绪更加严重。他们住在贫民窟或类似贫民窟的地方，生活条件极为恶劣，后代也得不到好的教育，他们和他们的孩子都看不到光明的未来。贪污腐败盛行，穷人等边缘群体感觉很难改变自己的命运，因而社会上消极悲观情绪突出，在失业青年当中尤为明显。这种情绪最严重的后果不是这些边缘群体的不思进取，而是导致社会治安变差，犯罪、暴力事件频出，甚至在宗教极端主义者的鼓动下走向极端和恐怖主义。

除以上两点外，中东城市化引起的社会风气问题还有道德败坏、腐败丛生等，由于腐败问题前文屡次提及，这里不再赘述。道德败坏在中东由于宗教因素是一个很复杂的问题，在伊斯兰教保守主义者的眼中，过于西化甚至认为所有西方的东西都是腐化的。而贪恋金钱、离婚率上升、诚信度下降等在中东如今也是非常突出的问题。

二 社会风气问题治理的关键

社会风气问题归根结底属于社会问题，社会问题在欧美国家也被称为社会病态、社会解组、社会反常或社会失调。社会问题是"社会中的一种综合现象，即社会环境失调，影响社会全体成员的共同生活，破坏社会正常运行，妨碍社会协调发展的社会现象"，[1] 是社会内部矛盾发展到一定程度时出现的明显而又普遍的现象。

社会问题既可由于某种社会状态的恶化而产生，也可以因观念更新和标

---

[1] 袁方：《社会学百科辞典》，中国广播电视出版社，1990，第 21 页。

准改变而引出,更会由于社会结构(社会制度、社会关系、社会规范、社会价值等)的变动、混乱和失调而出现。中东正处于社会转型的加速期,由于城市化不断加速,再加上改革的不同步、不成熟等原因,各种社会问题不可避免地集中于城市之中。因此,城市社会问题的治理效率高低,在某种程度上说,直接影响着中东社会发展的速度和质量。其中,社会风气问题治理的关键在以下几方面。

(一)重整社会宣传和舆论

社会风气是整个社会环境的折射。要使人们身心健康、人际关系融洽、心理和谐,必须通过舆论宣传优化整个社会环境,这才是根本之道。面对中东城市化进程中的社会风气问题,中东国家政府应该通过社会宣传、利用舆论的力量来倡导国民共同维护社会秩序,建立良好社会风气。要想达到这一目标具体有以下几种途径。

首先,要加强民族认同感的宣传。中东人民长期缺乏民族(国族)和国家认同,这一定程度上影响了良好社会风气的建设。中东国家面对这一问题,应该加大民族认同建设,让人民逐渐摆脱传统宗教社团、部落、族群认同束缚,建立新的国家认同和爱国情怀。政府可以通过对自己本国悠久历史的宣传、殖民时期的历史遗产和历史记忆的追忆、新的民族国家建立的回顾等方面来进行努力,把民众培养成具有爱国、爱家、爱城市等情怀的高素质市民。其次,加强心理健康建设。怀特和利普特在对社会风气进行多年研究后认为,促进和维持良好社会风气须满足6个心理条件:①开放思想去接受别人的影响;②对自己在群体中的作用具有充分的信心;③对任务和人际情境的客观性质抱现实主义态度;④从地位观念中解脱出来;⑤合理的权利和机会的平等;⑥对别人的态度和行为抱着友善和良好的愿望。据此,中东国家应加强对市民的心理健康建设,设立心理辅导机构,解决市民碰到的种种心理问题,如婚姻家庭问题、贫困问题、仇富问题、抵触社会心理问题等。最后,加强对青年的思想品德教育。思想品德教育是社会或社会群体用一定的思想观念、政治观点、道德规范,对其成员施加有目的、有计划、有组织的影响,使他们形成符合一定社会所要求的思想品德的社会实践活动。面对中东青年犯罪率逐年升高、社会风气较差的状况,中东国家的政府应该通过学校教育、社会舆论、新闻媒体等多种手段加强对青年的思想品德教育，努力将其培养成具有使命感、责任感，充满正能量的年轻一代。

(二) 调整人口结构和教育结构

一般认为，城市社会问题的产生在于城市社会结构的失衡与紊乱。城市人口的规模大、密度高、异质性强特征所造成的社会整合力下降是直接原因。世界银行专门研究贫困问题的顾问、美国华盛顿国家粮食政策研究所高级研究员里查德·H.爱德马斯（Richard H. Adams）对埃及的发展专门进行了全面评估。他将埃及在预期寿命、成人识字率、收入和贫困、不平等、生产能力等几个方面的发展与其他40个发展中国家做比较，得出的结论是埃及除了在人均预期寿命和土地人均产出率方面有所增加之外，其他方面都出现了停滞或倒退。[1]

对埃及社会稳定来讲最突出的问题是埃及人口年龄结构不平衡，20至30岁的年轻人成为社会的主流。2006年的人口统计数据显示，15岁以下的人口为3690.5万，占了埃及全部人口的37.7%。而60岁以上的老年人只占全部人口的5.8%。[2] 庞大的中青年人口规模、不景气的经济造成的高失业率、教育发展的不平衡等诸多问题都是埃及社会动荡的主要因素。人口增长、经济增长和智力增长内在的不平衡长期以来严重影响着埃及的政治发展，成为埃及现代化的难题。

针对这一问题，中东国家主要应该从以下几方面进行努力。

第一，控制人口增长。中东国家例如埃及在20世纪80年代就已经开始宣传节育、优生优育等，并在大城市初见成效。但由于宗教界的反对，中东国家限制人口增长的政策始终不能非常有效地落实。对于这一问题，中东国家应该更理性、务实地处理。第二，抑制过度城市化。除了人口增长过快以外，中东城市人口问题还源自过度城市化。鉴于此，中东国家应该放慢城市化的步伐，加紧对村镇的经济、社会的建设与管理，减小中东大城市

---

[1] M. Riad El-Ghonemy, *Egypt in the Twenty-First Century: Challenges for Development*, Routledge Curzon, London, 2003, pp. 19-40.
[2] 埃及新闻部国家新闻总署：《阿拉伯埃及共和国年鉴2006年》，埃及驻华使馆新闻处，2006，第14~15页。

的人口、经济、环境等方面的压力。第三，加强教育建设。针对青年犯罪率上升等问题，中东国家应进一步优化教育体系，加强义务教育，争取减少文盲和"边缘区"青少年辍学现象。从教育上着手提升青年的受教育水平、文化素养与道德修养等，并避免青少年沦为游手好闲之人。

（三）平衡发展经济

从经济学的角度看，要想完全消除现阶段的城市社会问题是不可能的；但将之限定在一定限度之内，使之对于现代化进程的负效应有所减弱，则是可以做到的。这是因为社会问题产生的根源在于社会经济发展的不平衡。因此，发展经济是解决社会问题的决定性因素。在经济不发达的情况下，不仅解决社会问题的成本极其高昂，而且无法长久保持社会稳定。

同时，还要支持新的社会力量和经济力量的形成，进行大规模的社会变革和经济变革、确定发展的优先领域等。社会秩序问题使人们普遍缺乏安全感，贫富差距的不断扩大使得社会群体之间的关系处在一种较为紧张的状态之中，从而使经济发展所带来的效益大打折扣。这不仅直接降低了生活质量，还使得人们对改革产生某种抵触心理。

（四）建立民主政治

中东地区除了君主国外，很多共和国都实行个人威权主义统治。其规则是，"通常是一个人的政府，他使用法律和国家的压制性工具促进他自己垄断权力的目的，并且拒绝给予那些同他竞争的组织以政治权利和机会"。[①] 这种政治上的不民主导致了许多社会问题，例如任人唯亲、家族腐败、平民晋升难等。作为中东后发展、外源型现代化国家的典型，埃及从完成共和革命后就处于"追赶"先发展国家的状态。中东国家要想实现现代化与社会秩序的稳定，必须通过自上而下依靠"看得见的手"加以推动，强大的政府发挥着领导、组织、干预、扶植、推动等积极作用。在不发达国家内部，"市场秩序"还未壮大到能够整合社会秩序的程度。在这种情况下，现

---

① Maye Kassem, *Egyptian Politics: The Dynamics of Authoritarian Rule*, Westview, Boulder and London, 2004, p. 82.

代化发展不得不求助于强大的国家力量,即通过强人政治的有效统治,来维持整个社会发展的秩序与安定,为经济的繁荣与发展以及为中产阶级的发育、壮大创造比较稳定的社会环境。但这终究不是解决社会秩序问题的办法,因为强人政权在用铁血手段维持社会短期秩序稳定的同时,埋下了种种隐患,如任人唯亲、贪污腐败等。因而,解决中东社会秩序稳定问题的最终途径仍然是实现社会民主,建立民主的政治生态。

结　语

作为衡量一个社会稳定与否的重要指标,社会秩序的稳定至关重要。高速的城市化虽然给中东国家普遍带来了繁荣,但也为其秩序带来了诸多问题。在问题产生的原因中,最重要的是民俗的变化与市民的适应不同步。中东各国在城市化进程中都不同程度地出现了社会治安差、社会风气日下等情况,"阿拉伯之春"集中反映了中东社会秩序功能弱化,社会出现失范、冲突甚至解体的状况。

第七章
中东城市治理与社会稳定

在全球化时代，城市是全球化矛盾最突出、最尖锐的地方。当今城市研究的重要性，已不在于城市人口的急剧膨胀，或城市化过程的广度与深度，而在于城市已经成为全球化矛盾的焦点，成为关乎国家安全与社会稳定的中心，国家治理在很大程度上是城市治理。

第一节 城市治理的内涵与发展、公平、民主

"治理"（英文：governance，法文：gouvernance）一词最早出现在13世纪的法国，其含义与"统治、政府"以及"指引、引导"（gouverne）并无大的区别。至17~18世纪，在王权与议会权力平衡的较量中，民众权力和市民社会理念产生，"治理"增加了"协商""协调"的含义。[①] 20世纪80年代，"治理"的概念被引入公共政策分析领域，如企业管理和大学管理模式。80年代末期，治理理念向城市管理领域延伸，逐渐形成了城市治理概念。90年代，社会科学家又赋予"治理"新的含义和内容，并将其运用于政治科学研究领域。全球治理委员会于1995年发表了题为《我们的全球伙伴关系》

---

① 〔法〕让-皮埃尔·戈丹：《何谓治理》，钟震宇译，社会科学文献出版社，2010，引言，第4页。

的研究报告，对治理做出如下定义：治理是各种公共的或私人的个人和机构管理其共同事务的诸多方式的总和，它是使相互冲突的或不同的利益得以调和并采取联合行动的持续的过程。[1] 所以，"治理是一个超越先前政策的新理念，因为先前政策已经显示其不足与局限性"。[2] 历史发展进程显示仅靠市场手段，已难以实现限制垄断、提供公共物品、约束个人的极端自私行为等目标，无法达到经济学中的帕累托最优（Pareto Optimum）；而仅靠国家计划和命令等手段，也无法达到资源的最优配置。[3] 治理的目的就是弥补市场和政府的不足，在不同的制度关系中运用权力去引导、控制和规范公民的各种活动，以最大限度地增进公共利益。[4]

一 从城市管理到城市治理

城市治理是治理概念在城市区域管理中的延伸，是城市管理现代化的重要体现。一个国家的城市管理体制与该国的政治、经济、文化、社会发展等紧密相连。传统的城市管理模式（urban management）注重政府在城市建设和发展过程中自上而下的支配、控制及主导作用。但是随着社会的发展，城市政府在国家与社会双重转型中承担了越来越多的公共服务职能，也面对越来越多的利益诉求和政治压力。优化城市社会管理和公共服务供给，实现管理向治理的转变，是现代城市发展的必然趋势。城市治理是一个过程，城市之所以存在各种矛盾和冲突，究其根源在于城市各主体在追求自身利益时产生的集体非理性。城市治理就是城市中各利益相关者博弈和均衡的过程。主要是整合政府、企业、市民、城市民间组织之间的互动合作，强调城市利益相关者对城市能力发展的广泛参与，实现治理主体的多元化、治理形式的合作化、治理过程的协商化。所以，城市治理是一种实现城市公共利益最大化并促进城市发展的机制。

---

[1] 全球治理委员会：《我们的全球伙伴关系》，牛津大学出版社，1995，第23页。转引自俞可平《治理与善治》，社会科学文献出版社，2000，第3页。
[2] 〔法〕让-皮埃尔·戈丹：《何谓治理》，钟震宇译，社会科学文献出版社，2010，引言，第3页。
[3] 俞可平主编《全球化：全球治理》，社会科学文献出版社，2003，第8页。
[4] 俞可平：《治理与善治》，社会科学文献出版社，2000，第5页。

作为城市社会管理发展的新方向,城市治理不仅能增强城市政府的有效性、责任性、透明性和回应性,而且可以促成市民对城市发展的主动参与,形成城市政府与非政府组织共同关注、参与、促进城市发展的新机制。城市治理强调民主、平等、可持续发展等因素,强调这些因素在城市政府组织和非政府组织的良性对话机制中的作用。鉴于此,城市治理有三个十分重要的特征。

第一,参与性。强调参与主体的广泛性和平等性;有开放的、可参与的政治结构和制度,提供参与机会、规划和预算,体现民主政治和民主文化;有创新的参与形式或对话形式。[1] 需要指出的是,广泛的参与必须保证人们具有参与的资格和积极性,并给予结社、言论自由的法律保障。[2]

第二,公平性。实现公平是城市稳定必需的因素之一,具体有税收平等,参与城市活动的各个利益团体之间平等合作,市民享受城市服务和资源分配平等。[3]

第三,负责性和透明性。各利益主体在参与城市治理时具有明确且通畅的决策、咨询、监督、评估、讨论渠道,并需要严格执行相关的法律、规章、制度等。透明是建立在信息自由流动的基础上的,所有关于公众管理的程序、制度和信息都应该可以直接、容易地获得,以便市民了解和监督。[4]

城市治理是在一系列复杂的环境中,政府与其他社会组织和市民共同参与城市管理的新模式或新方式。将城市治理理念引入到城市管理模式中是经济全球化条件下城市发展国际化的内在要求,是经济全球化在发展进程中对城市空间的拓展或城市空间载体的制度创新。它使城市治理成为一种新型的城市管理理念和城市管理方式,同时也是对城市管理的功能的拓展和模式创新。以城市各个利益集合体为主体的多元化治理结构正逐步取代原来由政府作为城市管理的唯一主体的城市管理结构,从而成为适应全球化和信息化时代潮流的城市发展模式和城市政府管理模式。

中东是发展中国家城市化进程最快的地区之一,面临快速的社会变迁和

---

[1] 王颖:《城市社会学》,上海三联书店,2005,第272~273页。
[2] 王颖:《城市社会学》,上海三联书店,2005,第273页。
[3] 王颖:《城市社会学》,上海三联书店,2005,第273页。
[4] 王颖:《城市社会学》,上海三联书店,2005,第273页。

社会秩序重构。西方国家自工业革命之后城市化进程启动，有足够的空间可以较为从容地调整治理政策、走上稳定发展的道路；中东国家快速的城市化则意味着必须在短时期内完成西方国家在几个世纪中解决的社会问题。中东城市化面临诸多问题，如政治上民主化迟滞、社会阶层结构不合理、产业结构失衡、城市经济二元化倾向明显、社会心理和伦理道德困惑、社会秩序紊乱等，这必然加重中东城市负担，造成社会冲突。"冲突能量的聚集与日俱增……形势犹如一只火药桶。只需一点儿火星———一点儿希望的星星之火……或者一点儿动荡不安的星星之火……随即就会轰隆爆炸。"[1] 2010 年至今的阿拉伯变局就是中东社会"长期积累的综合矛盾的总爆发"，[2] 而这场影响广泛的运动恰恰就起自城市冲突事件。这对城市管理模式提出了新的挑战，即如何在快速的城市化过程中保持社会稳定，怎样实现城市体系的良性运转。

二　城市治理与发展

城市是人类活动的主要场所，城市的发展水平是人类文明进步的标志。城市化改变了人类社会的交往形式、组织结构，促使社会发生质的变化。城市的发展能力、竞争能力、创新能力及其可持续性，是城市发展的四个评判维度。政治民主化、经济自由化、教育普及化、科技创新化和产业革命化是城市化发展的动力机制，对城市获得长久、充足的发展有极为重要的意义。[3] 城市化发展的动力机制之间如何平衡与协调？如何相互促进？城市化发展呼唤一种超越城市经济力量与社会自治力量的更高结构性存在，即城市治理。

塞缪尔·亨廷顿曾言，发展中国家从传统社会向现代社会的转型过程中，"中央集权、民族融合、社会动员、经济发展、政治参与、社会福利等，不是依次而至，而是同时发生"。[4] 在此过程中，政府发挥领导、组织、干

---

[1] 〔英〕拉尔夫·达仁道夫：《现代社会冲突》，林荣远译，中国社会科学出版社，2000，第 8 页。
[2] 姚匡乙：《中东形势巨变与中国中东政策》，《阿拉伯世界研究》2011 年第 4 期。
[3] 高珮义：《城市化发展学原理》，中国财政经济出版社，2009，第 133～155 页。
[4] 〔美〕塞缪尔·亨廷顿：《变化社会中的政治秩序》，王冠华等译，三联书店，1989，第 43 页。

预、扶持、推动等不可替代的作用。由于"市场秩序"不够完善，达不到能整合社会秩序的程度，中东国家发展不得不借助于强大的国家力量：通过强人政治，维持社会发展的秩序和安定，为经济繁荣发展和中产阶级的发育壮大创造比较稳定的社会环境。

从世界城市化发展经验来看，城市化是社会变迁的重要助力，必将引发经济利益的再分配和社会结构的重组。中东国家面临极大的不确定性。由于时间上的高度压缩、过程中的行政主导、内容维度上极为复杂等，城市稳定面临巨大的现实困境。城市发展过程中出现的诸多社会问题若不能及时解决，必将严重危及城市社会稳定，甚至发生动乱、战争，中东城市文明成果也将毁于一旦。

城市治理需要统筹发展中的各种因素，充分发挥市场在社会资源配置方面的作用的同时，合理利用宏观调控手段，通过政府的分权、赋权调动社会各主体参与到城市发展中去。

首先，城市经济持续健康发展需要城市治理。城市是引领一个国家经济发展的龙头和经济增长的极点，有巨大的集聚效应、创新能力和人力资本。适时调整产业结构，实现市场调节与政治指导相结合，缓解城市贫富差距，实现产业升级，避免经济发展出现周期性起落等，是实现城市经济稳定的重要途径，也是城市治理的重要方向。中东城市治理需要打破现有的结构性障碍，减轻城市经济对石油工业的过度依赖，实现产业结构的优化升级；加大对农业的投入，加快农业科技化进程；转变城市交通运输业、水电业、通信业发展滞后的局面，引入市场竞争机制，鼓励企业参与城市基础设施建设；加快第三产业的发展，特别是增加高投资、高附加值的金融、房地产、旅游等产业的投入。

其次，城市创新发展呼唤城市治理。城市的现代化最根本的是人的现代化。"人"的发展是城市发展持久的助力。就人才培养而言，城市需要加大对教育的投入，改善文盲率过高的现状，鼓励、帮助女性接受教育。同时，城市治理更应该侧重于培育和引进创新人才，为城市创造性发展提供可能。提高高等院校中理工科专业比例，推动校企联合，鼓励科学家从事经济活动，尤其是通过企业促进科学技术转化为生产力；加大政府对研究与实验发展的支持力度，为创新型人才提供成长与聚集的优越环境，提升城市的创新能力与创造能力,为中东城市协调发展提供人力资源和智力保障。

最后,城市生态可持续发展离不开城市治理。按照现代环境经济学的观点,环境与经济是不可分的,它们共同属于一个更大的经济—环境大系统。城市环境被视为一种可以提供各种服务的财产,[①] 是考量城市发展质量的重要维度。城市环境提供人类从事经济活动的生存支持,也向经济系统提供原材料和能源等生产要素,同时原材料和能源经过生产、消费过程又以废弃物的形式返回环境。因此,人类社会发展以环境资源作为再生产的物质基础,经济发展与环境保护相互依赖而又相互制约。在竞争日益激烈背景下,生态环境对经济社会要素集聚、放大的效应愈发体现出来,优美和谐的生态环境已经成为在竞争中胜出的关键因素。从这种意义上看,生态环境已经成为城市治理中值得高度关注的战略性资源。《纽约时报》记者托马斯·弗里德曼将良好的城市生态环境称为"世界的未来文化上和经济上的模板"。[②] 如何促成城市化、工业化与生态环境和谐发展,是城市治理的重大课题。

三 城市治理与公平

城市治理符合历史发展方向和人类的根本利益。城市化发展应具备公平特征以及全民富裕特征,只关注社会财富总量并不能真正观察城市化水平。严重的贫富差异会滋生多种危及社会稳定的因素,而社会不公平也加剧了中东城市社会动荡。

公平正义是人类自古以来的理想,一个城市的共同富裕程度及其对城市贫富差距和城乡差异的克服程度,反映了城市化质量内涵的公平特征。就中东国家而言,以城乡二元结构的减弱或最终消除为基础的社会公平指数,构成了衡量其城市化现代进程的又一宏观判据。评判一个国家或地区城市化是否进入一个合理的范畴,从其贫富差异指数看,至少应当为:随着人均财富的增长,社会贫富差异或区域贫富差异,将呈现出如下趋势,即城市化加速发展时,贫富分化逐渐加大,经过顶点的临界区后,贫富差异又逐渐缩小。中东城市社会贫富差异成因复杂,但根本原因是长期存在的城乡经济二元、

[①] 张帆:《环境自然资源经济学》,上海人民出版社,1998,第10页。
[②] 杨冀编译《迪拜——中东最公开的秘密》,《世界博览》2005年第3期。

地区经济二元和城市经济二元结构。

首先,解决城市贫困问题是城市治理"公平"特征最突出的体现。城市贫困是威胁社会稳定的"毒瘤"。"一个社会所拥有的贫困现象的规模与程度,同这个社会的公正程度具有负相关。绝对贫困有悖于公正的保证原则与调剂原则,而相对贫困更是从多个方面违背了公正原则。"[1] 城市贫民和农村移民是中东城市贫困问题的首要受害者。格里尔逊认为,贫困和就业问题是发展中国家城市化进程中整个危机体系中最为敏感的部分,容易引发大量的次生社会风险和冲突事件。[2] 城市贫困与政府推行的社会政策相关,所以政府必然是减贫方案的制定者、决策者和管理者,这是政府不可推卸的责任。城市治理解决城市贫困问题,必须采取城乡结合的缓解模式,不仅应制定合理城市政策,而且应改善农村现状,建立基本的社会保障制度;不仅要提升贫困人口的"反贫困"能力,缓解贫困心理,消除"边缘人"的自我隔绝和"被隔绝"心态,而且要提高他们的工作能力、社会交往素质和科学文化素养,提升他们的竞争力。

其次,改善城市住房和公共设施是城市治理的重要内容。城市规划具有空间性和物质性的特征,它用一般的规划方法来编制物质环境设计,而且愈来愈趋向于一种过程,而非一次性的规划方案。[3] 中东城市规划亟须解决的问题之一就是缓解城市住房短缺和针对城市贫民窟的治理改造。由于中东城市人口的爆炸性增长,对城市建筑、设施造成空前的压力,城市贫民和农村移民不得不居住在非正规住房与贫民窟中。但非正规住房、贫民窟有诸多缺陷,极易引发社会恶性事件,甚至危害市民的生命与财产安全。其次,非正规住房区与贫民窟逐渐陷入"边缘区",而边缘区自身的经济困难和城市社会管理弊端,使其面临犯罪、暴力、卖淫和性疾病传播等高风险。[4] 更可悲

---

[1] 吴忠民:《贫困与公正》,《江苏社会科学》2000年第5期。

[2] D. Grierson, "Health Problem Associated with the Built Environment in Areas of Rapid Urbanization and Poverty," *The International Journal of Interdisciplinary Social Science*, Vol. 2, Issue 3, 2007, pp. 391–396.

[3] 〔美〕P. 霍尔:《城市和区域规划》,邹德慈、金经元译,中国建筑工业出版社,1985,第12页。

[4] UN-Habitat, *The State of Arab Cities 2012: Challenges of Urban Transition*, United Nations Human Settlements Programme, 2012, p. 149.

的是，随着生产和资本的聚集，中东城市人口贫富悬殊日益扩大，贫民窟成为城市社会问题最集中、最鲜明、最尖锐的反映。因此，城市治理必须规划城市建筑用地，统筹考量公共用地和住宅建筑，对城市非正规住房现状进行充分调查，发动城市企业、科研机构等参与到城市规划中，并提高政府工作效率，及时解决高危住房问题，逐步推进正规住房建设，遏制贫民窟蔓延趋势，加大对贫民窟的设施完善和社会治安整治力度。

第三，完善城市治理体系，遏制城市腐败。以权谋私、贪腐渎职等腐败现象在中东社会转型时期日益严重。面对新形势、新挑战，中东城市传统的管理方式日显滞后，而新的社会控制系统尚未形成，新旧体制转换出现断层。在利益的驱动下，政府管理不完善必将导致"机制与权力真空"出现，钱权交易和各种违规操作泛滥。加之缺乏强效的法律执行力度和有效的社会监督，城市政府权力往往成为某些政府官员、政党势力以权谋私的工具。城市边缘群体由于缺乏正规的参政渠道，转而趋向以不合法手段谋取自己的政治利益和经济利益，进一步助长了不正之风。城市治理强调社会参与，不仅是实现社会力量与政府的合作，而且是加大各社会主体对政府的监督力度，健全监督机制，促进政府行为的透明化和正规化；加强法律制度建设，使城市治理有法可依、有法必依，树立廉政价值观念。只有实现城市的良好治理，才能营造城市公正、法治、健康、有序的社会发展状态。

四 城市治理与民主

城市治理与城市民主化密不可分。政治民主化绝不单纯是人们的一种美好的主观愿望，而是人类社会进入城市化发展阶段的一种必然的趋势。[1] 所谓"民主化"是指实现"人民的统治"的过程，即达到公民有效的政治参与，并对政府权力进行监督和控制的过程。[2] 在城市社会管理和公共服务供给方面，实现管理向治理的转变，是现代城市发展的必然趋势。城市治理理念与传统的城市管理理念之间最大的区别是参与城市发展主体多元化，城市政府与非政府部门具有不同的利益定位。英国著名城市治理学者格里·斯托

---

[1] 高珮义：《城市化发展学原理》，中国财政经济出版社，2009，第138页。
[2] 王林聪：《中东国家民主化问题研究》，中国社会科学出版社，2007，第5页。

克在其治理理论里指出，在城市治理方面，政府是重要的主体，但不是唯一的权力中心，成为治理中心的可能是社会中的每一个参与者，而且他们之间可以构成自主自治的组织网络，网络中的每一个参与者或组织之间都存在权力依赖关系。[1] 所以治理是各利益主体协商的过程，这一过程的基础不是控制，而是协调，是持续的互动。[2] 而要获得良好的协调和持续的互动，充分的民主是必不可少的条件之一。

城市治理强调赋权和分权，强调市民社会对城市建设的参与，这是张扬公民权利和发扬基层民主的结果。在此背景下，城市逐渐成为行使公民权利的主要空间，民主的实现不再是抽象的、口号式的，而更多地表现为政府权力的稀释与下放，表现为非政府组织、民间精英对城市决策和行政过程的直接参与。城市治理亟须充分发挥公众以及非政府组织的力量，实施多中心治理新模式，以充分发挥政府、民间组织、社会公众等多元主体的作用，推动城市治理的改革和创新，提升城市治理效果。

首先，城市治理要求政府内部加深民主化程度。由于历史和宗教信仰原因，中东国家政治威权主义盛行，旧的统治精英在新的政治制度框架内进行统治，实际的政治权威仍由上层精英成员组成的小圈子控制。正如詹姆斯·比尔所言，中东不少国家的总统或君主都喜欢以群体政治的决策方式来处理国政，而官方机构如国会、内阁、政党则很少发挥实际作用。"缺乏民众的参与意味着没有多少经济代理商可以利用，同时也失去了集体的智慧"，[3] 况且城市政治权力掌握在少数团体及其代表手中，所以城市政府对经济的干预更多是统治集团为了巩固自身已有的利益而非公众利益。中东的"强人"政治家族无不把持着国家的经济命脉，权力成为他们敛财的工具，经济民主自然无从谈起。城市治理就是要打破现有的强权政治局面，引入平等合作和民主协商机制，完善城市政党制度和现代政治体系；本着民主制的原则，使城

---

[1] 格里·斯托克：《作为理论的治理：五个论点》，华夏风译，《国际社会科学杂志》（中文版）1999年第1期。
[2] 全球治理委员会：《我们的全球之家》（*Our Global Neighborhood*），牛津大学出版社，1995，第2~3页。转引自俞可平主编《全球化：全球治理》，社会科学文献出版社，2003，第6页。
[3] 冯璐璐：《中东经济现代化的实现与理论探讨》，人民出版社，2009，第57页。

市政府不再是城市事务的唯一决策者,而是诸多城市利益主体中的一个,充分发挥政党、企业、民间团体在城市治理中的作用。

其次,城市治理要求城市政府重视民众诉求。"水可载舟,亦可覆舟",民众是城市政府最根本、最广大的拥护者。在城市化迅猛发展的冲击下,城市阶级结构嬗变,逐渐壮大的新中产阶级要求更多的发言权;数量庞大的产业工人、农村移民等下层阶级参政意识日益增强。这些都成为城市变革的重要力量。同时,城市政府要对城市移民和城市贫民的政治需求给予关注。对初代移民而言,生存的压力使得他们政治观念淡薄、模糊,但二代移民由于吸收了"城市生活产生的各种目标和抱负",政治需求十分强烈,更易受到政治活动的影响,倾向于更主动地参与组织活动。城市治理需要广泛了解城市移民和城市贫民的政治诉求,并着力弥合民众政治参与中"需求的形成"与"需求的满足"之间的差距,缓解由此产生的"社会挫折感"。城市治理要建立多元政治沟通渠道,建立公平、平等、自由、和谐的政治参与平台,提升民众参与政治的积极性,提高政府回应的及时性和有效性。所以,只有城市政府重视市民社会诉求,建立市民社会与国家间的良好互动,维护民主体制,才能保持国家与社会的良性运行与和谐发展。

第二节 城市治理与中东城市发展

进入 21 世纪,资本、技术、信息、金融、生产、贸易等各要素在全球范围内流动,已形成相互依赖、相互促进的网络。城市是人类文明交往的中心,在该网络中的作用尤为明显,并成为其中的重要节点。这样,城市尤其是大城市的治乱直接关系地区稳定甚至世界的发展方向。世界银行认为,大城市经常出现危机,大城市是 21 世纪发展的关键,大城市将是"可持续发展"的重要因素。[1]

一 全球化与中东城市治理

集聚与分化基础上的流动构成所有城市的命脉,现代城市的治理和发展

---

[1] 〔法〕让-皮埃尔·戈丹:《何谓治理》,钟震宇译,社会科学文献出版社,2010,第47页。

创新都必须遵从这个命脉,实现聚集与分化二者之间的平衡,从中寻找到真正的城市活力的创造空间。换句话说,也就是在现代城市的一致性的聚集中,形成多元化的分化,同时在多样化的基础上形成具有内在一致性的聚集。合理的有机聚集是任何一个现代城市存在的基础,但是持续更新和合理分散则构成一个城市的发展动力。聚集、更新和分散都是城市经济发展、城市市民与城市社会自身运动所形成的,但是三者之间要平衡、协调地共存,并相互促进,就需要城市治理。

(一) 全球化与中东城市发展的机遇、挑战

城市是全球化的重要载体,全球化中城市的作用愈发显著。任何活动主体的影响力都需要从五个层面进行考量。第一个是地方层面,即活动主体在亚国家事务中的作用;第二个是国家层面,考量参与主体在某一国范围内的影响;第三个是以国家为构成单位的网络层面;第四个是跨国家网络层面,多以宏观区域为基础;第五个是覆盖全球的全球性网络,即参与主体在世界范围内的竞争中的作用。[1] 每个考察层面都各自形成网络,并通过参与主体的能量实现各层面之间的连通。全球化浪潮出现之前,城市主要在国家内部或某一区域内发挥作用。在融入全球化进程之后,尤其是国家组织及跨国公司的作用日益显著,城市便不得不将自身放置在世界性的平台中参与竞争与合作,城市的聚变引力效应越发明显,甚至出现了百万人口级的巨型城市。许多有活力的城市在很多国家中已成为经济运作主体和新的政治力量,[2] 其影响力已突破区域层面,向世界性层面发展。同时城市尤其是大城市的社会、政治、经济、文化等因素的变化会产生世界性的波动。基于此,全球化中城市的性质从国家属性转变为全球属性,从三维空间变为多维空间,从传统的内部参与转变为内外共同参与。

当然,城市性质的变化与竞争平台的提升对城市来说既是机遇,又是挑战。全球化使国家的地位与作用大大降低,使城市走出国家的影子迈向世界竞争的舞台,城市的地位和作用也随之提高。经济全球化发展使城市的触角

---

[1] 俞可平主编《全球化:全球治理》,社会科学文献出版社,2003,第114~115页。
[2] 〔法〕让-皮埃尔·戈丹:《何谓治理》,钟震宇译,社会科学文献出版社,2010,第80页。

延伸到整个世界,城市与其依附的城市集团不仅参与国内分工与竞争,而且被卷入国际分工格局中,参与国际分工,并在其中不断提升城市价值和竞争力。但是,城市化使城市与地区之间的竞争日益激烈,城市必须致力于提升竞争力,寻找各种机会和途径向世界推销自己。全球化固有的特点造成了信息、资本、技术、人力资源等在全球范围内的流动,对城市发展起决定性作用的要素如高质量的人力资源、跨国公司等,越加容易通过自身的选择影响城市发展,城市质量高低已成为政府服务优劣的标准。在全球化条件下,城市的社会结构、文化结构和空间结构日益复杂,城市不仅要受到国内、地区内的政治、经济、社会等因素的影响,也愈加容易受其他主体活动引发的连锁效应的影响。

全球化促使城市向外向型、多元化的模式发展。处于全球化和信息化的城市已经很难在一国或区域内获得长足发展,不得不参与到城市全球化的国际大分工中。经济格局的变化不仅造成产业部门的全球性转移,经济活动中心的形式也出现全球性的嬗变,城市成为全球化时代经济活动的中心和重心。无论是在世界城市发展史中,还是在全球城市影响力中,中东城市都是世界城市体系中不可或缺的一环。在全球化时代,原来的殖民地—宗主国模式的资本主义世界经济体系被打破,代之以新的国际经济体系。即便如此,发达国家在全球分工体系中依然占据核心位置,建立起有利于己的国际贸易体系和金融体系,跨国公司成为全球资源配置的主体,发展中国家处于边缘位置。全球城市体系亦由世界资本运行的"核心—边缘"分工体制所决定。核心国家的跨国公司从边缘地区寻求产品市场、原材料及廉价劳动力,加剧了全球经济的不均衡性。中东各国在战后的国际分工体系中处于被边缘化的地位,体现在产业结构落后和人力资源的匮乏上。从全球产业分工体系看,中东城市仍处于世界产业链条的末端,仅赚取一点"加工费",从政府到企业普遍缺乏技术创新需求,缺乏产业升级的主动性;同时,由于技术研发和生产者服务业仍被跨国公司掌控,技术升级与产业转型困难。

产业革命是城市化持续发展的动力机制,[①] 实现产业结构的高级化和合

---

① 高珮义:《城市化发展学原理》,中国财政经济出版社,2009,第156页。

理化，促使城市经济逐渐从工业生产中心转换为第三产业中心。① 中东城市要提升其全球竞争力，并解决发展过程中遇到的问题，重要途径之一是进行产业结构调整，推动产业结构升级，实现产业合理化。中东各国的国情和历史不同，产业合理化的路径各异。中东大国埃及、土耳其、伊朗等综合国力相对较强，其大城市依托国内市场形成了综合性的、产业相对齐全的大都市，具有一定的国际竞争力。开罗、伊斯坦布尔、德黑兰等中东大城市都有突出的区位优势、广阔的市场以及丰富的人力资源，因此可以参与全球化下的国际竞争。20世纪50年代以来，伴随科学技术的进一步创新、发展，经济全球化步伐加快，发达国家的垄断企业凭借充足的资本和先进的技术发展为跨国公司，并成为影响全球经济的举足轻重的力量。跨国公司突破了国界，绕过贸易壁垒，在全球范围内进行生产和经营活动。跨国公司的资本和技术转移促进了中东国家相关产业部门的发展，深化了中东城市的全球化发展进程。

尽管中东各国城市已参与到全球化的经济体系中，但产业调整之路依然漫长。城市化与产业发展相伴相生，在产业升级的过程中，城市无疑提供了基础设施和人力资源等方面的保障。因此，产业发展归根到底是城市发展。全球化带来了信息化，城市正是各种信息流的交会点。信息技术成为科学技术领域的制高点，而中东在这方面还比较薄弱。不仅如此，中东城市的信息基础设施也比较落后，信息化程度低，大大制约了产业发展水平的提升。因此，中东各国应加紧培养人才，建立自己的科研队伍，抢占科技制高点，只有这样才能在产业升级中有所作为，才能使城市焕发出创新的活力。

在文化方面，全球文化和城市文化必然发生冲突。费斯特英（Fainsteein）和顾德（Guda）指出，伴随社会从现代化到后现代化、从国际主义到全球主义的变化，城市文化正逐渐成为一种商品资源。全球化是一个多层面的概念，包含着政治、经济、文化、社会以及军事等诸多方面的变革。尽管当前全球化进程中比较成熟的当属经济领域的全球化，但是经济全球化带来的全球文化，已经成为大众对全球化最直接、最形象的感知领域。西方文化主导着当今全球文化的基本格局。文化的核心是价值理念，文化冲突的实质就

---

① 谢文蕙、邓卫：《城市经济学》（第二版），清华大学出版社，2008，第20页。

是不同价值理念在认同过程中产生的矛盾。由于全球文化在中东的传播与发展集中在城市,中东城市自然成为伊斯兰文化与全球文化冲突的主要场所。伊斯兰文化和西方文化在个人与集体、个人与社会关系等问题上存在差异。伊斯兰文化强调个人利益建立在社会、国家、集体的利益基础上,如果群体利益无法实现,个人利益就得不到保障。伊斯兰文化造就了中东城市公民的集体主义价值观念。随着全球化的发展,各种不同价值体系在中东城市中迅速汇集,城市内部各群体之间的文化取向差异明显,并最终导致文化认同感的弱化。文化冲突将成为中东城市社会不稳定因素之一。全球化浪潮中的未来中东城市,其在文化创新中,既要防止全盘接受全球文化趋向,也要防止狭隘的地区民族性倾向。

当今世界,全球化浪潮势不可挡,任何国家、民族、城市都将参与到国际分工与竞争当中。政府应做好守夜人的职能,为产业发展和创新提供良好的市场环境,特别要完善优化市场;应推动市场竞争,提高区域范围内生产要素的聚集能力,加快产业升级和创新,强化、提升本地产业在全球产业链中的地位。

(二) 全球化与中东城市治理

在全球化的浪潮下,城市承担了越来越多的职能,也面临来自社会的越来越多的利益诉求和压力。一城的治乱甚至牵动全球政治、经济的神经。所以维护城市稳定已成为维护国家稳定的重心。在全球化背景下,国家之间的合作与交流已超越政治制度和意识形态。全球化呼唤在不同的国家之间确立一种共同遵守的规则和制度框架,以增进人类的共同利益。尤其是在解决诸如保护环境、消除贫困、遏制国际恐怖主义、消灭跨国犯罪等人类共同面临的问题,维护国家社会的正常秩序方面,需要各国共同努力。[1] 2002年伦敦经济学院负责人、英国首相布莱尔的资深顾问安东尼·吉登斯(Anthony Giddens)说:"如果国家与包括非营利组织和商界在内的其他机构合作的话,公共利益总的来说能够得到很好的满足。"[2] 所以,《全球治理报告》指出,

---

[1] 俞可平主编《全球化:全球治理》,社会科学文献出版社,2003,第26页。
[2] 〔法〕让-皮埃尔·戈丹:《何谓治理》,钟震宇译,社会科学文献出版社,2010,第54页。

全世界正在经历深刻变化，因此必须学习以不同的方式做出反应和进行治理，主要表现为在倾听各个协会和各种社会力量的建议的情况下行使权力。[①]所以，在全球化背景下形成的全球治理是各国政府、国际组织、各国公民为最大限度地增加共同利益而进行的民主协商和合作，其核心应当是健全和发展一整套维护全人类安全、和平、发展、福利、平等和人权的新的国家政治经济秩序，包括处理国家政治经济问题的全球规则和制度。在世界城市化浪潮中，城市治理是全球治理的重要组成部分，是治理理念在城市管理中的延伸，是通过实现城市利益主体之间的理性协商，达到缓和社会矛盾、维护城市稳定与发展的目的。"适当的治理应该能够促进恢复城市服务的质量和促进城市恢复元气"，"良好的城市治理和管理是任何一座城市拥有竞争力和活力的先决条件"。[②]

经济世界总有一个或几个中心，在过去是城邦，在今天则是城市。[③] 在经济全球化背景下，城市正逐渐成为世界性的管理中心，城市经济越来越成为世界经济的主宰，而且城市间竞争的加剧导致了城市行为的企业化。西方国家在城市化发展进程中，有足够的空间可以从容地调整、治理而走上稳定发展道路。而中东国家快速的城市化则意味着必须在短时期内完成西方国家在几个世纪中完成的城市化过程。如塞缪尔·亨廷顿在其著作《变化社会中的政治秩序》一书中指出的，"政治动乱之所以在20世纪的亚洲、非洲和拉丁美洲到处蔓延，很大程度上要归咎于那里的现代化进程过快，其速度远远超过早期实现现代化的国家"。[④] 目前中东城市处于转型的关键期，由于政府管理模式相对滞后，经济基础与上层建筑脱节凸显，城市社会问题严重，市政府从管理转变为治理已成历史必然。

二 中东城市发展与城市治理

"中东是预言家的坟墓"，这句话表达了中东地区的政治、经济和社会状

---

① 〔法〕让-皮埃尔·戈丹：《何谓治理》，钟震宇译，社会科学文献出版社，2010，第50～51页。
② 〔法〕让-皮埃尔·戈丹：《何谓治理》，钟震宇译，社会科学文献出版社，2010，第72页。
③ 〔法〕布罗代尔：《资本主义论丛》，顾良等译，中央编译出版社，1997，第101页。
④ 〔美〕塞缪尔·亨廷顿：《变化社会中的政治秩序》，王冠华等译，三联书店，1989，第43页。

第七章　中东城市治理与社会稳定

况的多变性和不稳定性。伴随快速城市化而来的城市问题严重威胁城市的社会稳定。目前中东城市社会正经历前所未有的变革，各种矛盾和冲突日益尖锐，终于酿成2010年以来的阿拉伯变局，暴力和灾难性事件再次成为中东城市生活的一部分，城市文明历经磨难。

席卷整个中东、引发世界瞩目的阿拉伯变局，源自一起城市暴力执法事件。2010年12月17日，突尼斯小城西迪·布济德失业青年在政府大楼前自焚，引发大规模示威活动，继而动乱外溢，波及整个中东。其中，城市既是示威的发源地亦是革命舞台，比如突尼斯的城堡广场、巴尔杜广场、布尔吉巴大街，埃及的解放广场等。这场城市革命的结果包括：本·阿里出走阿联酋，穆巴拉克倒台，卡扎菲被杀死，萨利赫交出政权，巴沙尔·阿萨德举步维艰。推翻强权政治后的中东人民并未获得民主、自由，相反有的国家长期处于动荡中。根据国际货币基金组织的数据，在埃及、利比亚、叙利亚和也门，2012年共有5万人死于战乱，200亿美元的GDP外加350亿美元的公共金融资金化为灰烬。[1] 中东动荡和暴力以恐怖活动形式向国际社会外溢，2015年初以来，法国、比利时、西班牙、英国、丹麦、德国等都遭遇了与中东相关联的恐怖袭击或恐怖威胁。

阿拉伯学者阿卜杜勒·阿齐兹·奥斯曼指出，"阿拉伯之春"推翻了世袭独裁统治，并实现了通过投票箱赢得选举的"民主"制度，但新当权者采取了比前任更加暴烈的独裁，其具体行为是通过对前任变本加厉的讨伐与惩治，来树立新政权的权威。[2] 突尼斯的乱局没有随着本·阿里出走而结束，民众希冀的合作协商的民主政治没有实现。2013年2月6日，突尼斯反对派议员贝莱德（Chokri Belaïd）被暗杀，杰巴利在民众的声讨中被迫辞职；[3] 2013年7月25日，突尼斯第二位反对派议员穆罕默德·布拉米遭枪杀。[4] 突尼斯东部省份苏斯、突尼斯第二大城市斯法克斯、西北部的凯夫省等地均爆

---

[1] Hussein Ibish, "Was the Arab Spring Worth It?" *Foreign Policy*, July 8, 2012.
[2] 于颖：《阿拉伯学者谈对"阿拉伯之春"的看法》，《当代世界》2013年第3期。
[3] 胡文燕：《伊斯兰政党危机重重》，http://international.caixin.com/2013-07-30/100562640.html。
[4] http://news.xinhuanet.com/2013-07/28/c_125076340.htm。

291

发了反对现政府及执政党复兴运动的游行，警方与示威者发生严重冲突。①

穆巴拉克倒台后，埃及穆斯林兄弟会的穆尔西上台执政。由于拿不出行之有效的经济恢复和建设方案，GDP增长率由5%降到1.9%，外汇储备由332亿美元降到135亿美元，2013年上半年消费物价指数同比上涨超过8%，失业率达13%，年轻人失业率高达30%。② 据开罗经济与战略研究中心公布的材料，2009年外国对埃投资134亿美元，2012年下降到20亿美元，2013年不到10亿美元。③ 2013年7月3日，埃及国防部长塞西宣布解除穆尔西的总统职务，由最高宪法法院院长代行总统职责，成立过渡政府。④ 穆斯林兄弟会发动游行示威，双方剑拔弩张，冲突不断升级，开罗局势一度紧张。自2013年7月穆尔西下台到2013年8月14日过渡政府清场，有250多人在冲突中丧生；在8月14日的清场活动中，根据埃及卫生部门的统计，有638人死亡、约4000人受伤，而根据埃及穆斯林兄弟会的统计，清场行动造成至少2600人死亡。⑤ 前国防部长阿卜杜·法塔赫·塞西上台后，对内打击穆斯林兄弟会，宣布其为恐怖组织，逮捕包括穆尔西在内的2000多名穆兄会成员，遏制了其反抗能力；对外获得沙特、阿联酋、科威特等海湾国家的经济援助，经济基本保持稳定。⑥

叙利亚持续的内乱严重影响国家稳定和人民生活，叙利亚难民潮溢出中东，一度给欧洲局势稳定带来不利影响。2012年7月，叙利亚第二大城市阿勒颇成为反对派与政府军激战的中心，12月17日市内的重要军事基地被反对派占领。⑦ 2014年2月6日，反对派袭击阿勒颇市，并占领该市中央监狱，释放上百名在押人员。⑧ 8月24日，"伊斯兰国"组织占领叙利亚革命城（Tabqa）重要空军基地，并夺取大量战斗机、直升机、坦克、火炮及大量弹

---

① http://news.xinhuanet.com/2013-07/28/c_125076340.htm.
② 杨福昌：《新一轮动荡期的埃及局势分析》，《阿拉伯世界研究》2013年第5期。
③ 《金字塔报》网站2013年7月12日报道。转引自杨福昌《新一轮动荡期的埃及局势分析》，《阿拉伯世界研究》2013年第5期。
④ 《穆尔西被埃及军方赶下台》，《北京日报》2013年7月5日。
⑤ 刘中民、朱位列主编《中东地区发展报告：转型与动荡的二元变奏》，时事出版社，2014，第37页。
⑥ 杨福昌：《塞西当选总统后的埃及形势》，《阿拉伯世界研究》2014年第5期。
⑦ http://military.china.com/news2/569/20121217/17584649.html.
⑧ http://world.huanqiu.com/exclusive/2014-02/4810342.html.

药,叙利亚拉卡省(Raqqa)彻底落入"伊斯兰国"武装控制之下。[1] 2015年4月,叙利亚政府军相继失守西北部伊德利卜省首府伊德利卜城和西南部连接约旦的唯一口岸。[2] "伊斯兰国"组织于4月1日攻入大马士革城郊的耶尔穆克难民营,直逼首都大马士革,距离市中心仅8公里。叙政府军、忠于巴勒斯坦民兵组织与"伊斯兰国"组织在大马士革市郊反复激战,[3] 局势岌岌可危。

受叙利亚危机影响,黎巴嫩国内局势不稳。黎巴嫩首都贝鲁特曾经是阿拉伯人和非阿拉伯人心目中的移民中心,现在频繁发生自杀式恐怖袭击。黎巴嫩北部城市的黎波里是著名的地中海港口城市,繁华而祥和。叙利亚战争爆发后,支持叙利亚反对派的逊尼派与支持巴沙尔政权的阿拉维派之间冲突不断,的黎波里的安全形势急转直下。2012年8月20日,阿拉维派居民和逊尼派居民再度爆发枪战,甚至动用火箭弹,冲突造成至少8人死亡、70多人受伤,其中包括10名军人。[4] 如今,城市中的商贸活动基本停止,市民为躲避战火而逃离市区,旅游业日渐凋零。

更为严重的是,由于中东"政治强人"相继倒台,原本隐藏在高压政策下的宗教冲突、种族冲突、极端势力等愈发严重。自中东变局以来,由于权力真空,各种极端组织和恐怖组织盛行,主要有"基地"组织伊斯兰马格里布分支,阿拉伯半岛分支,伊拉克分支,索马里"青年党",尼日利亚"博科圣地",以及"伊斯兰国"组织等。

恐怖袭击活动是阿拉伯变局后城市稳定的最大威胁。2013年7月21日,"基地"组织伊拉克分支的武装分子突袭位于首都巴格达的两座监狱,包括多名"基地"组织高层在内的500多名囚犯越狱逃亡,造成40多人死亡。[5] 在2010年之后,"博科圣地"袭击目标日益扩大至普通民众以

---

[1] http://news.china.com/international/1000/20140825/18735142.html.
[2] http://news.ifeng.com/a/20150404/43482581_0.shtml.
[3] http://news.ifeng.com/a/20150404/43482581_0.shtml.
[4] http://news.ifeng.com/mil/3/detail_2012_08/23/17030541_0.shtml.
[5] 《恐怖分子在巴格达"救出"五百囚犯》,《环球时报》2013年7月24日,http://world.huanqiu.com/exclusive/2013-07/4164289.html。

及教堂、市场、超市、学校等民用目标。① 2014 年 1 月 4 日，"伊斯兰国"组织攻占巴格达以西、安巴尔省重镇费卢杰，② 这是"伊斯兰国"夺取的第一个伊拉克主要城市；2015 年 5 月 15 日，又占领距巴格达仅 100 多公里的伊拉克重镇拉马迪。③ 伊拉克国防部 2015 年 8 月 7 日发表声明称，自 2014 年"伊斯兰国"组织控制尼尼微省之后，在省会城市摩苏尔及周边地区屠杀超过 2000 人。④

阿拉伯变局之后，国家并未走上民主、繁荣、富强的"快车道"，反而因宗教矛盾、民族矛盾、极端势力和恐怖组织等陷入动乱，城市首当其冲。中东城市曾经是人类文明的起源地之一，是"神圣、安全、繁忙之地"，⑤ 如今却陷入战火，成为各方势力的角斗场。正如沙特阿拉伯资深外交家兼评论家贾马勒·哈什格吉所说，"阿拉伯之春"的狂热浪漫期已经结束，转而面对残酷悲凉的现实世界。⑥

"阿拉伯之春"的冲击余势未消，潜在的城市动乱仍然威胁着城市的安定，只有加强城市治理才能恢复城市秩序、实现社会稳定。而要恢复城市秩序、推动城市发展，首先要削减贫困，进行充分的社会动员，获取最广泛的社会支持；实现社会整合与治理，充分发挥城市在资源配置中的作用，充分解决城市公共服务不足问题，消除社会变革过程中的城市异质化问题。

第三节　中东城市治理面面观

在全球化和信息化浪潮中，中东城市机遇与挑战并存。正如 Harris 所指出的："城市处于不断的演变之中，未来的城市必须不断地在经济、文化和

---

① 刘中民、朱威烈主编《中东地区发展报告：转型与动荡的二元变奏》，时事出版社，2014，第 103 页。
② http://www.dooo.cc/2014/08/30988.shtml. 2016 年 6 月 26 日，伊拉克国防军从"伊斯兰国"组织手中全面收复了失陷两年的中部重镇费卢杰，http://news.sohu.com/20160627/n456516950.shtml。
③ http://www.takefoto.cn/viewnews-403300.html。
④ http://xh.xhby.net/mp2/html/2015-08/09/content_1290835.htm。
⑤ 〔美〕乔尔·科特金：《全球城市史》，王旭译，社会科学文献出版社，2006，第 1 页。
⑥ 于颖：《阿拉伯学者谈对"阿拉伯之春"的看法》，《当代世界》2013 年第 3 期。

社会等方面更新、重塑自身。未来城市发展的活力,在于它们是否有足够的创新能力和灵活性,在这变化多端的环境中生存。"[1] 阿拉伯变局后,城市社会稳定日益成为中东国家、城市持续发展的重中之重。中东城市已经在市政建设、城市规划和产业结构调整等方面采取措施,以期实现城市的健康、有序发展。

一 城市治理是市政府与非政府部门相互合作促进城市发展的过程

戈兰·海顿曾经指出,治理是通过政治行动者创新性的介入,来改变限制人类潜能发挥的过程。[2] 治理是一个上下互动的管理过程,其实质在于建立市场原则、公共利益和认同基础上的合作。要维护中东城市社会政治稳定,必然要从其影响因素入手,通过有效的市政改革推进城市政治的民主化进程,通过科学、完善的城市规划实现城市各利益团体间的协调合作,进一步缓解城市贫困带来的潜在威胁。治理理论明确肯定涉及集体行为的各个社会公共机构之间存在权力依赖,"办好事情的能力并不在于政府的权力,不在于政府下命令或运用其权威。政府可以动用新的工具和技术来控制和指引,这是政府应有的能力和责任"。[3]

(一)加大市政的财政权,加快市政府自主治理的步伐

城市公共财政是国家财政的组成部分,也是城市经济活动的组成部分。城市公共财政的首要任务是进行城市的建设和维护,在促进经济建设、推动城市各项社会职能发展、保障城市居民生活的基本需求和生活质量稳定提高等方面发挥重要作用。[4] 强化中央对地方的控制是中东国家的政治传统,中央对地方财政的管理高度集中,多数地方政府没有权力制定地方税费标准,

---

[1] 转引自周振华《崛起中的全球城市——理论框架及中国模式研究》,人民出版社,2008,第273页。
[2] 王颖:《城市社会学》,上海三联书店,2005,第271页。
[3] 〔英〕格里·斯托克:《作为理论的治理:五个论点》,华夏风译,《国家社会科学杂志》1999年第1期。
[4] 赵民、陶小马编著《城市发展和城市规划的经济学原理》,高等教育出版社,2001,第263页。

并且地方建设活动的资金由中央财政拨付，或由中央政府决定。[1] 这一政策便于中央政府进行全国性的资源调配和国家宏观调控。但是在全球化的今天，城市的作用愈加凸显，甚至成为在世界范围内进行商业合作或项目洽谈的主角，"真正为政府提供动力，使政府能真正'动起来'的是物质能量，即政府的财政资源"，[2] 所以中央政府应放松对地方政府的财政自主权的限制。以城市公共财政为依托，城市可以自主灵活地解决城市治理问题，实现城市规划目标。

在巴勒斯坦被占区已经形成了一个真正分散的预算系统。中央财政转移支付仅占地方财政收入的15%，近90%的房产税流入地方财政预算。[3] 但在黎巴嫩，城市高度依赖中央财政转移支付。在叙利亚，地方政府运作所需的资金是通过中央财政转移支付的，而且未动用的资金要归还国库。[4] 在埃及，94%的地方财政预算通过中央转移支付，据估计有90%的地方财政预算用在公务员工资上。地方政府支出占全国总支出的份额已从1996/1997年度的22%下降至10年之后的16%。[5] 埃及的财政部门正在策划财政分权计划，但是"未经内阁的许可，地方议会不能提高税收或自定其他税收来源"。实施财政分权允许地方政府保留一些较高的税收，如企业所得税，这样利于优化地方财政预算。而且由于地方资金绝大部分都是中央拨付，埃及政府鼓励地方政府通过多渠道筹集资金，缓解由于城市人口剧增形成的对公共物品的大量需求和就业需求造成的财政压力。[6] 埃及的亚历山大和基纳省正在试验增加收费项目，以资助规划发展项目。[7] 但是更为合理且有长期效益的方法是

---

[1] UN-Habitat, *The State of Arab Cities 2012: Challenges of Urban Transition*, United Nations Human Settlements Programme, 2012, p. 2.

[2] 刘天旭：《财政压力、政府行为与社会秩序》，知识产权出版社，2010，第42页。

[3] UN-Habitat, *The State of Arab Cities 2012: Challenges of Urban Transition*, United Nations Human Settlements Programme, 2012, p. 71.

[4] UN-Habitat, *The State of Arab Cities 2012: Challenges of Urban Transition*, United Nations Human Settlements Programme, 2012, p. 70.

[5] UN-Habitat, *The State of Arab Cities 2012: Challenges of Urban Transition*, United Nations Human Settlements Programme, 2012, p. 70.

[6] 赵民、陶小马编著《城市发展和城市规划的经济学原理》，高等教育出版社，2001，第263页。

[7] UN-Habitat, *The State of Arab Cities 2012: Challenges of Urban Transition*, United Nations Human Settlements Programme, 2012, p. 70.

激励私营部门发展,促进经济活动多样化。城市政府可以吸收地方资本,如在基础卫生教育等服务行业中,充分动员民间资本融入地方政府的活动中。

(二)增强市政的民主理念,各方通力促进城市发展

现代城市治理的宗旨之一是参与性,即城市利益主体都应参与到城市活动中。作为主体之一的城市公众,在治理网络中拥有与城市政府平起平坐的主体地位,但基于长期传统单一的治理模式,城市政府在城市治理中的管理技术和方法,缺乏对其他治理主体的尊重与有效引导,依然影响着其他治理主体,特别是城市公民的利益实现。城市之所以存在这样那样的矛盾和冲突,究其根源是城市各主体在追求自身利益时所产生的集体非理性,而城市治理就是城市中各利益相关者博弈与均衡的过程,即整合城市政府与企业、市民、城市民间团体之间的互动合作关系,实现城市公共利益最大化。这就要求城市政治实现分权与赋权,通过发扬公民权利和基层民主,调动城市各利益团体的主动性,使其积极参与到城市建设中。中东国家传统上对地方市政掌控比较严格,市政府主要成员多由中央委任。

在全球化的背景下,中东市政改革的重要性和紧迫性日益突出。市政改革是城市的自我完善,是对城市治理制度和现代管理制度的扬弃过程,其目的是优化城市管理,促进城市社会稳定与发展。就现行的各类政治制度而言,充分发扬民主制度是扩大城市建设参与群体的有效途径。中东市政改革的重要任务之一是进一步增强市政中的民主理念,提高官员素质,打击城市政治腐败现象。

埃及2003年人类发展报告呼吁各行业强化公共部门和私营部门之间的伙伴关系,并倾听来自基层的声音;2004年的报告中又主张权力下放;2008年的报告明确以"公民社会的作用"为副标题,足见埃及政府对政治民主问题的重视。[①]叙利亚也在进行市政改革,在第十个五年规划中规定了市政府的权力下放,并且在阿勒颇、大马士革、代尔祖尔、霍姆斯、拉塔基亚和塔尔

---

① UN-Habitat, *The State of Arab Cities 2012: Challenges of Urban Transition*, United Nations Human Settlements Programme, 2012, p. 23.

图斯的市政改革中获得欧盟的辅助,提高市政的城市规划和执行能力。①
2006年,阿联酋为增强政府的反应灵敏性,举行了40选20的联邦国民议会第一次选举,每个酋长国都有确定数量的席位。② 2010年,迪拜市政府和执行委员会进行市政改革,以提高政府的服务职能、运作效率和民众满意度。沙特阿拉伯政府也一直在尝试将城市发展的自主权移交给城市。2005年沙特在全国范围内举行了179个城市的市政选举,并在2011年进行了第二次选举。2005年,据估计有20%的公民有资格投票;2011年9月,国王阿卜杜拉宣布,沙特妇女将被赋予选举权和参加市政选举的权利,同时也有权进入议会。③ 当然,由于集权政治长期存在,尽管政府已经采取措施移交权力,城市和地区的自主权依然十分有限。中央政府可以取消市政的决议,有权解散地方政府,将地方议员除名,或插手地方城建的投票事项。④ 而且地方政府不能设置地方税率,也没有借贷权力,地方财政预算依赖中央财政转移。⑤ 可喜的是在大城市如利雅得、麦加和麦地那,财政机构与中央的内政部是分开的,并且可以有城市自己的财政预算,技术委员会可以参与城市的规划发展以及教育和卫生服务等。

(三) 科学城市规划,确保城市健康发展

城市规划是对一定时期内城市的经济和社会发展、土地利用、空间布局以及各项建设的综合部署、具体安排和管理。⑥ "在今天,如果没有精心的规划,整个物质文明的复杂结构就会紊乱;食品供应将停止,必不可少的水、

---

① UN-Habitat, *The State of Arab Cities 2012: Challenges of Urban Transition*, United Nations Human Settlements Programme, 2012, p. 56.
② UN-Habitat, *The State of Arab Cities 2012*: Challenges of Urban Transition, *United Nations Human Settlements Programme*, 2012, *p.* 163.
③ UN-Habitat, *The State of Arab Cities 2012: Challenges of Urban Transition*, United Nations Human Settlements Programme, 2012, p. 161.
④ UN-Habitat, *The State of Arab Cities 2012: Challenges of Urban Transition*, United Nations Human Settlements Programme, 2012, p. 161.
⑤ UN-Habitat, *The State of Arab Cities 2012: Challenges of Urban Transition*, United Nations Human Settlements Programme, 2012, p. 161.
⑥ 卢新海、张军编著《现代城市规划与管理》,复旦大学出版社,2006,第67页。

第七章 中东城市治理与社会稳定

能源供应中断,传染病瞬即蔓延。"[1] 中东城市整体规划也纷纷出台。伊斯坦布尔 20 世纪 80 年代颁布的"三〇三〇法案"赋予安置部重组伊斯坦布尔政府的权力,其所负担的主要职能包括对城市主要基础设施进行投资和战略规划;对大城市制定总体规划,并确保地方市政府规划与总体规划相一致。[2] 1977 年黎巴嫩成立发展和重建理事会(CDR),为国家制定重要发展规划和财政项目,而如今担负起贝鲁特等城市的规划任务,2005 年第一次制定全国性的规划,协调公共工程和交通事务。[3] 2010 年叙利亚政府呼吁成立新的区域规划委员会,并要求各省完成本省的城市规划。[4] 叙利亚的市政管理现代化计划(MAM)已开始协调各市编制城市可持续发展规划,促进非正规住区正规化,改进城市财务管理等。[5] 该规划曾在大马士革历史遗迹保护和巴尔米拉文化遗产保护上做出显著贡献,[6] 并通过分析游客量、环境问题、城市供水、污水处理和公共交通等影响因素,为拉塔基亚制定了以旅游业发展为核心的城市可持续发展规划。[7]

当然,城市规划的出台并不意味着城市问题得到了解决,因为现代城市规划不只是前期的分析和计划的书面材料,而是一个完整的城市活动,"顺序是目标—连续信息—各种有关未来的比较方案的预测和模拟—评价—选择—连续的监督",[8] 只有城市在规划出台之后,积极投入实施,并在连续的

---

[1] 〔英〕P. 霍尔:《城市和区域规划》,邹德慈、金经元译,中国建筑工业出版社,1985,第 2 页。
[2] 车效梅、侯志俊:《"三〇三〇法案"与伊斯坦布尔市政改革解读》,《西亚非洲》2010 年第 3 期。
[3] UN-Habitat, *The State of Arab Cities 2012:Challenges of Urban Transition*, United Nations Human Settlements Programme, 2012, p. 68.
[4] UN-Habitat, *The State of Arab Cities 2012:Challenges of Urban Transition*, United Nations Human Settlements Programme, 2012, pp. 69 – 70.
[5] UN-Habitat, *The State of Arab Cities 2012:Challenges of Urban Transition*, United Nations Human Settlements Programme, 2012, p. 70.
[6] 2015 年"伊斯兰国"组织占领巴尔米拉之后,大肆破坏该地的文物古迹,并通过走私文物大肆敛财。http://m.nationalgeographic.com.cn/news/4076.html,http://news.xinhuanet.com/world/2016 – 04/11/c_128884220.htm.
[7] UN-Habitat, *The State of Arab Cities 2012:Challenges of Urban Transition*, United Nations Human Settlements Programme, 2012, p. 70.
[8] 〔英〕P. 霍尔:《城市和区域规划》,邹德慈、金经元译,中国建筑工业出版社,1985,第 9 页。

监督中不断评价、选择，才能使城市规划进入良性循环，最终实现发展目标。

（四）关注民生，及时回应民众需求

城市住房短缺是中东城市的普遍问题。随着城市化的快速推进，埃及的非正规住房区范围也在持续扩大。21世纪初，埃及非正规住房发展基金（ISDF）成立，从住房安全的角度并根据联合国关于贫民窟的定义，对埃及所有城市中的贫民窟进行分类，并向当地政府提供资金和技术支持。非正规住房的安全等级被划分为四级。第一等级是威胁人身安全的住房，如在滑动地质构造、洪泛区或暴露于铁路两侧的房屋。第二等级是不适宜居住的住房，没有使用正规建筑材料及结构不稳定的建筑物，垃圾倾倒场等地方的建筑物。第三等级是威胁健康的居住地，达不到居住卫生条件的住房，如无法获得干净饮用水或受到工业污染的影响，或暴露在高压电缆之下的居住地。第四等级是所有权不稳定的居住地，其中包括国有土地或捐赠土地（宗教基金）上的居住地。[1] 埃及的吉萨致力于提高官员的行政素质，并完善非正规住房区域的管理数据库，通过使用非正规住房资金对威胁到居民人身安全的五个非正规住房区实施整体搬迁计划，将居民异地安置，并对建筑分布进行合理规划。"通过3或4年的工作，我们可以把这一区域变成一个有街道和社会服务的文明居住区，这是解决居民（住房问题）的理想方式。"[2] 2009年，埃及政府成立了专门部门支持非正规定居点的升级计划。该部门由1名执行董事管理，由地方发展部部长担任董事主席，6个政府部门、3个民间社会社团的代表和3名专家组成董事会。该部门获得了政府8760万美元的拨款以及额外的3500万美元的预算拨款，同时获得了美国国际开发署（US-AID）1750万美元的援助。[3] 该部门第一次绘制了全国非正规定居点，并对

---

[1] AUC Slum Development Working Group, *Egypt's Strategy for Dealing with Slums*, Center for Sustainable Development, American University in Cairo, Cairo, 2014, p. 10.

[2] Manal El-Jesri, "Cairo and Giza Governors," in Regina Kipper, Marion Fischer, *Cairo's Informal Areas Between Urban Challenges and Hidden Potentials*, Participatory Development Programme in Urban Areas, Cairo, 2009, p. 153.

[3] UN-Habitat, *The State of Arab Cities 2012：Challenges of Urban Transition*, United Nations Human Settlements Programme, 2012, p. 53.

这些地区进行分类，确定整治行动优先顺序，并初步对85万名居民居住的非正规住房进行整治。① 沙特阿拉伯在第九个发展规划（2010~2014年）中，给市政和住房服务部门拨款约270亿美元资金，计划建立60个新直辖市和40个新的城市中心，提供100万套住房（大约占房屋预期需要的80%），以及为私人和公共住房项目提供2.66亿平方米的土地。② 吉达市政府制订了无贫民窟计划，重建市中心地带，提升城市服务质量，开发黄金地段，保护和改善现有建筑物和街道网，预计将使非正规住房的居民总数减少至30万。③ 至2029年，吉达的战略规划要求建设950500套住房及68.5万套经济适用房。④

由于经济困难和城市社会管理存在弊端，贫民窟面临犯罪、暴力、卖淫和性疾病传播等高风险。⑤ 为了应对该问题，科威特政府在2009年通过了《新劳动法》，赋予私企工人更多的权利，严厉惩罚虐待行为，并创建公共部门以规范国际劳工招聘。此外，政府号召私企在六个城市投资建设符合国际标准、能容纳6万名劳工的住房，分别在苏比亚（Sabiya）以北，穆塔勒（AlMutaleh）以北，杰赫拉（Jahra）以东，阿瑞夫吉安（Ereifjan）城以东和凯瑞恩（Khairain）城以北。⑥ 在民工多次罢工和抗议后，科威特政府于2009年将民工每月最低工资上调至40科威特第纳尔（144美元），而他们过去每月的工资水平为8~20科威特第纳尔（29~72美元），这确实是一个很大的

---

① UN-Habitat, *The State of Arab Cities 2012: Challenges of Urban Transition*, United Nations Human Settlements Programme, 2012, p. 53.
② UN-Habitat, *The State of Arab Cities 2012: Challenges of Urban Transition*, United Nations Human Settlements Programme, 2012, p. 146.
③ Baxter, E., "10 Facts about Construction in Saudi Arabia," Construction Week Online, May 16, 2009; UN-Habitat, *The State of Arab Cities 2012: Challenges of Urban Transition*, United Nations Human Settlements Programme, 2012, p. 147.
④ UN-Habitat, *The State of Arab Cities 2012: Challenges of Urban Transition*, United Nations Human Settlements Programme, 2012, p. 147.
⑤ UN-Habitat, *The State of Arab Cities 2012: Challenges of Urban Transition*, United Nations Human Settlements Programme, 2012, p. 149.
⑥ UN-Habitat, *The State of Arab Cities 2012: Challenges of Urban Transition*, United Nations Human Settlements Programme, 2012, p. 149.

改进。①

然而，以上城市的住房改造计划虽已拟定，但是由于地方城市规划能力不足、普遍的公众参与不足以及中东局势动荡等，中东国家与城市发展战略在实施过程中大打折扣。城市规划应是一个参与的过程，住房规划尤其如此。政府若要实现具有可持续性和可扩展性的住房改造方案，充分发挥城市治理的功能是必不可少的。②

住房改造工程的实施和推进需要利益相关者共同协商，是一个共同治理的过程。政府应切实保障非正规住房居民权利，避免他们被迁移到城外甚至更偏远的地区；政府应引导各利益相关方构建民主、平等和有效的社会参与与咨询机制，并在改造计划中切实落实并贯穿始终；公民社会应扮演非正规住房居民和政府之间的调停角色，保持视线高度平等，促使利益协商达成双赢的解决方案。③

城市基础设置是城市赖以生存和发展的物质平台，是城市居民不可或缺的公共资源，是城市维持经济与社会活动的前提条件，也是城市现代化的重要体现。④ 由于城市基础设施与城市经济存在巨大的相关性，理所当然地成为国家宏观调控的杠杆工具。城市治理的民主化特征，突出反映在城市规划及其基础设施建设方面，从国家包办到城市自治的加强和市民的有效参与，从而使基础设施更能代表城市居民的需求、服务于城市发展。所以，城市发展不仅靠政府，而且需要中央政府、市政府以及其他地方政府的明确分工和精诚合作，更重要的是，城市政府要及时回应公众参与城市管理的呼声。

狭义的城市基础设施包括给排水、能源、交通、邮电、通信、环境、防灾等设施。中东城市机动交通中公共交通的比重减小，而城市人口和私家车逐年增多，使得解决城市交通拥堵问题成为城市治理的重要方面。

---

① UN-Habitat, *The State of Arab Cities 2012：Challenges of Urban Transition*, United Nations Human Settlements Programme, 2012, pp. 147 – 149.
② AUC Slum Development Working Group, *Egypt's Strategy for Dealing with Slums*, Center for Sustainable Development, American University in Cairo, AUC, 2014, p. 22.
③ AUC Slum Development Working Group, *Egypt's Strategy for Dealing with Slums*, Center for Sustainable Development, American University in Cairo, AUC, 2014, p. 24.
④ 谢文蕙、邓卫：《城市经济学》（第二版），清华大学出版社，2008，第217页。

城市交通系统是城市四大子系统之一,[①] 道路负担着城市内部和城际之间交通中转、集散的功能。[②] 自20世纪70年代起,中东国家的交通有比较大的发展,如扩大海上港口,兴建机场,完善城市道路网络,包括桥梁、城市公路和城际高速公路等。但是城市交通问题随着过度城市化而愈加凸显,最主要的问题是城市交通拥堵。解决交通拥堵的一般方法是拓宽现有道路、优化城市交通网。此外,更实际、有效的方法是发展城市公共交通,特别是发展地铁。城市公共交通的优势之一是"产生投入—产出转移效应",[③] 即通过对客流和车流密度高度压缩,使城市道路利用率成倍提高,而且车流量减少会带来节约能源、减少环境污染和交通事故等环境及社会效应。而且"城市公共交通具有社会化、半福利性的经济属性",[④] 所以发展公共交通是公共政策问题,也是实现政治稳定、体现社会公平的途径。相较于地上道路建设来说,地铁的优势也很明显。在城市中心区修建地铁既可以缓解交通拥堵状况,减少噪声污染,还能实现土地资源利用效益的最大化,带动城市向地下空间拓展,这对建筑密集、寸土寸金的大都市而言无疑是最好的选择。[⑤]

开罗于1987年开始修建地铁,这是阿拉伯世界的第一个,也是在非洲的唯一完全成熟的地铁系统。目前,开罗现有的两条地铁线平均每天载客2万人次,约占全国铁路载客量的17%。另有两条线路正在建设中,一条连接大开罗地区的西北至东北以及开罗国际机场,全长33公里,预计到2019年将全部投入使用;另一条线路将连接大开罗的西部至东部,预计在2020年将全面投入运作。[⑥] 若项目建成,可以确保满足17%的城市公共交通需求,缓解每天2000万辆机动车行驶造成的交通拥堵。突尼斯城市交通总体规划出台,1999年批准加强现有的轻轨地铁,并建设新的区域铁路网络。规划中的高速铁路网络计划第一期工程在2010年获得资金支持,预计全部完成将花费几十

[①] 徐循初主编《城市道路与交通规划》(上册),中国建筑工业出版社,2007,第38页。
[②] 徐循初主编《城市道路与交通规划》(上册),中国建筑工业出版社,2007,第38页。
[③] 裘瑜、吴霖生:《城市公共交通运营管理实务》,上海交通大学出版社,2008,绪论,第5页。
[④] 裘瑜、吴霖生:《城市公共交通运营管理实务》,上海交通大学出版社,2008,绪论,第5页。
[⑤] 徐循初主编《城市道路与交通规划》(上册),中国建筑工业出版社,2007,第283页。
[⑥] UN-Habitat, *The State of Arab Cities 2012: Challenges of Urban Transition*, United Nations Human Settlements Programme, 2012, p. 60.

年时间。①

二 城市治理与深化市政府改革

城市治理离不开公民社会。城市治理是城市政府、非政府组织、市民社会共同管理城市的方式。城市治理要求市政府必须协调其内部、政府与市场之间、政府间、政府与跨国公司间、政府与市民社会及其他组织间的关系,以合力来促进城市的发展和城市竞争力的提高。但是"由于中东国家政府工作缺乏效率,中东地区的人们常常对于他们的政府感到气愤"。②所以在中东城市治理中,政府职能的深化不仅要求其有效性、责任性、透明性和回应性大大加强,而且要求城市政府管理方式的巨大变革,要求非政府部门的充分发展和服务水平的提高,以及市民社会的广泛参与和民主意识的增强。

1992年,美国学者戴维·奥斯本和特德·盖布勒在所其著作《改革政府——企业精神如何改革着公营部门》一书中描述了21世纪政府治理的新蓝图。他们认为政府职能的深化应该遵循以下十大原则:起催化作用的政府;掌舵而不是划桨;社区拥有政府授权而不是服务;竞争性政府,将竞争机制引入提供服务中去;有使命感的政府,改变照章办事的组织;讲究效果的政府,按照效果而不是按照投入拨款;受顾客驱使的政府,满足顾客的需要而不是官僚政治的需要;有事业心的政府,注重受益而不是浪费;有预见的政府,重视预防而不是治疗;分权的政府,从等级制到参与和协作;以市场为导向的政府,通过市场力量进行变革。③ 彼得·德鲁克在其著作《不连续的时代》中也指出:"我们需要一个能够治理和实行治理的政府,这不是一个'实干'的政府,不是一个'执行'的政府,这是一个'治理'的政府。"④

---

① UN-Habitat, *The State of Arab Cities 2012: Challenges of Urban Transition*, United Nations Human Settlements Programme, 2012, p. 106.
② Michael E. Bonine, *Population, Poverty, and Politics in Middle East Cities*, Florida University Press, Florida, 1997, p. 241.
③ 参见〔美〕戴维·奥斯本、特德·盖布勒《改革政府——企业精神如何改革着公营部门》,上海市政协编译组、东方编译所编译,上海译文出版社,1996。
④ 〔美〕戴维·奥斯本、特德·盖布勒:《改革政府——企业精神如何改革着公营部门》,上海市政协编译组、东方编译所编译,上海译文出版社,1996,第25页。

（一）市政府应着力提升行政能力建设

城市发展的新形势对市政府提出了新要求，城市治理要迎合城市发展需要。全球化时代，中东城市首先应将现代信息技术应用到城市治理中。埃及国家行政发展部提出政府服务发展项目，通过电子政务端口提供网络支付工具，并提供 100 多个在线服务项目，增设 700 多个公共设施。具体渠道有互联网网络、手机无线应用协议（WAP）、短信服务（SMA）、交互式语音应答（IVR）和公共服务呼叫中心。① 电子政务系统不仅对市民开放，还可以为商人和外国人提供服务，如出生证明，固定电话查询和支付，网络大学注册，旅游投诉，交通和法律信息等，都可以通过政府服务端口获得帮助。② 埃及提出的链接及整合国家数据库项目能够实现国家相关数据的整合，如家庭卡系统的应用，身份信息数据（ID）与健康状况，保险行业数据库，房地产产权登记等。数据库的建立极大地支持了政府电子政务，大大提升了政府效率。到 2009 年 12 月共有 20 个省份 680 万个家庭通过新应用程序获得了生活补贴。③

其次，提高市政官员的行政素质是提升政府行政能力的重要因素。廉洁而高效的政府应遵循三个原则：高度的透明性，强烈的责任感和权力限制。这是维护城市良性发展的重要举措。现代城市治理要求市政官员知识化和专业化，要求对各个部门进行透明化、常态化的评估。埃及成立的透明廉政委员会（TIC）是埃及政府反对城市腐败的举措之一。它要求市政府及时处理腐败投诉，增加国家预算的透明度，加强地方议会处理相关问题的能力，确立公务员行为准则，确定腐败评估标准等，④ 并将有关腐败问题的处理及成果定期形成报告、提交总理。2010 年提交的第三份报告中提出，要加强法律制度

---

① Heba Handoussa, *Situation Analysis：Key Development Challenges Facing Egypt*, United Nations, 2010, p. 81.
② Heba Handoussa, *Situation Analysis：Key Development Challenges Facing Egypt*, United Nations, 2010, p. 81.
③ Heba Handoussa, *Situation Analysis：Key Development Challenges Facing Egypt*, United Nations, 2010, p. 81.
④ Heba Handoussa, *Situation Analysis：Key Development Challenges Facing Egypt*, United Nations, 2010, p. 80.

建设；加强监督力度，健全监督机制，加强政府对投诉的管理和处理能力；充分发挥媒体的作用，在埃及人民中树立透明廉政的价值观；私营企业帮助埃及政府实现廉政，在出现违规的情况下，政府和企业部门必须达成一致。①

(二) 发展二线城市，形成合理的城市布局

中东过度城市化问题已成为城市健康发展的不利因素。发展经济学家刘易斯认为，对于承受风险能力较弱的发展中国家而言，在城市化发展中应坚持规模适度化的原则，一旦一座城市的规模超过30万人之后，其将失去经济效益。② 为缓解大都市持续扩张问题、减小大城市首位度，减少城市负荷，使城市中的现代生活方式和现代化观念向农村扩展，③ 中东国家开始通过建设二线城市、卫星城，完善城市布局，推动区域经济发展。区域经济增长极理论认为，经济发展并非均衡地发生在地理空间上，而是以不同的强度在空间上呈点状分布，对整个区域经济发展产生不同影响。增长极最终通过极化和扩散效应形成。④ 所以充分发挥二线城市和卫星城的作用，有助于改变城市体系的首位结构；建设"缺失"的中等规模城市，将有助于促进中东地区建设完整、合理的区域城市体系。

沙特政府将城市经济发展重心转移到了二线城市，对阿西尔（Asir）、哈伊勒（Hail）、胡富夫、麦地那、塔布克和塔伊夫的基础设施进行优化改造，并投资建设新城。⑤ 约旦政府决定振兴萨尔特（Salt）、马德巴（Ma'daba）、杰拉什（Jerash）和卡拉克（Karak）等城市，并将安曼新增人口转移到这些地方。⑥ 黎巴嫩起草的《国家管理规划方案》建议将城市规划的投资重点由

---

① Heba Handoussa, *Situation Analysis: Key Development Challenges Facing Egypt*, United Nations, 2010, p. 81.
② 〔美〕刘易斯：《二元经济论》，施炜等译，北京经济学院出版社，1989，第94页。
③ 冯璐璐：《中东经济现代化的理论探讨》，人民出版社，2009，第279页。
④ 区域经济发展增长及理论由法国经济学家普劳克斯（F. Perroix）于1950年提出，后经赫希曼、鲍德维（J. Boudeville）、汉斯等发展。参见许学强、周一星、宁越敏编著《城市地理学》，高等教育出版社，1997，第180页。
⑤ United Nations Human Settlements Programme, *State of the Cities Background Report: Saudi Arabia*, Nairobi, 2011.
⑥ UN-Habitat, *The State of Arab Cities 2012: Challenges of Urban Transition*, United Nations Human Settlements Programme, 2012, p. 2.

贝鲁特转移到的黎波里，以及扎赫勒—赤陶拉（Zahle-Chtaura）、赛达（Saida）、纳巴泰（Nabatieh）和提尔（Tyre）等城市。2005 年的国家总体计划中提出放缓贝鲁特中心区的发展，对二线城市如纳巴泰、赛达、的黎波里、提尔和扎赫勒给予更多政策倾斜，[1] 以带动一个更均衡和更综合性的城市体系增长模式。2015 年，为了缓解开罗的人口和交通压力，埃及政府计划在 5~7 年的时间内建设新首都。埃及将新首都选址在开罗以东的沙漠地带，位于开罗和东部红海沿岸城市苏伊士、苏赫奈泉之间，占地 700 平方公里，将从开罗迁移约 500 万人口。[2] 2016 年埃及政府与中国达成共四个建设项目共计 27 亿美元的合作合同。[3] 沙特阿拉伯投资总局（Saudi Arabian General Investment Authority）也出台了新城建设规划，预计在 2020 年前建立 6 座新城市，为 430 万人提供住所，解决 130 万人的就业问题，并为国家经济增加 1500 亿美元的收入。这 6 座城市已经被命名为：阿卜杜拉国王经济城（The King Abdullah Economic City）、麦地那知识经济城（Knowledge Economic City in Medinah）、阿卜杜拉·本·穆赛义德王子经济城（Prince Abdulaziz bin Mousaed Economic City in Hail）、吉赞经济城（Jizan Economic City）和雷比格工业城（Petro Rabigh）。[4]

（三）优化产业结构，保障城市经济持续发展

产业结构是指各个产业部门之间量的比例及其相互结合、相互依存关系。[5] 产业结构升级的表现，其一是重工业化，其二是高加工度化，其三是高技术化。高加工度化在重工业和轻工业中都会出现，表现在由以原材料工业为重心的结构向以加工、组装工业为重心的结构发展，由资金密集型工业

---

[1] UN-Habitat, *The State of Arab Cities 2012: Challenges of Urban Transition*, United Nations Human Settlements Programme, 2012, p. 36.
[2] http://news.xinhuanet.com/2015-03/14/c_127581323.htm.
[3] http://finance.sina.com.cn/roll/2016-01-22/doc-ifxnuvxh5121079.shtml.
[4] Jad Mouawad, "The Construction Site Called Saudi Arabia," *New York Times*, January 20, 2008. 转引自汪波《气候变化政治对海湾国家的影响》，《阿拉伯世界研究》2012 年第 3 期。
[5] 赵民、陶小马编著《城市发展和城市规划的经济学原理》，高等教育出版社，2001，第 210 页。

发展阶段转入技术密集型发展阶段。① 新兴产业把科学研究、技术开发和生产结合在一起，形成各种类型的高技术园区，② 因此高技术化经济发展的带动效益也不容小觑。中东城市经济的普遍特点是石油工业在产业结构中占绝对高的比重，农业、交通运输、水电业、通信业等发展滞后，第三产业特别是高投资、高附加值的金融、房地产、旅游等产业的支撑有限，具有潜在的风险。而创新城市不仅可以优化中东城市单一的产业结构、降低城市经济对石油资源的依赖，还可以促进产业多样化发展和产业价值链的形成。

首先，减少对石油等化石燃料资源的依赖，大力发展新能源。中东国家经济最大的特点是高度依赖石油经济。随着石油资源经济价值和战略价值的提升，中东依靠大量石油收入实现了经济腾飞。但是随着世界原油价格持续走低，主要产油国如海湾国家的石油收入减少，沙特2015年的财政赤字为980亿美元，外汇储备也从2014年底的7320亿美元缩水至2015年底的6110亿美元。海合会国家还将面临3950亿美元的赤字。③ 而非产油国经济也因此大受打击。石油资源等属于不可再生资源，化石燃料对生态环境的副作用也十分明显。所以，中东国家急需调整经济结构，降低对石油的依赖，充分发挥有利条件发展新能源。

沙特近年来致力开发旅游资源，发展以出口为导向的制造业，如高附加值的农业，④ 以及铝（全球产量的12%）、钢铁（全球产量的6%）、化肥（全球产量的16%）、⑤ 机械和电子产品等，并提高对高科技、资本密集行业的重视，如医药业。⑥ 沙特还计划将建筑业、房地产开发、公共管理、国防

---

① 赵民、陶小马编著《城市发展和城市规划的经济学原理》，高等教育出版社，2001，第213页。
② 赵民、陶小马编著《城市发展和城市规划的经济学原理》，高等教育出版社，2001，第214页。
③ http://news.sina.com.cn/w/zx/2016-02-29/doc-ifxpvysx1770802.shtml.
④ UN-Habitat, *The State of Arab Cities 2012: Challenges of Urban Transition*, United Nations Human Settlements Programme, 2012, p. 138.
⑤ United Nations Human Settlements Programme, *State of the Cities Background Report: Saudi Arabia*, Nairobi, 2011; UN-Habitat, *The State of Arab Cities 2012: Challenges of Urban Transition*, United Nations Human Settlements Programme, 2012, p. 138.
⑥ Ministry of Economy and Planning, *Brief Report on the Ninth Development Plan*, p. 24; UN-Habitat, *The State of Arab Cities 2012: Challenges of Urban Transition*, United Nations Human Settlements Programme, 2012, p. 138.

和社会安全行业等作为主要就业部门。① 利雅得是沙特的金融、政治和商业中心。在沙特工业发展基金的资助下，利雅得已经成功打造了城市金融业、工业以及两个大型工业园区。②阿联酋为了降低对石油的依赖，已经推出经济计划，引导传统的劳动密集型经济向知识型、技术型和熟练劳动力型经济发展。政府在铝矿、旅游、航空、加工再出口贸易和电信等领域投入巨资，③初步获得了良好效果。阿联酋非石油部门占国内生产总值的比重从1975年的46%上升到了2000年的90%和2005年的95%。份额涨幅最大的是贸易、建筑及房地产行业，2000~2005年，分别增长了6.7%、4.1%和2.3%。④ 同时阿联酋是第一个成规模发展核电并投入商业运行的阿拉伯国家。阿联酋的能源发展目标是在2020年核能满足25%的电力需求，并到2020年建设四座价值200亿美元的核电站。⑤ 阿布扎比2030年经济展望规划旨在发展知识型经济，重点发展领域是能源、化工、航空、装备、药品、交通和通信。⑥ 2009年，阿布扎比提出可再生能源目标，即到2020年7%的电力来自可再生能源。⑦ 巴林也启动了利用可再生能源的项目，如可供麦纳麦世界贸易中心13%电力需求的风力涡轮机、太阳能路灯照明项目以及商业规模太阳能项目。⑧ 阿曼政府鼓励私营部门参与国家经济，促进国民经济收入的多样化，

---

① United Nations Human Settlements Programme, *State of the Cities Background Report: Saudi Arabia*, Nairobi, 2011; UN-Habitat, *The State of Arab Cities 2012: Challenges of Urban Transition*, United Nations Human Settlements Programme, 2012, p. 138.

② UN-Habitat, *The State of Arab Cities 2012: Challenges of Urban Transition*, United Nations Human Settlements Programme, 2012, p. 138.

③ UN-Habitat, *The State of Arab Cities 2012: Challenges of Urban Transition*, United Nations Human Settlements Programme, 2012, p. 133.

④ UN-Habitat, *The State of Arab Cities 2012: Challenges of Urban Transition*, United Nations Human Settlements Programme, 2012, p. 133.

⑤ UN-Habitat, *The State of Arab Cities 2012: Challenges of Urban Transition*, United Nations Human Settlements Programme, 2012, p. 158.

⑥ National Bureau of Statistics, *Analytical Report on Economic and Social Dimensions in the United Arab Emirates*, 2009, p. 23; UN-Habitat, *The State of Arab Cities 2012: Challenges of Urban Transition*, United Nations Human Settlements Programme, 2012, p. 136.

⑦ UN-Habitat, *The State of Arab Cities 2012: Challenges of Urban Transition*, United Nations Human Settlements Programme, 2012, p. 136.

⑧ UN-Habitat, *The State of Arab Cities 2012: Challenges of Urban Transition*, United Nations Human Settlements Programme, 2012, p. 136.

以降低国民经济对石油的依赖。20世纪80年代石油收入占阿曼国内生产总值的70%，如今已下降到约40%，预计2020年将减少到9%。① 阿曼政府的五年计划中提出将对石油、天然气和其他矿产资源合理开发利用，加快工业基地的发展，促进可持续的生态环境和旅游业，教育、卫生和就业也被列为首要关注的问题。② 阿曼在可再生能源利用方面有极大优势，是世界上太阳能分布最广的地方，水电公共管理局正在进行可行性研究以建设全国首个产能达100至200MW的商业太阳能发电厂。③

根据2010年埃及国家竞争力报告，利用可再生能源来缓解发展不平衡是埃及"绿色转型"的关键。④ 埃及是北非发展可再生能源潜力最大的国家，而且拥有较高的光伏技术能力。但是现状是埃及没有发展光伏发电应用系统，对太阳能热水器的利用也较少，太阳能在工业领域的利用十分有限。⑤ 埃及最高能源委员会规划100兆瓦装机容量的集成太阳能发电项目，在五年计划（2012~2017年）中也设定了20兆瓦太阳能光伏发电项目。⑥ 埃及拥有丰富的风力资源。埃及于2001年已在苏伊士海湾的扎法拉纳地区建成了该地区最大的并网型风力发电厂，该项目获得了德国、丹麦、西班牙和日本的支持，发电量达430兆瓦。政府支持私人开发项目，通过20~25年的长期购电协议，降低投资者的金融风险；免征可再生能源的进口税，营利性发电公司可获得埃及电力监管机构颁发的发电许可证；⑦ 完善可再生能源回购费率，

---

① UN-Habitat, *The State of Arab Cities 2012: Challenges of Urban Transition*, United Nations Human Settlements Programme, 2012, p. 136.
② UN-Habitat, *The State of Arab Cities 2012: Challenges of Urban Transition*, United Nations Human Settlements Programme, 2012, p. 136.
③ UN-Habitat, *The State of Arab Cities 2012: Challenges of Urban Transition*, United Nations Human Settlements Programme, 2012, p. 159.
④ Heba Handoussa, *Situation Analysis: Key Development Challenges Facing Egypt*, United Nations, 2010, p. 35.
⑤ Heba Handoussa, *Situation Analysis: Key Development Challenges Facing Egypt*, United Nations, 2010, p. 35.
⑥ Heba Handoussa, *Situation Analysis: Key Development Challenges Facing Egypt*, United Nations, 2010, p. 99.
⑦ Heba Handoussa, *Situation Analysis: Key Development Challenges Facing Egypt*, United Nations, 2010, p. 105.

建立可再生能源基金，抵消可再生能源成本和市场之间的差价。①

其次，发展旅游业。旅游业是重要的经济增长点，因在完善基础设施、增加就业、推动投资、促进经济增长方面的作用突出而被称作"朝阳产业"。尤其是全球化浪潮使世界各地间的联系日益密切，出境旅游成为旅游的新风尚，旅游业在国民经济中的地位愈发凸显。中东有丰富的历史文化资源和独特的自然风光，是宗教旅游和观光旅游的理想目的地。但是，一地旅游业的发展不仅依赖旅游资源，还与区域经济发展状况、城市基础设施、旅游资源开发、城市形象与综合能力，以及交通条件、安全环境等息息相关。中东地区的地缘政治因素和地区安全形势是旅游业发展的最大障碍。所以维护城市社会稳定发展是中东旅游发展的首要任务。城市政府应及时向旅游业提供资金和政策支持，对当地旅游资源进行综合评估，做好旅游规划，完善基础设施，与世界旅游组织成员国或友好城市合作，充分开发和保护旅游资源。城市政府只有通过创造良好的投资环境、有竞争潜力的商业氛围和一流的旅游设施等，才能在日益激烈的世界城市竞争中吸引更多人前来生活、投资和消费。

中东的海合会成员国大力开发旅游业，以更好地融入世界经济。为了吸引投资，各国努力完善基础设施、发展电子商务，并为投资者提供政策支持。② 阿联酋的文化旅游已经成为国家经济发展的重要组成部分。2007 年旅游业对迪拜酋长国生产总值的直接贡献为 18%，间接贡献达 29%。③ 阿布扎比的 2030 年远景规划之一是投资与旅游有关的酒店、度假村和商务休闲活动，计划将萨迪亚特岛打造成旅游文化和休闲区。④ 卡塔尔政府投资 170 亿美元用于豪华酒店、度假村和休闲设施建设，尤其是发掘伊斯兰艺术的文化

---

① Heba Handoussa, *Situation Analysis: Key Development Challenges Facing Egypt*, United Nations, 2010, p. 105.

② UN-Habitat, *The State of Arab Cities 2012: Challenges of Urban Transition*, United Nations Human Settlements Programme, 2012, p. 5.

③ UAE Interact, "Tourism Contributes 18% to Dubai's GDP per Year," February 14, 2007; UN-Habitat, *The State of Arab Cities 2012: Challenges of Urban Transition*, United Nations Human Settlements Programme, 2012, p. 143.

④ AME Info, "Abu Dhabi Plans Tourism Makeover," March 24, 2008; UN-Habitat, *The State of Arab Cities 2012: Challenges of Urban Transition*, United Nations Human Settlements Programme, 2012, p. 143.

价值，并完善多哈国家博物馆、阿拉伯现代艺术博物馆和国家图书馆。[1] 对于沙特阿拉伯，宗教朝圣是旅游业的主要推动因素。参加朝觐的人数一直稳步增长，从1995年的186万增长至2010年的279万。[2] 而且有大量游客是因为宗教文化等前来沙特旅游的，仅2006年就有1100万外国游客出于宗教原因来到沙特。[3] 沙特政府最近已投入大量资金，以恢复和保护吉达的历史建筑，建设了连接阿巴拉德（Al Balad）的旅游走廊，并投资培训旅游业相关人员，和从事职业技能培训的教育机构之间也进行了长期合作。[4]

埃及旅游资源丰富，有极大的发展潜力。旅游业是埃及主要的收入和外汇来源，直接为GDP增长贡献约11.3%，间接为国家提供了21.4%的外汇收入和44.1%的非贸易出口收入。[5] 而且旅游业的发展为埃及创造了巨大的就业市场，酒店已经吸纳了120万人就业，相关的服务工作也提供了150万就业岗位，在旅游业直接就业和间接就业的人口占就业总人口的12.6%。[6] 为了开发生态旅游，埃及宣布到2017年将15%的土地作为保护区，由环境事务部（MSEA）和埃及环境事务协会（EEAA）负责保护区的协调、实施、监控和跟进的主要工作。[7] 除此之外埃及也在积极发展探险旅游。2009年的探险旅游发展指数显示，埃及是探险旅游的有力推动者之一，基于埃及国内的安全形势和历史文化资源，其探险旅游发展指数从2008年到2009年上升了19点。[8] 埃及

---

[1] UN-Habitat, *The State of Arab Cities 2012: Challenges of Urban Transition*, United Nations Human Settlements Programme, 2012, p. 143.

[2] UN-Habitat, *The State of Arab Cities 2012: Challenges of Urban Transition*, United Nations Human Settlements Programme, 2012, p. 143.

[3] UN-Habitat, *The State of Arab Cities 2012: Challenges of Urban Transition*, United Nations Human Settlements Programme, 2012, p. 143.

[4] United Nations Human Settlements Programme, *State of the Cities Background Report: Saudi Arabia*, Nairobi, 2011; UN-Habitat, *The State of Arab Cities 2012: Challenges of Urban Transition*, United Nations Human Settlements Programme, 2012, p. 143.

[5] Heba Handoussa, *Situation Analysis: Key Development Challenges Facing Egypt*, United Nations, 2010, p. 33.

[6] Heba Handoussa, *Situation Analysis: Key Development Challenges Facing Egypt*, United Nations, 2010, p. 33.

[7] Heba Handoussa, *Situation Analysis: Key Development Challenges Facing Egypt*, United Nations, 2010, p. 100.

[8] Heba Handoussa, *Situation Analysis: Key Development Challenges Facing Egypt*, United Nations, 2010, p. 102.

第七章　中东城市治理与社会稳定

虽然有丰富的旅游资源，但是还需要政府完善相关法律法规，严格把关硬件设施的质量，如道路、机场、遗址保护、必要的安全措施等；创建良好的投资环境，吸引民间资本投入如住宿、旅行商品店、导游培训、翻译等相关产业。[1]

叙利亚的阿勒颇和大马士革都有潜力扩大旅游业发展。所以国家要发展旅游业首先就要恢复和平局面，支持和扩大城市的文化活动，吸引民间和国外投资者。[2] 利比亚于 2007 年宣布在班加西和托布鲁克发展绿色可持续的旅游项目，发展生态旅游，为此采取措施保护历史考古遗址并防止地中海沿岸的过度开发；预计将在旅游项目中投资 30 亿美元，并创造 7 万个就业岗位。[3]

（四）重视科技发展，培养高端人才

"自然资源只是城市经济得以生存的必要条件，但是城市经济的发展将最终由知识与信息资源来推动"，[4] 而"现代科学已经成为一项集体性的活动，不仅离不开政府的巨额投资和支持，而且也需要大学的支持"，[5] 所以，实现教育、科研机构和企业之间的密切合作，是促进科技发展的有效途径。

首先，培养自己的科研队伍。中东国家普遍重视文科教育，导致与信息技术发展直接有关的理工科发展不足。中东国家要尽快改变缺乏高质量科学家和技术人员的现状，及时应对学生需求和劳动力市场变化，通过优化课程设置、校企合作、完善设备设施等方式，提高高等教育质量。阿联酋已经将教育发展的重点放在了高等教育，包括工作技能培训和信息技术培训上。埃

---

[1] Heba Handoussa, *Situation Analysis: Key Development Challenges Facing Egypt*, United Nations, 2010, p. 102.
[2] UN-Habitat, *The State of Arab Cities 2012: Challenges of Urban Transition*, United Nations Human Settlements Programme, 2012, p. 41.
[3] "Reformed Libya Eyes Eco-tourism Boom," BBC News, 2007, http://news.bbc.co.uk/2/hi/6989977.stm. UN-Habitat, *The State of Arab Cities 2012: Challenges of Urban Transition*, United Nations Human Settlements Programme, 2012, p. 96.
[4] 周振华：《崛起中的全球城市——理论框架及中国模式研究》，人民出版社，2008，第 48 页。
[5] 〔美〕德里克·博克：《走出象牙塔——现代大学的社会责任》，徐小洲、陈军译，浙江教育出版社，2001，译者前言，第 27 页。

及国家战略规划（NSP）的基本政策目标之一就是确保高等教育质量水平，[①]并针对教育质量提升提出了高等教育增强项目（HEEP），以课程修改、变更教育教学评估和教育成果汇报等形式为基础，实行高等教育制度改革。[②]

其次，加大政府政策引导，增进教育机构、科研机构和企业的技术交流。高校和企业之间的交流形式多样，比较普遍的是高校与公司签订研究协议，这不仅可以满足高校的科研经费需求，也是科研成果运用于生产实践的重要渠道。企业也可以在大学设立博士后研究项目，以满足那些有必要改变研究方向或想获得基础科学研究领域最新知识发展的科研工作者的需求，这种合作关系能够加强纯学术研究和应用研究之间的联系。[③] 埃及出台一系列政策鼓励技术发展，在缺乏私营部门参与的领域建立公私合作伙伴关系，政府监管信息通信市场，确保市场竞争公平，强化通信设施建设，努力缩小信息通信技术差距。埃及在亚历山大附近开发高科技园区，2010年底科技园区内已有150个高科技企业和3.5万名专家。随着扩建，园区内预计可容纳500家企业和10万名科技人员。[④] 阿曼首都马斯喀特正在建设集信息、通信和技术为一体的"马斯喀特知识绿洲"，并提供优厚条件吸引知识型产业的私人投资。[⑤] 卡塔尔充分利用多哈的首都优势和拥有顶尖大学的便利条件，建设高新技术园区吸引高科技人才，将多哈打造成国家的科技新城。科技园区内支持创新和技术开发，并为科研提供设备，力推实际应用型研究项目。卡塔尔还建立教育机构与博物馆间的合作关系，开发多哈独特的历史文化艺术。[⑥]

[①] Heba Handoussa, *Situation Analysis: Key Development Challenges Facing Egypt*, United Nations, 2010, p. 66.

[②] Heba Handoussa, *Situation Analysis: Key Development Challenges Facing Egypt*, United Nations, 2010, p. 73.

[③] 〔美〕德里克·博克：《走出象牙塔——现代大学的社会责任》，徐销轴、陈军译，浙江教育出版社，2001，第173~174页。

[④] UN-Habitat, *The State of Arab Cities 2012: Challenges of Urban Transition*, United Nations Human Settlements Programme, 2012, p. 5.

[⑤] UN-Habitat, *The State of Arab Cities 2012: Challenges of Urban Transition*, United Nations Human Settlements Programme, 2012, p. 136.

[⑥] UN-Habitat, *The State of Arab Cities 2012: Challenges of Urban Transition*, United Nations Human Settlements Programme, 2012, p. 138.

（五）加大社会保障力度，维护社会公平

社会保障制度作为社会的"稳定器"和"安全网"，在调节国民收入分配、缩小贫困差距、维护社会公平正义上扮演着不可或缺的角色。历经近一个世纪的发展后，中东国家的现代社会保障制度建设取得重大成就，但问题依然突出，其中带有共性的问题包括：各国的社会保障发展水平不平衡，差距很大；社会保障的覆盖面窄，保障项目不全；资金短缺，缺乏防范通货膨胀的有效机制等。这些问题直接影响中东国家的社会保障水平，进而威胁到社会的稳定和发展。现逐一分析并提出相应对策。

首先，中东国家应大力发展经济，为社会保障体系建设奠定雄厚的经济基础。社会保障制度的发展水平与经济发展水平密切相关，并受制于后者。经济发展水平直接关系社会保障资金的筹集和政府的支付能力，制约着社会保障体系结构，对社会保障制度的发展起着决定性作用。体现如下。第一，经济发展水平决定了社会保障项目的完整性。经济发展水平低，社会保障体系只能覆盖一些最基本的项目，主要目标是确保人的生存；反之，经济发展水平高，则社会保障体系涵盖的项目较多，系统性较高，不仅限于保障人的生存，还关涉人的发展。第二，经济发展水平决定了社会保障的标准。若经济发展水平低，则社会保障项目的给付金额就比较低；若经济发展水平高，则社会保障项目的给付标准就会相对高一些。第三，经济发展水平决定了社会保障范围的大小。如果经济发展水平低，则社会保障体系所涵盖目标人群的范围一般就比较狭窄；如果经济发展水平高，那么社会保障体系就可以做到全社会覆盖。因此，从根本上讲，中东国家社会保障制度的发展与完善取决于其经济发展程度。

中东国家之间经济发展水平悬殊，按照人均国内生产总值划分，可以分为高收入国家和中等收入国家。高收入国家包括科威特、以色列、沙特阿拉伯、巴林和阿拉伯联合酋长国等。这些国家社会保障发展水平很高，覆盖面广，许多福利待遇甚至超过了西方发达国家。中等收入国家包括伊朗、土耳其、埃及、约旦、黎巴嫩等国。这些国家建立了较为齐全的社会保障制度，但社会保障的覆盖范围和待遇水平相较于那些高收入国家仍有很大的不足。它们的经济发展水平普遍较低，国民的社会保障需求遭到抑制，政府只能建

立起低水平的社会保障，因此在社会保障制度结构上表现出低层次性与残缺性。上述国家应通过大力发展国民经济，增强国家财力，从而不断提高社会保障的水平，促使财富得到合理分配。

其次，中东很多国家社会保障的覆盖面较窄，社会保障项目不全，效果不彰。这样的社会保障制度不仅未能起到社会稳定器的作用，反而加深了社会鸿沟，不利于社会稳定与和谐。中东国家的社会保障主要采取社会保险的形式，但就目前来说，多数国家的社会保险覆盖面窄，仅覆盖了占人口比例较低的城市工薪阶层。由于多数社会福利与正式职业挂钩，并非全民性的，故而享有社会福利的人大多限于城市工薪阶层，这部分人在中东国家人口中仅占较小的比例。占人口绝大部分的非正规经济部门从业人员和农村人口基本上未受到社会保障制度的庇护。也就是说，在大多数中东国家，社会保障制度所起的作用只是让城市中产阶级免遭贫困，却未能满足绝大多数人的保障需要，这显然有违创建社会保障制度的初衷。

非正规经济部门是中东国家城市经济中的重要组成部分，从业人员众多，却被排斥于社会保障体系之外。该群体相较正规经济部门从业人员而言，存在更多的生存困境和更高的就业风险，最应该受到社会保障制度的保护。但这部分人却被排除在了社会保障体系之外。从西方发达国家的经验来看，非正规经济部门从业人员必须被纳入社会保障体系之内，这是他们作为国民所应有的权益。那么，如何把这些人员纳入社会保障体系呢？从西方国家经验来看，有两种模式：其一，对非正规经济部门从业人员实行与正规经济部门相同的社会保障制度，以体现绝对公平；其二，对非正规经济部门从业人员另立制度，以适应非正规经济部门的特殊性。这两种模式实际上体现了对公平和效率的不同偏好，前者体现了对社会公平的偏好，后者体现了对效率的偏好，因为过高的社会保障水平必然使非正规经济部门丧失低成本优势，不利于其发展。对于中东国家而言，要摆脱这种公平与效率的两难困境，较好地解决非正规经济部门从业人员的社会保障问题，可以采取一种较为折中的方式，即先分层次、分批次地解决非正规经济部门从业人员的社会保障问题，并最终建立起"一元化"的社会保障体系，这个体系应具有成本低、管理简单和效率高等优点。具体地说，可以分为以下几步。第一步，加强对中高收入的非正规经济部门从业人员的投保激励。这部分人群收入可观，完全有能力承担社会保障的缴费。对他们来说，重点是加强社会保障的激励力度。非正规经济部门就业灵活性高，因此，加强投保方式的灵活度成为保障社会保障制度激励力度的有效手段。为此，可以先适当提高这部分人群的个人缴费承担比例，单位缴费部分纳入企业支付的小时最低工资标准中，如此一来，缴费全部进入个人账户，可随劳动力流动而转移。接着是制定灵活的接续和社保关系转移方式。第二步，引入对非正规经济部门中低收入群体的风险保障。对于这部分人群来说，他们基本上处于生存困境之中，根本无力承担社会保障缴费，这构成了该群体社会保障缺失的主要原因。因此，有必要引入对这部分群体现行生存困境的保障，这就需要国家财政的大量投入。在此基础上，最终将非正规经济部门从业人员完全纳入统一的社会保障制度中，实现与正规经济部门从业人员统一的社会保障政策，真正体现社会公平。在这个过程中，要遵循"先纳入后统一"的原则，先保证不同的非正规经济部门从业群体享有相应的社会保障，而后考虑标准、费率及其他方面的统一问题。

在中东许多国家，广大农村人口也未能充分享有社会保障制度所带来的福利。城市与农村在社会保障上差异过大，是中东很多国家在社会经济发展中所面临的突出矛盾，由此带来了诸多不良后果。具体地说，即农村人口难以得到最基本的社会保障，无法平等地分享经济社会发展的成果，城乡差距日益扩大，社会鸿沟越来越深，进而威胁到社会的和谐与稳定。如何通过改革缩短城乡之间的福利差距，真正体现出社会保障的公平原则，实现社会和谐发展，是中东国家社会保障制度建设的重中之重。

根据西方发达国家社会保障体系建设的经验，一体化和平等化是社会保障体系发展的必然趋势。也就是说，社会保障要覆盖城乡，其重点是在完善城镇社会保障制度的基础上，建立和发展农村社会保障制度，进而实现城乡社会保障的统筹和协调发展，最终实现一体化和平等化。从西方国家的情况看，建立覆盖城乡的社会保障体系主要有以下两种方式。第一种以普享理念为主，即从一开始就做出了同步覆盖城乡居民的社会保障制度安排，瑞典、英国等福利国家是其中的典型。第二种是经济水平拉动型，即起初社会保障制度仅覆盖城镇居民，当经济社会发展到一定水平后，再逐步覆盖农村居民，福利国家之外的大多数国家属于这种类型。根据中东国家的具体情况，大多数国家应当采取第二种方式，即逐渐缩小城乡之间在社会保障上的差距，通过统筹管理，把城乡二元分割的社会保障体制转变为一元社会保障体制，进而建立起项目齐全、覆盖面广、标准适当的一体化社会保障制度，真正体现社会公平，促进社会稳定和发展。具体来说，可以分三步进行。

第一步，扩大社会保障的覆盖面，增加国家财政投入，强制性地把农村人口纳入社会保障范围。在初期阶段，上述人群可以参加养老、工伤、失业、医疗等社会保险；在后期阶段，逐步扩大到所有社会保障项目。这一步的重点在于对不同保障对象进行差别化和多元化的制度安排，实现社会保障体系覆盖全社会，建立起以最低生活保障、基本医疗服务和基本养老保障为核心的基础保障体系，初步构建起覆盖城乡人口的社会保障制度，满足民众最紧迫、最基本的保障需求。第二步，完成城乡社会保障制度从相互分离向统筹融合的转变。统一筹划社会保障制度，把城市与农村纳入一个整体。在进一步完善城市社会保障制度的同时，加快农村社会保障制度建设，做到"低水平、广覆盖"，并日益缩小城乡之间的社会保障差距，逐步实现由相互分割向统一筹划的转变。在此过程中，加快工业化和城镇化的步伐将有利于城乡社保制度的整合，并节约成本。第三步，在农村的社会保障制度建立与完善的基础上，逐步缩小城市与农村之间的社会保障差距，有计划有步骤、稳妥地将各项社会保障制度融为一体，在与民众基本生活密切相关的社会保障项目上，如养老、医疗、失业、工伤、生育等，实现城乡统一，但在具体保障标准上，可根据实际情况略有差别。这里所指的"统一"，即城市与农村的社会保障制度合二为一，实行统一制度、统一征收与统一管理，但在项目标准上可稍有差别。实现社会保障的统一，首先，可以使农民在社会保障上享有国民待遇，真正体现社会公平，从而消解民众不满情绪，有利于社会稳定；其次，便于政府对社会保障进行统一管理，优化配置社会保障资源，提高工作效率和保障水平；最后，有助于社会经济资源在城乡之间合理流动，推动城乡社会经济协调发展，避免出现二元对立局面。

再次，在中东许多国家都存在地区发展严重失衡的现象。各地区之间经济社会条件差距大，在社会保障需求方面存在差异，社会保障财政支出水平高低不一，保障能力也各不相同。面对地区发展严重失衡问题，各国政府应根据各地的实际情况，加大对落后地区的财政扶持，通过转移支付手段使本国各地区拥有大致均等的社会保障财政能力，并逐步实现社会救助、最低生活保障、生育保险、失业救济等社会保障制度的统一，但可以根据不同地区的经济发展水平，分不同的保障项目，实施差异化但差距不大的保障标准，从而完成向部分制度统一但标准有别的转变。

与西方发达国家相比，中东国家的社会保障体系还存在项目不全以及全面化程度低的缺陷。除工伤、养老之外，其他项目如家庭津贴制度、失业社会保障制度等都未在中东国家普及。究其根本原因，还是在于这些国家经济发展水平比较低，政府无力负担更多的社会保障项目。针对这个问题，有如下两条解决思路。

第一个思路是，中东国家应建立多元福利提供机制，即福利提供者不仅限于政府，私营公司、协会网络、家庭以及传统救助体系也可以在其中发挥重要作用。福利多元主义是近些年来西方发达国家社会保障制度建设中新兴的一种理论和指导思想，它强调减少政府在社会福利供给中的作用，主张社会保障主体的多元化，政府不再是社会福利的唯一提供者，社会保障职能应该由公共部门、营利组织、非营利组织以及家庭与社区共同承担，并且特别强调非政府组织、社区、家庭等主体的作用。从西方国家的经验来看，在社会保障体系建设中，政府并不是万能的，它极有可能出现"失灵"的现象。以政府为社会保障单一供给主体，极易遇到下述问题：筹资途径单一，动员资金能力有限，社会保障覆盖面的扩大和社会保障水平的提升都遭遇困难，并且难以满足国民多样化的社保需求，而非政府组织等主体可以对这些问题进行补救。非政府组织的优势在于其灵活性与专业性，能依据民众的不同需求提供多元化服务。以失业保障为例，首先，非政府组织可以为失业人员提供心理辅导，开展再就业培训，帮助失业人员掌握新技能、转换观念，从而更快地找到新工作；其次，非政府组织可以提供各种社区服务，由于这种服务相对无偿或低酬，可以缓解失业人员的经济负担；最后，非政府组织活动需要人员的参与，这能够解决小部分人的就业问题。

另一条解决思路是引入市场机制，使其在政府主导之下发挥辅助作用。把很多原先由政府承担的职能转移到市场中，可以在一定程度上缓解当前中东国家某些社会保障项目供给不足的现状，也可以缓解政府的财政压力。同时，引入市场机制，还能够激发企业主体的积极性，促使社会保障项目的供给在市场竞争的环境下进行,给国民提供多元化的社保产品,从而提高社会保障供给的效率。

最后,中东国家一直存在不同程度的通货膨胀问题,在某些时期甚至还很严重。但是,除了以色列等极少数国家之外,中东大多数国家的社会保障待遇都未按照通货膨胀情况进行调整,而是仅与受保人的收入挂钩,或者一次性支付。这样的话,社会保障的效果会因通货膨胀而大打折扣。对此,政府应根据通货膨胀情况定期调整社会保障待遇,以保证制度的成效。

总之,中东很多国家目前正处于工业化和城市化进程中,这对社会保障制度建设提出了重大挑战。随着城市化的发展,越来越多的人口涌入城市,对城市基础设施建设造成极大压力,政府在住房、医疗、养老等问题上遭遇了重重困难。另外,在从农业社会向工业社会的过渡中,城乡差距与地区差距加大、人口流动加快、收入差距拉大、阶层分化加速,这些因素都加大了社会保障的艰巨性。能否妥善处理上述问题,加快社会保障制度建设,直接关系社会稳定。社会保障能够适当调整社会成员之间的分配不公以及收入水平和财富的过分悬殊,使社会成员的基本社会需求得到保障,有效防止社会成员陷入极度贫困处境,解除他们的生存危机,增强他们的安全感和社会公平感,从而起到社会稳定器的作用。社会保障制度建设有利于消解社会矛盾、避免社会矛盾激化、有效地维系社会稳定局面。然而,现实是,中东一些国家的社会保障体制建设跟不上经济体制转型的步伐,经济体制变革也未能从根本上推动政治体制的变革,从而很难形成政治、经济、社会这三者之间的良性循环,反而使情况恶化,最终造成社会动荡局面,这在埃及表现得最为典型。中东国家应当借鉴国际先进经验,建立起全社会覆盖的保障体系,涵盖养老、医疗、失业等基本社会保障项目,充分发挥社会保障体系作为社会稳定器和安全网的积极作用。

结　语

"中东城市化与社会稳定"课题研究历时五年终于完工。但是"中东城市还会持续发展吗？"这一问题却在脑海中挥之不去，它不仅冲淡了完成课题的轻松和喜悦，而且使进一步的研究变得迫切。

我们知道，中东是世界城市的发源地之一，中东城市在数千年发展中曾创造了无数辉煌，在人类文明史中占有重要地位。然第二次世界大战后，中东快速的城市化引发了诸多城市问题，尤其是阿拉伯变局后的中东城市乱象，使"中东城市还会持续发展吗？"成为不可回避的课题。

城市学者怀特（White）和怀特妮（Whitney）总结了 11 个对城市发展影响最为突出和明显的"压力点"，为城市的可持续发展研究提供了一个框架，即城市环境、食物、水、住房、动力设施、教育设施、交通设施、娱乐、健康、就业和社会犯罪，而且这些压力点在发达国家和发展中国家的城市中都存在，区别在于压力值有高低之分。

现用其考察中东城市，看其可持续发展性如何。

环境问题在中东城市已十分突出，大城市尤为严重。恶劣的生态环境首先对居民的生理健康造成直接威胁，传染性疾病易集中爆发，且疾病防护十分困难；其次不利于居民心理健康，加剧被压迫感和失落感，成为社会稳定的隐患。

"每一个移民到城市或者是在城市出生的人都意味着对在农村地区或者

是世界上其他地区生产的粮食的需要。"① 因为农业基础薄弱及优先发展重工业的政策导向，中东城市无法满足城市人口的粮食消费需求，如今中东大多数国家依赖粮食进口，"从长远来看在经济上、生态上、政治上都是不稳定的"。② 而土地污染和水污染等威胁着中东城市居民的饮水和食品安全，使本已严峻的中东城市用水、粮食问题雪上加霜，直接降低了城市居民的健康水平和生活质量。

中东城市爆炸性的人口增长给城市住房带来空前压力，缺乏合理规划的"贫民窟"成为破败、脏乱和犯罪的代名词。中东国家虽已采取应对措施，但是收效甚微，安全隐患仍在，恶性事件频发。

中东城市总是存在着人口剧增和基础设施滞后的矛盾，而城市动力和交通设施建设是维持城市活力、实现城市现代化不可或缺的。

现代化最重要的是人的现代化，教育不仅为城市发展提供智力保障和人力支持，而且是城市公平性的体现。改变重文轻理工的传统观念，科学规划大学学科建设，建设自己的科研队伍，尤其是理工科研究队伍，是中东国家及城市持续发展的关键一环。

中东城市青年人失业严重。青年人具有冒进、冲动的性格特征，容易走极端。突尼斯街头小贩的自焚为其表现之一，引发了席卷整个阿拉伯世界的政治风暴。必须反思中东城市经济结构、教育、市政、治理、城市人心理健康、城市犯罪等问题。

中东城市要持续发展，势必要减轻上述"压力点"的压力值，而城市治理为其解决的主要途径。城市治理强调民主、平等、合作和可持续发展理念，力图通过城市利益主体之间的理性协商，达到缓和社会矛盾、维护城市稳定与发展的目的。如今，中东城市政府正在采取针对性措施，如重视城市规划、关注民生、发展科技、振兴经济；但我们应该清楚地认识到，中东城市治理体系并不完善，还不能及时回应民众的合理诉求，其与社会团体的协作仍在磨合中，城市治理民主化仍有很长的路要走。

---

① Michael E. Bonine, *Population, Poverty, and Politics in Middle East Cities*, Florida University Press, Florida, 1997, p. 332.
② Michael E. Bonine, *Population, Poverty, and Politics in Middle East Cities*, Florida University Press, Florida, 1997, p. 332.

但假以时日,中东城市,这些融汇了"神圣、安全与繁荣"的古老空间,注定将凭借其独特的历史和文化魅力,在世界城市史的长河中闪烁起璀璨的光芒。

参考文献

一 英文参考文献

1. Abdulaziz Y. Saqqaf, *The Middle East City: Ancient Traditions Confront a Modern World*, Paragon House Publishers, New York, 1987.
2. A. Bernard Knapp, *The History and Culture of Ancient Western Asia and Egypt*, Wadsworth Publishing Company, Belmont, 1998.
3. Abraham Marcus, *The Middle East on the Eve of Modernity: Aleppo in the Eighteenth Century*, Columbia University Press, New York, 1989.
4. Ahmad Sharbatoghlie, *Urbanizatipon and Regional Disparities in Post-Revolutionary Iran*, Westview Press, Boulder, 1991.
5. Ahmed M. Soliman, *A Possible Way Out: Formalizing Housing Informality in Egyptian Cities*, Press of America, New York, 2004.
6. Ali Madanipour, *Tehran: The Making of a Metropolis*, John Wiley and Sons, Hoboken, NJ, 1998.
7. Ananya Roy, Nezar AlSayyad, eds, *Urban Informality: Transnational Perspectives From the Middle East, LatinAmerica, and South Asia*, Lexington Books, Washington, 2004.
8. Andre Raymond, *Cairo*, Harvard University Press, Cambridge, MA, 2000.
9. Ann Lambton, "Persian Society Under the Qajars," *Royal Centeral Asian Journal*,

April 1961.

10. Asef Bayat, Eric Denis, "Who is Afraid of Ashwaiyyat? Urban Change and Politics in Egypt," *Environment and Urbanization*, Vol. 12, No. 2, 2000.

11. AUC Slum Development Working Group, *Egypt's Strategy for Dealing with Slums*, Center for Sustainable Development, the American University in Cairo, 2014.

12. Ayman Zohry, Barbara Harrell-Bond, *Contemporary Egyptian Migration: An Overview of Voluntary and Forced Migration*, Development Research Centre on Migration, Globalisation and Poverty, University of Sussex, 2003.

13. A. Zohry, *Rural-to-Urban Labor Migration: A Study of Upper Egyptian Laborers in Cairo*, Ph. D. dissertation, University of Sussex, 2002.

14. Caglar Keyder, *Istanbul: Between the Global and the Local*, Rowman and Littlefield, Lanham, 1999.

15. Carole Rakodi, *The Urban Challenge in Africa: Growth and Managemment of Its Large Cities*, United Nations University Press, Tokyo, 1997.

16. Charles Issawi, *An Economic History of the Middle East and North Africa*, Columbia University Press, New York, 1984.

17. Charles Issawi, *The Iranian Economy 1925 – 1975: Fifty Years of Economic Development*, Stanford University Press, Stanford, 1978.

18. Daniel Lerner, *The Passing of Traditional Society: Modernizing the Middle East*, the Free Press, New York, 1964.

19. David Menashri, *Post Revolutionary Politics in Iran: Religion Society and Power*, Routledge, Abingdon, UK and New York, USA, 2001.

20. Diane Singerman and Paul Amar, *Cairo Cosmopolitian, Politics, Culture, and Urban Space in The New Globalized Middle East*, the American University in Cairo, 2006.

21. Ervand Abrahamian, *Iran Between Two Revolutions*, Princeton University Press, Princeton, NJ, 1982.

22. Farhad Kazemi, *Poverty and Revolution in Iran—The Migrant Poor Urban Marginality and Politics*, New York University Press, 1980.

23. Farhad Numani, Sohrab Behdad, *Class and Labor in Iran: Did the Revolution Matter?* Syracuse University Press, Syracuse, New York, 2006.

24. Farha Ghannam, *Remaking the Modern: Space, Relocation, and the Politics of Identity in a Global Cairo*, Berkeley and Los Angeles, 2002.

25. Gabriel Baer, *Population and Society in the Arab East*, Routledge, New York, 1964.

26. Gabriel Baer, "Urbanization in Egypt, 1820 – 1907," a paper presented at the Conference on the Beginning of Modernization inthe Middle East, University of Chicago, 1966.

27. Galal A. Amin, *The Modernization of Poverty: A Study in the Political Economy of Growth in Nine Arab Countries 1945 – 1970*, Brill, Leiden, 1974.

28. Galal Amin, *Egypt in the Era of Hosni Mubarak: 1981 – 2011*, the American University in Cairo Press, Cairo, 2011.

29. G. H. Blake and R. I. Lawless, *The Changing Middle Eastern City*, Routledge, New York, 1980.

30. Guilain Denoeux, *Urban Unrest in the Middle East, A Comparative Study of Informal Networks Egypt, Iran, and Lebanon*, State University of New York Press, Albany, NY, 1993.

31. Haim Gerber, *The Social Origins of The Modern Middle East*, Lynne Rienner Publishers, Boulder, Colorado, 1987.

32. Heba Handoussa, *Situation Analysis: Key Development Challenges Facing Egypt*, United Nations, 2010.

33. Heba Nassar, *Migration, Transfers and Development in Egypt*, European University Institute, Robert Schuman Centre for Advanced Studies, 2005.

34. Homa Katouzian, *The Political Economy of Modern Iran Despotism and Pseudo-Modernism, 1926 – 1979*, New York University Press, New York, 1981.

35. Hooshang Amrahmadi, Salahs EL-Shakhs, *Urban Development in the Muslim World*, the State University of New Jersey, 1993.

36. Hossein Godazgar, *The Impact of Religious Factors on Educational Change in Iran Islam in Policy and Islam in Practice*, the Edwin Mellen Press,

Lewiston, 2008.

37. Jackline Wahba, "An Overview of Internal and International Migration in Egypt," *Economic Research Forum*: *Working Paper Series*, 2007.

38. Jahangir Amuzegar, *Iran Economic Development under Dualistic Condition*, the University of Chicago Press, Chicago, 1971.

39. James A. Bill, *The Politics of Iran*: *Groups, Classes, and Modernization*, Charles E. Merrill Publishing, Lincoln County, 1972.

40. James Toth, *Rural Labor Movements in Egypt and Their Impact on the State, 1961 – 1992*, University Press of Florida, Gainesville, 1999.

41. Janet L. Abu-Lugbod, *Before European Hegemony*, *The World System A. D. 1250 – 1350*, Oxford University, Oxford, 1989.

42. J. Avary, K. Anderson, *Foucault and the Islamic Revolution*, the University of Chicago Press, Chicago, 2005.

43. J. Foran, *Fragile Resistance*: *Social Transformation in Iran from 1500 to the Revolution*, Westview Press, Boulder, 1993.

44. Julian Bharier, *Economic Development in Iran, 1900 – 1970*, Oxford University Press, London, 1971.

45. Louis A. Dimerco, *Traditions, Changes, and Challenges*: *Military Operations and the Middle Eastern City*, Combat Studies Institute Press, Fort Leavenworth, 2004.

46. M. A. Fadil, *The Political Economy of Nasserism*, Cambridge University Press, Cambridge, 1980.

47. Mahmoud A. Fadil, *Political Economy of Nasserism*, Cambridge University Press, Cambridge, 1980.

48. Malcolm Yapp, *The Near East since the First World War*: *A History to 1995*, Routledge, New York, 1996,

49. Manfred Halpern, *The Politics of Social Change in the Middle East and North Africa*, Rand Corporation, Santa Monica, 1963.

50. Mansoor Moaddel, *Class, Politics, and Ideology in the Iranian Revolution*, Columbia University Press, New York, 2013.

51. Mason Hammond, *The City in the Ancient World*, Harvard University Press, Cambridge, 1972.

52. Masoud Kamali, *Revolutionary Iran: Civil Society and State in the Modernization Process*, Ashgate, Farnham, 1998.

53. Maye Kassem, *Egyptian Politics: The Dynamics of Authoritarian Rule*, Westview Press, Boulder and London, 2004.

54. Metin Heper, *Local Government in Turkey-Governing Greater Istanbul*, Routledge, New York, 1989.

55. Michael E. Bonine, *Population, Poverty, and Politics in Middle East Cities*, University Press of Florida, Gainesville, 1997.

56. Michael R. T. Dumper, Bruce E. Stanley, *Cities of The Middle East and North Africa*, ABC-CLIO, Santa Barbara, 2006.

57. Mircea Eliade, *The Myth of the Eternal Return*, Princeton University Press, Princeton, 1971.

58. Misagh Parsa, *States Ideologies and Social Revolutions: A Comparative Analysis of Iran, Nicaragua, and the Philippines*, Cambridge University Press, Cambridge, 2000.

59. Mohamed Mahmoud El Sioufi, *Urbanization of Agricultural Land: Informal Settlements in Cairo*, Massachusetts Institute of Technology Cambridge, 1981.

60. Mohammed Amjad, *Iran: From Royal Dictatorship to Theocracy*, Greenwood Press, Santa Barbara, 1989.

61. Mohammed M. Hafez, *Why Muslims Rebel, Repression and Resistance in the Islamic World*, Lynne Rienner, Bonlder, 2003.

62. Mohen M. Milani, *The Making of Iran's Islamic Revolution: From Monarchy to Islamic Republic*, Westview Press, Boulder, 1994.

63. M. S. Hasan, *Growth and Structure of Iraq's Population, 1867–1947*, Bulletin of the Oxford Institute of Statistics, Oxford, 1958.

64. Nelida Fuccaro, *Histories of City and State in the Persian Gulf: Manama since 1800*, Cambridge University Press, Cambridge, 2009.

65. Nezar Alsayyad, *Cities and Caliphs*, ABC-CLIO, Santa Barbara, 1991.

66. Nikolaos Van Dam, *The Struggle For Power in Syria Sectarianism, Regionalism and Tribalism in Politics, 1961 – 1978*, St. Martin Press, Manila, 1979.

67. Peter Alcock, *Understanding Poverty*, The Macmillan Press Ltd., London, 1993.

68. Peter Grown, Hashim Sarkis, *Projecting Beirut, Episodes in the Construction and Reconstruction of a Modern City*, Prestel, Munich, 1998.

69. Philip. D. Curtin, *Cross-Culture Trade in History*, Cambridge University Press, Cambridge, 1984.

70. Philips Khoupy, *Urban Notables and Arab Nationalism: The Politics of Damascus 1860 – 1920*, Cambridge University Press, Cambridge, 1983.

71. Plato, *The Republic of Plato*, Basic Books, New York, 1990.

72. Radwan Ziadeh, *Power and Policy in Syria: Intelligence Services, Foreign Relations and Democracy in the Modern Middle East*, I. B. Tauris & Co. Ltd, London, 2013.

73. Ramesh Farzanfar, *The Iranian Dowreh Network and Its Functions*, Tehran University, 1979.

74. R. B. Serjeant, *The Islamic City*, UNESCO, Paris, 1980.

75. R. El Gamal, "Thousands live in the slums of Kuwait," *Kuwait Times*, June 1, 2007.

76. Rodney Wilson, *Economic Development in the Middle East*, Routledge, Abingdon, 2005.

77. R. Paul Shaw, *Mobilizing Human Resources in the Arab World*, Kegan Paul International Ltd, Abingdon, 1983.

78. Samih K. Farsoun, *Class Structure and Social Change in the Arab World, The New Arab Decade*, Westview Press, Boulder, 1988.

79. Sarah Sabry, "How Poverty is Underestimated in Greater Cairo, Egypt," *Environment and Urbanization*, Vol. 22, No. 2, 2010.

80. S. M. Robaa, *Urban-suburban/Rural Differences over Great Cairo, Egypt*, Atmosfera, London, 2003.

81. Stefano Bianca, *Urban Form in the Arab World, Past and Present*, Thames and Hudson, London, 2000.

82. Tahitha Petran, *Syria：Nation of the Modern World*, Ernest Benn, London, 1972.

83. T. Farah, "Arab Labor Migration：Arab Migrants in Kuwait, Sociology of Developing Societies," *The Middle East*, Monthly Review Press, New York, 1983.

84. UN-Habitat, *The State of Arab Cities 2012：Challenges of Urban Transition*, United Nations Human Settlements Programme, 2012.

85. UN-Habitat, *World Population Prospects：The 2010 Revision*, Population Division of the Department of Economic and Social Affairs of the UN Secretariats, 2011.

86. Valentine M. Moghadam, Tabitha Decker, "Social Change in the Middle East," *The Middle East*, CQ Press, 2014.

87. Vatikiotis P. J., *The History of Modern Egypt：From Muhammad Ali to Mubarak*, The Johns Hopkins University Press, Baltimore, 1991.

88. W. J. Sprott, *Population and Society in the Arab East*, Routledge & Kegan Paul, Abingdon, 1964.

89. Yasser Elsheshtawy, *Planning Middle Eastern City：An Urban Kaleidoscope in a Globalizing World*, Routledge, London and New York, 2004.

二 中文参考文献

1. 〔美〕E. A. 罗斯：《社会控制》，秦志勇、毛永政译，华夏出版社，1989。

2. 〔英〕K. J. 巴顿：《城市经济学——理论和政策》，上海社会科学院部门研究所、城市经济研究室译，商务印书馆，1984。

3. 〔美〕L·科塞：《社会冲突的功能》，孙立平等译，华夏出版社，1989。

4. 〔美〕L. 科塞等：《社会学导论》，安美华译，南开大学出版社，1990。

5. 〔美〕P. 霍尔：《城市和区域规划》，邹德慈、金经元译，中国建筑工业出版社，1985。

6. 〔美〕R. E. 帕克等：《城市社会学》，宋俊岭、吴建华、王登斌译，华夏出版社，1987。

7. 〔美〕阿瑟·奥沙利文：《城市经济学》，周京奎译，北京大学出版社，2015。

参考文献

8. 〔法〕埃米尔·涂尔干：《社会分工论》，渠东译，三联书店，2000。

9. 〔英〕安德鲁·韦伯斯特：《发展社会学》，陈一筠等译，华夏出版社，1987。

10. 〔英〕安东尼·吉登斯：《民族—国家与暴力》，胡宗泽、赵力涛、王铭铭译，三联书店，1998。

11. 〔英〕安东尼·史密斯：《全球化时代的民族与民族主义》，龚维斌、良警宇译，中央编译出版社，2002。

12. 鲍德威：《中国的城市变迁》，北京大学出版社，2010。

13. 毕健康：《埃及现代化与政治稳定》，社会科学文献出版社，2005。

14. 〔美〕布莱恩·贝利：《比较城市化》，顾朝林等译，商务出版社，2014。

15. 〔法〕布罗代尔：《15~18世纪的物质文明、经济与资本主义》（第1卷），顾良、施康强译，三联书店，1992。

16. 蔡禾主编《城市社会学：理论与视野》，中山大学出版社，2003。

17. 〔美〕查尔斯·金德尔伯格：《经济发展》，张欣等译，上海译文出版社，1986。

18. 车效梅：《全球化与中东城市发展研究》，人民出版社，2013。

19. 车效梅：《中东中世纪城市的产生、发展与嬗变》，中国社会科学出版社，2004。

20. 车效梅、续亚彤：《中东城市民族社团与宗教社团研究》，中国社会科学出版社，2015。

21. 陈建民：《当代中东》，北京大学出版社，2002。

22. 〔美〕戴维·奥斯本、特德·盖布勒：《改革政府——企业精神如何改革着公营部门》，上海市政协编译组、东方编译所编译，上海译文出版社，1996。

23. 〔美〕德里克·博克：《走出象牙塔——现代大学的社会责任》，徐销轴、陈军译，浙江教育出版社，2001。

24. 邓伟志等主编《变革社会中的政治稳定》，上海人民出版社，1997。

25. 冯璐璐：《中东经济现代化的实现与理论探讨》，人民出版社，2009。

26. 〔美〕弗·斯卡皮蒂：《美国社会问题》，刘泰星、张世灏译，中国社会科学出版社，1986。

27. 高佩义：《中外城市化比较研究》（上），南开大学出版社，2004。

28. 顾朝林：《中国大城市边缘区研究》，科学出版社，1995。

29. 哈全安：《中东国家的现代化历程》，人民出版社，2006。

30. 哈全安：《中东史》，天津人民出版社，2010。

31. 何增科主编《公民社会与第三部门》，社会科学文献出版社，2000。

32. 胡鞍钢、胡联合等：《转型与稳定：中国如何长治久安》，人民出版社，2005。

33. 胡联合、胡鞍钢等：《政治稳定论——中国现代化进程中的政治稳定问题研究》，红旗出版社，2009。

34. 黄民兴：《中东历史与现状十八讲》，陕西人民出版社，2008。

35. 冀开运、蔺焕萍：《二十世纪伊朗史——现代伊朗研究》，甘肃人民出版社，2002。

36. 蒋真：《后霍梅尼时代伊朗政治发展研究》，人民出版社，2014。

37. 金宜久主编《伊斯兰教》，宗教文化出版社，1997。

38. 〔英〕拉尔夫·达仁道夫：《现代社会冲突》，林荣远译，中国社会科学出版社，2000。

39. 李竞能：《现代西方人口理论》，复旦大学出版社，2004。

40. 联合国开发计划署：《2001年人类发展报告》，中国财政经济出版社，2001。

41. 刘国光：《中外城市知识辞典》，中国城市出版社，1991。

42. 刘克田：《中观经济概论》，经济管理出版社，1999。

43. 刘天旭：《财政压力、政府行为与社会秩序》，知识产权出版社，2010。

44. 〔美〕刘易斯·芒福德：《城市发展史——起源、演变和前景》，宋俊岭、倪文彦译，中国建筑工业出版社，2005。

45. 刘中民、朱威烈主编《中东地区发展报告：转型与动荡的二元变奏》，时事出版社，2014。

46. 卢新海、张军编著《现代城市规划与管理》，复旦大学出版社，2006。

47. 〔美〕露丝·本尼迪克特：《文化模式》，王炜等译，三联书店，1988。

48. 罗荣渠：《现代化新论——世界与中国的现代化进程》，商务印书馆，2009。

49. 马建中：《政治稳定论》，社会科学出版社，2003。
50. 马秀卿：《石油·挑战·发展：走向二十一世纪的中东经济》，石油工业出版社，1995。
51. 潘允康等：《社会学家论城市建设与城市发展》，天津社会科学院出版社，2005。
52. 彭树智主编《伊斯兰教史与中东现代化进程》，西北大学出版社，1997。
53. 钱乘旦、杨豫、陈晓律：《世界现代化进程》，南京大学出版社，1997。
54. 〔美〕乔尔·科特金：《全球城市史》，王旭译，北京社会科学文献出版社，2006。
55. 裘瑜、吴霖生：《城市公共交通运营管理实务》，上海交通大学出版社，2008。
56. 〔法〕让-皮埃尔·戈丹：《何谓治理》，钟震宇译，社会科学文献出版社，2010。
57. 〔美〕塞缪尔·亨廷顿：《变化社会中的政治秩序》，王冠华译，三联书店，1996。
58. 〔美〕塞缪尔·亨廷顿：《第三波：20世纪末期的民主化》，欧阳景根译，中国人民大学出版社，2013。
59. 〔英〕塞西尔·罗斯：《简明犹太民族史》，黄福武等译，山东大学出版社，1997。
60. 司马云杰：《文化社会学》，中国社会科学出版社，2001。
61. 〔美〕斯皮罗·科斯托夫：《城市的形成：历史进程中的城市模式和城市意义》，单皓译，中国建筑工业出版社，2005。
62. 陶德麟主编《社会稳定论》，山东人民出版社，1999。
63. 陶立璠：《民俗学》，学苑出版社，2003。
64. 王沪宁：《政治的逻辑——马克思主义政治学原理》，上海人民出版社，1994。
65. 王建娥：《族际政治：20世纪的理论与实践》，社会科学文献出版社，2011。
66. 王京烈：《当代中东政治思潮》，当代世界出版社，2003。
67. 王林聪：《中东国家民主化问题研究》，中国社会科学出版社，2007。

68. 王铁铮、黄民兴等：《中东史》，人民出版社，2010。
69. 王铁铮主编《全球化与当代中东社会思潮》，人民出版社，2013。
70. 王新中、冀开运：《中东国家通史·伊朗卷》，商务印书馆，2002。
71. 王颖：《城市社会学》，上海三联书店，2005。
72. 吴忠民、刘祖云主编《发展社会学》，高等教育出版社，2002。
73. 向德平主编《城市社会学》，高等教育出版社，2005。
74. 谢文蕙、邓卫：《城市经济学》（第二版），清华大学出版社，2008。
75. 邢建国等编《秩序论》，人民出版社，1993。
76. 徐循初主编《城市道路与交通规划》（上册），中国建筑工业出版社，2007。
77. 许学强、周一星、宁越敏：《城市地理学》，高等教育出版社，1997。
78. 〔古希腊〕亚里士多德：《政治学》，吴寿彭译，商务印书馆，2007。
79. 杨灏城、江淳：《纳赛尔与萨达特时代的埃及》，商务印书馆，1997。
80. 杨继亮：《腐败论》，中国社会科学院，1997。
81. 杨敬年：《西方发展经济学概论》，天津人民出版社，1988。
82. 杨汝万：《全球化背景下的亚太城市》，科学出版社，2004。
83. 〔摩洛哥〕伊本·白图泰：《伊本·白图泰游记》，马金鹏译，宁夏人民出版社，2000。
84. 俞可平：《治理与善治》，社会科学文献出版社，2000。
85. 袁方：《社会学百科辞典》，中国广播电视出版社，1990。
86. 张帆：《环境与自然资源经济学》，上海人民出版社，1998。
87. 赵民、陶小马：《城市发展和城市规划的经济学原理》，高等教育出版社，2001。
88. 郑杭生主编《社会学概论新修》，中国人民大学出版社，2003。
89. 钟志成：《中东国家通史·海湾五国卷》，商务印书馆，2007。
90. 周振华：《崛起中的全球城市——理论框架及中国模式研究》，人民出版社，2008。
91. 朱光磊：《当代中国社会各阶层分析》，天津人民出版社，2007。

图书在版编目(CIP)数据

中东城市化与社会稳定研究/车效梅著.--北京：社会科学文献出版社，2019.4
ISBN 978-7-5201-3846-8

Ⅰ.①中… Ⅱ.①车… Ⅲ.①城市化-研究-中东②社会稳定-研究-中东 Ⅳ.①F299.37②D737.069

中国版本图书馆 CIP 数据核字（2018）第 257200 号

中东城市化与社会稳定研究

著　　者 / 车效梅

出 版 人 / 谢寿光
责任编辑 / 许玉燕
文稿编辑 / 卢敏华

出　　版 / 社会科学文献出版社·期刊分社（010）59366550
　　　　　地址：北京市北三环中路甲 29 号院华龙大厦　邮编：100029
　　　　　网址：www.ssap.com.cn
发　　行 / 市场营销中心（010）59367081　59367083
印　　装 / 三河市尚艺印装有限公司
规　　格 / 开　本：787mm×1092mm　1/16
　　　　　印　张：21.5　字　数：349 千字
版　　次 / 2019 年 4 月第 1 版　2019 年 4 月第 1 次印刷
书　　号 / ISBN 978-7-5201-3846-8
定　　价 / 89.00 元

本书如有印装质量问题，请与读者服务中心（010-59367028）联系

▲ 版权所有 翻印必究